Zu diesem Buch

Mit dem bloßen Hinweis auf seine kommunistische Vergangenheit wurde Wehner jahrzehntelang unterschwellig oder offen als «Agent Moskaus» denunziert. Wehner selbst hat über sein vierjähriges Exil inmitten des stalinistischen Terrors nur spärlich Auskunft geben mögen.

1992 wurde in Moskau im Archiv des ZK der KPdSU die geheime «Kaderakte» Herbert Wehners zugänglich. Ergänzt durch weitere bisher unbekannte Materialien aus Moskauer und Berliner Archiven können damit Wehners Moskauer Jahre, in denen er als Kandidat des Politbüros der KPD unter dem Decknamen «Kurt Funk» tätig war, rekonstruiert werden.

Der Autor
Reinhard Müller, geb. 1944, Studium der Germanistik, Geschichte und Soziologie, hat zahlreiche Beiträge zur Geschichte der KPD und des Exils veröffentlicht, u. a. 1991 «Die Säuberung. Moskau 1936: Stenogramm einer Parteiversammlung» (rororo aktuell 13012).

Reinhard Müller

Die Akte Wehner

Moskau 1937 bis 1941

Rowohlt

Veröffentlicht im Rowohlt Taschenbuch Verlag GmbH,
Reinbek bei Hamburg, Oktober 1994

Umschlaggestaltung: Walter Hellmann
(Foto von Herbert Wehner: Archiv der sozialen Demokratie
der Friedrich-Ebert-Stiftung)
Gesamtherstellung Clausen & Bosse, Leck
Printed in Germany
1690-ISBN 3 499 19659 X

Inhalt

Einleitung

Die Dokumente

Vor sich diese früheren Mitkämpfer, zu denen auch Neumann, Schulte, Schubert, Münzenberg traten, durchfuhr ihn ein Schrecken. Besessen vom Gedanken, für die Integrität der Partei zu sorgen, hatte er sie zu Abweichlern, Sektierern, Opportunisten abgestempelt und zu ihrer Liquidierung beigetragen. In welch ein System hatte er sich, ohne es selbst zu merken, treiben lassen, dachte er, und fragte sich, ob er noch ein Recht habe, Dittbender, der während des Reichstagsbrandprozesses allen Torturen standgehalten hatte, anzulasten, daß auch er zum Spitzel, Verleumder, Verräter geworden war, um dann doch nur erschossen zu werden. Ihm, wäre er geblieben, wäre das gleiche widerfahren, dessen war er gewiß, denn Feinde hatte er genug, die, wie er nur nach dem rechten sehn wollten in der Partei, und wie er die Karrieristen angegriffen hatte, so hätten andre allen Grund, dachte er, ihm eine Schuld anzulasten, die nur mit dem Tod gesühnt werden könnte. Jetzt half es ihm nichts, daß er sich sagte, er habe dies nicht gewollt, er habe nur, in der Zeit der tödlichen Gefahr für die Partei, die Kurzsichtigen, die Ungehorsamen, zur Verantwortung ziehn, zur Selbstkritik aufrufen wollen, obwohl ihm doch die Konsequenzen auch nur der geringsten Aussage bekannt gewesen waren.

Peter Weiss

Wenn man ein politisches System beschreibt, wie es funktioniert, welche Beziehungen zwischen den verschiedenen Staatsorganen herrschen, wie die riesigen bürokratischen Apparate arbeiten und welche Befehlskanäle es gibt, dann muß man notwendigerweise von all den Personen sprechen, die das System als Funktionäre benutzt, also von Rädchen aller Art, ohne welche die Verwaltung nicht funktioniert und nicht in Gang gehalten werden kann.

Hannah Arendt

Der Deutsche ist keusch und fordert von jedem, der sich einer Idee vermählt, eheliche Treue.

Ludwig Börne

Der «Agent Moskaus»

Wie sonst wohl nur Willy Brandt wurde dem ehemaligen Kandidaten des Politbüros der KPD Herbert Wehner die eigene Biographie öffentlich vorgehalten. Solche diffamierenden Kampagnen[1] ließen sich periodisch für Wahlkämpfe inszenieren und bedienten sich in den fünfziger Jahren des *Rheinischen Merkurs*[2], dann – nach dem Prinzip kommunizierender Röhren – alternierend des *Bayernkuriers*, der *Deutschen National-Zeitung* und bayrischer Winkelverlage[3].

Mit dem bloßen Hinweis auf seine kommunistische Vergangen-

[1] Mit einer persönlichen Erklärung wollte Wehner am 11. März 1957 «das bösartige und verleumderische Gerede über den ‹Sowjetspion› endlich zum Verstummen bringen». Abgedruckt in Herbert Wehner: Zeugnis. Persönliche Notizen 1929–1942. (zit. im folgenden: Zeugnis) Bergisch Gladbach 1984, S. 329–345.

[2] Paul Wilhelm Wenger: Marxistischer Saulus Wehner. In: Rheinischer Merkur, 18.2.1955. Wengers Tiraden nutzen die häufig verwendete Fadenzieher-Metapher: «Stalin ist tot, Ulbricht herrscht in Pankow – und Herbert Wehner fungiert höchst aktiv in Bonn. Er zieht die Fäden, er starrt in seinen Pfeifenkopf, und das halbe Parlament hält das für ausgekochte deutsche Gemütlichkeit – und tröstet sich mit dem offiziellen Lebenslauf!»

[3] Mit umtriebiger Regelmäßigkeit produzierte ein VPA-Verlag Enthüllungsliteratur zu Herbert Wehner, für die dann im *Bayernkurier* unter Schlagzeilen wie «Sowjetspion und roter Agent» und in der *National-Zeitung* unter «Wehner – Verräter und Spion» geworben wurde.

Als Verlagseigner und Hausautor fungierte dabei immer wieder der «Dossier-Sammler» Hans Frederik, der Wehners «Notizen» und bereits veröffentlichte schwedische Gerichtsakten zu möglichst konspirativem Gebräu verrührte. Vgl. z. B. Hans Frederik: Gezeichnet vom Zwielicht seiner Zeit. München 1969.

heit wurde Wehner jahrzehntelang unterschwellig oder explizit als «Agent Moskaus»[4] denunziert. Von Margarete Buber-Neumann, die zusammen mit ihrem Mann Heinz Neumann selbst der stalinistischen Verfolgung ausgesetzt war, wird Wehner 1972 im *Bayernkurier*[5] allen umlaufenden Unterstellungen und gezielt ausgestreuten «Verdächten» ausgesetzt. Kolportiert wird in diesem «Brief an eine Kampfgefährtin in Paris»[6] der Vorwurf, daß Wehner und Walter Ulbricht im Moskauer Exil «die sogenannte Neumann-Gruppe in jeder nur möglichen Form denunzierten und somit zu deren schließlicher Verhaftung durch das NKWD beitrugen». Mit dem Verweis auf Wehners Moskauer Jahre stellt Buber-Neumann der «Kampfgefährtin» die insinuierende Frage: «Aber glaubst Du nicht auch, daß es über diese Tätigkeit Wehners ein umfangreiches Aktenstück gibt?»

Die dokumentarische Antwort auf diese Frage konnte erst 1992 in Moskau, im bislang gesperrten ehemaligen Archiv des ZK der KPdSU[7], aufgefunden werden. Hier hatte man neben den «Kaderakten» anderer Prominenter (z. B. Erich Mielke) ein «umfangreiches Aktenstück»[8], das sowohl die «Kaderakte» der Kommunistischen Internationale wie auch Dokumente zur späteren

[4] Vgl. Jürgen Kellermeier: Herbert Wehners Bild in der Öffentlichkeit. In: Herbert Wehner. Beiträge zu einer Biographie. Herausgegeben von Gerhard Jahn unter Mitwirkung von Reinhard Appel, Sven Backlund, Klaus Bölling und Günter Gaus. Köln 1976, S. 183–198.

[5] Bayernkurier, 11.11.1972.

[6] Nachgedruckt wurde dieser alte politische Rechnungen begleichende Brief Buber-Neumanns auch in der «National-Zeitung» (19.11.1976) und – allzu unbefangen – erneut in «europäische ideen», 1992, H. 79. Vgl. dazu auch ihre erste, wesentlich zurückhaltendere Version in: Margarete Buber-Neumann: Kriegsschauplätze der Weltrevolution. Ein Bericht aus der Praxis der Komintern 1919–1943. Stuttgart 1967, S. 401.

[7] Zentrum für die Aufbewahrung der modernen Dokumente. Der besondere Dank gilt Dr. Koslov und Dr. Tschernous.

[8] Angesichts der Prominenz und des weiteren Karriereverlaufs war die ursprüngliche «Kaderakte» der Komintern als Handakte für das ZK der KPdSU weitergeführt worden.

Tätigkeit Wehners als SPD-Bundestagsabgeordneter und Fraktionsvorsitzender, Minister und Deutschland-Politiker umfaßt, sorgfältig aufbewahrt und ständig durch neue Materialien bis hin zu Bundestagsreden und Zeitungsartikeln angereichert.

Ausgewählte Dokumente aus der Moskauer «Kaderakte» befanden sich auch als Kopien[9] im ehemaligen Zentralen Parteiarchiv der SED. Für welche Zwecke sie in der DDR genutzt wurden, bleibt schon deswegen zu hinterfragen, weil Markus Wolf, Chef der Hauptverwaltung Aufklärung der ehemaligen DDR – nicht nur im eigenen Auftrag –, stets ein operatives Interesse an Herbert Wehner und seiner Umgebung hatte[10] und zudem bereits 1977 Teile einer «Lux-Akte» der bundesrepublikanischen Presse[11] zugespielt wurden. In der klandestinen und inszenierten Verschwörungswelt des Kalten Krieges wurde Wehner als «Hauptakteur der ‹ideologischen Diversion›» gegen die DDR und SED wahrgenommen, und der «ständig mißtrauische Ulbricht» hielt seinen früheren Rivalen im KPD-Politbüro schlicht für einen «englischen Agenten»[12].

Ergänzt durch weitere Dokumente aus nun zugänglichen Mos-

[9] IFGA I 6/3/258. Diese Akte mit ausgewählten Fotokopien aus Moskauer Beständen war schon zu SED-Zeiten von anderen Benutzern mehrmals ausgewertet worden. Hartmut Soell: Der junge Wehner. Zwischen revolutionärem Mythos und praktischer Vernunft. Stuttgart 1991, konnte diese «Kaderakte» für seine voluminöse Wehner-Biographie ebensowenig nutzen wie die umfangreichen Berliner Bestände zur Tätigkeit Wehners in Paris und Prag. Angesichts der immensen Quellenbestände zur Geschichte der KPD, der Komintern und der Pariser «Volksfront» in Berliner und Moskauer Archiven zeigen z. Zt. biographische und dokumentarische Versuche allenfalls die ungefähren Umrisse jener «weißen Flecken» auf, deren eigentliche Analyse noch aussteht.

[10] Vgl. Markus Wolf: Im eigenen Auftrag. Bekenntnisse und Einsichten. München 1991, S. 35.

[11] «Memorandum gegen Wehner? Angeblich belastendes Material aus ehemaliger KP-Zentrale aufgetaucht.» Frankfurter Rundschau, 2. 3. 1967.

[12] Markus Wolf: In eigenem Auftrag. Bekenntnisse und Einsichten. München 1991, S. 85.

kauer[13] und Berliner Archiven[14], können jetzt Wehners Jahre in Moskau zu einer politisch-biographischen Montage zusammengefügt werden, die Wehners stilisierte «Selbstkritiken» in wesentlichen Punkten ergänzt oder dementiert. Wehner selbst meinte in seinem 1946 abgeschlossenen Verständigungsversuch[15] (*Notizen*), daß über seine Moskauer Jahre ein eigenes Buch geschrieben werden müsse. Er selbst sah sich dazu nicht in der Lage[16] und hielt sich

[13] Eingesehen werden konnten Dokumente in folgenden Archiven:
– Russisches Zentrum zur Aufbewahrung und Erforschung der Dokumente der neuesten Zeit (zit. im folgenden: RZA), Moskau, ehemaliges Zentrales Parteiarchiv des Instituts für Marxismus-Leninismus beim ZK der KPdSU, IML/ZPA, Moskau.
– Zentrum für die Aufbewahrung der modernen Dokumente (zit. im folgenden: ZAD) ehemaliges Archiv des ZK der KPdSU, Moskau.
– Archiv des Sicherheitsdienstes der russischen Föderation (ehemaliges Archiv des KGB), Moskau.
– Archiv der Militärstaatsanwaltschaft, Moskau.

[14] Institut für die Geschichte der Arbeiterbewegung/Zentrales Parteiarchiv (zit. im folgenden: IFGA/ZPA), Berlin.
– Archiv der Akademie der Künste, Berlin.

[15] Vermutungen von Erich Wollenberg, daß Wehner 1944 eine erste Fassung der «Notizen» als durchaus noch stalinistische «Selbstkritik» für Dimitroff verfaßte, dieses Manuskript 1946 ergänzte und in der Folgezeit nochmals 1953 und 1957 redigierte, können ohne Einsicht in evtl. im Nachlaß überlieferte Fassungen nicht verifiziert werden. Für die 1982 erschienene, von Wehner autorisierte Ausgabe der «Notizen» wurde eine 216 Seiten umfassende Abschrift benutzt, die das Datum vom 23. VII. 1946 trägt. Ob dieses auch dem Herausgeber vorliegende Typoskript in dieser Form 1946 entstand, könnte nur durch Benutzung des noch gesperrten Wehnerschen Nachlasses im Archiv der Friedrich-Ebert-Stiftung entschieden werden. Vgl. dazu auch Alfred Freudenhammer/Karlheinz Vater: Herbert Wehner mit der deutschen Frage. München 1978, S. 143–147.

[16] Auf die Frage von Günter Gaus nach dem entscheidenden Anstoß zur Trennung Wehners vom Kommunismus, antwortete Wehner 1964: «Der letzte Punkt war meine Erinnerung an das, was ich an Leiden miterlebt und mitgesehen und mitzutragen gehabt habe in den Jahren des Terrors in der Sowjetunion. Ich habe darüber kein Buch geschrieben; ich kann es nicht. Ich habe es einfach mitgelitten und selbst erlebt.» Zeugnis, S. 361.

auch in späteren Interviews[17] auf Fragen zu seinen Moskauer Jahren sehr bedeckt.

Unter dem Eindruck persönlicher Gespräche beschrieb Günter Gaus jene traumatischen Moskauer Erfahrungen, die Wehner als bedrückenden Alp mit sich schleppte: «Es steht zu vermuten, daß die Kraft, sich zu erinnern, nicht auf die Harmlosigkeiten eines abenteuerlichen Lebens beschränkt ist. Die Qual der Erinnerung muß schwer auf dem gedächtnisstarken Manne lasten: nichts vergessen zu können und immer weiter marschieren mit solchem Gepäck.»[18]

Erst geraume Zeit nach einer Teilveröffentlichung im *Spiegel*[19] und nach der Publikation eines Raubdrucks der *Notizen* durch den SDS im Jahre 1969 gab Wehner seine *Notizen* für eine offizielle Veröffentlichung[20] frei.

Auch wenn Herbert Wehner 1946 proklamierte, daß «Selbstbesinnung und Selbstkritik» ihm «strenge persönliche Verpflichtungen»[21] waren, so lassen sich die von Herbert Wehner verfaßten

Die trinitarische Formel «miterlebt-mitgesehen-mitzutragen» verweist zumindest im «mitzutragen» auf das immer noch latente Schuldbewußtsein der Mittäterschaft. Dies wird aber dann durch Wehner zurückgenommen, indem er sich nur mehr als bloßes Opfer und als erlebender Zeitzeuge darstellt. Traumatische Verletzung, ständige Abwehr eigener Schuldgefühle und der abverlangte Eifer der Distanzierung bestimmen Wehners angestrengtes Wechselspiel von politischer «Selbstkritik» und verdrängenden Abwehrmechanismen.

[17] Vgl. die im Anhang zu den «Notizen» abgedruckten Interviews mit Günter Gaus, Reinhard Appel, Bernhard Wördehoff, Karl Donat und Dieter Thoma. Zeugnis, S. 347–436.

[18] Günter Gaus: Versuch über Wehner. In: Herbert Wehner: Wandel und Bewährung. Ausgewählte Reden und Schriften 1930–1967. Hrsg. von Hans-Werner Graf Finckenstein und Gerhard Jahn. Mit einer Einleitung von Günter Gaus. Frankfurt a. M./Berlin 1968, S. XVI.

[19] Ihr laßt die Armen schuldig sprechen. Herbert Wehner über seine Jahre in Moskau. In: Der Spiegel, 1968, H. 14.

[20] Herbert Wehner: Zeugnis. Persönliche Notizen 1929–1942. Köln 1982.

[21] Zeugnis, S. 29.

Notizen kaum als endgültiger Bezugsrahmen[22] weder für den «jungen Wehner» noch für eine zu schreibende Gesamtbiographie nutzen. Die bereits während des Zweiten Weltkriegs konzipierten und dann 1946 verfaßten *Notizen* Wehners sind in allzu pragmatischer Absicht[23] verfaßt, und trotz der angekündigten «Selbstkritik» wird vieles verschwiegen oder verdrängt. Neben scharfsinnigen Einzelbeobachtungen bricht auch in den *Notizen* der weitgehend verinnerlichte kommunistische Adam nicht nur in der Säuberungsmetaphorik immer wieder durch. Auch in den Bildern von der übermächtigen «Parteimaschine»[24] und der «Apparatpartei»[25] werden von Wehner die mühselig erreichte Distanz und die kritischen Einsichten des Jahres 1946 in die subjektiv überformte Parteibiographie zurückprojiziert, zugleich aber die eigene Rolle im mehraktigen Stück von magischer Macht, institutioneller Maschinerie und individueller Verstrickung kompensatorisch verkehrt.

Bereits in der Einleitung zu einem bisher nicht vollständig ver-

[22] Da Hartmut Soell für seine monumentale Darstellung des jungen Wehner nur archivalische Bruchstücke des ehemaligen SED-Parteiarchivs und veröffentlichte Artikel heranzog, sitzt er für die Darstellung der Moskauer Periode allzu bereitwillig den selektiven Informationen und nachträglichen Interpretationsmustern seines Helden auf. Vgl. Hartmut Soell: Der junge Wehner. Zwischen revolutionärem Mythos und praktischer Vernunft. Stuttgart 1991.

[23] Lenin lieferte das Muster für solch pragmatisches Handeln im allenfalls zielorientierten Kollektiv: «Die eigentliche Frage bei der Beurteilung der öffentlichen Tätigkeit einer Persönlichkeit lautet: Unter welchen Bedingungen ist dieser Tätigkeit ein Erfolg zugesichert?» W. I. Lenin: Was sind die «Volksfreunde» und wie kämpfen sie gegen die Sozialdemokraten?, in: Werke, Bd. 1, Berlin/DDR 1971, S. 152.

[24] Vgl. dazu Günter Ropohl: Technologische Aufklärung. Beiträge zur Technikphilosophie. Frankfurt a. M. 1991, S. 167–182; Julian O. de la Mettrie: Die Maschine Mensch. Übers. und hrsg. von Claudia Becker. Hamburg 1990; Stefan Breuer: Technik und Wissenschaft als Hierophanie, in: ders.: Die Gesellschaft des Verschwindens. Von der Selbstzerstörung der technischen Zivilisation. Hamburg 1992, S. 157–172.

[25] Zeugnis, S. 63.

öffentlichten Entwurf der *Notizen*, die während der Haft in Schweden 1942/43 entstand, steht «Selbstbesinnung und Selbstkritik» im Mittelpunkt der Wehnerschen Überlegungen. Individuelle Entlastungsstrategien[26] stecken sicherlich auch in jenen Bemerkungen Wehners, die hier in der Wir-Form und unter Verwendung der Mechanismus-Metapher[27] nicht nur auf den deutschen Faschismus zielen: «Selbstbesinnung und Selbstkritik werden damit ein Mittel zur Auflösung der Mechanismen, die Deutschland in die Katastrophe geführt haben. Denn der einzelne Mensch war nicht verantwortlich denkender, verantwortlich handelnder, verantwortlich lebender Mensch – Mitbürger –, sondern gehorsamer Bestandteil eines Mechanismus. Indem wir uns auf uns selbst besinnen, werden wir gewahr werden, daß wir alle – mehr oder weniger – nicht wir selbst waren, respektive sind, sondern der Bestandteil eines Mechanismus wurden.»[28] Gerade in dem ständigen Verweis auf Mechanismen und übermächtige Apparate wird die nicht verarbeitete moralische Dimension individueller Verantwortung, die permanente Last des Moskauer «Gepäcks» für den scheinbar unentwegt weitermarschierenden Wehner deutlich.

Die bilanzierende «Abrechnung» Wehners aus dem Jahre 1946 besitzt nicht nur deswegen allenfalls fragmentarischen Charakter, weil sie unvermittelt 1929 zu einem Zeitpunkt einsetzt, an dem Herbert Wehner schon als KPD-Gewerkschaftssekretär in Sachsen operierte. Ausgeklammert wird in den *Notizen* nicht nur der klassische Beginn jeglichen autobiographischen Erzählens – Elternhaus, Kindheits- und Jugenderlebnisse –, sondern hinter zahl-

[26] Vgl. dazu auch das Kapitel «Schuld und Abwehr» in: Gruppenexperiment. Ein Studienbericht. Bearbeitet von Friedrich Pollock (Frankfurter Beiträge zur Soziologie. Bd. 2). Frankfurt a. M. 1955, S. 278–428.

[27] Vgl. dazu Hannah Arendts Aufsatz: Was heißt persönliche Verantwortung unter einer Diktatur. In: Hannah Arendt: Nach Auschwitz. Essays und Kommentare 1. Berlin 1989, S. 81–97.

[28] Herbert Wehner: Selbstbesinnung und Selbstkritik. In: Herbert Wehner: Wandel und Bewährung. Ausgewählte Reden und Schriften 1930–1967. Frankfurt a. M./Berlin 1968, S. 42.

reichen Details und zutreffenden Einsichten verschwindet besonders für die Moskauer Zeit die eigene Täter-Rolle im Politik-Apparat von KPD und Komintern. Gerade aber die «Wende» vom Anhänger des Anarchisten Erich Mühsam zum disziplinierten Parteisoldaten, die Volte des anarchistischen Rebellen[29] in die geschlossene Front der «proletarischen Armee», hätte der eigenen reflektierenden Darstellung bedurft. Das Wehnersche *Zeugnis* unterscheidet sich allerdings trotz dieser Einschränkungen von jenen parteiamtlichen frisierten Autobiographien seiner kommunistischen «Mitkämpfer» Franz Dahlem oder Karl Mewis[30], über

[29] Ähnliche mehrfach umschlagende Sozialisations-, Habitus- und Politikmuster prägten zahlreiche linke Biographien der Weimarer Republik. Auf die autoritäre Sozialisation des Wilhelminismus, Militärdisziplin und Kriegserlebnis folgte der individuell-anarchische Ausbruch, dessen Erfolgslosigkeit dann scheinbar gegenläufig mit vorsätzlicher Eingliederung in die grauen Kolonnen des Proletariats, mit der Identifikation mit dem Über-Ich Partei, mit der Akzeptanz von «Disziplin» und «Großer Ordnung» beantwortet wurde. Wie weit trotz dieser ideologischen Brüche und politischen Häutungen der links-autoritäre Charaktertypus sich kaum wandelte, wie seine Meinungen und Attitüden den Grundzügen der autoritären Charakterstruktur entsprechen, kann auch an den internalisierten und abverlangten «Lebensläufen» der Kaderabteilung abgelesen werden. Aus dem rebellischen Untertan ist durch die Disziplinargewalt der Partei der untertänige Parteisoldat geworden. In unterschiedlichem Ausmaß weisen die als Sündenbekenntnisse und Kapitulationen verfaßten «Lebensläufe» zentrale Elemente des Autoritarismus wie Konventionalismus, autoritäre Unterwürfigkeit, autoritäre Aggression, Abwehr des Subjektiven, Machtdenken, Identifizierung mit Machtgestalten, Destruktivität, Projektions- und Verschwörungsdenken auf. Internalisierung und vorsätzliche Inszenierung solcher erwarteten Haltungen und Attitüden lassen sich in den Lebensläufen der «Parteiarbeiter» kaum entzerren.

[30] Franz Dahlem: Am Vorabend des Zweiten Weltkrieges. Erinnerungen. 2 Bde. Berlin/DDR 1977; Karl Mewis: Im Auftrag der Partei. Erinnerungen. Erlebnisse im Kampf gegen die faschistische Diktatur. Berlin/DDR 1971. Hier werden artifiziell montierte Bruchstücke in die immer richtige «Linie» der «Partei» in legitimatorischer Absicht eingepaßt. Wie solche Klitterung und Verwischung durch parteiamtliche SED-Interventionen inszeniert und durchgesetzt wurde, kann jetzt im ehemaligen Zentralen Parteiarchiv der

die Herbert Wehner in Moskau, wie über zahlreiche andere Funktionäre der KPD, politisch vernichtende Charakteristiken lieferte. Wehners eigene traumatische Erfahrungen in der terroristischen Hochzeit des Stalinismus waren zusammen mit der von ihm öffentlich kaum problematisierten eigenen Involvierung sicherlich auslösende Momente für die Abfassung seiner *Notizen*, die ihm als politische Bilanz und als interne, in mehreren Varianten sorgsam gestreute Abrechnung zugleich für den Einstieg in die SPD nützlich waren.

Obwohl durch den Herausgeber im Moskauer Kominternarchiv auch selektiv Akten von Kaderabteilung und Kontrollkommission der Kommunistischen Internationale, der «Deutschen Vertretung» der KPD etc. eingesehen werden konnten, vermittelt bereits die «Kaderakte» Herbert Wehners[31] einige Aufschlüsse zu jenen biographisch-politischen Rätseln der Moskauer Zeit, die Wehner selbst nicht lösen wollte. Zur Geschichte des stalinistischen Terrors, zu einzelnen Schicksalen von deutschen Opfern des Stalinismus konnten zudem in den bisher sekretierten Moskauer Archiven des KGB und des Obersten Militärkollegiums Verhörprotokolle des NKWD, Anklageschriften des Militärkollegiums etc. benutzt werden. Erst nach weiteren Archivrecherchen werden systematische Studien die «Logik» und Irrationalität des stalinistischen Terrors, die bodenlose Existenz der «tätigen Opfer» und der zum Opfer gewordenen «Täter» im Moskauer Exil umfassender beschreiben können.

Es wird noch vielfältiger Forschungen[32] bedürfen, um die Ge-

SED anhand der Autobiographie Franz Dahlems nachvollzogen werden. IfGA/ZPA NL 72.

[31] Zentrum für die Aufbewahrung der modernen Dokumente N 82/ 11646.

[32] Eine erste Ahnung der Dimensionen Moskauer Aktenberge lieferten im Februar 1992 einige Beiträge einer wissenschaftlichen Konferenz zu den «weißen Flecken» des Weltkommunismus.

Vgl. jetzt den Sammelband: Kommunisten verfolgen Kommunisten. Stalinistischer Terror und «Säuberungen» in den kommunistischen Parteien Euro-

schichte des Stalinismus, der Kommunistischen Internationale[33], der KPD und einzelner Funktionäre neu zu schreiben. Mit dem Rückgriff auf die topographische Floskel von den «weißen Flecken» wird es auf Dauer nicht getan sein. Die komplexen Strukturen zwischen den genannten Themenbereichen werden damit noch nicht erfaßt.

Sicher genügt auch nicht der allenfalls ideologiekritische Hinweis auf den epochalen Widerspruch des Stalinismus, der – ungeachtet seines barbarischen Terrors – nicht nur von Mitgliedern kommunistischer Parteien, sondern auch von zahlreichen «fellow travellers» seit den zwanziger Jahren als zivilisatorischer Durchbruch, als Beginn eines neuen Zeitalters der Menschheit in Reiseberichten und Gedichten[34] verklärt wurde. Keinesfalls reicht aber jetzt noch jene Antwort, die Anna Seghers auf Erwin Sinkos Frage, wie sie mit den Moskauer Prozessen fertig werde, geben konnte. Anna Seghers' selbstdisziplinierende Sentenz signalisiert Hilflosigkeit und zugleich vorsätzliche Verdrängung: «Meine Methode: ich verbiete mir mit Erfolg, über derartiges nachzudenken.»[35]

Mit der Öffnung der Moskauer Archive[36] kann nun darüber nicht nur nachgedacht, sondern es können jetzt auch Machtstrukturen und Herrschaftsmechanismen eines bürokratisch organisier-

pas seit den dreißiger Jahren. Hrsg. von Hermann Weber und Dieter Staritz in Verbindung mit Siegfried Bahne und Richard Lorenz. Berlin 1993.

[33] Vgl. demnächst: Bernhard Bayerlein: Völker hört die Signale aus Moskau! Die «Russifizierung» und «Stalinisierung» der Kommunistischen Internationale. 2 Bde. Bern/Frankfurt a. M./New York 1993.

[34] Vgl. Gerd Koenen: Die großen Gesänge. Lenin, Stalin, Mao Tse-Tung: Führerkulte und Heldenmythen des 20. Jahrhunderts. Überarb. u. erg. Neuausg. Frankfurt a. M. 1991.

[35] Ervin Sinkó: Roman eines Romans. Moskauer Tagebuch. Köln 1962, S. 437.

[36] Vgl. Bernhard H. Bayerlein, Alexander Watlin: Zur aktuellen Situation der ehemaligen Parteiarchive in Rußland. Informationen und Interviews. In: osteuropa 42 Jg., H. 11, 1992, S. 966–977.

ten Terrorsystems nachgezeichnet werden, in dessen verhaltensprägende und bewußtseinsdeformierende «Menschenfalle»[37] auch zahlreiche dem deutschen Faschismus entkommene Emigranten, antifaschistische Exilschriftsteller und «Parteiarbeiter» wie Herbert Wehner gerieten.

Die nachfolgende Dokumentation der Moskauer Jahre Wehners verzichtet weitgehend auf die Exegese publizierter Texte Wehners; sie zielt durch die Verwendung bisher unveröffentlichten Aktenmaterials[38] auf die Rekonstruktion der bisher allenfalls autobiographisch beschriebenen stalinistischen Verfolgungspraxis. Wehners Moskauer Aufenthalt in den ausweglosen Zwängen des «Hotels Lux» sollte nicht eine umstands- und geschichtslose Entrüstung über subjektive Perfidien hervorrufen, sondern vor allem die stalinistischen Strukturen[39], jene alle Poren der Gesell-

[37] Ernst Fischer benutzt, um sein Verhalten im Moskauer Komintern-Apparat nachträglich zu verklären, die exkulpatorische Formel «War das ich?». Mit dieser Figur einer doppelten Existenz verflüchtigt sich aber die eigene Rolle Fischers als Vertreter der KPÖ bei der Be- und Verurteilung von «Kadern» weitgehend. Ernst Fischer: Erinnerungen und Reflexionen. Reinbek 1969, S. 7.

[38] Der Herausgeber ist sich der fragmentarischen Vorläufigkeit einer solchen Dokumentation der Moskauer Jahre Wehners bewußt. Zahlreiche Dokumente, wie z. B. die selbstverfaßten «Lebensläufe» der Emigranten, sind zudem nur vor der Folie der Sprachregelungen und Erwartungshaltungen der Parteiinstanzen angemessen zu dechiffrieren. Deren Sprach- und Rollenklischees paßten sich die Parteikader durch die demonstrative Verwendung des «Parteigesichts» und durch den Einsatz der eingelernten «Doppelsprache» an. Erst eine intensive Nutzung Berliner und Moskauer Archive wird die archivalischen Voraussetzungen einer umfassenden Analyse der Wehnerschen Parteikarriere in Berlin, seiner Tätigkeit im Saargebiet, in Prag, Paris und Moskau liefern.

Zusammen mit den Moskauer Komintern-Forschern Friedrich Firsow und Alexander Watlin plant der Herausgeber eine Analyse von Politikverständnis und Apparatstruktur der Komintern.

[39] Vgl. dazu auch: Dialoghi del Terrore. I processi ai communisti italiani in Unione Sovietica (1930–1940). A cura di Francesco Bigozzi e Giancarlo Lehner. Firenze 1991.

schaft durchdringende, universelle Gewaltstruktur während der sogenannten «Säuberungen» deutlich werden lassen. Deren politisch instrumentalisierter Zwangs- und Dressurapparat[40] richtete sicherlich sowohl gläubige Parteisoldaten wie auch antifaschistische Schriftsteller zu funktionierenden «Rädchen und Schräubchen» einer Maschinerie ab, die ihre Opfer und dann auch ihre zahlreichen Täter verschlang. Andererseits sollte das deformierte Individuum nicht allein als ohnmächtiges Objekt von Parteiapparat und Terrormaschine gesehen werden, sondern auch als handelndes und verantwortliches Subjekt zumindest mit den eigenen Idealen von «gegenseitiger Hilfe» und Solidarität und mit der eigenen Selbstdarstellung verglichen werden.

Die Veröffentlichung bisher verschwiegener «Säuberungs-Protokolle»[41] wie auch der «Kaderakte» Herbert Wehners will aber nicht jenen gnadenlosen Voyeurismus befriedigen, der sich mit dem Verweis auf die «schmutzige» Geschichte großer Geister und prominenter Politiker aus dem eigenen Staub macht. Auch wenn sich Verfolgungslogiken und Terrorsystem des Stalinismus scheinbar nur in der Subjektgeschichte enthüllen, montiert und demontiert wird zuvörderst das politische System, das solche inquisitorischen Verhaltensformen durchsetzte und solche individuellen Überlebensstrategien produzierte.

[40] Sinowjew erfindet eigens eine bimetallische Verbindung, wenn er diesen «stählernen, eisernen bolschewistischen Parteiapparat» gegen den Sowjet-Bürokratismus mobilisieren will. Grigori Sinowjew: Über die Aufgaben der KPR. Hamburg 1924, S. 28.

[41] Reinhard Müller (Hrsg.): Die Säuberung. Moskau 1936. Stenogramm einer geschlossenen Parteiversammlung. Reinbek 1991.

Disziplinierung und Selbstzwang des «Zuchtmeisters»

Bereits während seines ersten Moskauer Aufenthalts verfaßte Herbert Wehner am 26. Oktober 1935 unter seinem Decknamen «Kurt Funk» einen handschriftlichen Lebenslauf. Zum wesentlich ausführlicheren politischen «Geständnis» geriet aber erst sein zweiter Lebenslauf, den er am 24. März 1937 für die Kaderabteilung der Kommunistischen Internationale verfassen mußte. Alle «Politemigranten» und durch Parteibefehl (Kommandirowka) entsandten Parteiarbeiter hatten sich nach ihrer Ankunft in Moskau den Selektions- und Kontrollmechanismen der Komintern zu unterwerfen, die durch mündliche Inquisitionen, Fragebögen, Enquêten und häufig neu zu schreibende Lebensläufe die persönliche Biographie, politische «Abweichungen» und «Beziehungen» mit aktenmäßiger Pedanterie erfaßte. Die Verfasser dieser «Lebensläufe»[42] beichteten dabei schonungslos ihre eigene Parteigeschichte, bezichtigten sich nach dem Ritual der Selbstkritik jeglicher Abweichung oder verwiesen wie Herbert Wehner auf ihre Meriten im Kampf gegen «Rechts-» oder «Linksopportunismus». Durch die in diesen Kaderakten aufbewahrten Selbstbezichtigungen lieferten sie der Vernichtungsmaschinerie des Stalinismus die gewünschten «Beweise», die durch freiwillige oder eingeholte Denunziationen und durch Überprüfungsverfahren der Internationalen Kontrollkommission (IKK) ergänzt wurden. Mit der permanenten Abfassung von parteiamtlichen Beichten[43] wurde der

[42] Vgl. dazu Reinhard Müller: Flucht ohne Ausweg. Lebensläufe aus den geheimen «Kaderakten» der Kommunistischen Internationale, in: Exil, 10. Jg., 1990, Nr. 2, S. 76–95; ders.: Linie und Häresie. Lebensläufe aus den Kaderakten der Komintern (II), in: Exil, 11. Jg., 1991, Nr. 1, S. 46–69.

[43] Alois Hahn: Zur Soziologie der Beichte und anderer Formen institutionalisierter Bekenntnisse: Selbstthematisierung und Zivilisationsprozeß, in: Kölner Zeitschrift für Soziologie und Sozialpsychologie, 34. Jg., 1982, S. 407–434.

konforme Parteisoldat noch zum folgsamen «Geständnistier»[44] erniedrigt, das sich auch nachträglich und reuig der Parteidisziplin und der immer richtigen «Linie» unterwirft.

Neben der Schilderung seiner sozialen Herkunft beschreibt Herbert Wehner besonders ausführlich seinen politischen Ablösungsprozeß vom Anarcho-Syndikalismus. Diese anarchistisch-syndikalistische Jugendsünde wie auch die persönliche Bekanntschaft mit Erich Mühsam nutzte die «Kaderabteilung» der Komintern in ihren späteren Dossiers über «Kurt Funk» immer wieder als Ausgangspunkt ihrer gesammelten Schuldvorwürfe.

Spätestens seit seiner Tätigkeit in der Organisationsabteilung des ZK der KPD war Wehner mit der Technik der Partei-Lebensläufe, mit dem Rasterdenken und den Selektionskriterien zur «Kaderbeurteilung» vertraut. Er selbst führte seit 1931 zahlreiche politisch-organisatorische «Kontrollen»[45] diverser Bezirksleitungen der KPD[46] durch und wurde 1932 mit einem hochnotpeinlichen und parteiinternen Untersuchungsverfahren gegen das ZK-Mitglied Willi Münzenberg beauftragt. Als «Reorganisation» firmierte die personelle «Säuberung» eines Berliner Unterbezirks 1932 von «Neumann-Anhängern» durch Herbert Wehner, der zudem, wie er in seinen *Notizen*[47] hervorhebt, bereits in

[44] Vgl. zu Disziplinartechnologien, zu Prozeduren des Geständniszwangs, zum Menschen als «Geständnistier» die Untersuchungen von Michel Foucault: Überwachen und Strafen. Die Geburt des Gefängnisses. Frankfurt a. M. 1976; ders.: Sexualität und Wahrheit I. Frankfurt a. M. 1977, S. 76f.

[45] Wehner kehrt noch 1946 in seinen *Notizen* – trotz partieller Kritik an der Apparatpartei – immer wieder zur Vorstellung einer permanent kontrollierten Partei zurück. So vermißt er die Supervision des Leiters der Organisationsabteilung der KPD, August Creutzburg, der wenig gründlich kontrollierte, «weil er selbst nicht genügend kontrolliert wurde». Zeugnis, S. 107. Er kritisiert das Politbüro noch 1946, da es 1933 «weder Zeit noch Lust» hatte, «sich mit Untersuchungen und mit der Bewertung von Menschen anhand der von uns gemachten Erfahrungen zu befassen». Zeugnis, S. 108.

[46] Zeugnis, S. 55.

[47] Ebenda, S. 91.

Berlin Einsicht in umfangreiche «Dossiers» über Werner Hirsch und Hans Schrecker bekam. Kritik an solcher Verfolgungspraxis findet sich in der Darstellung der *Notizen* nur in verallgemeinerter Form: «Entsprechend verfuhr man bei der Personenbeurteilung und bei der politischen Charakteristik. Ein Kampf aller gegen alle und von Cliquen gegen andere Cliquen war die Folge.»[48]

Mit zunehmender «Bolschewisierung», das heißt Stalinisierung der kommunistischen Parteien, hatte die Komintern ein beständig expandierendes zentralistisches Statistik- und Berichtswesen[49] als monströsen Kontroll- und Registraturapparat für die Überwachung der eigenen Mitglieder aufgebaut. Nach zwei «Orgberatungen»[50], das heißt zwei Konferenzen zur Bolschewisierung der Komintern, erließ die «Erweiterte Exekutive der Komintern» 1926 folgende Kanzleianweisung zum verstärkten Ausbau solcher Kontroll- und Disziplinierungsapparate: «Zu diesem Zweck müssen die Sektionen der Komintern dazu übergehen, die Partei in bezug auf ihre soziale Zusammensetzung, auf die Zugehörigkeit der Mitglieder zu den Massenorganisationen, insbesondere zu den Gewerkschaften, in bezug auf die Dynamik des Mitgliederbestandes der Partei zu erforschen, zu kontrollieren und zu verbessern. Zugleich müssen die Parteileitungen zur Organisierung der systematischen Registrierung der Kader der Parteiarbeiter, ihrer Verteilung und Auswahl der Genossen für

[48] Ebenda, S. 58.

[49] Als Mitarbeiter der Organisationsabteilung des ZK schlägt Herbert Wehner zur Eindämmung der Mitgliederfluktuation die Einführung von Fragebögen und ausführlichen Berichten der Zellen vor, die von den Bezirksleitungen wieder zu Gesamtberichten an das ZK zu verarbeiten sind. H. Wr. [d. i. Herbert Wehner]: Die Bedeutung einer richtigen Statistik der Parteimitglieder zur Unterstützung der Werbung und Regelung des Parteiwachstums. In: Der Parteiarbeiter, Jg. 10, 1932, H. 6, S. 166–168.

[50] Der organisatorische Aufbau der kommunistischen Partei. Organisationsberatung der Erweiterten Exekutive. Hamburg 1925; Die zweite Organisationskonferenz. Beschlüsse und Resolutionen. Hamburg 1926.

Ausübung leitender Funktionen auf den verschiedenen Tätigkeitsgebieten übergehen.»[51]

Parallel zum «normalen» Berichts- und Kontrollwesen hatte die KPD den illegal operierenden Militärapparat[52] des ZK-Mitglieds Hans Kippenberger mit der Überwachung der KPD-Organisationen betreut. Herbert Wehner beschrieb selbst die Arbeitsweise des häufig nur «Apparat»[53] genannten illegal und klandestin wirkenden Abwehr- und Nachrichtenressorts des sogenannten M-Apparats: «Die Überwachung, die von den Funktionären gegenseitig ausgeübt wurde, war der ‹Ersatz› für die erstickte Demokratie in den Parteiorganisationen. Mit Hilfe dieser Überwachung sammelte der sogenannte Nachrichtendienst (der sich als Seele der Organisation fühlte) Material, das teils zur Bildung und Vervollständigung eines Archivs, teils zur laufenden Information der höchsten Leiter in den Bezirken und im Politbüro diente.» Wie Wehner weiter ausführt, wurde für diese «Steckbriefsammlung» des «Zentralen Abwehr-Archivs», die 1934 zudem der Gestapo in die Hände fiel, in Dossiers «alles gesammelt, was dem

[51] Thesen und Resolutionen. Erweiterte Exekutive (Februar/März 1926). Hamburg 1926, S. 200.

[52] Schon in den Bedingungen für die Aufnahme in die Kommunistische Internationale war der Aufbau eines solchen illegalen Apparates für die kommunistischen Parteien obligatorisch: «Sie sind verpflichtet, überall einen parallelen illegalen Apparat zu schaffen, der im entscheidenden Augenblick der Partei helfen soll, ihre Pflicht gegenüber der Revolution zu erfüllen.» W. I. Lenin: Werke. Berlin/DDR 1959, S. 195.

Der Militär-Apparat (M-Apparat) Kippenbergers umfaßte mehrere Ressorts: Abwehr, Betriebsspionage (BB = Betriebsbeobachtung); Nachrichtenbeschaffung und Zersetzung von Reichswehr und Polizei; NSDAP, SPD und Gewerkschaften.

[53] Auch in der Parteisprache der DDR hatte sich die Amtsautorität und omnipotentes Geheimnis verheißende Bezeichnung «Apparat» für Tätigkeiten in der Partei- oder Staatsbürokratie eingebürgert. Man vermied zwar die Bezeichnung des Apparatschiks, aber man arbeitete «im Apparat».

Nachrichtenapparat über Parteimitglieder bekannt geworden war»[54]. Zudem wurden auch ehemalige oppositionelle oder ausgeschlossene KPD-Mitglieder in periodisch erstellten «Schwarzen Listen»[55] als «Verräter und Spitzel» gebrandmarkt.

Innerhalb der KPD wurde diese Sündenregistratur der politischen Abweichungen im innerparteilichen Macht- und Cliquenkampf als Druck- und Herrschaftsmittel eingesetzt. Zahlreiche Dokumente dieses Inquisitionsarchivs gelangten in die Moskauer Ablage[56] der Kaderabteilung der Komintern, zur umfassenden Registratur des «Generalstabs der Armee des Weltproletariats».

Diese Dossiers über reale oder virtuelle «Abweichungen» gab die Kaderabteilung der Komintern schon vor den großen «Säuberungswellen» an das NKWD[57] weiter, das aus diesen Informationen später «Schuldvorwürfe» für Verhör- und Folterpraxis[58], für Anklageschriften und Urteile konstruierte.

Für die von oben verordnete gesellschaftliche Modernisierung der Sowjetunion hatten Lenin und Stalin die fürwahr «eiserne»

[54] Zeugnis, S. 91.

[55] IfGA/ZPA I 2/705/11 (Listen 1924–1932) und I 2/705/12 (Listen 1934–1936).

[56] Wolfgang Leonhard, der 1943 das nach Ufa ausgelagerte Komintern-Archiv mitsortierte, stellte im Vergleich zu anderen kommunistischen Parteien fest: «Keine Partei hatte soviel Archivmaterial nach Moskau gesandt wie die Kommunistische Partei Deutschlands.» Wolfgang Leonhard: Die Revolution entläßt ihre Kinder. Köln 1981, S. 237.

[57] In einem Brief vom 14. Mai 1938 beschreibt der deutsche Kaderreferent Brückmann, daß er 1933 und 1934 bereits von der KPD «Material» erhielt, das von der Leitung der Kaderabteilung an das NKWD weitergeleitet wurde. RZA 495/205/Kaderakte Brückmann, Bl. 31. Nach seiner eigenen Verhaftung betont Brückmann auch in einem Brief an Dimitroff, daß keine andere Sektion der Komintern soviel «Material» an das NKWD geliefert habe wie die deutsche Sektion, d. h. die KPD.

[58] Vgl. dazu Reinhard Müller (Hrsg.): Die Liquidierung. Akten des Terrors aus Moskauer Geheimarchiven. Reinbek 1993.

Disziplin[59] und «Geschlossenheit» einer Armee[60] ebenso wie die Rationalität der preußischen Post[61] und des amerikanischen «Fordismus»[62] empfohlen. Die bürokratischen Disziplinarformen der «Zivilisierung» wurden für den Prozeß der nachholenden «Akkumulation um jeden Preis» vom Stalinismus sowohl in-

[59] In den von Lenin 1920 formulierten Bedingungen für die Aufnahme in die Kommunistische Internationale wurde ebenfalls die «eiserne Disziplin» hervorgehoben: «In der gegenwärtigen Epoche des verschärften Bürgerkriegs wird die kommunistische Partei nur dann ihre Pflicht erfüllen können, wenn sie möglichst zentralistisch organisiert ist, wenn in ihr eine eiserne Disziplin herrscht, die an militärische Disziplin grenzt, und wenn ihr Parteizentrum ein starkes, autoritatives Organ mit weitgehenden Vollmachten ist, das das allgemeine Vertrauen der Parteimitgliedschaft besitzt.» W. I. Lenin: Werke. Berlin/DDR 1959, S. 197.

[60] In seinen Vorlesungen «über die Grundlagen des Leninismus» hatte Stalin bereits 1924 seine Vorstellungen über die «eiserne Disziplin» des «organisierten Vortrupps» und über die «Reinigung» der Partei «vom Unrat des Opportunismus» entwickelt. Diese 1924 erstmals auch in Deutschland erschienene katechetische Formelsammlung Stalins scheint gerade mit der Betonung der disziplinierten Organisation die Konversion des jungen Anarchisten Wehner zur KPD befördert zu haben.

Wahrscheinlich nutzte Wehner die erweiterte Ausgabe Josef Stalin: Probleme des Leninismus. Wien/Berlin 1926 (Marxistische Bibliothek Bd. 5).

[61] In «Staat und Revolution» benannte Lenin die Voraussetzungen für die Schaffung der «demokratischeren Staatsmaschine» des Sozialismus: «Zu diesen Voraussetzungen gehört die allgemeine Schulbildung, die in den fortgeschrittensten kapitalistischen Ländern bereits eingeführt ist, ferner die ‹Schulung und Disziplinierung› von Millionen Arbeitern durch den umfassenden, komplizierten, vergesellschafteten Apparat der Post, der Eisenbahnen, der Großbetriebe, des Großhandels, der Banken usw. usf.» W. I. Lenin: Werke. Bd. 25, Berlin/DDR 1970, S. 487.

[62] Stalin formulierte diese Symbiose: «Vereinigung des russischen revolutionären Schwungs mit amerikanischer Sachlichkeit – darin liegt das Wesen des Leninismus in der Partei – und in der Staatsarbeit.» J. W. Stalin: Werke. Bd. 6, S. 166.

Vgl. dazu auch Walter Süß: Die Arbeiterklasse als Maschine. Ein industriesoziologischer Beitrag zur Sozialgeschichte des aufkommenden Stalinismus. Berlin 1985.

nerhalb der KPdSU und Komintern wie auch gegenüber der sowjetischen Gesellschaft im geschlossenen, zunehmend militarisierten, bürokratischen Herrschaftssystem von Kontrolle, Überwachung, Aussonderung, Liquidierung durchgesetzt und terroristisch überformt.

Fabrikdisziplin, bürokratische Organisation und Militärräson[63] dienten als autoritäre Politikmodelle[64] auch im Prozeß der nachholenden «Bolschewisierung» der KPD in den zwanziger Jahren, deren Mitglieder als Fabrikarbeiter und Kontoristen, als Soldaten oder Feldwebel schon die lebensgeschichtlichen Disziplinarschulen des Proletariats, den «stummen Zwang» der Verhältnisse durchlaufen hatten. Die militärischen Disziplinarformen wie Strafversetzungen in die Provinz oder Zentrale, Kapitulationserklärungen[65] der Abweichler wie auch die beständige Unterwerfung unter die «Generallinie» und den «Parteibefehl» formierten den fügsamen Funktionär und den disziplinierten Parteisoldaten.

In den rückblickenden *Notizen* beschrieb Wehner permanente Fraktionsriecherei und die Jagd auf Sündenböcke als innerparteiliche Disziplinierung und als auferlegten Selbstzwang: «Daraus folgten Verschweigen und Verleugnen von Gedanken und Mei-

[63] Vgl. dazu Joachim Schuhmacher: Die Angst vor dem Chaos. Über die falsche Apokalypse des Bürgertums. Frankfurt a. M. 1972, S. 192ff.

[64] Herbert Wehner kritisiert 1946 in seinen «Notizen» den «militaristischen Überzentralismus» der KPD und notiert, daß «alle von der grundfalschen Auffassung der militärischen Disziplin in der Partei befallen oder zumindest angesteckt» waren. In der «Selbstkritik» der *Notizen* beschreibt Wehner auch, daß die Parteiorganisationen wie «militärische Einheiten» dirigiert wurden. Zeugnis, S. 61, S. 40 und S. 46.

[65] In vielen nach dem Ritual der Selbstkritik verfertigten «Lebensläufen» finden sich Unterwerfungserklärungen, daß man «vollständig kapituliert» oder daß man «vollständig abgerüstet» habe. Trotzki notierte 1937, daß die früheren Kapitulationserklärungen in «embryonaler Form» die «späteren Moskauer Prozesse» enthalten hätten. Leo Trotzki: Stalins Verbrechen. Berlin 1990, S. 84.

nungen und eine mehr oder weniger konspirative Verschleierung persönlicher Freundschaften. Es ergab sich daraus auch eine provokatorische und erpresserische Praxis führender oder streberischer Leute, andere Genossen festzulegen und zu entlarven. Viele kritisch denkende Kommunisten hatten somit ständig sich selbst zu überwachen, um nicht falsch aufzutreten.»[66] Im Rückblick der *Notizen* kritisierte er sowohl die «Parteilehre, die eine solche Praxis hervorgebracht hat» wie auch die «Methode der Parteiführung, Oppositionen zu fabrizieren, um sie exemplarisch und vernichtend schlagen zu können».

Das aktuelle Umdeutungsinteresse Wehners blendet aber 1946 die eigene Rolle «bei der Schlachtung angeblicher Oppositionen»[67] im Dresdner und Berliner Parteiapparat aus, die er in seinem Lebenslauf von 1935 noch besonders hervorgehoben hatte: «In der Bekämpfung der Neumann-Fraktion war ich außer in meiner zentralen Funktion auch im Unterbezirk Zentrum, Berlin, tätig, wo ein Herd dieser Fraktion sich befand.» Seine «Vorliebe für konstruktiven Sozialismus» und die Identifikation mit der Sowjetunion verbanden sich noch im Rückblick mit einer «ausgesprochenen Abneigung gegen Cliquenbildung und Sektenwesen»[68].

Es ist wohl eher der Versuch nachträglicher Selbststilisierung, wenn Wehner behauptet, daß er in seinem Wirkungsbereich «nach Kräften der herrschenden Hysterie entgegengewirkt und einen mäßigenden Einfluß ausgeübt habe»[69]. Wahrscheinlich kennzeichnet eine der allgemein formulierten Bemerkungen in den *Notizen* auch Herbert Wehners Überzeugung und seine keineswegs zurückhaltende Rolle bei der Verfolgung von Häretikern: «War die Einheit der Partei in Gefahr, ließen gerade die aktivsten und mit der Partei am innigsten verbundenen ehrlichen

[66] Zeugnis, S. 65f.
[67] Ebenda, S. 63.
[68] Ebenda, S. 67.
[69] Ebenda, S. 69.

Genossen alle sonstigen Bedenken fallen und stellten sich ganz in den Dienst des Kampfes um die Erhaltung der Einheit der Partei.»[70]

Der Mythos von der «Einheit und Geschlossenheit» war politikbestimmendes und verhaltenprägendes Kernstück stalinistischer Parteitheorie, die zur «Ausrottung» und «Liquidierung» der innerparteilichen Opposition aufrief: «Die Diktatur des Proletariats unter solchen Verhältnissen kann keine einzige Minute bestehen, ohne die Einheit der Partei, die von einer eisernen Disziplin durchdrungen sein muß. Die Versuche, die Einheit der Partei zu untergraben, die Versuche eine neue Partei zu schaffen, müssen mit der Wurzel ausgerottet werden ... Deshalb besteht die Aufgabe darin, den Oppositionsblock zu liquidieren und die Einheit der Partei zu festigen.»[71] Stalin formulierte in einer Schwurformel bereits 1924 eine häufig instrumentalisierte[72] Floskel: «Als Genosse Lenin von uns schied, hinterließ er uns das Vermächtnis, die Einheit unserer Partei wie unseren Augapfel zu hüten. Wir schwören dir, Genosse Lenin, daß wir auch dieses dein Gebot in Ehren erfüllen werden!»[73]

In den permanenten Kontrollverfahren und Reinigungsritualen der «einheitlichen» kommunistischen Partei tritt seit Mitte der zwanziger Jahre auch jene autoritäre Konditionierung des Individuums und die «Präparierung der Opfer» hervor, die «den einzelnen gleich gut für die Rolle des Vollstreckers wie für die des

[70] Ebenda, S. 63.

[71] Josef W. Stalin: Der Oppositionsblock und die Fragen der Revolution in der UdSSR. Hamburg/Berlin 1927, S. 236f.

[72] Diese kanonisierte Formulierung wurde nicht, wie Hartmut Soell vermutet, zuerst von Dimitroff 1935 benutzt. Wehner knüpfte in seiner Rede auf der Brüsseler Konferenz mit dem Verwenden dieser Formel nicht an Dimitroff an, sondern zitierte die auch Redens- und Wesensart Dimitroffs bestimmende Autorität Stalins.

Vgl. Soell, Der junge Wehner, S. 369.

[73] Josef Stalin: Werke. Bd. 6, Berlin 1972, S. 42.

Opfers vorbereiten kann»[74]. Im Rückblick der *Notizen* beschrieb Wehner 1946 die Wirkung solcher permanenten Kontrollverfahren: «An die Stelle von Diskussionen und der Respektierung ehrlicher Auffassungen war die Praxis der Entlarvung und Festlegung getreten.»[75]

«Reinigung» der Partei

Die von den «Kadern» ständig neu zu verfassenden «Lebensläufe» gerieten so zur Chronik von demonstrativ formulierter Parteitreue und freiwillig bekannten «Abweichungen». Sie dienten als bürokratisch ausgewertetes Kontrollmittel und zugleich als «Beweis» und als selbstverfaßtes Geständnis der späteren Verfolgungspraxis: «Die Chronik eines Menschen, die Erzählung seines Lebens, die Geschichtsschreibung seiner Existenz gehörten zu den Ritualen seiner Macht. Die Disziplinarprozeduren nun kehren dieses Verhältnis um, sie setzen die Schwelle der beschreibbaren Individualität herab und machen aus der Beschreibung ein Mittel der Kontrolle und eine Methode der Beherrschung. Es geht nicht mehr um ein Monument für ein künftiges Gedächtnis, sondern um ein Dokument für eine fallweise Auswertung.»[76]

Das Idealbild des aufrechten Ganges mag dem Heroismus einzelner Widerstandskämpfer während des Faschismus gerecht werden, blendet aber den innerorganisatorischen Zwang aus, politische Überzeugung und militärische Parteiräson[77] durch die vor-

[74] Hannah Arendt: Elemente und Ursprünge totaler Herrschaft. Frankfurt a.M. 1955, S. 738.

[75] Zeugnis, S. 57.

[76] Michel Foucault: Überwachen und Strafen. Die Geburt des Gefängnisses. Frankfurt a.M. 1977, S. 246–247.

[77] Der 12. Parteitag der KPD beschließt 1929 ein Manifest an das deutsche Proletariat, das mit folgendem Fahnen- und Eintrittsappell schließt: «Schart euch um die Fahne des Klassenkampfes, reiht euch ein in die bolschewistische Kampfarmee des deutschen Proletariats!» Protokoll der Verhandlungen des

sätzliche Einreihung in die «bolschewistische Kampfarmee» lebensgeschichtlich in Übereinstimmung zu bringen. Der ehemalige antiautoritäre «Rebell» Wehner wie auch die sogenannten «Klassenverräter» (z. B. Georg Lukács, Johannes R. Becher) unterwarfen sich den autoritären «Normen» der Parteidisziplin[78] bereitwillig und exekutierten jeglichen Parteibefehl, um sich von der Schuld ihrer früheren anarchistisch-syndikalistischen «Abweichung» zu befreien oder den Makel ihrer nichtproletarischen Herkunft abzuwaschen.

Entgegen dem Augenschein und eigener Erfahrung wird dabei das «neue Rußland» zum metaphysischen Trost einer Partei, der die Welt in zwei Welten und die Gesellschaft in zwei Lager zerfällt. Das Aufgehen in der Kommunistischen Partei löschte auch für Herbert Wehner den bürgerlichen «Individualismus» aus und verhieß zur Aufhebung der Entfremdung zugleich die unio mystica mit der Partei des Proletariats, dem revolutionären Springpunkt und scheinbar tatbereiten Demiurgen der Menschheitsgeschichte.

Schon vor 1933 lassen sich in der rigiden Verfolgungs- und Ausschlußpraxis von Komintern und KPD in embryonaler Form jene inquisitorischen Raster, Disziplinierungsstrategien und die «servile Einordnung in einen unkontrollierbaren Apparat»[79] ausmachen, die später im ausweglosen Moskauer Exil für viele Politemi-

12. Parteitags der Kommunistischen Partei Deutschlands (Sektion der Kommunistischen Internationale). Berlin 1929, S. 532.

[78] Erich Fromm gelangte in einer Untersuchung der sozialen und politischen Einstellungen von Arbeitern und Angestellten der Weimarer Republik zu der Feststellung, daß «unter den Kommunisten zwar nicht der offen-autoritäre, wohl aber der rebellisch-autoritäre Typus relativ verbreitet war». Erich Fromm: Arbeiter und Angestellte am Vorabend des Dritten Reiches. Eine sozialpsychologische Untersuchung. Bearb. und hrsg. von Wolfgang Bonß. München 1983, S. 252.

[79] Walter Benjamin: Über den Begriff der Geschichte. In: ders.: Ges. Schriften. Bd. I, 2. Frankfurt a. M. 1974, S. 698.

granten tödliche Konsequenzen haben sollten. Das parteiamtliche Bestrafungsritual wurde dabei zumeist zweimal ausgeführt, als klandestine Verfolgung und als öffentliche Verurteilung des Häretikers, die im abschreckenden «Straftheater» der Parteipresse vorgeführt wurde. Die «Bolschewisierung» der KPD wurde von Heinz Neumann, Lobredner und Opfer Stalins zugleich, schon 1925 als «bewußter Kampf gegen bestimmte Feinde in unserer eigenen Mitte»[80] definiert. «Reinigungen» und «Kontrollen» wurden als politisch-ideologisches Disziplinarinstrument in der ritualisierten Alltagspraxis der KPdSU[81] und der Komintern-Parteien periodisch eingesetzt. Vor allem nach Niederlagen gehörten sinistre Verschwörungssyndrome und das wechselseitige Erlegen von Sündenböcken zum sich selbst verfolgenden Satyrspiel, zum offiziösen Heroismus und zur inszenierten Bildergeschichte von Komintern und KPD. Vom «Apparat» der KPD wurden innerparteiliche Strömungen wie auch ausgeschlossene und als «Gegner» perhorreszierte Personen[82] registriert und systematisch überwacht. Permanente Feindsuche und dichotomische Lagermentalität führten zur einstweiligen administrativen «Liquidierung» des ideologischen Widerspruchs und der politischen Devianz, zur Degradierung oder zum Ausschluß der Opposition, zur Herausbildung des parteikonformen und disziplinierten Kaders: «Der übliche Verlauf der Sache: Gegeben ist mit dem besonderen Motiv der jeweiligen Wendung die Richtung, in der sie gehen soll, gegen rechts oder gegen links. Gefunden werden die Sündenböcke. Das Urteil wird gesprochen. Die Gründe werden gesucht, die Hetze entfesselt, das Opfer abgeschlachtet. Inzwischen ist eine neue

[80] Heinz Neumann: Was ist Bolschewisierung? Hamburg 1925, S. 63.

[81] Vgl. Emiljan Jaroslawski: Für eine bolschewistische Prüfung und Reinigung der Parteireihen. Moskau/Leningrad 1933; Lasar Kaganowitsch: Über die Parteireinigung. Moskau/Leningrad 1933.

[82] Vgl. z. B. die Bestände aus dem ehemaligen «Historischen Archiv der KPD» zu Paul Levi, Heinrich Brandler, August Thalheimer, Karl Korsch, Ernst Schwarz, Ruth Fischer, Arkadi Maslow, Paul Frölich, Gerhart Eisler, Ernst Meyer, u. a. in: IfGA/ZPA I 2/3/61–66.

Führergarnitur zusammengestellt und der Fahneneid auf sie abgelegt worden mit einer Einstimmigkeit, die die bolschewistische Geschlossenheit und den revolutionären Geist der Partei beweist. Dann bahnt sich die neue Taktik ihren Weg, sie schlägt aus und überkugelt sich. Für die neue Praxis wird die Theorie gefunden. Die Hochmögenden halten über die neue Führung alle Hände und drohen jeden zu zerschmettern, an dem der Zweifel nagt, der zu warnen und zu kritisieren wagt. Die Partei ist wieder einmal, zum erstenmal in ihrer Geschichte, eine wirkliche kommunistische Partei geworden, ist bolschewisiert, steht auf der Linie, ausgerichtet wie ein preußisches Bataillon.»[83] Der «treue» und «ergebene» Parteisoldat unterwirft sich – nicht zuletzt auch sozial vom «Apparat» abhängig – dem Ritual der «Selbstkritik», das auf Parteitagen der KPD und in zahllosen Erklärungen in der Parteipresse zelebriert wird.

Jene 25 Mitglieder des ZK der KPD, die in der Korruptions-Affäre «Wittorf» mit der Absetzung Thälmanns gegen die Linkswendung der Komintern opponierten, wurden nach gemeinsamer «Reueerklärung» zur Ableistung von Buße entweder degradiert, als «Rechtsopportunisten» ausgeschlossen oder als «Versöhnler» marginalisiert. Bei der jetzt noch unblutigen Liquidierung der Opposition fungierte die «Methode der Sündenbekenntnisse, des Erzwingens der Abschwörung von Überzeugungen, als Mittel, um selbstständige Charaktere zu brechen und zu diffamieren»[84].

In den innerparteilichen «Reinigungen»[85] verband sich die Sanktionsangst gegenüber den «Instanzen» mit der Angst vor dem

[83] Paul Levi (1930), zit. nach: Hermann Weber: Die Wandlung des deutschen Kommunismus. Die Stalinisierung der KPD in der Weimarer Republik, Bd. 1, Frankfurt a. M. 1969, S. 304.

[84] Was will die KPD-Opposition? Berlin 1930 (3. Aufl.), S. 70–71.

[85] Die biologistische Selektionssprache signalisiert die «ausmerzende» Praxis des stalinistischen Terrors. Über deren vernichtende Rhetorik verfügte Stalin ebenso wie das spätere Stalin-Opfer Sinowjew: «Sobald sich irgendwo Fäulniserscheinungen, Wurmstichigkeit bemerkbar machten, standen unsere Führer stets in den ersten Reihen der Kämpfer gegen dieses Übel, forderten

Verlust des Über-Ichs «Partei». Überwölbt durch die «historische Mission der Arbeiterklasse» legitimierte der metaphysische «Klassenstandpunkt» die Notwendigkeit solcher als «Reinigung» deklarierten Straf- und Unterwerfungsrituale. Latente Aggression des individuellen Gewissens potenzierte das Aggressionspotential der «Partei-Autorität» und vermehrte zugleich das masochistische Strafbedürfnis der Mitglieder. Verfolgungslogik der «Partei-Maschine» und Unterwerfungszwang des «Partei-Arbeiters» verbanden sich in der «Symbiosis»[86] des autoritär-rebellischen Charakters mit der mystisch überhöhten Autorität der «Partei» und ihrer durch die «Generallinie» sakrosankten Führung. Die Sowjetunion[87] fungierte dabei als realgewordener Projektionsort von «vernünftiger» gesellschaftlicher «Ordnung» und der kunstvoll inszenierte Stalin-Mythos als charismatische Projektionsfigur.

Neben der seit 1927 periodisch durchgeführten «Reichskontrolle»[88] wurden Anfang 1930 von Walter Ulbricht, dem «Genos-

die Amputation der kranken Glieder und bestanden hierauf.» Grigori Sinowjew: Vom Werdegang unserer Partei. Hamburg 1920, S. 32.

[86] Vgl. zu dem Täter und Opfer, Sadismus und Masochismus, Herrschaftspraxis und Unterwerfungszwang verknüpfenden «symbiotischen Bedürfnis» Erich Fromm: Die Furcht vor der Freiheit. Frankfurt a. M. 1966, S. 137–202.

[87] Dieses idealistische Verhältnis zur ausgeblendeten Realität der Sowjetunion beschreibt 1935 Karl Korsch in einem Privatbrief: «Die Anwendung des Hegelschen Prinzips ‹Was wirklich ist, ist vernünftig› auf den heutigen russischen Staat und die auf ihn bezogene und durch ihn gehaltene kommunistische Parteibewegung in den anderen Ländern gilt nicht nur für jene allgemein freiheitlichen und fortschrittlichen Schichten, aus denen in einer Zeit ansteigender revolutionärer Bewegung das kämpfende Proletariat, Zuzug, Unterstützung und Verbreiterung seiner Front erhält, sondern bis zu einem gewissen Grade auch für die Arbeiter selbst.» Karl Korsch: Stellung zu Rußland und zur KP. In: Jahrbuch für Arbeiterbewegung, Bd. 2, 1974, S. 147.

[88] Vgl. Richtlinien zur politischen und organisatorischen Durchführung der 3. Reichskontrolle, in: Parteiarbeiter, Jg. 7, 1929, H. 12, Sonderbeilage; Rudolf Gerber (d. i. R. Schlesinger): Bemerkungen über Parteikontrolle und

sen Karthekowitsch», auch Kontrollkommissionen in der KPD installiert. In der «eisernen Kohorte» der KPD sollten sie eine «Generalmusterung» durchführen und «opportunistische und verkalkte Elemente aus dem Funktionärskörper»[89] entfernen. Das gewünschte Ergebnis solcher «Säuberungen» im Parteiapparat war vor allem die Installierung einer jegliche «Linie» exekutierenden Bürokratie, der Funktionärstyp des willfährigen Apparatschiks, des «subalternen Beamten», des «gehorsamen Dummkopfes», des «schmiegsamen Strebers», der sich noch dazu «auf eine künstlich in Passivität gehaltene Mitgliedschaft»[90] stützen konnte. Durch finanzielle Abhängigkeit und politische Interventionen, durch Massenausschlüsse, «Körperschaftsdisziplin» und «Fraktionsverbot» konnte die «Ausmerzung» von «ungesunden Elementen» durchgeführt und somit die Gleichschaltung der Komintern und ihrer Sektionen exekutiert werden. Im «Kurzen Lehrgang» wird 1938 parteiamtlich der «Erfolg» der stalinistischen Ausmerzungspolitik festgestellt: «Die Partei hat in der Tat sowohl die ‹linke› als auch die rechte Abweichung zerschlagen und ausgemerzt.»[91] Diese anfangs noch unblutige «Liquidierung» der innerparteilichen Opposition wurde von Bucharin als «Zivilhinrichtung» charakterisiert, wie Stalin 1929 triumphierend vermerkt.[92]

Auch von der deutschen KPD-Opposition wurde die brachiale Durchsetzung der Komintern-Politik immer wieder kritisiert: «An die Stelle einer wirklichen Diskussion tritt die künstliche, mechanische ‹Diskussion›, die im Drehen einer Formelmühle durch die Spezialisten besteht, treten Instruktionsstunden und ‹Kurse›

über die organisatorischen Formen unseres Kampfes gegen den Opportunismus, in: Die Internationale, Jg. 13, 1930, S. 267–271.

89 Rote Fahne, 3. 1. 1931.

90 August Thalheimer: Um was geht es? Zur Krise in der kommunistischen Partei Deutschlands. Eine offene Rede zum offenen Brief, in: Gegen den Strom (Reprint), 1928/29, Bd. 1, S. 58.

91 Geschichte der kommunistischen Partei der Sowjetunion (Bolschewiki). Kurzer Lehrgang. 3. Aufl. Moskau 1945, S. 347.

92 Josef Stalin: Werke. Düsseldorf 1954, S. 91.

nach dem Muster des altpreußischen Rekrutenunterrichts. Die Parteimitgliedschaft wird als der Rohstoff behandelt, der von Exerziermeistern eingepaukt, gedrillt wird. Die Betriebsamkeit des Apparats tritt an die Stelle des wirklichen Parteilebens.»[93] Neben Massenausschlüssen wird auch von häufigen Überfällen durch KPD-Rollkommandos auf Mitglieder der KPD-Opposition berichtet.[94] Bei der Bespitzelung der innerparteilichen Opposition, vermuteter oder wirklicher «Versöhnler», setzte der illegale «Militär-Apparat» Kippenbergers alle Mittel ein. So wurden durch den illegalen «Abwehr-Apparat» der Briefwechsel zwischen Hamburger und Berliner «Versöhnlern» abgefangen und kopiert, Versammlungen ausgeforscht, Wohnungen von «Versöhnlern» überwacht und durch Einbrüche Informationen beschafft.[95]

Diese totale Bespitzelung führte nicht nur zu Entfernungen aus dem Parteiapparat, sondern auch zu Entlassungen von Oppositionellen aus den ebenfalls kontrollierten Parteibetrieben und Redaktionen. Das papierproduzierende «Berichtswesen» der verschiedenen Leitungsebenen ermöglichte permanente Kontrolle über den Parteiapparat und machte die ständigen Eingriffe von Komintern-Emissären und von mit Vollmachten ausgestatteten ZK-Instrukteuren zur innerparteilichen «Norm». Der ein- oder zweijährige Besuch der Moskauer Lenin-Schule der Komintern, die militärische Ausbildung an der «Alfred-Schule» in Moskau und auch das Studium an der Kommunistischen Universität der nationalen Minderheiten des Westens dienten ebenso zur politischen Disziplinierung der Berufsrevolutionäre, die als Emigranten nicht nur aus Deutschland vertrieben waren, sondern durch die Zurichtungsmechanismen des Apparats zusätzlich atomisiert wurden. Wie die Personalakten und Beurteilungen der Moskauer Komintern-Schule ausweisen, sollten in der hermetischen Klo-

[93] Gegen den Strom, Januar 1929, Sonderbeilage Nr. 2.

[94] Aufstellung der Überfälle 1929 und 1930 in: Gegen den Strom, 1930, Nr. 10.

[95] IfGA/ZPA I 3/16/35.

steranstalt der Lenin-Schule die kodifizierten Parteigesetze ebenso verinnerlicht werden wie die informellen Parteinormen. Ausgetrieben werden sollte dabei der «kleinbürgerliche Individualismus» und jegliche politische Abweichung von der «Generallinie» und von Beschlüssen, die «als ein für alle Parteimitglieder bindendes Gesetz der Partei» von den Mitgliedern «treu und ergeben» zu erfüllen waren. Erziehungsziel der panoptischen Überwachungspraxis[96] war das «revolutionäre Parteigesicht» des Kaders, die Akzeptanz von per Parteibefehl verordneten «Maßnahmen» und die bedingungslose Unterordnung unter die zum Totem geronnene Partei. In der rigiden Hierarchie und «in der unentwegten Disziplin spiegelt die revolutionäre Bewegung den Zustand, den sie angreift, negativ wider»[97].

Von vielen Emigranten lagen Autobiographien, Formulare und «Charakteristiken», sogenannte Beurteilungen der Parteibiographie, bereits aus den zwanziger Jahren im Moskauer Archiv der Kaderabteilung der Komintern. Hier wurden politische «Verbindungen» ebenso registriert wie noch bestehender Kontakt zu Familienangehörigen, Verhaftungen durch die Polizei vor 1933 wie KZ- oder Zuchthaushaft nach 1933. Herbert Wehner hatte bis 1935 noch nicht das Mekka aller Revolutionäre besucht. Er mußte für die Kaderabteilung 1935 – wie alle Teilnehmer – als Delegierter zum VII. Weltkongreß eine Biographie verfassen und einen Fragebogen ausfüllen.

[96] Vgl. z. B. die Charakteristiken einiger Schüler der «Lenin-Schule»: «Der Genosse hat sich gut entwickelt, ist diszipliniert. Seine Verwendung muß jedoch nach Berücksichtigung seiner früheren Tätigkeit (Versöhnlerfraktion) berücksichtigt [!] werden.» – «Der Genosse ist zuverlässig, diszipliniert, aktiv im Studium.» – «Er ist ein Streber, hat sozialdemokratische Traditionen.» IFGA/ZPA I 2/3/81, Bl. 5–9. In Charakteristiken von Schülern der KUNMS heißt es regelmäßig: «... keine politischen Abweichungen, politisch fest, diszipliniert.» RZA 529/1/554 Bl. 12–13.

[97] Max Horkheimer: Autoritärer Staat. In: ders.: Kritische Theorie der Gesellschaft. Frankfurt a. M. 1968, S. 41.

Lebenslauf und «Parteigesicht» von «Kurt Funk»

Gegenüber dem ersten Partei-Lebenslauf betont (Dokument 3) Wehner in der zweiten, ausführlichen Variante von 1937 vor allem seine Verdienste bei zahlreichen ideologischen Auseinandersetzungen mit «Abweichlern» von der imaginären Linie der Komintern. Immer wieder bewährte er sich im Kampf gegen «Brandleristen», «Trotzkisten», mit dem Lenin-Bund, mit Neumann-Anhängern, und nachträglich wirft er noch Erich Mühsam «Verbindungen» zu «Angehörigen der Gruppen von Ruth Fischer und Korsch» vor. Vertraut mit den Klischees der Linienrabulistik, den Resultaten der KPD-Fraktionskämpfe, schon seit Jahren mit der Praxis von ideologischer «Liquidierung» und innerparteilicher «Säuberung» bekannt, versucht Herbert Wehner 1937 mit seinem Lebenslauf als «Kurt Funk» sich den innerparteilichen Verfolgungskriterien und den inquisitorischen Rastern der Moskauer «Säuberungen» anzupassen, seine Konformität mit der «Linie der Komintern» zu beweisen. Ausführlich schildert Wehner auch seine proletarische Herkunft, politische Einstellungen seiner Eltern und die beständigen Anstrengungen, als Schüler den Lebensunterhalt der Familie im Kriege mit abzusichern:

Lebenslauf Kurt Funk.[98] 24. März 1937

Geboren wurde ich am 11. Juli 1906 in Dresden. Mein Vater ist Richard Robert[99] . . . . , geboren am 30. April 1881, meine

[98] ZAD, N 82 11646, I, Bl. 116–121.

[99] Die Pflicht zur konspirativen Verwendung von Decknamen galt auch im Moskauer Exil. Deshalb hatte Wehner auch den Familiennamen seiner Eltern und seines Bruders ausgespart. Konspirationsregeln des illegalen Widerstan-

Mutter ist Alma Antonie ......, geb. Diener, geboren am 4. Juli 1881. Mein Vater ist Lederarbeiter und war in der Schuhindustrie als Schaftzuschneider, Vorrichter und Modelleur beschäftigt. Meine Mutter war Schneiderin und hat später auch als Schaftstepperin und Hutnäherin gearbeitet. Die Eltern meines Vaters wohnten in Hosterwitz, bei Dresden, wo mein Grossvater väterlicherseits Schuhmacher und später Totenbettmeister war. Die Eltern meiner Mutter wohnten in Zschachwitz, bei Dresden, wo mein Grossvater mütterlicherseits Schneider war; nebenbei war er Musiker.

Im Jahre 1911 oder 1912 verzogen meine Eltern mit mir und meinem Bruder, Rudolf Robert ......, geboren am 4. März 1908 in Dresden, nach Schneeberg im Erzgebirge. Hier besuchte ich ab Ostern 1913 die Schule. Noch im Jahre 1913 verzogen wir nach Lössnitz im Erzgebirge.

Sofort zu Kriegsbeginn, am 4. Mobilmachungstag, musste mein Vater zum Militär einrücken. Er war, mit kurzen Unterbrechungen, die er im Lazarett und einmal im Arrest zubrachte, bis Kriegsende im Felde, erst einige Jahre an der Westfront, dann an der Ostfront. Die schwere wirtschaftliche Lage, in die unsere Familie durch den Krieg kam, war der Anlass dazu, dass ich bereits im Jahre 1915 beginnen musste, bei den Bauern zu arbeiten. Wir konnten uns trotzdem wirtschaftlich nicht halten, da in diesem Jahre meine Mutter sehr schwer erkrankte. Deshalb verzogen wir wieder nach Dresden. Hier besuchte ich weiter die Volksschule und arbeitete nebenbei in einer Tischlerei als Markthelfer, in einer Getränkefabrik als Hilfsarbeiter und Transportarbeiter, bei einem Tapezierer als Hilfsarbeiter. Sonntags sang ich im evangel. Kirchenchor, um noch etwas dazu zu verdienen. Zwischendurch arbeitete ich als Laufbursche und Hilfsarbeiter bei einigen Fabrikbesitzern, bei denen meine Mutter als Aufwartefrau tätig war.

des, öffentliche Spionomanie und der Kult des Geheimnisses bestimmten den Amtsalltag der Moskauer Kominternbürokratie und trugen somit auch zur Zerstörung der Persönlichkeit bei.

Unsere Familie war sozialdemokratisch eingestellt. Mein Vater war vor dem Kriege zwar nicht Mitglied[100] der Sozialdemokratie, aber er war Gewerkschaftsmitglied. Nach dem Kriege wurde er auch Mitglied der SPD. 1928 oder 1929 bekam er politische Differenzen und trat im Jahre 1931 der Kommunistischen Partei bei. Meine Mutter war nicht Mitglied einer Partei, sie war aber sehr stark sozialistisch eingestellt. In den Jahren 1930 oder 1931 schloss sie sich der Roten Hilfe an, ebenso wie mein Vater. Mein Bruder war gewerkschaftlich (frei-) organisiert und war später im Arbeitersport tätig. 1921 verliess ich die Volksschule und sollte, nachdem mein Vater wieder Arbeit gefunden hatte, Schriftsetzer lernen. Es kam aber nicht dazu, denn ich wurde mit 5 anderen Volksschülern ausgesucht, eine Berufsschule zu besuchen, die versuchsweise in Dresden eingerichtet wurde, und durch die Arbeiterkinder in dreijähriger Lehrzeit zu Anwärtern für die Verwaltungstätigkeit bei der Post, Reichsbahn und den Ministerialbehörden ausgebildet werden sollten. Diese Einrichtung wurde von der damaligen sozialdemokratischen Regierung geschaffen. Ich besuchte also diese Berufsschule und verdiente daneben etwas durch Nachhilfestunden und in den freien Monaten durch Arbeit auf dem Lande. 1922 begann ich, Abendkurse der Dresdener Volkshochschule zu besuchen, und zwar Kurse für Volkswirtschaftslehre und Geschichte der Literatur und der Philosophie. Ich kam in Berührung mit der Sozialistischen Arbeiterjugend, besuchte deren Veranstaltungen und trat schliesslich im Januar 1923 der SAJ bei. Dadurch bekam ich einigemale Zusammenstösse und Schwierigkeiten mit der reaktionären Leitung der Berufsschule. In der SAJ hatte ich schon in den ersten Wochen Differenzen mit der Gruppenleitung, in der einige Beamtensöhne und höhere Schüler Einfluss hatten. Es bildete sich eine Opposition in unserer Gruppe, die Fühlung mit dem KJV suchte. Im Jahre 1923 wanderte ich

[100] In späteren Interviews bezeichnete Herbert Wehner seinen Vater als SPD-Mitglied, ohne den späten Eintritt nach dem Krieg und die spätere Mitgliedschaft in der KPD zu erwähnen.

durch Sachsen, Thüringen und Nordbayern nach Nürnberg und Erlangen, nahm dort an den Tagungen der SAJ und der Jungsozialisten teil, und nach meiner Rückkehr spaltete sich die SAJ. In Dresden waren inzwischen immer häufiger Demonstrationen der Erwerbslosen. Auch sie waren ein Anlass zur Verschärfung der Auseinandersetzungen in der SAJ. Es kam nämlich einigemale vor, dass die sogenannten Proletarischen Hundertschaften (deren Mitglied auch mein Vater war) gegen die Erwerbslosen eingesetzt wurden. Für uns in der SAJ wurde die Lage immer verworrener, weil wir den Eindruck hatten, dass die Kommunisten im wesentlichen mit der Sozialdemokratie gingen. Wir, d. h. unsere Gruppe in der SAJ, wollten aber eine «neue Revolution». Wir hatten darüber mehrfach Auseinandersetzungen mit Funktionären des KJV, die damals auf dem Standpunkt Brandlers standen (die führenden Leute, mit denen wir es damals zu tun hatten, sind später zur Brandlergruppe und zur SAP gegangen). Durch die Spaltung der SAJ halbierte sich die Ortsgruppe der SAJ. Wir blieben zunächst als unabhängige Gruppe bestehen, führten Schulungsabende und Diskussionen durch und schlossen uns schliesslich der Syndikalistisch-anarchistischen Jugend an. Sie war in Dresden zahlenmässig sehr stark, bestand aber aus sehr vielen Strömungen und Richtungen. Zeitweilig war diese Organisation gleichstark wie der KJV in der Stadt Dresden. 1924 verliess ich die Berufsschule. Es gab aber nicht, wie es 1921 versprochen worden war, die Möglichkeit, bei der Eisenbahn oder im Verwaltungsdienst eingestellt zu werden. Meine Eltern rieten mir aber doch, den Versuch zu machen, meine Kenntnisse in der Buchhaltung usw. dazu auszunützen, einen festen Beruf zu erlernen. 2 Jahre hindurch arbeitete ich daraufhin in der Maschinenfabrik Hille in Dresden als Kontorist-Lehrling, d. h. ich war in der Werkstattschreiberei, im Lohnbüro, in der Kasse und kurze Zeit in der Buchhaltung beschäftigt. Nach Ablauf von 2 Jahren, 1926, wurde ich entlassen. Einige Monate war ich nun erwerbslos und bezog Erwerbslosenunterstützung. 1925 hatte unsere Jugendgruppe eine grosse öffentliche Versammlung mit dem aus der Haft entlassenen Erich Mühsam durchgeführt. Wir hielten die Verbindung mit Mühsam aufrecht, weil er für die Vereinigung aller revolutionären Arbeiter eintrat; die Mitglieder unserer Gruppe traten dem RFB und der RHD bei. Wir nahmen an kommunistischen Demonstrationen teil, und ich sprach 1925 auf einem ostsächsischen «Roten Tag»[101]. Um diese Zeit fand in Erfurt ein Reichskongress der syndikalistischen und anarchistischen Jugend statt. Ich wurde delegiert und trat dort mit einer Minderheit für die Mitarbeit in der RHD und im RFB ein. Der Kongress fasste jedoch Beschlüsse in entgegengesetzter Richtung. In Dresden selbst entwickelten sich auf dieser Basis Differenzen innerhalb dieser Organisation, ebenso in der Syndikalistischen Arbeiterföderation (Gewerkschaft), der ich angehörte. In unserer Gruppe begannen wir, Marx und Lenin zu studieren. Wir versuchten auch durch eine eigene Zeitung («Revolutionäre Tat»), von der 3 Nummern erschienen, unseren Standpunkt zu vertreten. Für die in Berlin erscheinende Zeitung «Der freie Arbeiter» schrieb ich auch einige Artikel, z. B. eine Besprechung der von der RHD herausgegebenen Broschüre von Kolaroff über das Zankow-Regime, Artikel gegen eine antisemitische Zeitschrift, die sich unter dem Deckmantel des «freiheitlichen Sozialismus» aufgemacht hatte u. a. Von den älteren Mitgliedern der syndikalistischen Bewegung nahmen einige in Teilfragen Partei für unsere Jugendgruppe. Es ergaben sich daraus Streitigkeiten mit solchen Leuten, wie dem Schriftsteller und Verleger «Pierre Ramus»[102] in Wien, die schließlich den Charakter von Schiedsgerichtsverfahren annahmen. 1926 forderte mich Erich Mühsam auf, zu ihm nach Berlin zu kommen, um ihm bei der Herausgabe einer Zeitschrift[103] zu helfen. Das tat ich einige Monate. Nebenbei arbeitete ich einige Zeit in der Inseraten-Expedition für Arbeiterzeitungen, deren Mitinhaber Sander mit Mühsam befreundet war.

[101] Von der KPD organisierte Treffen, an denen auch die Nebenorganisationen wie «Rote Hilfe» und «Roter Frontkämpferbund» teilnahmen.

[102] d. i. Rudolf Großmann.

[103] Mühsams Zeitschrift *Fanal*.

In dieser Zeit wurde ich verhaftet, weil seit einiger Zeit ein Hochverratsverfahren gegen mich lief, das aber später durch eine Amnestie niedergeschlagen wurde. Zum ersten Male war ich schon 1925 verhaftet und zu einer Woche Gefängnis verurteilt worden, wegen Beleidigung der Polizei.

Zwischen Mühsam und mir ergaben sich nach einiger Zeit politische und persönliche Differenzen. Er hatte viele Verbindungen zu Angehörigen der Gruppen von Ruth Fischer und Korsch und entfernte sich mehr und mehr von dem Standpunkt, den er 1925 innegehabt hatte. Anfang 1927 trennten wir uns. Damals machte ich den letzten Versuch, vom Standpunkt des Syndikalismus und Anarchismus die Haltung Mühsams zu kritisieren. Als ich darüber einen Artikel geschrieben hatte, war mir gleichzeitig klar geworden, dass ich mit diesen Auffassungen restlos brechen musste, und ich tat es. Während der Zeit, in der ich in Berlin war, hatte ich keine Veranstaltungen der dort bestehenden syndikalistischen oder anarchistischen Gruppen besucht. Als ich mich von Mühsam getrennt hatte und bis Ende März als Erwerbsloser in Berlin lebte, besuchte ich Erwerbslosenveranstaltungen und Veranstaltungen der Roten Hilfe. Bei Mühsam war ich mit der Genossin Traute Hölz* und ihrer Schwester bekannt geworden, mit denen ich dort schon etwas für die damalige Befreiungskampagne für die politischen Gefangenen gearbeitet hatte. Das setzte ich nun fort.

Im April 1927 kehrte ich nach Dresden zurück und bekam Arbeit im Grossbetrieb Zeiss-Ikon. Dort war ich in der Abteilung Nachkalkulation beschäftigt. Das war eine technische Arbeit, die ich auf Grund meiner früheren Tätigkeit im Werkstattbüro der Hille A.G. rasch leisten konnte. Ich beantragte meine Aufnahme in der KPD im April, schied aus der Syndikalistischen Arbeitsförderation aus und schloss mich dem freigewerkschaftlichen ZdA, Gruppe Metall, an.

In der Jugendgruppe, der ich angehört hatte, und in der wir

* Die falsche Schreibweise «Hölz» (d. i. Hoelz) wurde hier, wie an anderen Stellen, um der Authentizität des Textes willen beibehalten.

Anfang 1926 bereits die damals erschienenen «Probleme des Leninismus» von Stalin durchzuarbeiten versucht hatten, diskutierten wir über die Notwendigkeit, Kommunist zu werden. Kritisch behandelten wir unsere frühere Arbeit, ebenso meinen letzten Versuch, auf anarcho-syndikalistischer Basis zu argumentieren vom Januar 1927, verurteilten mit Mehrheit diesen Standpunkt, und die Mehrheit unserer Gruppe beantragte die Aufnahme in die KPD. Später sind diesem Schritt noch andere Mitglieder benachbarter Gruppen gefolgt, die alle aktiv in der Partei gearbeitet haben. Während der Zeit, da ich bei Zeiss-Ikon beschäftigt war, begann ich als Arbeiterkorrespondent zu schreiben. Mit den Genossen im Betrieb gründete ich eine Betriebszeitung und wurde nach einiger Zeit Betriebszellenleiter. In unserer Zelle gab es Schwierigkeiten, weil der Betriebsratsvorsitzende auf dem Standpunkt der Brandleristen stand und schliesslich von der Bezirksleitung ausgeschlossen wurde. 1927 wurde ich zu einem Unterbezirksparteitag delegiert.

In der RHD, der ich seit 1925 angehöre, arbeitete ich in der Ortsgruppenleitung Gross-Dresden.

Ausserdem arbeitete ich gewerkschaftlich in der Fraktionsleitung unseres Verbandes.

Ende Oktober 1927 wurde ich fristlos aus dem Betrieb entlassen. Die Ursache war meine Betriebsarbeit und ein Zusammenstoss, den ich hatte, weil ich aus der Betriebsabteilung, in der ich arbeitete, und in der ich eine Übersicht über die Rüstungsaufträge der Firma hatte, in eine andere Abteilung versetzt worden war. Die Partei setzte mich nun auch als Referent ein. In unserem Bezirk Ostsachsen entwickelten sich damals die Auseinandersetzungen mit den Brandleristen. Unser Bezirkssekretär war Brandlerist und wurde 1928 ausgeschlossen. Gleichzeitig versuchten die Trotzkisten, Fuss zu fassen. Ich musste u. a. in Freiburg in einer öffentlichen Versammlung, in der die Trotzkisten den sogenannten «Lenin-Bund» gründen wollten, gegen Scholem auftreten. Es gelang mir, die Gründung zu verhindern und die Versammlung – bis auf 3 Mann – restlos für die Partei zu gewinnen. Meine damalige Rede und der Erfolg gegen Scholem wurden in der «Arbeiterstimme» ausführlich wiedergegeben.

In den Gewerkschaftsversammlungen wurde ich einige Male als Redner der Opposition eingesetzt, wobei wir in unserer Fachgruppe einige Male die Mehrheit gegen die Vorschläge der Verbandsleitung erzielen konnten.

1928 wurde ich zum Bezirkssekretär der Roten Hilfe gewählt. Diese Arbeit leistete ich bis zum Frühjahr 1929. Damals wurde ich auf dem Bezirksparteitag zum Mitglied der Bezirksleitung gewählt und wurde Gewerkschaftssekretär der BL. Gleichzeitig war ich verantwortlich für die Arbeit der Partei in den Massenorganisationen. Meine Hauptarbeit damals bestand in der Anleitung der Betriebszellen, die 1928/29 einen starken Aufschwung nahmen. Von 1928 bis 1931 gehörte ich selbst zur Betriebszelle Universelle (das war ein Metall-Grossbetrieb), mit der ich schon 1928 während der Metallarbeiteraussperrung gearbeitet hatte.

Ende 1929 wurde auf einer Konferenz der Parteiarbeiter der 3 sächsischen Bezirke die Zusammenlegung der 3 Bezirke beschlossen. An dieser Konferenz nahm Genosse Thälmann führenden Anteil. U. a. waren innerparteiliche Ursachen maßgebend, denn in Leipzig konnte sich die Partei wegen der Rechten und Ultralinken nicht konsolidieren, während in Chemnitz der Einfluß der Partei infolge der linkssektiererischen Haltung der Bezirksleitung abnahm. Die Leitung hatte ihren Sitz in Dresden, und ich wurde Mitglied des Sekretariats. Ich bearbeitete die Gewerkschafts- und Massenorganisationsfragen, später wurde ich stellvertretender Pol.-Sekretär.

1930 wurde ich als Kandidat für den sächsischen Landtag aufgestellt und gewählt.

Anfang 1931 wurde die Zusammensetzung unserer Bezirksleitung geändert. Der Genosse Renner (Pol.-Sekretär) und ich gingen nach Berlin. Hier organisierte ich während einiger Wochen die Vertriebsarbeit der Parteizeitschriften und arbeitete dann in der Org.-Abteilung des ZK. In Berlin war ich Mitglied der Betriebszelle des Akkumulatorenwerks Oberschöneweide.

In Zusammenarbeit mit dem Genossen Ulbricht hatte ich 1932 – neben meiner Tätigkeit in der Org.-Abteilung des ZK., durch die ich in alle Bezirke kam – die Aufgabe, die Arbeit im Unterbezirk Zentrum zu reorganisieren. In diesem Unterbezirk hatten nach der Ablösung Peukes Anhänger der Gruppe Neumann Einfluss gewonnen. Der Sekretär selbst stand unter dem Einfluß dieser Gruppe.

Ferner habe ich in dieser Zeit im Gebiet Schwartzkopfstrasse die massenmäßige Abwehr der Faschisten organisiert. Dort hatten wir elementare Formen der Zusammenarbeit mit den Organisationen der SPD.

Im Juli 1932, im Zusammenhang mit den Veränderungen im Apparat des ZK auf Grund der Liquidierung der Gruppe Neumann, wurde ich mit der Leitung des technischen Sekretariats des ZK beauftragt. In dieser Arbeit fand ich ein sehr enges Verhältnis zu den Genossen Thälmann, Schehr und Pieck.

Nachtragen will ich aus dieser Zeit noch: 1927 verheiratete ich mich mit Lotte Löbinger. Die Ehe ging jedoch nach kurzer Zeit auseinander. Seit August 1929 lebe ich mit meiner jetzigen Frau, der Genossin Charlotte Treuber[104] zusammen.

1930 wurde ich aus dem Verband[105] wegen kommunistischer Tä-

[104] Charlotte Treuber, in Wehners *Notizen* nur Lotte benannt, blieb bei Wehners Abreise nach Schweden 1941 in Moskau zurück. Sie heiratete später Erich Wendt, der Verlagsleiter, Funktionär im Kulturbund und Staatssekretär in der DDR wurde.

Wehners Frauen hießen in seltsamer Regelmäßigkeit Lotte: Lotte Loebinger, Lotte Treuber, Charlotte Burmester. Angesichts dieser schon von Ruth von Mayenburg vermerkten Lotterie verwundert es nicht, wenn der Wehner-Biograph Hartmut Soell fälschlicherweise im Register Lotte Kühn zur Lebensgefährtin Wehners in Moskau erklärt. Lotte Kühn lebte aber, nach der Trennung von ihrem verhafteten Mann Erich Wendt, mit Walter Ulbricht zusammen. Nach der Verhaftung von Erich Wendt wurde Lotte Kühn – obwohl inzwischen Frau Ulbrichts – einem Untersuchungsverfahren der Internationalen Kontrollkommission unterworfen. Sie lebt heute noch als Witwe Walter Ulbrichts in Berlin.

[105] Gemeint ist der Zentralverband der Angestellten.

tigkeit ausgeschlossen. Unmittelbarer Anlass war eine Gewerkschafts-Versammlung, in der ich als Vertreter der Opposition der SPD-Abgeordneten Toni Sender entgegengetreten war.

1933 leitete ich vom ersten Tage der Illegalität an das Verbindungswesen des ZK in Berlin und zu den Bezirken. Ab August hatte ich die Aufgabe, die Instrukteure, die in die Bezirke gingen, zu instruieren und zu beraten und für die Parteipresse die Erfahrungen der Parteiarbeit zu bearbeiten.

In den damaligen innerparteilichen Auseinandersetzungen stand ich an der Seite des Genossen Schehr. Nach der Verhaftung des Gen. Schehr und einer Reihe anderer Genossen organisierte ich immer wieder die Aufrechterhaltung der Verbindungen. Damals arbeitete ich zusammen mit dem Genossen Rädel, Wurm und Schenk[106] (dessen legaler Name mir nicht bekannt ist).

Die Einzelheiten der Arbeit aus dieser Periode sind schwer schriftlich aufzuzeichnen. Es können über sie eingehend mündliche Auskünfte gegeben werden. Bis Mitte Juni 1934 arbeitete ich so in der LL in Berlin, wobei ich in der letzten Zeit mich speziell mit Berlin, besonders mit Siemens und Moabit zu befassen hatte.

Im Juni 1934 fuhr ich auf Beschluss des PB ins Saargebiet, um dort im Auftrag des PB den Abstimmungskampf zu organisieren.

Gleichzeitig bearbeitete ich einige Bezirke im Lande. Meine erste Handlung im Saargebiet war die Durchsetzung des Einheitsfrontangebots an die Sozialdemokratische Partei, das von dieser akzeptiert wurde. Diese Periode war in der Folgezeit sehr reich an Arbeiten, u.a. fanden einige Bergarbeiterstreiks statt, es wurde die freigewerkschaftliche Einheit der Bergarbeiter, Eisenbahner, Bauarbeiter und die Einheit der Arbeitersportorganisationen hergestellt. In diese Zeit fällt auch das Zustandekommen des sogenannten Frankfurter Abkommens zwischen unserer Partei und der SPD, für das ich verantwortlich war. Auf Grund die-

[106] d.i. Wilhelm Kox.

ses Abkommens und einiger Momente der Saarpolitik ergaben sich Differenzen mit der damaligen Mehrheit des PB, von der ich im übrigen den Auftrag erhielt – als Einleitung zur Diskussion zum VII. Weltkongress – im Saargebiet eine Resolution gegen den bekannten Aufhäuser-Artikel von Walter[107] zur Annahme zu bringen. Die Massnahme, die im Widerspruch zu unserer eigenen Politik an der Saar und in den mir anvertrauten Bezirken im Reich stand, haben wir sofort selbst – im Einvernehmen mit den Genossen Pieck und Ulbricht – korrigiert.

Nach der Niederlage im Saargebiet organisierte ich mit den anderen Genossen die Weiterarbeit und den Neuaufbau der Parteiorganisation, in der Illegalität.

Im Februar wurde ich beauftragt, wieder in die LL nach Berlin zu gehen. In Prag wurde ich aber verhaftet und nach 4 Wochen Haft ausgewiesen und abgeschoben. Anfang April traf ich in der Sowjetunion ein. Die Erfüllung des ursprünglichen Auftrags wurde unmöglich durch die inzwischen bekannt gewordene Verhaftung der Genossen in Berlin. Ich bekam nun Gelegenheit zu einem Erholungsurlaub, beteiligte mich dann an den Vorbereitungen unserer Partei zum VII. Kongress und nahm am Kongress als Delegierter mit beratender Stimme teil.

Auf der Brüsseler Parteikonferenz wurde ich als Mitglied des ZK gewählt und in der ersten Sitzung des ZK zum Kandidaten des PB. Bis jetzt habe ich in der operativen Leitung der Partei gearbeitet. In den letzten Monaten beschäftigte ich mich speziell mit den West- und Südwest-Bezirken und mit der Einheits- und Volksfrontarbeit, die in Paris ihr Zentrum hatte.

(Im Saargebiet war z. Zt. meine Delegation zum VII. Kongress beschlossen worden.)

Zum Schluss möchte ich bemerken, dass ich 1930 an einer 14tägigen Org.-Schule teilnahm, zu der die Org.-Sekretäre alle Bezirke zusammengezogen wurden. Während der Zeit, in der ich vor der Illegalität in Berlin arbeitete, unterrichtete ich mehrfach in der

[107] d. i. Walter Ulbricht

Reichsparteischule über Organisations- und Massenarbeit und an Unterbezirksschulen in Berlin und im Reiche u. a. über Polit-Ökonomie.

Am Parteiarbeiter[108] habe ich mehrere Jahre hindurch regelmäßig mitgearbeitet.

Außer an Bezirksparteitagen nahm ich teil an der Reichsparteikonferenz im Oktober 1932.

Parteistrafen habe ich während der Dauer meiner Parteimitgliedschaft nicht erhalten. An Fraktionen oder Gruppenbildungen in der Partei habe ich nicht teilgenommen. Schliesslich sind noch einige Konflikte mit der bürgerlichen Klassenjustiz nachzutragen. 1931 erhielt ich wegen einer Betriebszeitung eine Strafe von 3 Monaten Gefängnis, die ich aber nicht verbüßte. Kurz vor der Saarabstimmung wurde ich ein Mal von der Saarpolizei verhaftet, wurde aber nicht identifiziert und nach einigen Stunden entlassen (mit mir waren mehrere Genossen verhaftet worden). Ein zweites Mal, 2 oder 3 Tage vor der Abstimmung, wurde eine illegale Versammlung von der Polizei ausgehoben, wobei ich aber durch die Hilfe der Genossen entkommen konnte.

Zu bemerken wäre noch, dass ich 1924 aus der Kirche offiziell austrat.

Während der Zeit meiner Arbeit in Sachsen, habe ich an der Führung mehrerer grösserer Streikkämpfe teilgenommen, z. B. des Metallarbeiteraussperrungskampfes 1928, eines Streiks in einem Metallgrossbetrieb 1929, mehreren Bauarbeiterstreiks 1929 und 1930, einem Kraftfahrerstreik 1930 u. a.

P. S. zu Seite 5x: «Durch den aktiven Kampf gegen die Trotzkisten, besonders 1927, gegen die Rechten und Versöhnler besonders 1928/29 gegen die linkssektiererischen Auffassungen 1930 glaube ich, einiges gelernt zu haben, wodurch ich auch in

[108] Der Parteiarbeiter. Monatsschrift für die Praxis revolutionärer Organisationsarbeit. Hrsg. vom Zentralkomitee der KPD. 1929–1932 verfaßte Herbert Wehner für diese Zeitschrift mehrere Beiträge.

unserer schwersten Zeit, d.h. in den Jahren 1933–35 befähigt wurde, fest auf der Linie der Komintern zu stehen und zu kämpfen.»

Parteikarriere von «Kurt Funk»

Durch Dressur und Verinnerlichung entstanden auch bei Wehner die Lebensform und der Habitus des Parteisoldaten in einer proletarischen «Armee», die sowohl metaphysische Gesamtlegitimation und individuelle Gewißheit aus der «historischen Mission des Proletariats», aus der Existenz der Sowjetunion[109] und aus der kaum hinterfragten Organisationsaktivität ableitete. Hinter dem Rücken der Akteure und zugleich vor ihren Augen, in freiwillig-erzwungener Blindheit bildete sich ein totales innerparteiliches Regel- und Kontrollsystem, dessen Dressur- und Unterwerfungsformen zur «Festigung der Reihen» und später «Liquidierung von schädlichen Elementen» führte. Ideologisch begründete Selbstdisziplinierung und bürokratisch aufgeherrschter Fremdzwang verbanden sich in der asketischen Selbstaufopferung[110] für die

[109] Wehner beschreibt 1946 in einem verschlungenen Satz diesen Umschlag von der Kritik zum «realistischen Akzeptieren» der Sowjetunion: «Ich hatte früher versucht, die tieferen Ursachen der inneren Auseinandersetzung in der Sowjetunion zu verstehen; von einer gefühlsmäßig ablehnenden Stellungnahme gegen die Haltung der Bolschewiki im Kronstadter Aufstand und gegenüber ihren parteipolitischen Gegnern aus anderen Gruppierungen der Arbeiterbewegung, zu der ich mich in den Jahren meiner Zugehörigkeit zur freien sozialistischen Jugendbewegung bekannt hatte, hatten mich meine Sympathien für die Grundsätze des sozialistischen Sowjetsystems und der Wille, Positives zur Gewinnung der Arbeiterklasse für den revolutionären Sozialismus zu leisten, dazu geführt, in der Sowjetunion *den* entscheidenden Aktivposten der sozialistischen Arbeiterbewegung zu sehen, dessen Verteidigung und Schutz notwendig seien, um sowohl die Durchführung sozialistischer Maßnahmen im Innern zu fördern, als auch der internationalen Arbeiterbewegung eine wesentliche moralische Stütze zu erhalten.» Zeugnis, S. 210.

[110] Vgl. dazu auch Leo Koflers Bemerkungen zum bürokratischen Purita-

«Partei»: «Die alte protestantische Werkmoral feierte in säkularisierter Gestalt bei den deutschen Arbeitern ihre Auferstehung.»[111] Während seiner gesamten Parteikarriere in der KPD setzte auch Herbert Wehner als sich selbst disziplinierender und domestizierter «Zuchtmeister» durch bürokratische Kontrolle und wechselseitige Überwachung die «Generallinie» gegen Abweichler durch.

Bürokratische Amtspraxis und Herrschaftsautorität der im etatistischen Nominalsozialismus «führenden» kommunistischen Partei legitimierten sich dabei aus dem Konzept der hierarchischen Erziehungsdiktatur, in der sich die begnadete Parteiführung oder der kultisch verehrte Führer das Wahrheitsmonopol qua Lehre und Amt verliehen haben und per Lehenssystem weiter delegieren. Für die bolschewisierte KPD fungierten dabei als nicht hinterfragbare «Instanzen» die Politik der KPdSU, die von der Komintern installierte Führung und die per Beschluß herrschende «Linie», deren gespenstischer Herrschaft sich Berufsrevolutionäre wie Herbert Wehner vor- und nachträglich unterstellten. Wie Wehner in seinem Lebenslauf von 1937 abschließend hervorhebt, gelang es ihm immer, fest auf der «Linie der Komintern» zu stehen. Mit sicherem Machtinstinkt hielt er sich als technischer Sekretär des Politbüros zudem im politischen Windschatten des Parteivorsitzenden Thälmann und seines Nachfolgers John Schehr. Da Wehner bereits 1932 hochpolitische Untersuchungsverfahren, beispielsweise das gegen Münzenberg betrieb, da er sich in den Säuberungsaktionen gegen Neumann und seine Anhänger ebenso als ideologischer Linienwachhund hervortat wie auch Remmele und Frenzel 1933 «auf die Spur kam», läßt sich die These von der «Nischenexistenz als Or-

nismus, zur disziplinierenden Askese und zum Moralismus des Stalinismus, den er im Anschluß an Max Weber mit den asketischen Haltungen der akkumulierenden frühkapitalistischen Bourgeoisie vergleicht. Leo Kofler: Stalinismus und Bürokratie. Neuwied 1970, S. 66–76.

[111] Walter Benjamin: Über den Begriff der Geschichte, in: Gesammelte Schriften, Bd. I, 2, Frankfurt a. M. 1974, S. 699.

ganisationsspezialist»[112] wohl kaum aufrechterhalten. Auch Herbert Wehner beteiligte sich als ZK-Mitarbeiter an der später von ihm kritisierten «Methode der Parteiführung, Oppositionen [zu] fabrizieren, um sie exemplarisch und vernichtend schlagen zu können»[113]. In der innerparteilichen Verfolgungspraxis gehörte es sowohl in der KPdSU wie in der Komintern und in der KPD zum allgemein angewandten «Brauch, einen herauszugreifen (den am wenigsten bequemsten unter anderen) und ihn mit den Attributen des Abweichlers, Sektierers, Opportunisten, Feindes usw. zu behängen»[114].

Straffer Disziplin, Konspirationswesen und ideologischer «Kontrolle» unterwarfen sich nicht nur Berufsrevolutionäre wie Wehner, der faktisch seit 1929 illegal lebte. In einem Fahneneid verschworen sich auch die neuen Mitglieder des RFB zum unauflöslichen, geheimen Männerbund: «In eiserner, revolutionärer und in strengster Zucht unterwerfen wir uns allen Befehlen und Anordnungen, die im Kampf für die Interessen des Proletariats notwendig sind. Die schärfste Verachtung unserer Klassenbrüder und das strengste Urteil der revolutionären Gerechtigkeit treffe jeden, der der Roten Front und der Revolution untreu wird oder an den Interessen des Proletariats Verrat übt.»[115]

Die von Lenin in der vorrevolutionären Phase praktizierten Organisationsprinzipien: «strengste Konspiration, strengste Auslese, Heranbildung von Berufsrevolutionären»[116] wurden zu Ordensregeln einer autoritär verfaßten Kaderorganisation, die mit

[112] Hartmut Soell: Der junge Wehner, S. 285. Auch für Wehners Tätigkeit in Berlin stehen im ehemaligen Zentralen Parteiarchiv für künftige Biographen inzwischen zahlreiche Akten der Organisations-, der Geschäftsabteilung wie auch des Politbüros der KPD zur Verfügung.

[113] Zeugnis, S. 63.

[114] Ebenda, S. 62.

[115] RFB-Fahneneid, zit. in Kurt Finker: Geschichte des Roten Frontkämpferbundes. Frankfurt a. M. 1981, S. 44.

[116] W. I. Lenin: Was tun?, in: Lenin, Werke, Bd. 5, Berlin/DDR 1955, S. 498.

«revolutionärer Wachsamkeit» Politik und auch Privatsphäre ihrer Mitglieder verfolgte. Permanente Kontrolle und allgegenwärtige Konspiration wurden auch für Wehner zum Regulativ des Parteilebens[117] und zur verinnerlichten Habitusform des disziplinierten Funktionärskorps, in dem durch Direktiven der Komintern systematisch «neue Kader»[118] den alten noch sozialdemokratisch geprägten Funktionär ablösten.

Getragen von der Vorstellung, sich in einer fortdauernden «Epoche des Bürgerkriegs» zu befinden, entwickelte der «Kader» der proletarischen Armee, das heißt der feste Bestand an Offizieren und Unteroffizieren, schon in der Friedenszeit relativer Legalität sowohl hermetische Verhaltensformen und permanente Aufstandshoffnungen[119] wie auch die asketische Lebensform und die puritanischen Sekundärtugenden des Berufsrevolutionärs: «Nur eine Partei, die sowohl gegen die Dynamit- und Maschinengewehr-Attentate der Sozialfaschisten, wie auch gegen die Giftgaswolken der Verleumdungen und Lügen des Klassenfeindes vollkommen immunisiert und unverletzlich ist, kann die eiserne Kohorte des deutschen Proletariats sein, die die Hoffnungen auf den Sieg der Arbeiterklasse erfüllt. Die vollkommene, feste Geschlossenheit und Einheit von der untersten Mitgliedschaft bis zur obersten Führung der Partei, eiserne Disziplin und opferbereiteste Hingabe für den Befreiungskampf des Proletariats, das sind die großen revolutionären Tugenden, die den Sieg der proletarischen Revolution verbürgen.»[120]

Militärisches Reglement, Selbstkritik, Unterwerfung und

[117] Vgl. dazu z. B. A. Bewer: ABC der Org-Arbeit. Leitfaden für den Parteiarbeiter. Hamburg/Berlin 1931.

[118] Auch in seiner Rede auf dem VII. Weltkongreß der Kommunistischen Internationale verweist Wehner 1935 nicht ohne Selbstbezug auf «unsere jungen, in der Illegalität gewachsenen und gestählten Kader».

[119] Vgl. zahlreiche Artikel in den illegal verbreiteten «militärpolitischen» Zeitschriften *Der Bürgerkrieg* und *Oktober*.

[120] Referat Hermann Remmele in: Protokoll der Verhandlungen des 12. Parteitags der Kommunistischen Partei Deutschlands (Sektion der Kom-

Selbstdisziplinierung, Rotation und Strafversetzung[121] wurden sowohl von der Komintern-Führung zur personellen Durchsetzung des «ultralinken» Kurses des VI. Weltkongresses instrumentalisiert, zugleich aber von «neuen Aktivisten»[122] wie Herbert Wehner für die eigene Karriere benutzt. Als Mitglied der «Roten Hilfe» setzte er sich zwar mehrmals als Anarchist kritisch mit der Organisationspraxis und -theorie der bolschewisierten KPD auseinander. Zunehmend scheinen aber die «einfachen Wahrheiten» Stalins und die organisatorischen Erfolge der aktivistischen KPD für ihn an Attraktion gewonnen zu haben.

Nachdem er sich bereits in der «Roten Hilfe» für die Befreiung von Max Hölz eingesetzt hatte, beantragte Wehner nach der Lektüre von Stalins «Problemen des Leninismus» mit der Mehrheit seiner anarchistischen Jugendgruppe im April 1927 die Aufnahme in die KPD. Mit dem Eifer des Proselyten begann der junge Wehner als 21jähriger «neuer Kader» im Jahre 1927 seinen schnellen Aufstieg. Nach halbjähriger Arbeit bei Zeiss-Ikon wurde er bereits als Referent eingesetzt und bewährte sich spätestens seit 1928 als «Berufsrevolutionär» in der von der KPD dominierten «Roten

munistischen Internationale) Berlin-Wedding 9.–16. Juni 1929. Berlin 1929, S. 365.

[121] In den *Notizen* beschrieb Wehner diese Versetzungs- und Rotationspraxis des KPD-Parteiapparats: «Es war üblich, Funktionäre nicht längere Zeit in ihrem Heimatgebiet tätig sein zu lassen. Man schickte sie von einem Bezirk in den andern». Zeugnis, S. 55.

[122] In dem für den «Parteiarbeiter» verfaßten «ABC der Org-Arbeit» wird die Funktion der «neuen Aktivisten» für Parteisäuberungen, die auch Herbert Wehners anfängliche Rolle im Parteiapparat ausmacht, so beschrieben: «Gestützt auf die neuen Aktivisten, die im Verlauf von Streiks, Massendemonstrationen und anderer revolutionärer Massenaktionen des Proletariats herangewachsen sind, muß die Partei die strengste Kontrolle darüber ausüben, daß keine Abweichungen von der richtigen Linie vorkommen, ebenso, daß die Parteidirektiven auf das nachdrücklichste durchgeführt werden; sie muß dem Opportunismus in der Praxis den schonungslosesten Kampf ansagen». A. Bewer: ABC der Org-Arbeit. Leitfaden für den Parteiarbeiter. Hamburg/Berlin 1931, S. 27.

Hilfe», in der er als Bezirkssekretär fungierte. Auch hier wie in der anschließenden Funktion als Sekretär der Revolutionären Gewerkschaftsopposition, als Landtagsabgeordneter und als stellvertretender Pol.Sekretär in Sachsen setzt der arbeitswütige und bewährungswillige, aufstrebende «neue Kader» Wehner die ultralinke «Linie» gegen «rechtsopportunistische» Kritiker durch. Nach einem der parteiüblichen, personellen Revirements wurde Wehner zusammen mit dem sächsischen Pol.Sekretär Rudolf Renner ins Berliner ZK versetzt.

Seine Strafversetzung ins ZK nach Berlin eröffneten dem 25jährigen Wehner – nach einer Warteschleife in der Zeitungsexpedition – den Zugang zur Organisationsabteilung der KPD, dem kontrollierenden und registrierenden Machtzentrum des ZK der KPD. Hier bewährte Wehner sich als Kontrolleur einzelner Bezirke und als ständiger Mitarbeiter der Zeitschrift *Der Parteiarbeiter*, einer «Monatsschrift für die Praxis der revolutionären Parteiarbeit». Nachdem er sich in der «Reorganisation» eines Berliner Unterbezirks – ebenso wie bereits in Sachsen – als treuer Erfüllungsgehilfe bei der «Liquidierung» von Anhängern Heinz Neumanns hervorgetan hatte, wurde er im Juli 1932 zum technischen Sekretär des ZK ernannt. In dieser Funktion führte er 1932 im Auftrag des KPD-Politbüros ein «Untersuchungsverfahren» gegen Willi Münzenberg durch, an das Wehner noch in der Sitzung der Internationalen Kontrollkommission 1939 erinnerte. Wehners Vorschläge zu weitergehenden «Maßnahmen» gegen Münzenberg – wahrscheinlich Ablösung von allen Funktionen – wurden nur durch Interventionen der Komintern verhindert. In seiner Funktion als technischer Sekretär führte er die Protokolle des Politbüros, nahm an Sitzungen der Geschäftsabteilung teil und erhielt Einblick in alle politischen Grabenkämpfe und personellen Rivalitäten der KPD-Führung, die 1932 ebenso wie 1933 an ihrer vom Führungsorgan der Kommunistischen Internationale, dem Exekutivkomitee der Komintern (EKKI) vorgegebenen ultralinken Politik festhielt und in der SPD den «Sozialfaschismus» bekämpfte. Seine persönlichen Erfahrungen mit der «Parteimaschine», seine «Kontrollen» mehrerer Bezirke der KPD führten in der Retrospektive der *Notizen* zur betreffenden Analyse der apparativen KPD-Politik: «Äußerlich betrachtet, war die KPD eine starke, kämpferische Partei, die ihre Kraft effektiv einzusetzen verstand. Im Innern war sie ein Gefüge von Apparaten, eine Maschinerie, die wohl tauglich zur Durchführung von Beschlüssen, aber unfähig zur schöpferischen Meinungsbildung und Austragung von Auffassungsverschiedenheiten war. Die Parteikörperschaften waren in den dreißiger Jahren erstarrt und bestanden meist nur noch als Statisterie für die Sekretariate, die alle politischen und organisatorischen Fragen entschieden.»[123]

Obwohl 1931/32 nicht mit der politischen Beschlußfindung befaßt, war er mit allen Hofkabalen und Cliquenkämpfen im Politbüro, mit der legalen Praxis wie mit den illegalen «Apparaten» der KPD vertraut. Durch seine Schaltfunktion geriet er auch in ständige Kompetenzkonflikte mit den persönlichen Mitarbeitern («Füllfederhaltern») des Parteivorsitzenden Thälmann. Solche früheren Rivalitäten und Animositäten gegenüber Werner Hirsch, Erich Birkenhauer und Heinrich Meyer wirkten sich sicherlich auch noch in den Beurteilungen und Charakteristiken aus, die Wehner eilfertig oder auf Anforderung später im Moskauer Exil für die Kaderabteilung verfaßte. Wehner beschrieb 1937 in seiner ausführlichen Antwort auf 44 ihm vorgelegte Fragen sowohl diese internen Rivalitäten und Kompetenzstreitigkeiten wie auch die enge Zusammenarbeit mit dem illegalen M-Apparat Kippenbergers und dem sogenannten Ifland-Apparat, einem der Apparate der KPD, über deren Existenz und Funktionsweise bisher kaum etwas bekannt war. Zu den Aufgaben des schon vor 1933 hochkonspirativ operierenden Ifland-Apparates gehörten «die Beschaffung und Betreuung von Quartieren und Büroräumen, die Anlegung und Verwaltung von Archiven, die Kontrolle und Pflege der Poststellen zum Verkehr mit den Bezirken».

Bei der Räumung der Parteizentrale am 30. Januar 1933 wie bei

[123] Zeugnis, S. 54f.

der «Umstellung» auf die Illegalität kam dem für die «Verbindungen» zwischen Politbüro und einzelnen Bezirken, zwischen Kurieren und Mitarbeitern illegaler Apparate zuständigen Herbert Wehner eine wichtige Funktion zu, in der er die bereits vor 1933 erlernte Technik der Konspiration anwandte. Die Räumung der Parteizentrale im Berliner Karl-Liebknecht-Haus und die Übergabe verschiedener Parteidokumente an den Ifland-Apparat und an den Kippenberger-Apparat wurden deswegen 1937 so detailliert abgefragt und von Wehner so genau beschrieben, weil der Polizei und der Gestapo 1933 zahlreiche KPD-Materialien[124] in die Hände fielen. Wehner war zusammen mit Erich Birkenhauer im März 1933 an der Formulierung von Einheitsfrontangeboten der KPD beteiligt. Auch für diesen völlig verspäteten Versuch bedurfte es erst einer Komintern-Direktive[125], die vom Moskauer Komintern-Emissär Sepp Schwab überbracht wurde.

Wehners Vertrauensstellung und politische Zentralfunktion erlaubten ihm auch Einblicke in die Diadochenkämpfe nach der Verhaftung Thälmanns, in die politischen und persönlichen Differenzen zwischen Schehr und Schubert, zwischen Ulbricht und Schehr, in die Konflikte um Führungsansprüche[126] und in die Diffamierungskampagnen des Politbüro-Mitglieds Hermann Schubert. Nach der Verhaftung des Parteivorsitzenden Thälmann am 3. März 1933 gab es unter den Politbüro-Mitgliedern politische

[124] Deren evtl. Herkunft wurde in Moskau in den Untersuchungsverfahren der Kaderabteilung gegen Werner Hirsch und Erich Birkenhauer ebenso peinlich untersucht wie die jeweilige Verhaftung, Haftumstände und Entlassungen.

[125] Erich Birkenhauer berichtet in handschriftlichen Notizen für die Kaderabteilung ausführlich über die Zusammenarbeit mit Wehner in Berlin und im Saargebiet, über die Verhaftung Thälmanns, innerparteiliche Cliquenkämpfe und über die Zusammenarbeit mit Leo Roth. RZA 495/205/5437.

[126] In die Wehnerschen Berichte und retrospektiven Urteile über Schubert gehen neben alten Animositäten auch die inzwischen amtliche Sprachregelung und Abstempelung als Sündenbock ein, die noch durch die Verhaftung Schuberts in Moskau (17.5.1937) zusätzlich verstärkt werden.

Differenzen, die durch persönliche Machtansprüche, informelle Cliquenbildung und taktische Koalitionen vertieft wurden. Wehners Antworten auf die 44 Fragen der Kaderabteilung (Dokument 22) lieferten ein detailliertes Bild dieser personellen Auseinandersetzungen in der KPD-Führung, dessen retrospektive Maßstäbe aber schon von der siegreichen «Linie» definiert wurden. Versatzstücke des «linkssektierischen» Kurses fanden sich aber 1933/34 sowohl in den Artikeln von Hermann Schubert wie von Walter Ulbricht und Wilhelm Pieck.

Auch in der Illegalität des Jahres 1933 wurde in der KPD-Führung die wechselseitige Intrige und personelle Ranküne fortgesetzt. Als bestinformierter Mann des zentralen Apparats, zuständig für das «Verbindungswesen», kam Wehner auch in der Illegalität mit allen Mitgliedern des Politbüros, mit Mitarbeitern, Bezirksvertretern und Oberberatern zusammen und kontaktierte täglich die Mitarbeiter der illegalen Apparate Kippenbergers. Auch in dieser Phase der Illegalität beteiligte sich Wehner an den parteiüblichen Verfolgungs- und Überwachungsritualen und beauftragte den Mitarbeiter des Ifland-Apparates Gromulat, die Wohnung Remmeles gründlich zu untersuchen. Dabei wurde ein handgeschriebener Brief Heinz Neumanns an Remmele gefunden, anhand dessen Heinz Neumann der «fraktionellen Tätigkeit» bezichtigt wurde. Von diesem Brief versuchte sich Neumann in mehreren öffentlichen und internen Kapitulationserklärungen[127] zu distanzieren. Ungeachtet seiner «Selbstkritik» wurde der Brief zum «corpus delicti» in dem späteren Verfahren der Internationalen Kontrollkommission in Moskau, das mit der Verhaftung durch

[127] In einem Brief an Knorin bezeichnet Neumann den Brief als «ein schändliches, verbrecherisches, parteifeindliches Dokument» und bezichtigt sich des opportunistischen, parteifeindlichen Fraktionskampfes. Als gelernter Stalin-Propagandist wiederholt Neumann eine landläufige Formel des großen Führers des Weltproletariats: «Diese opportunistische Abweichung, dieser antileninistische Standpunkt begann mit ‹linken› Phrasen und endete zwangsläufig im schlimmsten rechten Defaitismus.» IfGA/ZPA I 6/3/467 Bl. 26.

das NKWD fortgeführt wurde. Auch über August Creutzburgs Tätigkeit sammelte Wehner «Beweise», um bei Schehr eine Versetzung zu erwirken.

Untersuchungen und Kontrolle scheinen für Wehner in dieser Phase seiner politischen Biographie bereits zum Lebenselixier geworden zu sein. Noch im Rückblick von 1946 kreidete er dem Politbüro an, daß die von ihm gemachten Erfahrungen nicht für «Untersuchungen» und «Bewertung von Menschen» genutzt wurden.

Verhaftungswellen zerschlugen regelmäßig die vom Thälmann-Nachfolger Schehr und von Wehner 1933 unternommenen Versuche zur Reorganisation und technischen «Dezentralisierung» des Parteiapparats, dessen zentralistische Befehlsstruktur und hierarchisches Verbindungswesen aufrechterhalten werden sollten. Nachdem alle im Lande verbliebenen Mitglieder des Politbüros (Ulbricht, Schubert, Schulte) zur Auslandsleitung in Paris gewechselt waren und im November 1933 John Schehr der Gestapo in die Hände fiel, wurden in den folgenden Monaten auch alle für die neue Landesleitung vorgesehenen Mitglieder verhaftet. Wehner verblieb in Abstimmung mit dem Komintern-Instrukteur «Johann»[128] weiter in Berlin, um den völligen organisatorischen Zusammenbruch zu verhindern.

In Wehners Antworten auf die 44 Fragen wird die heillose personelle Zerstrittenheit der KPD-Führungsspitze ebenso deutlich wie die verzweifelten Anstrengungen zur «Reorganisation» der illegalen Arbeit. Angesichts der permanenten Verhaftungen von Mitgliedern der Landesleitung, von wechselseitigen «Reibungen und Intrigen», «heftigen Verleumdungskampagnen», «politischen Differenzen» dementieren sich nachträgliche Geschichtsklitterungen, daß die KPD «als einzige organisierte Kraft und unter einheitlicher Führung»[129] den Kampf fortgesetzt habe.

Nachdem auch der für die Landesleitung vorgesehene Lambert

[128] Wahrscheinlich der Komintern-Instrukteur Stanislaw Huberman.

[129] Geschichte der Sozialistischen Einheitspartei Deutschlands. Berlin/DDR 1978, S. 78.

Horn am 23. November verhaftet worden war, übernahm Wehner einen «Teil der Arbeit» der Landesleitung, zu der noch Siegfried Rädel und Wilhelm Kox (Deckname: Schenk) gehörten. Wehner wurde zuständig für die Anleitung der wichtigsten KPD-Bezirke: Berlin, Westdeutschland, Wasserkante, Mitteldeutschland. Der jetzt als Landesleitung fungierende Dreierkopf organisierte das «Verbindungswesen» neu, tauschte die Kader in den einzelnen Bezirken aus, baute den technischen Apparat (Kuriere, Druckerei) völlig neu auf. Alle Versuche, sich mit dem Politbüro in Paris in Verbindung zu setzen, scheiterten. Eine geplante Besprechung mit Kippenberger und einem Mitglied des Politbüros in der Tschechoslowakei kam nicht zustande, da diese noch in Moskau weilten. Bei dieser Besprechung in Spindlermühle seien die Meinungsverschiedenheiten zwischen den anwesenden Mitgliedern der Landesleitung (Rädel, Kox, Wehner) und den Vertretern des illegalen «Apparats» dann offen zu Tage getreten, wie Wehner 1937 berichtete. Den anwesenden Vertretern des «Apparats» Leo Roth und Rudi Schwarz wurde mangelnde Sicherung der Kader vorgeworfen und ein völliges Versagen bei der Beurteilung des Gestapospitzels Alfred Kattner[130]. Im Unterschied zu dem für die

[130] Alfred Kattner wurde 1934, nachdem sich der M-Apparat von den Hinweisen auf Kattners Rolle bei zahlreichen Verhaftungen überzeugen ließ, in einem Rachemord von Angehörigen des M-Apparates erschossen.

In seinen Antworten auf die Fragen der Kaderabteilung verweist Wehner 1937 auf eine mögliche Beteiligung Kattners auch bei der Verhaftung Thälmanns. Da in Moskau zur Verhaftung Thälmanns sowohl von der Kaderabteilung wie auch vom NKWD ermittelt wurde und Wehner zu den «verdächtigen» Personen gerechnet wird, könnte dieser Erstverdacht gegen Kattner als Thälmann-Denunziant auch auf Wehners Verteidigungsstrategie zurückgeführt werden.

In den *Notizen* (S. 150) beschrieb Wehner auch das bereits 1934 von der Parteiführung verhängte Verschweigen der Spitzelrolle Kattners, da «dadurch ein Schatten auf Thälmann fallen könne». Die parteioffiziöse Thälmann-Biographie der SED machte für die Verhaftung Thälmanns die zufällige Denunziation des Laubenkolonisten und NSDAP-Mitglieds Hermann Hilliges verantwortlich, der sich nach Kriegsende in der Berliner Untersu-

Parteisicherung zuständigen «Apparat» hatte Wehner das «versumpfte Element Kattner»[131], einen früheren Mitarbeiter Thälmanns, als wichtigen Gestapo-Denunzianten ausgemacht, dessen Hinweise als mögliche Ursache zahlreicher Verhaftungen (u. a. von John Schehr) von Wehner mit kriminalistischem Aufwand ermittelt worden waren. Verhandelt wurden bei dieser Zusammenkunft auch die Vorwürfe gegen Otto Wahls, August Creutzburg und gegen den «Versöhnler» Max Frenzel[132], dessen «fraktioneller Tätigkeit» man damals – wie Wehner 1937 vermerkt – auf die Spur kam. An dem unablässigen Aufdecken von solchen «Oppositionsverschwörungen» der «Versöhnler» beteiligten sich vor und nach 1933 Mitglieder der KPD-Führung und des «Abwehrapparates»[133].

Die personellen Zerwürfnisse mit Creutzburg und Wahls, der vom Politbüro als neues Mitglied der Landesleitung eingesetzt wurde, konnten im Frühjahr 1934 auch durch das Politbüro-Mitglied Franz Dahlem nicht behoben werden. Ende April 1934 fuhr Wehner nach Paris zur Berichterstattung vor dem Politbüro der KPD, um dort nicht zuletzt über die Machtansprüche von Otto Wahls zu klagen. Nach der Rückkehr an die «Front» des illegalen Kampfes in Berlin wurde Wehner im Juni 1934 ins Saargebiet kommandiert. Noch 1937 mußte er sich für sein längeres Verbleiben im Lande rechtfertigen, das einem vorliegenden «Parteibefehl» zur Ausreise im November 1933 widersprach.

chungshaft erhängte. Vgl. Ernst Thälmann. Eine Biographie. Berlin/DDR 1981, S. 662. Den widersprüchlichen Meinungen zur Denunziationsrolle von Kattner oder Hilliges kann hier nicht nachgegangen werden.

131 Zeugnis, S. 101.

132 In den *Notizen* versucht Wehner allein Anton Ackermann einen «Rache- und Ausrottungsfeldzug» gegen die Versöhnler-Gruppe um Max Frenzel anzulasten.

133 Vgl. z. B. die Berichte von Hermann Nuding und Franz Dahlem über die Tätigkeit der «Versöhnler». IfGA/ ZPA I 6/3/269 Bl. 74–76 u. Bl. 77–89. Berichte über «Versöhnler» wie Karl Volk wurden von der Kaderabteilung der Komintern auch an den NKWD übergeben.

Als der verantwortliche ZK-Beauftragte setzte Wehner dann – nicht ohne Anweisung und Rückendeckung des Politbüros und letztendlich der Komintern – einen schlagartigen Parolen- und Taktikwechsel der KPD-Politik durch. Aufgegeben wurde nicht nur die völlig realitätsenthobene Parole von der «Roten Saar in Sowjetdeutschland», an der die KPD-Bezirksleitung immer noch festhielt, sondern nach der Ankunft Wehners wurden die ersten Schritte zu einer «Einheitsfront» zwischen Sozialdemokraten und Kommunisten durchgesetzt. Die neue Taktik, die im Saargebiet exemplarisch vorexerziert werden sollte, führte Wehner in den *Notizen* auf die neue Politik der Sowjetunion im Völkerbund zurück, der sich auch die Komintern- und KPD-Führung anpaßte. Wehner wechselte die KPD-Bezirksleitung des Saargebiets aus, verstärkte den Parteiapparat und Zeitungsredaktionen durch zahlreiche emigrierte Funktionäre. Nach Abschluß eines antifaschistischen Abkommens organisierte er zahlreiche gemeinsame Kundgebungen mit der SPD im «Abstimmungskampf» gegen die in der «Deutschen Front» mit der NSDAP vereinigten bürgerlichen Parteien.

Seit 1933 betrieb die «Deutsche Front»[134] im Saargebiet die faktische Gleichschaltung und schleichende Machtübernahme durch die NSDAP. Organisiert nach dem Führerprinzip, unterhielt sie nach dem Vorbild der SA Wachlokale und versuchte durch Überfälle auf Zeitungsverteiler und Demonstrationen die Mitglieder von SPD und KPD wie auch die Bevölkerung einzuschüchtern. In engster Zusammenarbeit mit dem Vertreter des illegalen Militärapparates der KPD Leo Roth[135] (Deckname: Viktor) wurden von

[134] Vgl. zur «Deutschen Front» Patrick zur Mühlen: «Schlagt Hitler an der Saar». Abstimmungskampf, Emigration und Widerstand im Saargebiet 1933–45. Bonn 1979, S. 70–80.

[135] Erich Birkenhauer, der auch im Saargebiet tätig war, beschrieb 1937 die enge Zusammenarbeit von Wehner und Leo Roth: «Dort fungierten Wehner und Viktor als eigentliche Leiter der Politik unserer Saar-Partei. Sie fuhren fast immer gemeinsam zu ihren Inspektionen in die Unterbezirke.» RZA 495/205/5437 Bl. 180.

Wehner mit schweren und leichten Waffen ausgestattete Gruppen gebildet, die sowohl Versammlungen wie auch Partei- und Gewerkschaftshäuser schützen sollten. Waffenbeschaffung und Ausbildung der Gruppen hatten dabei – nach Festlegung des Politbüros – der M-Apparat Kippenbergers übernommen. Die in Zusammenarbeit mit Leo Roth initiierten Anschläge auf Häuser der «Deutschen Front» gehörten zu den später in Moskau von der Kaderabteilung gegen Wehner vorgebrachten Schuldvorwürfen.

Dabei kann man mit großer Wahrscheinlichkeit vermuten, daß an der Sitzung mit führenden Saarfunktionären, in der die Ziele der Anschläge festgelegt wurden, auch der Saarländer Erich Honecker[136] als «Oberberater Südwest» des KJVD teilnahm, noch dazu weil die Sitzung in Honeckers Geburtsort Wiebelskirchen stattfand. Während seiner Tätigkeit im Saargebiet war Wehner – wie Honecker für den KJVD – zugleich als «Oberberater Südwest» für die Anleitung mehrerer KPD-Bezirke zuständig, und durch seine Initiative kam es am 5. September 1934 zum Abschluß eines Einheitsfrontabkommens zwischen der Bezirksleitung der KPD Hessen-Frankfurt und der Bezirksleitung der SPD Hessen-Nassau.

Im Laufe des Jahres 1934 nahmen die personellen Grabenkämpfe innerhalb der KPD-Führung zu und eskalierten zu politischen Gegensätzen, die für Cliquenkämpfe instrumentalisiert wurden. In einem ausführlichen Brief wandte sich Wilhelm Pieck schließlich am 16. November 1934 an Stalin, der persönlich in den Streit innerhalb des KPD-Politbüros eingreifen sollte. Dabei ging der Streit allenfalls um eine veränderte Taktik gegenüber «linken Gruppierungen» in der sozialdemokratischen Partei und um einen flexibleren Kurs gegenüber sozialdemokratischen Arbeitern, also um die «Aktionseinheit für konkrete Kampfforderungen», kei-

[136] Zur Zusammenarbeit von Honecker und Wehner im Saargebiet vgl.: Hartmut Soell: Der junge Wehner. Zwischen revolutionärem Mythos und praktischer Vernunft. Stuttgart 1991, S. 339–341; Erich Honecker: Aus meinem Leben. London/Berlin 1980, S. 81.

neswegs um die immer noch verpönte «Einheitsfront» mit der Führung der SPD. Pieck forderte Stalin zur direkten Intervention auf, nachdem er die Folgen der Fraktions- und Cliquenkämpfe beschrieben hatte: «In dieser Situation ist innerhalb unseres Politbüros ein Kampf um die Führung entbrannt, der bereits zur Sprengung des Kollektivs geführt hat. Von vier Genossen: Schubert, Dahlem, Florin und Schulte wird gegenüber mir und Ulbricht der Anspruch erhoben, daß sie [die] berufenen Vertreter der ‹Thälmann-Politik› sind. Die Genossen halten unter sich Sondersitzungen ab, um ihre Stellungnahme für die Sitzungen des Politbüros festzulegen, so daß die Beratungen im Politbüro nur noch formalen Wert haben.»[137]

Die hinter diesen Auseinandersetzungen stehenden personellen Kalküle der Mitglieder des KPD-Politbüros beschrieb Wehner in seinen *Notizen*: «Diese Gruppierung entsprach nicht mehr oder weniger klar ausgeprägten politischen Meinungsverschiedenheiten; sie wurde in der Hauptsache hervorgerufen durch Spekulationen auf die Veränderungen, die der damals als nahe bevorstehend betrachtete Kongreß der Komintern in der Kominternführung zur Folge haben würde. Alle Mitglieder rechneten zwar mit den damaligen Kominternsekretären als Machtfaktoren und orientierten sich darauf, bei dem einen oder andern speziell gut angeschrieben zu sein, aber ihre Meinung, von welchem Einfluß das Eintreten Dimitrows in den Kreis der Komintern-Sekretäre sein würde, gingen auseinander. Pieck und Ulbricht meinten, Dimitrow werde zur zentralen Person werden.»[138]

In dem sich abzeichnenden Prozeß der taktischen Umorientierung vor dem VII. Weltkongreß scheinen Pieck, Ulbricht und in deren Gefolge Herbert Wehner die Konturen der sich zumindest deklamatorisch verändernden Komintern-Politik unter Dimitroff rechtzeitiger als die «sektiererische» Mehrheit des Politbüros er-

[137] Brief Piecks an Stalin, 16. November 1934. IfGA/ZPA NL 36/358, Bl. 47–48.

[138] Zeugnis, S. 135.

ahnt zu haben. Nach einem Beschluß des Komintern-Sekretariats gegen die als «sektiererisch» apostrophierte Mehrheit des KPD-Politbüros am 27. Oktober führte wahrscheinlich die von Pieck erbetene Intervention Stalins zu einem Meinungsumschwung und endgültigen Mehrheitswechsel in der KPD-Führung, die zu Beratungen mit der Komintern Anfang Januar 1935 [139] nach Moskau zitiert worden war. Herbert Wehner hielt sich als inzwischen gewitzter Parteitaktiker 1934 von einer formellen fraktionellen Festlegung fern. Wenn auch die während der «Säuberungen» auftauchenden fraktionellen Zurechnungen denunziatorisch gegen den früheren innerparteilichen Rivalen gewendet wurden, so bezeichnen Aussagen Birkenhauers zur «Sektierer-Gruppe» allenfalls die «schwankende» Position Wehners [140] in diesem innerparteilichen Macht- und Personalkarussell. Birkenhauer rapportierte in einem detaillierten Bericht am 12. Oktober 1937, daß Wehner engen Kontakt zu dem bereits im August 1937 verhafteten Heinrich Meyer gehabt habe und daß beide auf dem Standpunkt gestanden hätten, daß Wilhelm Pieck «die Position des Versöhnlertums im Polbüro» verkörpere.[141] Wehner wandte sich rechtzeitig – nachdem ein Artikel Walter Ulbrichts [142] die taktische Umorientierung signalisiert hatte – gegen die von der Mehrheit des Politbüros [143]

[139] Hermann Schubert wurde nach der Januartagung 1935 in Moskau als Leiter der deutschen Vertretung beim EKKI «kominterniert».

[140] In einem Dossier wird Wehner noch am 23. August 1938 bezichtigt, daß er 1934 zusammen mit Dahlem «in Richtung der sektierischen Gruppierung im Jahre 1934 in verschiedenen Fragen» schwankte.

[141] RZA 495/205/5437, Bl. 345.

Auch die Wehner belastenden Bemerkungen Birkenhauers sind eine Mischung aus nachtragender Meldung, inzwischen kanonisiertem Linienverlauf und präventiver Selbstverteidigung.

[142] Walter Ulbricht: Schmiedet die Aktionseinheit gegen den Hitlerfaschismus. In: ders.: Zur Geschichte der deutschen Arbeiterbewegung. Bd. II, 1933–1946, Stuttgart 1953, S. 36–41.

[143] Das mehrfach gebrochene Verhältnis von realer politischer Differenz, personellen Machtkämpfen und nachträglicher Abstempelung von Sündenböcken ließe sich erst jetzt durch die Synopse von zahlreichen Dokumenten in

weiter behaupteten «sektierischen» Positionen. Im «Einvernehmen mit den Genossen Pieck und Ulbricht»[144] unterlief Wehner alle Versuche, ihn in die Fraktion der «Sektierer» einzubinden.

Nach der Niederlage bei der Volksabstimmung im Saargebiet – über 90 Prozent der Saarbewohner stimmten für den «Anschluß» – organisierte Wehner die illegale Weiterarbeit der KPD im Saargebiet. Seine angeordnete Rückkehr in die Landesleitung nach Berlin endete in Prag, wo er anfangs in der Wohnung des emigrierten KPD-Mitglieds Helmut Brose Unterschlupf fand. Nach weiteren Besprechungen mit Ulbricht und Dahlem wurde Wehner in einem Prager Hotel verhaftet. Nach fünfwöchiger Haft wurde er zusammen mit seiner Frau Charlotte Treuber durch Polen «per Schub» unter Polizeibewachung an die russische Grenze transportiert.

Aufstieg ins Politbüro

Bereits die unfreiwillige Einreise in die Sowjetunion erfolgte nach den Reglements für «Parteiarbeiter» der KPD, die ein Genehmigungsverfahren auf dem «Dienstweg» der Komintern vorsahen. Erst nach Eintreffen einer solchen Avisierung durch die «Abteilung für Internationale Verbindung» der Komintern (OMS) und

Berliner und Moskauer Archiven näher bestimmen, die bis in die jüngste Zeit gesperrt waren.

Vgl. dazu die Interpretation von Beatrix Herlemann: Die Emigration als Kampfposten. Die Anleitung des kommunistischen Widerstandes in Deutschland aus Frankreich, Belgien und den Niederlanden. Königstein 1982, S. 40–51.

[144] Diese Abstimmung und Koordination mit Pieck und Ulbricht in den innerparteilichen Grabenkämpfen während der Jahre 1934/35 bildet wohl auch den politischen Hintergrund für Wehners Wahl zum Kandidaten des Politbüros und auch für die persönliche Rückendeckung Piecks in den Untersuchungsverfahren 1937/38 gegen Wehner. Bereits im Saargebiet wurde Wehner als Delegierter zum VII. Weltkongreß der Komintern bestimmt.

gleichzeitiger Anweisung an die Grenztruppen des NKWD konnten Charlotte Treuber und Herbert Wehner nach Moskau weiterreisen, wo sie anfangs in einem kleinen Zimmer im «Hotel Lux», dem «Absteigequartier der Weltrevolution», untergebracht waren. Auch der anschließende Erholungsurlaub am Schwarzen Meer unterlag der bürokratischen «Fürsorge» der Komintern, die durch Hermann Schubert, den Leiter der Deutschen Vertretung beim EKKI (Deckname: Richter), die Politemigrantenstelle beim ZK der Internationalen Roten Hilfe anwies, Fahrkarten und Taschengeld bereitzustellen. Um «Funk» von der durch Publikumsverkehr frequentierten Polit-Emigrantenstelle fernzuhalten, übergab der Mitarbeiter der Deutschen Vertretung «Hess» sowohl das Taschengeld wie auch die Fahrkarten «weicher Klasse» nach Gagri am Schwarzen Meer. Auch während des mehrwöchigen Erholungsurlaubs ließ Wehners Wachsamkeit nicht nach, und er registrierte nach der Ankunft des «frivolen Abenteurers» Otto Wahls die jüngsten «Beziehungen» zwischen Wahls, Stamm und Rembte wie auch die neuerlichen Verhaftungen[145] in Berlin.

Wehner – dessen «ausgezeichnetes Gedächtnis» Florin 1939 rühmte – hatte nach seiner Ankunft in Moskau 1935 dem später ebenfalls verhafteten Leiter der Kaderabteilung Krajewski über «Kaderfragen und Verhaftungen im Lande berichtet»[146]. Dabei waren für die Verfolgungslogik der Kaderabteilung und des NKWD vor allem Hinweise auf die Haft deutscher Antifaschisten wichtig. Alle Emigranten in Moskau, die aus der KZ- oder Gefängnishaft flüchten konnten oder entlassen wurden, mußten ihre Haftumstände, Folter, Fluchtwege und das Verhalten von Mitgefangenen detailliert beschreiben. Diese Aussagen wurden offensichtlich vom «Apparat» und von der Kaderabteilung verglichen, um «undichte Stellen» und «Gestapo-Spitzel» auszumachen. Dieser prinzipielle Verdacht gegen Verhaftete diente spä-

[145] Zeugnis, S. 144.
[146] Ebenda, S. 220.

ter in NKWD-Verhören und in den Anklageschriften zur Konstruktion des Vorwurfs vom «trotzkistischen Gestapo-Spitzel».

In den *Notizen* kritisierte Wehner zum einen, daß die Parteileitung «nicht einmal dafür gesorgt» habe, daß die Verhaftungen aufgeklärt wurden. Andererseits vermerkte er aber auch die Funktionalisierung und Konsequenzen solcher «Aufklärung», wenn man «Verhaftungen und Beschuldigungen im Zusammenhang mit Verhaftungen im sogenannten innerparteilichen Kampf und im Kampf gegen andere politische Organisationen» benutze.[147] In einem Brief an die Kaderabteilung vom 3. September 1937 verwies Wehner wesentlich präziser auf diese schon 1935 geleistete Zuarbeit für die Kaderabteilung der Komintern: «Im Jahre 1935 habe ich die Unterlagen für eine Statistik der Entwicklung unserer Kader in den Bezirksleitungen und im zentralen Apparat geliefert, die dem Sekretariat unterbreitet worden sind. Unmittelbar nach der Brüsseler Konferenz schrieb ich auf Anforderung der Kaderabteilung handschriftlich die Angaben nieder, die ich zu den Personen Kippenbergers, Hirschs, Schultes und Wahls' zu machen hatte. Sie wurden damals Krajewski übergeben.» Wehner war durch seine Tätigkeit als technischer Sekretär des Politbüros, als Mitglied der Landesleitung während der Illegalität und im Saargebiet als ZK-Beauftragter mit den Schicksalen sehr vieler Parteifunktionäre vertraut. Er kannte ihre «fraktionellen Tätigkeiten», hatte Beweismaterial darüber gesammelt und nach der Verhaftung Thälmanns und Schehrs eigene kriminalistische Überlegungen angestellt.

Auf diese bisher nicht aufgefundene Kader-Liste[148] kam Her-

[147] Ebenda, S. 145.

[148] Diese Liste Wehners ging wahrscheinlich auch in die von Wilhelm Pieck auf der Brüsseler Konferenz erwähnte «Aufstellung über den Verbleib der zentralen Funktionäre» ein. «Diese Aufstellung umfaßt 422 Funktionäre. Davon wurden 219 verhaftet und größtenteils verurteilt, 125 mußten in die Emigration gehen, 24 wurden ermordet.» Wilhelm Pieck: Der neue Weg zum gemeinsamen Kampf für den Sturz der Hitlerdiktatur. Moskau 1935, S. 88.

bert Wehner immer wieder in unterschiedlichen Zusammenhängen zurück. In einer Sitzung der führenden «deutschen Genossen» in Moskau nahm er am 2. November 1939 ausführlich zu Kaderfragen Stellung, empfahl eine «ernste Prüfung der Kader» und renommierte damit, daß er schon 1935 mit Genossen der Kaderabteilung[149] den Versuch unternommen habe, eine «Liste der Kader» mit fast 500 Namen zu erstellen. Solche Listen wurden in der Regel[150] als «Material» an das NKWD weitergereicht, das ebenso wie die Kaderabteilung mit besonderer Penetranz die aus der KZ-Haft entlassenen oder entkommenen KPD-Mitglieder[151] registrierte und überprüfte. 1946 berichtete Wehner in seinen *Notizen*, daß er diese Liste den Sekretären des EKKI vorgelegt habe: «Im Mai 1935 legte ich den Sekretären des EKKI eine Übersicht über das Schicksal von Funktionären vor, die vom Beginn der Nazidiktatur bis zum Frühjahr 1935 als Sekretäre der Bezirksleitungen tätig gewesen sind; sie umfaßte mehr als 500 Namen von Funktionären, die in dieser Zeit in die Hände der Gestapo gefallen und zu einem erheblichen Teil getötet worden waren.»[152] Die ur-

[149] Handschriftliche Notizen von Wilhelm Pieck. IfGA/ZPA NL 36/496 Bl. 130.

[150] Bei einer Überprüfung des Archivs der Kaderabteilung stellt Georg Brückmann als Kaderreferent mit bürokratischer Akribie fest, daß nicht eindeutig zu klären sei, ob ein von ihm 1935 an die Leitung der Kaderabteilung geschicktes «Material» (betr. Rykow und andere) an das NKWD weitergeleitet wurde. Er findet noch zwei weitere «Materialien», die aber bereits 1933 und 1934 an das NKWD weitergereicht wurden. RZA 495/205/6814 Bl. 31.

Auch in Sitzungsprotokollen von Internationaler Kontrollkommission und der Kaderabteilung finden sich jene Direktiven, daß die Materialien über einzelne KPD-Mitglieder an das NKWD zu übersenden seien.

[151] Vgl. z. B. die genaue Schilderung von Verhaftung, KZ-Haft, Folter, Vernehmungen und Entlassung durch Walter Dittbender in: Reinhard Müller: Flucht ohne Ausweg. Lebensläufe aus den geheimen «Kaderakten» der Kommunistischen Internationale, in: Exil, 10. Jg., 1990, H. 2, S. 82–90. Ähnlich detaillierte Beschreibungen wurden auch von anderen Politemigranten für die Kaderabteilung geliefert.

[152] Zeugnis, S. 145.

sprünglichen Adressaten dieser Liste – Kominternsekretariat und Kaderabteilung der Komintern – und ihre denunziatorische Funktion verflüchtigten sich für Wehner in einem späteren Interview mit Günter Gaus völlig: «1935, da habe ich als erstes, weil ich nicht wußte, wie lange ich da sein würde und könnte, aus dem Gedächtnis, denn ich hatte ja kein Blatt Papier mitnehmen können, die Namen von 500 Menschen aufgeschrieben, die in verschiedenen Städten – Hauptstädten, Regionalhauptstädten – tätig gewesen waren und deren Schicksale – Tod oder lebenslange Gefangenschaft – ich einfach aktenkundig machen wollte. Ich war mit diesen Menschen durch das Leben in der Verfolgung verbunden.»[153]

Am 9. April 1935 verfaßte Wehner für die Kaderabteilung eine dreiseitige Auskunft über die Sicherung von ZK-Archiven, den Verbleib von Mitgliederlisten des ZK, die Räumung des Archivs des «Apparats» und zur «Angelegenheit des Genossen Hirsch»[154].

[153] Interview mit Günter Gaus (8.1.1964), Zeugnis, S. 354. Hier hat sich im Rückblick hinter der nichtssagenden Kaskade von «Städten, Hauptstädten und Regionalhauptstädten» der ursprüngliche Zweck und Kontext der «Liste» völlig verflüchtigt, aus den registrierten «Kadern» sind wieder Menschen mit Schicksalen geworden.

[154] Dossiers der Kaderakte verdeutlichen, daß der «Fall» von Werner Hirsch schon seit Jahren vom NKWD und der Kaderabteilung verfolgt wurde. Er wurde beschuldigt, aus einer Adelsfamilie zu stammen und Verbindungen zur Reichswehr gehabt zu haben. Hirsch wurde schon 1932 von der GPU verdächtigt, als Reichswehrspitzel im ZK zu arbeiten. Die von Wehner aufgerollte Dokumenten-Frage nimmt einen zentralen Platz in den Beschuldigungskonstrukten der Kaderabteilung ein: «Besonders belastend gegen ihn ist, daß Dokumente, die auf seine Veranlassung ohne Beschluß des Sekretariats der KPD an die Komintern geschickt werden sollten, sich in Händen der Gestapo befinden und im Thälmann-Prozeß von ausschlaggebender Bedeutung sind.» Seine Freilassung aus dem KZ wie auch sein «parteifeindlicher Briefwechsel» mit Kreszentia Mühsam in Moskau, seine «Verbindungen» mit dem bereits erschossenen Fritz David wurden in dem Dossier der Kaderabteilung zu einem parteiamtlichen Urteil vermengt. Werner Hirsch wurde am 10. November 1937 zu 10 Jahren Lagerhaft verurteilt und starb am 11. Juni 1941 im Butyrka-Gefängnis. Vgl. NKWD-Akte Werner Hirsch und RZA 495/205/6400.

Wehner berichtete über das von Hirsch Anfang 1933 entworfene «revolutionäre» Aufstandsprogramm der KPD und verfolgte mit kriminalistischer Energie die Herkunft und den Verbleib der Thälmann-Rede auf der letzten Parteikonferenz in Ziegenhals und das Hochgehen von «Materialien». Wehner indizierte auch die «fraktionelle Tätigkeit» des Thälmann-Mitarbeiters Hirsch, der zusammen mit Thälmann 1933 verhaftet worden war: «Gen. Hirsch gab sein Memorandum und den Vorschlag des Aktionsprogramms einigen Gen., u. a. auch mir. Er lud auch einige Genossen, meines Wissens Adam[155], John Schehr, Birkenhauer und mich zu einer Besprechung in das Lokal von Luther und Wegner. Ich bin damals nicht hingegangen.»[156]

Neben der Aufstellung von «Kader-Listen» und dem Verfassen solcher Mitteilungen für die Kaderabteilung unterrichtete Herbert Wehner als Lehrer die Kursusteilnehmer des deutschen Sektors der Lenin-Schule der Komintern über seine Erfahrungen aus der Illegalität. Zur Vorbereitung des VII. Weltkongresses der Komintern wurden von Wehner schriftliche Beiträge angefordert, in mündlicher Diskussion erstattete er den EKKI-Sekretären Knorin und Pjatnitzki wie auch dem designierten Generalsekretär Dimitroff Bericht. In einem Sammelband der Komintern zur Vorbereitung des VII. Weltkongresses wurde die KPD-Politik an der Saar kritisiert und die Bedeutung der «nationalen Frage» hervorgehoben: «Bei der Abstimmung an der Saar handelte es sich um eine nationale Frage. Die Losung ‹Status quo› war eine defaitistische Losung... Das Ergebnis der Abstimmung an der Saar zeigte der Partei die entscheidende Bedeutung, die der nationalen Frage in der Periode des neuen Turnus von Revolutionen und Kriegen in ganz Mitteleuropa und vor allem in Deutschland mit seiner faschistischen Diktatur zukommt.»[157]

[155] d. i. Hans Kippenberger.

[156] RZA 495/205/6400, unpag.

[157] Die kommunistische Internationale vor dem VII. Weltkongreß. Materialien. Moskau/Leningrad 1935, S. 140.

Wehner registrierte zwar mit Verbitterung die spezielle Versorgung der führenden Komintern- und KPD-Funktionäre, die ihn und seine Frau Lotte nur auf «Tagesspesen für eine Person und auf die niedrigste Lebensmittelration gesetzt hatten»[158]. Abstoßend fand er auch das Protektionswesen in literarischen Zeitschriften und die in Moskau übliche Ghostwriter-Praxis: «Meyer, Wahls, Birkenhauer und Knodt schrieben Artikel, die dann unter Florins, Schuberts oder Schultes klangvollen Namen publiziert wurden, für die sie aber mitunter auch eigene Pseudonyme einsetzten. Pieck ließ sich seine Artikel von Hirsch oder David schreiben.»[159] Solche kritischen Einzelbeobachtungen wurden aber durch die inszenierte Hochstimmung und emotional aufgeladene Atmosphäre des VII. Weltkongresses der kommunistischen Internationale überlagert, an dem Wehner vom 25. Juli bis zum 20. August 1935 als Delegierter mit beratender Stimme teilnahm. Auch vertrauliche Mitteilungen, daß die GPU unter den Delegierten eine «Gruppe von Unzufriedenen» (Merker, Ulbricht, Bertz, Wehner) überwache und daß dies zudem der Vorsitzende der Internationalen Kontrollkommission[160] eingefädelt habe, scheinen bei Wehner 1935 noch keine tiefgehende Irritation ausgelöst zu haben. Die «feierliche Kongreßeröffnung» und das ozeanische Gefühl des Internationalismus verführten ihn – wie viele andere – zu der Illusion, «als sei durch diese Glut alles zu läutern und aller Schmutz zu verbrennen»[161].

Erst im Rückblick der *Notizen* erkannte Wehner, daß «ein erheblicher Anteil dieser Flammen nicht aus brennenden Herzen

Wehner rechnete in der Komintern für die während der Saar-Kampagne gemachten Ausgaben über 500000 Francs ab. RZA 495/292/74 Blatt 52.

[158] Zeugnis, S. 151.

[159] Ebenda, S. 153.

[160] Für diese Wehner vertraulich von einem «alten Genossen» mitgeteilte Überwachung fand sich in Wehners Kaderakte kein dokumentarischer Beleg. Eine solche vertrauliche Mitteilung kann auch der paranoiden Überwachungsmentalität entsprungen sein.

[161] Zeugnis, S. 157.

geboren, sondern mit artistischer Fertigkeit von Pyrotechnikern der Propaganda entzündet oder reflektiert worden war»[162]. Für die angereisten Berufsrevolutionäre[163] wurde die politische Inszenierung hinter und vor diesem pyrotechnischen Vorhang von virtuosen Komintern-Dramaturgen nach bewährten Mustern realisiert. Bestätigt wurde in den Reden der Linien-Rabulistiker die Richtigkeit der «Generallinie» der Komintern durch den Verlauf[164] der Geschichte, auch wenn die Politik von KPD und Komintern 1933 kläglich Schiffbruch erlitten hatte. Ideologischer Führungsanspruch und omnipotente Deutungsmacht der Komintern ließen nur zu, daß die nun auch eingestandene Niederlage darauf zurückgeführt wurde, daß «bei der Durchführung dieser Taktik ‹Klasse gegen Klasse› eine Reihe sektiererischer Fehler gemacht wurden»[165]. In zahlreichen Redebeiträgen wurde immer wieder die allenfalls «taktische Neuorientierung» und die Kontinuität der

[162] Ebenda, S. 158.

[163] Die Delegierten des VII. Weltkongresses waren weitgehend aus dem Reservoir des Parteiapparats rekrutiert worden. 388 (77,6 %) waren Parteiarbeiter, 38 Betriebsarbeiter, 14 Arbeitslose, 7 Bauern, 2 Landarbeiter. RZA 494/1/714 Bl. 159. Unter den Delegierten waren nur 5,7 % Frauen. Zusätzlich wurden wahrscheinlich 65 der insgesamt 514 Teilnehmer von der Komintern und der KPdSU auf dem Amtswege «gestellt». RZA 494/1/714, Bl. S. 157.

[164] «Wie auch auf allen anderen Gebieten, so sind auch hier unsere Perspektiven, die auf der Grundlage einer marxistisch-leninistischen Analyse der in der kapitalistischen Welt bestehenden gegenseitigen Beziehungen aufgestellt wurden, durch den Gang der Ereignisse bestätigt worden.» Ercoli (d. i. Palmiro Togliatti): Kampf gegen Krieg und Faschismus. Bericht zum 3. Punkt der Tagesordnung des Kongresses. Moskau/Leningrad 1935, S. 5.

[165] Wilhelm Pieck: Der Vormarsch des Sozialismus. Bericht, Schlußwort und Resolution zum 1. Tagesordnungspunkt des Kongresses: Rechenschaftsbericht über die Tätigkeit des Exekutivkomitees der Kommunistischen Internationale. Moskau/Leningrad 1935, S. 14f. Auch bei Pieck dienen die Erfahrungen der Redner allenfalls dazu, «in vollem Umfange die Richtigkeit der bolschewistischen Linie der Kommunistischen Internationale» zu bestätigen. Ebenda, S. 112. Dieses idealistische Prinzip der «selffulfilling prophecy» wurde von den kommunistischen Parteien auf allen ZK-Tagungen und Partei-

Komintern-Politik betont: «Der VI. Weltkongreß hat im Jahre 1928 die Generallinie unseres Kampfes gegen den Krieg ausgearbeitet. Diese Linie, die bereits die Feuerprobe bestanden hat, bleibt unsere grundlegende Linie.»[166] Die von Wilhelm Pieck vorgeschlagene «Marschroute» verdeutlichte die zielorientierte Stufenfolge der propagierten «Einheitsfrontpolitik»: «Unsere Marschroute, die wir einschlagen, ist die Schaffung der proletarischen Einheitsfront, ist die Schaffung der Gewerkschaftseinheit, die Schaffung der Volksfront aller Werktätigen, ist die Schaffung einer einheitlichen revolutionären Partei des Proletariats auf den erprobten theoretischen und organisatorischen Grundlagen der Lehre von Marx-Engels-Lenin-Stalin.»[167] Walter Ulbricht bediente sich wie Wehner[168] der Floskeln der «neuen Bedingungen» und «neuen Entwicklungen», propagierte aber zugleich weiterhin die «Errichtung der Sowjetmacht»[169] als Ziel der KPD-Politik. Dimitroff als neuer Generalsekretär der Komintern verspottete jene «Neunmalweisen», die «in alledem eine Abkehr von unseren prinzipiellen Positionen, irgendein Abschwenken von der Linie des Bolschewismus wittern», als «politische Hühner».[170]

Auch Wehners Beitrag hielt sich an die sorgfältig austarierten

tagen zelebriert. Die Geschichte wurde zum Exekutor des scheinbar in der «Linie» materialisierten Logos des Proletariats.

[166] Ercoli (d. i. Palmiro Togliatti): Kampf gegen Krieg und Faschismus, a. a. O., S. 6.

[167] Wilhelm Pieck: Der Vormarsch des Sozialismus, a. a. O., S. 122.

[168] In seiner Biographie schreibt Hartmut Soell nur Herbert Wehner das auf dem VII. Weltkongreß wie auch auf der Brüsseler Konferenz der KPD inflationär gebrauchte «neu» als Schlüsselwort zu.

[169] Nach Ulbrichts unverblümter Rede sollte die Regierung der «antifaschistischen Volksfront» allenfalls «bessere Bedingungen für die Errichtung der Sowjetmacht schaffen». Diese Passagen finden sich sowohl in der veröffentlichten Version der «Rundschau» wie im internen Kongreß-Protokoll. RZA 494/1/687 Bl. 39. Vgl. dazu auch Horst Duhnke: Die KPD von 1933–1945. Köln 1972, S. 169.

[170] Georgi Dimitroff: Die Offensive des Faschismus und die Aufgaben der Kommunistischen Internationale im Kampfe für die Einheit der Arbeiter-

Vorgaben des Kongreßdrehbuchs, das als «leninistisches Manöver» allenfalls eine «taktische Neuorientierung» bei Betonung der politischen Kontinuität zuließ. Am Schluß der Rednerliste des achten Verhandlungstags berichtete Wehner von seinen Erfahrungen im illegalen Widerstand. Seine Ausführungen wurden aber wie alle Kongreßbeiträge für die Veröffentlichung im offiziellen Komintern-Organ *Rundschau über Politik, Wirtschaft und Arbeiterbewegung* überarbeitet und um einige selbstkritische Sätze gekürzt. Aber auch in der im Anhang abgedruckten Fassung überschnitt Wehner kaum die politische Toleranzgrenze der offiziösen Kritik und «Selbstkritik». Seine mit Beispielen aus der Praxis des illegalen Widerstandes illustrierte Bestandsaufnahme zeichnete zumindest ein realistischeres Bild von der Zerschlagung der kommunistisch dominierten «Massenorganisationen» und von den Folgen der «Isolierung» der KPD: «Aber in den meisten Fällen bezahlten wir infolge unserer Isolierung unten den Aufbau unseres illegalen Apparates mit ziemlich großen Opfern.» (Dokument 2)

Gestrichen wurden für die Veröffentlichung[171] in der Basler *Rundschau* allerdings Bemerkungen Wehners zur «Konspiration» und Ausführungen, in denen er die «Trennung in Funktionäre und Mitglieder» kritisch beschrieb: «Es hat sich dann ein solcher Zustand entwickelt; weil man für die Herausgabe von Agitationsmaterial doch nur einen verhältnismäßig kleinen Kern von Genossen gebrauchen kann, hat sich an der aus der Sozialdemokratie übernommenen Arbeitsteilung in Funktionäre und Mitglieder, die mehr oder weniger passiv sind, nichts verändert, hat sich im Gegenteil noch vertieft.» Aus seinem Beitrag wurden für die Veröffentlichung Wehners pro domo gemeinter Hinweis auf die «in der Illegalität gewachsenen und gestählten» jungen Kader gestri-

klasse gegen den Faschismus. In: Protokoll des VII. Weltkongresses der Kommunistischen Internationale. Erlangen 1974, Bd. I, S. 378.

[171] Wie erste Stichproben ergaben, wurden solche zensierenden Streichungen auch in anderen Redebeiträgen für die Veröffentlichung vorgenommen.

chen, aber auch sein Karriereverlauf beruhte auf der Anwendung der von Stalin, Dimitroff und Pieck[172] empfohlenen Kaderpolitik, in der «junge Kader» nicht zuletzt gegen «alte» Funktionäre eingesetzt und damit in den Cliquenkämpfen funktionalisiert wurden. Wehner schloß mit dem kongreßüblichen Appell, daß man «politisch das Sektierertum in unserer Partei restlos liquidieren müsse», und mit dem martialischen Hinweis, daß man weiter «auf der Linie der Komintern marschieren» müsse.

In der Zeit vom August 1935 bis zum Beginn der «Brüsseler Parteikonferenz» führten nach Wehners *Notizen* Denunziationen Kippenbergers und anderer Delegierter zu Untersuchungen[173] der Kaderabteilung der Komintern. Folgt man Wehners Angaben[174], so wurde er von dem Leiter des «Abwehrapparates» Hans Kippenberger beschuldigt, nationalistische Lieder, u. a. das Deutsch-

[172] Vgl. Wilhelm Pieck: Der neue Weg zum gemeinsamen Kampf für den Sturz der Hitlerdiktatur. Referat und Schlußwort auf der Brüsseler Parteikonferenz der Kommunistischen Partei Deutschlands Oktober 1935. Moskau 1936, S. 88–90.

[173] Da in der Kaderakte Wehners solche Hinweise und Denunziationen fehlen, wurden die von Wehner berichteten Anzeigen entweder nicht aktenmäßig verfolgt oder sie entsprangen den Verfolgungsängsten, die nach der Verhaftung und dem Prozeß gegen Sinowjew und Kamenjew 1935 auch innerhalb der Delegierten umgingen. Durch Lektüre der Moskauer *Deutschen Zentral-Zeitung*, der *Kommunistischen Internationale* und der veröffentlichten Prozeßdokumente waren die KPD-Funktionäre über den Verlauf dieses Prozesses wie auch über den Beginn des «Großen Terrors» der stalinistischen «Säuberungen» informiert. Vgl. z. B. Anklage und Urteil gegen die illegale konterrevolutionäre Sinowjewgruppe. Moskau/Leningrad 1935; Vom Verrat an der Partei – zum faschistisch-weißgardistischen Attentat, in: Die kommunistische Internationale, XVI. Jg., 1935, H. 2, S. 105–122; Boris Ponomarew: Über die Sinowjew-Opposition und ihren konterrevolutionären Abschaum, in: Die kommunistische Internationale, XVI. Jg. 1935, H. 2, S. 123–142.

[174] Wehners Angaben über die Durchführung der gegen ihn gerichteten Untersuchungsverfahren entbehren in den *Notizen* der Konkretion: «Diese Verfahren führten zwar nicht zu den von ihnen und ihren Hintermännern gewünschten Resultaten, dienten aber wiederum zur Verzettelung von Zeit und Kraft.» Zeugnis, S. 165.

landlied, gesungen zu haben. Die Delegierten (Zeidler, Max Reimann, Fritz Pfordt) beschuldigten ihn angeblich, bei Betriebsbesuchen kritische Äußerungen zur KPD-Politik gemacht zu haben.

Am 3. Oktober 1935 begann im Moskauer Vorort Kunzewo, innerhalb eines Datschenareals für KPdSU- und Komintern-Funktionäre, die «Brüsseler Konferenz», die die «neue taktische Orientierung», die «Direktive der Anwendung der Einheitsfront auf neue Art»[175] in die Politik der KPD transformieren sollte. Wehners Redebeitrag auf der Brüsseler Konferenz[176] überschritt aber auch in den vermeintlichen kritischen Ausfällen[177] keineswegs die schon von Pieck[178] in «schärfster bolschewistischer Weise» demonstrierte «Waffe der Selbstkritik». In der Personaldiskussion rechnete er sowohl mit Otto Wahls ab und verhinderte – wahrscheinlich nicht ohne Rückendeckung von Pieck und Ulbricht – die Wahl von Schulte und Schubert ins ZK und die von dem polnischen Komintern-Mitarbeiter Smoljansky vorgeschlagene Wiedereingliederung Heinz Neumanns. Ob die von Wehner im Rückblick betonte «relative Unabhängigkeit» zu den «wechselnden Gruppierungen» den realen innerparteilichen Machtkonstellationen entsprach oder ob er mit dem Nimbus des Illegalen sich allenfalls eine solche Position zulegte, kann hier nicht entschieden werden.

Wehner rückte auf der Brüsseler Konferenz ins fünfzehnköp-

[175] Wilhelm Pieck: Der neue Weg zum gemeinsamen Kampf für den Sturz der Hitlerdiktatur. Moskau 1936, S. 8.

[176] IfGA/ZPA, I, 1, 1, 34, Bl. 585–615.

[177] Wehner kritisiert ebenso wie Wilhelm Pieck und der neuinthronisierte Chefredakteur Alexander Abusch die frühere Redaktion des Zentralorgans *Rote Fahne*. Die Wehnersche Kritik an der sog. «Thälmann-Fraktion» verletzte nicht – wie Hartmut Soell meint – ein Tabu, «das Namen und Person Thälmanns umgab», sondern traf die bereits durch den Komintern-Kongreß abservierten Politbüro-Mitglieder Schubert und Schulte, die sich selbst als «Thälmann-Leute» bezeichneten. Auch Wehners Ausführungen zur Kaderpolitik finden sich in ähnlicher Form bei Wilhelm Pieck.

[178] Wilhelm Pieck: Der neue Weg zum gemeinsamen Kampf zum Sturz der Hitlerdiktatur. Moskau 1936, S. 15.

fige Zentralkomitee auf, das in seiner ersten Sitzung Ernst Thälmann, Wilhelm Pieck, Wilhelm Florin, Fritz Heckert, Walter Ulbricht, Franz Dahlem, Paul Merker als Mitglieder des Politbüros und Herbert Wehner und Anton Ackermann als Kandidaten des Politbüros wählte. Nach der Abrechnung mit der «Sektierergruppe» wurden Fritz Schulte[179] und Hermann Schubert als Mitglieder des Politbüros von der «deutschen Parteiarbeit» abgelöst. In einem Dossier der Kaderabteilung vom 3. Oktober 1936 wurden die «Beschuldigungen» gegen Fritz Schulte zur politischen Anklageschrift[180] aufgelistet: «1923 gehörte er zur Mittelgruppe. Bei der Neumann-Remmele-Diskussion hat er geschwankt. Gehörte bis zur Brüsseler Konferenz der Gruppe Richter–Schweitzer an. Nach der Brüsseler Konferenz von der deutschen Parteiarbeit entfernt. Von der IKK erhielt er Ende 1935 eine Rüge wegen Konspirationsfehler in Deutschland. Er korrespondierte weiter mit Genossen seiner früheren Gruppierung, Reimann und Pfordt. Hat Weber gegenüber behauptet, daß noch nach der Brüsseler Konferenz die Gruppe zusammen war, was er nachher in einer Erklärung abstritt. Er schickt an die Kaderabteilung im August einen Brief mit Angriffen gegen Pieck und Weber, der dem Sekretariat übergeben wurde. Er hat Verbindung zu Richter, Blank, Gold, Süßkind.»[181] Die hier vermerkte Rüge der Internationalen Kontrollkommission gegen Fritz Schulte wegen «Konspirationsfehler» geht wohl auf jene «Angaben» zurück, die Herbert Wehner in

[179] Fritz Schulte, Mitglied des KPD-Politbüros (1929–35), Reichsleiter der RGO, Mitglied des Präsidiums des EKKI bis 1935. Im Februar 1938 verhaftet, am 7. April 1941 durch das Sondertribunal des NKWD zu 8 Jahren Lagerhaft verurteilt, kam er 1943 in Lagerhaft um.

[180] Die Extrakte solcher Dossiers (Sprawka) der Kaderabteilung wurden auf dem Amtsweg an das NKWD weitergeleitet. Der «Untersuchungsführer» des NKWD bezog seine Ausgangsinformationen aus solchen Dossiers, die neben der Verhaftungsorder am Anfang der NKWD-Akten eingeordnet sind.

[181] RZA 495/21/35 Bl. 72.

seiner Rede auf der Brüsseler Konferenz[182] und anschließend auch in schriftlicher Form gemacht hatte. In einem Brief an die Kaderabteilung vom 3. September 1937 (Dokument 19) renommierte Wehner mit seiner früheren Auskunftstätigkeit: «Unmittelbar nach der Brüsseler Konferenz schrieb ich auf Anforderung der Kaderabteilung handschriftlich die Angaben nieder, die ich zu den Personen Kippenbergers, Hirschs, Schultes und Wahls' zu machen hatte. Sie wurden damals Krajewski übergeben. Später erkundigte ich mich nach dem Verbleib dieser Angaben, weil mir auffiel, daß Genossen, die mit dieser Materie zu tun hatten, über die Angaben, die ich gemacht hatte, nicht im Bilde waren. Ich bekam den Eindruck, daß diese Angaben nicht an die richtige Stelle gelangt sind.»

Die dem Leiter der Kaderabteilung Krajewski gemachten Angaben waren – entgegen den Befürchtungen des hyperwachsamen Herbert Wehner – doch an die «richtige Stelle» gelangt. Wehners besorgte Nachfragen zu den Konsequenzen solcher «Angaben» machen nicht nur deutlich, daß er seinen Mitteilungen eine folgenreiche Bedeutung beimaß, sondern auch, daß die «Genossen, die mit dieser Materie zu tun hatten»[183], gegenüber dem bereits selbst zum «Fall» gewordenen Wehner zum Verschweigen verpflichtet

[182] Wehner beschuldigte Schulte, durch ein Telegramm mit Geldforderungen an die illegale Berliner RGO-Leitung zur Verhaftung mehrerer illegal tätiger Widerstandskämpfer beigetragen zu haben. Wie weit solche wechselseitigen Beschuldigungen wegen «Konspirationsfehler» auch als Mittel des innerparteilichen Cliquenkampfs eingesetzt wurden, bleibt schon deswegen zu hinterfragen, da Wehner 1937 auch der «Verletzung der Konspiration» beschuldigt wurde.

[183] Dazu gehören der 1938 verhaftete Referent der Kaderabteilung Georg Brückmann (Deckname: Albert Müller) und die am 5. Oktober verhaftete Mitarbeiterin der Kaderabteilung Grete Wilde (Deckname: Erna Mertens). Beide wurde als zuviel wissende «Täter» der Kaderabteilung selbst Opfer der stalinistischen Säuberungen. Zu den damit befaßten Genossen gehörten auch die Moskauer Mitglieder des Politbüros und die Mitglieder der Internationalen Kontrollkommission.

waren. Dabei waren es nicht nur Wehners Angaben nach der Brüsseler Konferenz gewesen, die zur Ablösung von Hans Kippenberger[184] als Leiter des M-Apparates der KPD beigetragen hatten; die Mitarbeiter des M-Apparates wurden inzwischen umstandslos zur politischen Opposition der «Sektierer» gerechnet. Nach der Ablösung Kippenbergers wurde unter der Leitung Hermann Nudings der «Apparat» neu aufgebaut und der Kontrolle der Parteiführung, also Walter Ulbricht, unterstellt.

Auch Herbert Wehner geriet 1935 ins Visier der permanent «Angaben», Lebensläufe und Dossiers sammelnden Kaderabteilung[185] der Komintern, der eine vertrauliche, an das ZK der KPD und Wilhelm Pieck gerichtete Mitteilung zuging. Nach Wehners Abreise nach Paris hatte der frühere RGO-Funktionär Hans Hausladen[186] am 10. Dezember ein handschriftliches Schreiben[187]

[184] In einer Untersuchung der Kaderabteilung (Grete Wilde) tauchen im April 1936 als Erstvorwürfe gegen die Mitglieder der früheren «Leitung des M-Apparates» Hans Kippenberger, Leo Roth, Franz Schubert und gegen Kippenbergers Sekretärin Lore Kerff folgende «Beschuldigungen» auf: Zugehörigkeit zur «Sektierer-Gruppe», «Unkonspirativität», «Hochgehen eines Archivs in Berlin», Aufbewahrung eines Archivs in Paris mit Aufstandsplänen des Apparats, «wissentliche Zusammenarbeit» mit der englischen, französischen und tschechoslowakischen Botschaft, Gespräche mit dem französischen Botschafter André François-Poncet in Berlin. Die Militärattachés der Botschaften hätten durch Leo Roth alle «Materialien der Partei, soweit sie Rüstungsfragen, Militär, Gestapo, Polizei, SA und SS betrafen», erhalten und dafür regelmäßig bezahlt.

[185] Die Kaderabteilung der Komintern hatte 1935/36 zu keinem Zeitpunkt die Kontrolle über die Kader des deutschen Sektors an die Kontrollkommission der KPD abgetreten, wie Hartmut Soell meint. Vgl. Hartmut Soell: Der junge Wehner, S. 411.

[186] Hans Hausladen (Deckname: Henry Jakob), Leiter der RGO im Ruhrgebiet, Mitgl. des Preußischen Landtags, 1933 KZ-Haft, Emigration über das Saargebiet, Frankreich in die Sowjetunion, Mitarbeiter der Profintern, 1937 in Moskau verhaftet. Weiteres Schicksal unbekannt.

[187] Von diesem Brief wird am 2. März 1937 in der Kaderabteilung eine Schreibmaschinenabschrift angefertigt. Zwei Durchschläge davon werden an Alichanow, den Leiter der Kaderabteilung, weitergereicht.

an Pieck gerichtet, das mit seinen Vorwürfen zur Tätigkeit von «Kurt» im Saargebiet immer wieder in den späteren «Dossiers» der Kaderabteilung auftauchte. Solche denunziatorischen «Angaben» entsprangen auch bei Hausladen, genauso wie bei Wehner, dem Selbstverständnis des Funktionärs, der sich als disziplinierter Parteisoldat zur «Selbstkritik» und schonungslosen Wahrheit gegenüber den Instanzen der «Partei» verpflichtet fühlte. In der Disziplinar- und terroristischen Verfolgungspraxis[188] des Stalinismus ermöglichten aber solche Geständnisse und Angaben eine sich ständig potenzierende Kontrolle des «Apparats» und produzierten durch die wechselseitige Verfolgung ein Klima des permanenten Verdachts, das sich durch persönliche Rivalitäten und «Abrechnungen» zwischen den Fraktionen noch verschärfte: «Jeder ist gleichsam zum Polizeiagenten seines Nächsten geworden.»[189]

Herbert Wehner wurde in diesem Brief an das ZK (vgl. Dokument 4) von Hausladen beschuldigt, als ZK-Beauftragter zusammen mit dem Leiter des M-Apparates Leo Roth[190] für den Tag der

[188] Die aus Parteitreue geforderte «Angabe» wurde im bürokratischen Denunziations- und Überwachungssystem der stalinistischen «Säuberungen» ein zentrales Mittel totaler Kontrolle und Herrschaft. Solche «Angaben» lieferten für das NKWD sowohl freiwillige Zuträger wie auch das organisierte Spitzelsystem, das sich des V-Manns (Seksot) bediente. Neben der heimlichen Denunziation für die «betreffenden Stellen» wurde in den öffentlichen Straf- und Bußritualen der «Reinigung» durch Partei- und Betriebsversammlungen der «Schädling», «Doppelzüngler», «Partei- und Volksfeind» ausfindig und dingfest gemacht.

[189] Hannah Arendt: Elemente und Ursprünge totaler Herrschaft. München 1986, S. 665.

[190] Über den Apparat-Mann Leo Roth (Deckname Viktor), mit dem er in Berlin und im Saargebiet eng zusammenarbeitete, lieferte Wehner in den *Notizen* eine ausführliche, nahezu einfühlsame Porträtskizze (Zeugnis, S. 175–178). Wehner charakterisiert Leo Roth als einen «völlig desillusionierten Menschen», der glaubte, «in seinem ‹Apparat› kristallisiere sich die Elite der Revolutionäre heraus, die in der dafür gegebenen Situation als Kern einer Art von Militärorganisation wirken werde» (Zeugnis, S. 176). Leo Roth war seit 1930 Mitarbeiter des sog. «BB-Apparates»; nach dem Besuch

Volksabstimmung im Saargebiet mehrere Handgranatenanschläge auf Häuser der «Deutschen Front» in Neunkirchen, Saarbrücken und Saarlouis angeordnet zu haben. Diese Anschläge[191] des mit leichten und schweren Waffen ausgerüsteten «Massenselbstschutzes» der KPD sollten wahrscheinlich zu diesem Zeitpunkt – vielleicht nach dem Muster des Volksentscheids 1931 – von dem zu erwartenden Ergebnis der Saarabstimmung[192] ablen-

der Militärschule in Moskau wurde er Leiter des gesamten Apparates zur «Betriebsbeobachtung», der eng mit sowjetischen Spionage-Dienststellen zusammenarbeitete. Zu den «Verbindungen», die Leo Roth als Leiter des Nachrichten-Apparates und Sekretär Kippenbergers unterhielt, gehörten auch zahlreiche Journalisten, z. B. der *Times*-Korrespondent Ebutt und Margret Boveri beim *Berliner Tageblatt*. Leo Roth war für die Kaderabteilung mehrfach verdächtig: wegen bürgerlicher Herkunft, als früheres Mitglied der jüdischen Jugendgruppe von «Poale Zion», als ehemaliger, aus dem KJVD ausgeschlossener Korsch-Anhänger und wegen seiner Lebensgefährtin, einer Tochter des Reichswehrgenerals von Hammerstein, die er aber im Parteiauftrag kennengelernt hatte.

Bereits Anfang 1936 führte die Moskauer Kaderabteilung mehrere Vernehmungen zu Leo Roth durch, der inzwischen in Moskau als Schlosser arbeitete. Nachdem die Kommission der Kaderabteilung und der KPD-Vertretung seine Überführung in die KPdSU am 16. September 1936 ablehnte, wurde er am 22. November 1936 vom NKWD verhaftet. Am 10. November 1937 wurde er durch das Militärkollegium des Obersten Gerichts wegen «Spionage» und «Vorbereitung von Terroranschlägen» (§ 58, 6 und 8 des sowjet. Strafgesetzbuchs) zum Tode verurteilt und am gleichen Tag erschossen. RZA 495/205/6222 und Akten der Militärstaatsanwaltschaft.

[191] Da Wehner selbst in den *Notizen* auf Aktionen in Saarbrücken und Neunkirchen verweist, konnte hier auf die Verifikation der Vorwürfe Hausladens verzichtet werden.

[192] Wehner waren in den *Notizen* – zumindest für die Morde am Bülowplatz – solche parteitaktischen Überlegungen nicht fremd: «Schon während des Prozesses gegen eine Gruppe, die mit dem Mord in Verbindung gebracht worden war, stellte es sich heraus, daß der Mord von einer Geheimgruppe organisiert worden war. 1935, im Verlauf der Auseinandersetzungen um die Durchführung einer neuen Politik in Deutschland, wurde festgestellt, daß jene Gruppe zum speziellen Apparat Kippenbergers gehört hatte, und daß Neumann die politische Anweisung zur Durchführung gegeben habe, um

ken. In den *Notizen* deutete Wehner diese Aktivitäten allenfalls an: «In Saarbrücken und Neunkirchen führten wir je eine Aktion gegen Ausfallstellen der bewaffneten SS durch.»[193]

Obwohl sich das ZK der KPD öffentlich vom «individuellen Terror» abgegrenzt hatte, erledigten arbeitsteilig die dem illegalen M-Apparat Kippenbergers unterstellten Gruppen oder der «Parteiselbstschutz»[194] immer wieder solche «Arbeiten» wie Waffen- und Sprengstoffbeschaffung, Waffentransport oder die Durchführung von Anschlägen. Auch Herbert Wehner[195] hatte

durch die Tat und die zu erwartenden Repressalien die Aufmerksamkeit vom Ergebnis des Volksentscheides abzulenken und eine neue Situation zu schaffen. Und das war kaltblütig vorher geplant worden als Alternative zu einem von Neumann nicht für wahrscheinlich gehaltenen Erfolg der Volksabstimmung.» Zeugnis, S. 46.

193 Zeugnis, S. 124.

194 In Erich Mielkes bereits 1931 für die Kaderabteilung verfaßten Lebenslauf werden diese Tätigkeiten prägnant beschrieben: «Wir erledigten alle möglichen Arbeiten, Terrorakte, Schutz illegaler Demonstrationen und Versammlungen, Waffentransporte und Reinigung. Als letzte Arbeit erledigten noch ein Genosse und ich die Bülowplatzsache.» Die Erledigung dieser «Arbeit», die Erschießung zweier Polizeioffiziere, gehörte zum intern durchaus akzeptierten Alltag solcher mit dem «Parteiselbstschutz» befaßten Apparate. Im Gegensatz zu Herbert Wehner führt bei Erich Mielke die «Bülowplatzsache» keineswegs zu einer weiteren «Untersuchung» der Kaderabteilung gegen Mielke. Eine solche «Arbeit» zu erledigen, entsprach zwar durchaus den «Parteinormen», konnte aber gegen bereits verfolgte und selektierte KPD-Mitglieder belastend wirken. Herbert Wehner war nachträglich in die «wirklichen Umstände» der «Bülowplatzsache» eingeweiht worden und schrieb in den *Notizen*, daß sie noch nicht die ganze Wahrheit, aber einen beachtlichen Teil davon bilden: «1935 stellte sich heraus, daß jene Gruppe zum speziellen Apparat Kippenbergers gehört hatte, und daß Neumann die politische Anweisung zur Durchführung gegeben habe... Und das war vorher kaltblütig geplant worden als Alternative zu einem auch von Neumann nicht für unwahrscheinlich gehaltenen Erfolg der Volksabstimmung.» Zeugnis, S. 45f.

195 W. (d. i. Herbert Wehner): Zur Frage der individuellen Aktionen. «Nur wenn damit Massenaktionen ausgelöst werden», in: Der Parteiarbeiter, 1929, 7. Jg. H. 9, S. 228.

bereits 1929 diese parteioffizielle Sophistik mit ihrer Unterscheidung zwischen «individuellem Terror» und antifaschistischen «Massenaktivitäten» propagiert.

Diese Vorwürfe Hausladens sind sicherlich wie die «Angaben» Wehners über Schulte, Kippenberger, Hirsch und Wahls[196] auch Resultat der innerparteilichen «Abrechnungen» vor und nach der Brüsseler Konferenz, die den politischen Opponenten oder Konkurrenten diskreditieren oder erledigen sollten. Die gegen Wehner gerichteten Vorwürfe Hausladens wurden 1935 von Pieck zwar der Kaderabteilung übergeben, aber von dieser bis zur Rückkehr Wehners nach Moskau 1937 in der «Kaderakte» aufbewahrt.

Von der Volksfront zu den Moskauer Schauprozessen

Nach der Brüsseler Konferenz war Wehner bereits Mitte November in Paris eingetroffen, um als Kandidat des Politbüros «die Arbeit des PB für den Westen durchzuführen». Während erste Gespräche zwischen den Vertretern des KPD-Politbüros Ulbricht und Dahlem mit dem SPD-Parteivorstand in Prag ergebnislos verlaufen waren, informierte Wehner nach seiner Ankunft «in einer kleinen Zusammenkunft» mit den Sozialdemokraten Rudolf Breitscheid, Max Braun, Georg Decker, Erich Kuttner «über die Stellungnahme der KPD zu den Fragen der Einheitsfront, um dadurch vor allem Breitscheid für eine Zusammenarbeit zu gewinnen»[197]. Während der folgenden Monate versuchte Wehner in zahlreichen Gesprächen und Beratungen die schon seit Sommer 1935 entwickelten

[196] Noch in den *Notizen* stellt Herbert Wehner verwundert fest, daß Wahls «nicht einmal einer Untersuchung unterzogen» worden war und als Spanien-Freiwilliger ausreisen durfte. Zeugnis, S. 232.

[197] IfGA/ZPA NL 36/538, Bl. 104.

Volksfrontbemühungen[198] des Lutetia-Kreises – benannt nach dem Pariser Versammlungsort «Hotel Lutetia» – voranzutreiben. Die Direktiven Ulbrichts aus Prag zielten dabei von Anfang an auf Minimalforderungen, «auf die Erörterungen aktueller Aufgaben, Kampf gegen Teuerung und Terror». Bereits nach der Veröffentlichung erster Absichtserklärungen wurde von Prag aus sowohl bei der Komintern wie in Paris «Einspruch gegen den Aufruf erhoben, der nicht den Direktiven des Polbüros an unsere Delegation»[199] entsprach. Vor allem der eigentliche Motor und Organisator der Pariser Volksfrontbestrebungen Willi Münzenberg[200] wurde vom Prager Politbüro immer wieder[201] kritisiert, weil er die «Direktiven des Politbüros über die Taktik gegenüber der SPD und den Beratungen des Lutetia-Kreises nicht durchgeführt» habe. Auch Erich Birkenhauer – Sekretär des Thälmann-Komitees – wurde aus dem Lutetia-Kreis herauskommandiert, der sich nach Meinung von Ulbricht auf die «nächsten Schritte» beschränken sollte.

Bereits im März 1936 lud das EKKI Münzenberg, Dahlem und Ulbricht vor eine eigens eingesetzte Kommission[202] nach Moskau, um den Führungsanspruch und die Richtlinienkompetenz der Prager Politbüro-Mitglieder (Ulbricht) durchzusetzen. In einer ausführlichen Resolution des Moskauer EKKI-Sekretariats wurden die «Richtlinien» für die «Durchführung der neuen taktischen Orientierung» ausgegeben. Neben der «beweglichen Taktik» gegenüber dem Parteivorstand der SPD und sozialdemokratischen

[198] Vgl. Ursula Langkau-Alex: Volksfront für Deutschland? Band 1: Vorgeschichte und Gründung des «Ausschusses zur Vorbereitung einer deutschen Volksfront», 1933–1936. Frankfurt a. M. 1977.

[199] IfGA/ZPA NL 36/538, Bl. 109.

[200] Herbert Wehner rügt noch in den *Notizen* die «opportunistische Grundsatzlosigkeit» Münzenbergs. Zeugnis, S. 183.

[201] Vgl. z. B. das Rundschreiben des Politbüros vom 28. Februar 1936 «Betreff der bei der Pariser Beratung gemachten Fehler». RZA 495/74/126 Bl. 47–52.

[202] Vgl. dazu: Wilhelm Pieck: Übersicht über die Arbeit der KPD seit dem VII. Weltkongreß im Zusammenhang mit der Arbeit des Ausschusses zur Vorbereitung der Deutschen Volksfront. IfGA/ZPA NL 36/558, Bl. 94–150.

Gruppen wurde weiterhin die «prinzipielle Propaganda gegen den Sozialdemokratismus» dekretiert. Die Grundzüge einer programmatischen Plattform der Volksfront gegen Faschismus und Krieg wurden in dieser Resolution festgelegt, wie die «Überprüfung der Kader, in bezug auf ihre Zuverlässigkeit, Klassenwachsamkeit, Konspiration». Der direkt der Komintern unterstellte Münzenberg wurde noch in Moskau mit einer «Rüge» vom Politbüro abgestraft. Alle Kader in den von Münzenberg dirigierten Komitees und Verlagen[203] wurden zuerst vom Pariser Apparat-Leiter Hubert von Ranke und im Herbst 1936 durch die nach Paris geeilte Mitarbeiterin der Moskauer Kaderabteilung Grete Wilde überprüft.[204] Herbert Wehner verfolgte in Paris offensichtlich die «Linie der Komintern», nämlich die Taktik des Minimalkonsenses und der «nächsten, konkreten Aufgaben» und hielt sich dadurch geschickt in der innerparteilichen Äquidistanz zwischen «Münzenbergs Geschmeidigkeit» und «Ulbrichts Exerzierreglement».[205]

Für die programmatische Debatte des Lutetia-Kreises war in Zusammenarbeit zwischen KPD-Politbüro und EKKI-Sekretariat bereits eine «Plattform» als Entwurf eines Volksfrontprogramms vorbereitet worden. Herbert Wehner, der zum Bericht von Paris nach Prag zu reisen hatte, griff mit so präformierten Entwürfen in die Pariser Programmdebatte ein. Nach der Übersiedlung von Ulbricht und Paul Merker von Prag nach Paris, die im Volksfrontausschuß Dahlem und Münzenberg ablösten, verschärften sich die Konflikte mit sozialistischen Splittergruppen wie der SAP. Als Verfechter eines sozialistischen Deutschlands opponierte die SAP gegen die von der KPD vorgeschlagene Bündniskonzeption, die

[203] Vgl. dazu Reinhard Müller: Bericht des Komintern-Emissärs Bohumir Smeral über seinen Pariser Aufenthalt 1937, in: Exilforschung. Bd. 9, 1991, S. 236–261.

[204] Vgl. die Zusammenfassung der «Kaderüberprüfung» durch einen «Kadermenschen», RZA 495/77/43, Bl. 91–92. Fortgeführt wurde diese «Überprüfung» dann durch Smeral 1937.

[205] Zeugnis, S. 182.

alle Hitlergegner bis hin zur bürgerlichen Rechten umfassen sollte.

Zur Klärung der weiteren Perspektiven der Volksfront und der Differenzen, die nun zwischen Ulbricht und Dahlem auftraten, fand in Paris vom 10. bis 24. Juni eine Sitzung des Politbüros statt, zu der aus Moskau noch Pieck und Florin anreisten. Um das ständige Kompetenzgerangel innerhalb des Politbüros zu beenden, wurde auf dieser Tagung eine verwickelte Arbeitsteilung festgelegt. Einer von Ulbricht geleiteten Agitations- und Propagandakommission gehörten Dahlem und Ackermann, der von Dahlem geleiteten Organisations- und Kaderkommission Ulbricht und Merker an. Für die Jugendarbeit sollten Ulbricht und Ackermann, für die Gewerkschaftsarbeit Merker und Dahlem zuständig sein. Während Ulbricht gleichzeitig noch zum Sekretär des Politbüros bestimmt wurde, sollte sich Wehner in diesem Personen- und Machtpuzzle des Politbüros auf die «Hilfsbewegung»[206] beschränken. Dazu gehörte neben der Zusammenarbeit mit Emigrationsleitung und «Roter Hilfe» die Betreuung der internationalen «Kriegsopferbewegung», die Zusammenarbeit mit den Rechtsanwälten Thälmanns und die Herausgabe eines hektographierten Blattes «Informationen von Emigranten für Emigranten»[207]. Dabei fungierten als Herausgeber die Sozialdemokraten Max Braun und Albert Grzesinski, der frühere KPD-Landtagsabgeordnete Kurt Schmidt und Herbert Wehner.

Wehners frühere Zuständigkeit für die Anleitung der Widerstandsgruppen in West- und Südwestdeutschland wurde wahrscheinlich zum Sommer ebenfalls eingeschränkt. Im Juli und August begann Wehner – nach einem Rundschreiben des Politbü-

[206] In einem Brief an die Moskauer Politbüro-Mitglieder vom 6. August 1936 schreibt Wehner: «Die nächsten Schritte in der Entwicklung der Einheitsfront dürften weiter in erster Linie auf dem Gebiete der Zusammenfassung der Emigration und der gemeinsamen Hilfe der Opfer des Terrors liegen.» RZA 495/74/126 Bl. 132.

[207] Vgl. dazu Hartmut Soell: Der junge Wehner, S. 386–388.

ros an die Grenzstellen und einer Aufforderung aus Spanien – mit der Sammlung von Freiwilligen für den Kampf im Spanischen Bürgerkrieg. Nach Wehners *Notizen* wurde er durch einen Brief von Alfred Herz[208] über die ersten Kämpfe in Spanien informiert. Ausführlich schilderte er seine Initiative und die «abwehrmäßige» Kontrolle der Spanienfreiwilligen in seiner Antwort auf die 44 Fragen der Kaderabteilung:

«Die Initiative zu den Spanientransporten habe ich ergriffen. Die ersten hundert Mann, die meist Spezialisten waren, wurden von der Pariser Emi-Leitung[209] vorgeschlagen, von mir geprüft und abgeschickt. Abwehrmäßig wurden sie kontrolliert durch den Abwehrmann der Pariser Emi-Leitung. Einen anderen Abwehrmann gab es damals dort noch nicht. Als die Verschickungen größeren Umfang annahmen, habe ich eine Kommission eingesetzt, bestehend aus dem Emileiter[210] August Hartmann, dem Abwehrmann Jupp, einem weiteren Genossen Egon. Zur Kontrolle der Saaremigranten wurde mehrere Wochen hindurch Niebergall herangezogen, der diese Leute alle genau kennt. Nach der Unterredung, die ich mit Gen. Thorez hatte, wurde unsere Arbeit mit der der französischen Kommission vereinigt. – Die Zugänge aus Holland, Belgien, Skandinavien wurden zunächst dort geprüft, dann in Paris nochmals. Als die übrigen Gen. des PB nach Paris kamen, wurde Gen. Rädel speziell für diese ganze Arbeit eingesetzt.»[211]

[208] Der von dem NKWD-Mitarbeiter Alfred Herz geleitete Geheimdienst (Servicio Alfredo Herz) besaß eine zentrale Funktion bei der Verfolgung und Liquidierung nichtkommunistischer Antifaschisten in Spanien. Detaillierte Personenkenntnisse und umfassende Kontrolle der Emigranten waren die Voraussetzung für spätere Verhöre, an denen auch der frühere Pariser Apparatleiter Hubert von Ranke und Erich Mielke beteiligt waren. Ranke war zusammen mit Hans Beimler nach Spanien beordert worden, um die «deutschen Antifaschisten politisch zu bearbeiten» und um bei der «Organisierung der militärischen Formationen» zu helfen.

[209] Emigrationsleitung.

[210] Emigrationsleiter Kurt Schmidt (Deckname: August Hartmann).

[211] Dokument 22.

Diese Überprüfung der ersten Spanienfreiwilligen durch Wehner und den «Abwehrmann» der Emigrationsleitung scheint das Mißfallen des «Apparates» hervorgerufen zu haben, der sich übergangen fühlte. Daher resultierten wohl auch die Beschuldigungen, die 1937 gegen Wehner in der Moskauer Kaderabteilung von Grete Wilde erhoben wurden:

«In der Spanienfrage legte Funk allergrößten Wert darauf, daß zur Spanienfrage und zu den Personalfragen der KPD kein anderer Genosse außer ihm Zugang hatte. Er unterstützte die Pariser Emigrantenleitung in ihrem Bestreben, die nach Spanien reisenden Personen nicht der Kontrolle des Apparates zu unterwerfen. Es ist jedoch eine Tatsache, daß die Kartothek der Pariser Emigrantenleitung in die Hände der Trotzkisten fiel, die mit dieser Kartothek eine Kampagne gegen die Partei entfachten, während die Emigrantenleitung keinerlei Kontrolle ausüben konnte.»[212]

Nahezu gleichzeitig mit der Aufstellung der Internationalen Brigaden zerstörten der inszenierte Ablauf und die Todesurteile des ersten Moskauer Schauprozesses (19.–24. August 1936) jene Hoffnungen der Emigration und des Widerstandes, die auf die Herstellung einer funktionsfähigen Einheits- und Volksfront gerichtet waren. Die Pariser KPD-Führung wurde in Briefen schon vor Beginn des Prozesses ausführlich über zahlreiche Verhaftungen in Moskau und über Parteiausschlüsse informiert. Einen Tag nach Verkündigung der Urteile schlug Erich Birkenhauer Herbert Wehner schriftlich vor, «eine gründliche theoretisch-politische Sache fertigzustellen gegen die trotzkistische Ideologie, aus deren Wurzeln heraus jene Verbrechen entstehen konnten, deretwegen nun die Todesurteile erfolgen»[213]. Wehner verwies als gewitzter Parteitaktiker auf das offizielle Prozeßmaterial und Artikel Dimitroffs und lehnte den Vorschlag Birkenhauers ab. Im Anschluß an den Prozeß wurde vom EKKI und der KPD-Führung eine Über-

212 Dokument 16.

213 IfGA/ZPA I 2/3/286, Bl. 384.

prüfung der gesamten Emigration durch den nach Paris geschickten Kaderreferenten Georg Brückmann angeordnet. In den Instruktionen für Brückmann hieß es: «Die operative Leitung soll dafür Sorge tragen, daß in allen Emigrationsgebieten eine Kommission aus absolut zuverlässigen Genossen eingesetzt wird, die die Aufgabe hat, jeden einzelnen Emigranten in bezug auf seine Vergangenheit und sein Verhalten in der Emigration gründlich zu überprüfen. Es sind alle Genossen aus der Partei auszuschließen, deren Vergangenheit nicht absolut klar ist und deren Verhalten in der Emigration verdächtig ist.»[214]

Die Pariser Leitung und damit Herbert Wehner wurden in zahlreichen Briefen, Telegrammen[215] und Instruktionen über die Verhaftungs- und Ausschlußwellen unter den KPD-Mitgliedern in Moskau, über den Verlauf von «Säuberungen» unter den Schriftstellern offiziell informiert. Wehners Kenntnisse über den stalinistischen Terror, Verhaftungen und Todesurteile in Moskau beruhen also nicht nur auf Gesprächen[216] mit Gustav Regler oder Erwin Piscator, die aus Moskau nach Paris gekommen waren.

In Briefen [217] wie durch Zusendung der in Moskau zusammen-

[214] IfGA/ZPA I 2/3/286, Bl. 13.

[215] Es bedarf noch einiger Anstrengungen, um die taktischen Hintergründe von Komintern- und KPD-Führung in der Pariser Volksfrontpolitik zu analysieren. Eine Übersicht über die Verbindungen zwischen der operativen Leitung in Prag und Paris und den Mitgliedern des Politbüros in Moskau verzeichnet neben «Informationsmaterial» allein vom Juli bis November 1936 80 Briefe und 61 Telegramme. IfGA/ZPA I 2/3/286, Bl. 90. Ohne umfassende Recherchen im Moskauer Komintern-Archiv wird auch die Geschichte der Pariser Volksfront kaum zu schreiben sein.

[216] Vgl. Zeugnis, S. 206f.

[217] In einem Brief Wilhelm Piecks vom 10. August 1936 wird Wehner auch über die Verhaftung Kreszentia Mühsams informiert: «Zensi Mühsam scheint hier ein Mittelpunkt für die trotzkistischen Verbindungen, besonders mit Wollenberg, gewesen zu sein. Diese Verbindungen haben einen sehr ernsten Charakter gehabt, sogar bis zu Vorbereitung terroristischer Akte auf unsere führenden Freunde. Es ist nur zu begrüßen, daß es gelungen ist, die Fäden dieser

gestellten «Säuberungs-Listen»[218], in denen die in Moskau verhafteten und ausgeschlossenen «Trotzkisten» und «Parteifeinde» erfaßt wurden, kannte die Pariser Leitung die parteiamtliche «Logik» und die Ausmaße des stalinistischen Terrors. Solche Ausschlußlisten der Verhafteten wurden durch die Pariser Leitung an die «Grenzstellen» und an die illegalen Widerstandskämpfer weitergeleitet, nicht zuletzt weil in der Emigration und auch in Deutschland «gesäubert» werden sollte. Wehner teilte in mehreren Briefen und in durch Kuriere überbrachten Mitteilungen die Reaktionen der potentiellen Volksfrontpartner auf den Moskauer Prozeß mit: «Die Haltung der einzelnen Sozialdemokraten ist ein gewisser Prüfstein für ihre Ehrlichkeit in ihrer Zusammenarbeit mit uns. Es ist typisch, daß gerade einige Linke, wie Breitscheid, offen in Artikeln gegen den Prozeß Stellung nehmen. Man soll keine falschen Konsequenzen ziehen und soll auch weiterhin mit diesen Leuten zusammenarbeiten, aber sich dennoch ihre Haltung merken.»[219] In einem ausführlichen Brief berichtete Wehner nach Prag über «trotzkistische Verbindungen in der Emigration» und lieferte «detaillierte Mitteilungen über Verbindungen, die von Emigranten zu Ruth Fischer, SAP und Brandler bestehen».[220] Wehners Rundschreiben an die Parteileitungen in der Emigration vom 19. September (Dokument 5) verwies nicht nur auf die ZK-Resolution[221] zu den Moskauer Prozessen, sondern angesichts der «trotzkistischen Zersetzungsarbeit anläßlich der Moskauer Prozesse» setzte er die von Moskau erlassenen Direktiven zur «Parteisäuberung» und zur «Überprüfung jedes einzelnen Mitglieds

Verbindungen aufzufinden und einen Teil dieser Leute unschädlich zu machen.» IfGA/ZPA I 2/3/286, Bl. 145.

[218] Vgl. z. B. die Liste der Ausgeschlossenen vom 22. Oktober 1936. IfGA/ZPA I 2/3/286, Bl. 302–303. Auch in Wehners Pariser Archiv fand der «Apparat» 1937 solche Ausschlußlisten, vgl. Dokument 17.

[219] Mitteilung von Kurt (d.i. Herbert Wehner) an Wilhelm (Pieck) vom 27. September 1936. IfGA/ZPA I 2/3/286, Bl. 36.

[220] Zusammenfassung des Briefes. IfGA/ I 2/3/286, Bl. 387.

[221] Abgedruckt in: Die Internationale, 1936, H. 6/7, S. 96–100.

der Emigration» in die parteiinterne Praxis um. Auch die von Wilhelm Pieck erhobene Forderung, alle Emigranten zu überprüfen, um sie – wenn ohne Parteigenehmigung emigriert – wieder nach Deutschland zurückzuschicken[222], wurde von Wehner weitergegeben.

Nach der Veröffentlichung eines von Ulbricht formulierten ZK-Aufrufs in der *Deutschen Volkszeitung*, in dem zur «Versöhnung des deutschen Volkes»[223] aufgerufen wurde, kam es im Oktober/November 1936 zu einer politischen Verstimmung[224] zwischen Ulbricht einerseits und Pieck und Florin in Moskau, da der Text ohne ihre Kenntnis veröffentlicht worden war. Auch Wehner meldete seinen Protest gegen die Veröffentlichung dieses Textes an. In einem elf Punkte umfassenden Brief formulierte Pieck[225] sowohl seine Differenzen zur «legalen Massenpolitik» wie auch zur Politik der Auslandsleitung. Bereits im Oktober 1936 hatte man im Moskauer EKKI-Sekretariat Togliattis mit der Vorbereitung einer Aussprache begonnen, zu der Wehner und Ulbricht für Ende November nach Moskau einbestellt wurden. Zur Vorbe-

[222] Da kein Genosse «ohne ausdrückliche Genehmigung der führenden Parteikörperschaften» Deutschland verlassen durfte, schlug Pieck vor, mit der Überprüfung der Emigranten wieder eine «parteimäßige Ordnung» herzustellen. Diejenigen, die ohne Genehmigung aus Deutschland geflüchtet waren, sollten «zurückgeschickt» werden. Pieck fährt ungerührt fort: «Vielleicht werden sie zunächst festgenommen und müssen eine Zeitlang im Gefängnis sitzen, aber wenn ihnen nichts nachgewiesen werden kann, werden sie wieder entlassen werden und können sich dann legal aufhalten.» IfGA/ZPA I 2/3/286, Bl. 144.

[223] «Versöhnung des Deutschen Volkes für Frieden, Freiheit, Wohlstand gegen die 3000 Millionäre», Deutsche Volkszeitung, 18. Oktober 1936.

[224] IfGA/ZPA NL 36/558 Bl. 139.

[225] Diese Attacke gegen die Auslandsleitung war für Pieck zugleich ein politischer Entlastungsangriff. Da Pieck wegen seiner «Verbindung» zu dem in Moskau hingerichteten Fritz David von Hermann Remmele und Werner Hirsch wegen seiner «Kaderpolitik» kritisiert wurde, diente ihm ein solches rhetorisches Nebengefecht auch zum Beweis seiner ideologischen «Wachsamkeit» und zur Durchsetzung der Moskauer Richtlinienkompetenz.

sprechung dieser Sitzung des Politbüros und des EKKI-Sekretariats sollten Wehner und Ulbricht sich Anfang Januar in Moskau einfinden. In einem umfangreichen Brief[226] an Pieck vom 16. November 1936 übernahm Walter Ulbricht die «volle Verantwortung» für die Politik der operativen Auslandsleitung und beharrte auf seiner Meinung, daß «trotz eures Donnerwetters die Verständigung über die Frage verhältnismäßig einfach sein wird».

In den *Notizen* Herbert Wehners wird der innerparteiliche Frontverlauf im Herbst 1936 anders dargestellt: Ulbricht habe ihm gedroht, daß er, Wehner, für seine «Auffassung in Moskau Rede und Antwort»[227] zu stehen habe; Wehner verschweigt aber in seinen *Notizen*, daß es eigentlich Ulbricht war, der als Verfasser des inkriminierten «Versöhnungs-Textes» ins Visier der Moskauer Führung geraten war. In Briefen an Wehner übermittelte Walter Ulbricht seine Rechtfertigungsversuche, die er in offizieller Form und als Privatbrief an Pieck nach Moskau gesandt hatte, und vermerkte abschließend: «Hoffentlich findet die Aussprache zu Hause bald statt, damit eine solche Klärung der Fragen erfolgt, und wir endlich über den toten Punkt hinwegkommen.»[228] Dieser inhaltliche Disput zwischen Wehner und Ulbricht führte keineswegs zu einem «Zwangsaufenthalt»[229] Wehners in Moskau, wie der Wehner-Biograph Hartmut Soell vermutet; die inhaltlichen Differenzen bestanden zwischen Ulbricht und dem von Wehner unterstützten Politbüro in Moskau.

Wehner war sicherlich eher verstimmt, daß sein Publikationsvorschlag, eine von ihm bereits begonnene Dokumentation zum Nürnberger Parteitag der NSDAP zu veröffentlichen, vom Moskauer Politbüro abgelehnt worden war. Die Beiträge zu die-

[226] Brief Ulbrichts an Pieck vom 16. November 1936. RZA 495/74/124, Bl. 155–161.

[227] Zeugnis, S. 205.

[228] RZA 495/74/124, Bl. 154.

[229] Hartmut Soell: Der junge Wehner, S. 413.

ser Broschüre[230] wurden von Mitarbeitern des EKKI in Moskau[231] geschrieben, erschienen aber unter dem Namen von Pieck, Ulbricht, Florin. In den *Notizen* kritisierte Wehner diese Praxis verbittert: «Dieses Durcheinander im Produzieren und Zu-Markte-Tragen ‹geistiger Leistungen› war mir besonders widerwärtig, und ich habe darin ein charakteristisches Zeichen für die Verkommenheit dieser Führergarnitur sehen zu müssen geglaubt.»[232] Obwohl schon für Anfang Januar nach Moskau bestellt, reiste Wehner noch Mitte Dezember als gewählter Vertreter der Pariser «Zentralvereinigung der deutschen Emigration» nach London, um an einer Tagung des Beirats beim Völkerbundkommissariat für die Flüchtlinge aus Deutschland teilzunehmen. Der Verlauf dieser Reise war der Moskauer Kaderabteilung verdächtig: «Während seiner Reise in die SU – Dezember 1936 – fuhr Funk mit einem deutschen Paß auf seinen legalen Namen (Wehner) von Paris nach London, obwohl der Intelligence Service die leitenden Funktionäre der KPD mit ihrem Namen aus der Legalität und wahrscheinlich auch aus der Illegalität bekannt sind. Er wurde in England ohne jede Beanstandung hineingelassen und konnte wieder ausreisen. Die Begründung zur Fahrt nach London ist, daß Funk irgendeinem Völkerbundausschuß angehören (für Emigrantenfragen) soll und er aus diesem Grunde nach England ging. Von Kopenhagen aus fuhr er mit einem tschechischen Paß in die SU.» (Dokument 16)

Die Einreiseformalitäten wurden durch den Verbindungsdienst des Sekretariats des EKKI geregelt, der nach der Zustimmung zahlreichen Instanzen[233] ein Visum und einen auf den tschechischen Staatsbürger Karl Halub ausgestellten Paß im November

230 Wilhelm Pieck: Der Fluch von Nürnberg. Hitlers Kriegsrat gegen Freiheit und Frieden. Straßburg 1937.

231 IfGA/ZPA NL 36/558, Bl. 140.

232 Zeugnis, S. 153.

233 Für die Ein- oder Ausreise waren die Unterschrift des Vertreters der KPD beim EKKI, des Leiters der Kaderabteilung und eines Sekretärs des EKKI notwendig. Da der bisherige KPD-Vertreter Heinrich Wiatrek beur-

1936 nach Paris übersandte. Wehner wurde zusammen mit Ulbricht «zur Berichterstattung im Sekretariat Ercoli» (Togliatti) für Anfang Januar 1937 einbestellt.

Literaturkritik als Entlarvung

Wie bereits bei seinem Aufenthalt 1935 wurde Wehner 1937 im «Hotel Lux» an der Gorkistraße einquartiert. Von einem «Zwangsaufenthalt»[234] verspürte er in den ersten Wochen wenig, auch wenn sich die politischen Spannungen in Moskau inzwischen sehr verschärft hatten und Wehner in privaten Gesprächen und durch die Lektüre der *Deutschen Zentral-Zeitung* sicherlich über die zahlreichen Verhaftungen unter deutschen Emigranten und über den zweiten Schauprozeß gegen das «sowjetfeindliche trotzkistische Zentrum»[235] informiert war.

Die auf Januar verschobene Beratung mit dem EKKI-Sekretariat zu «deutschen Fragen» war schon im Oktober und November mit umfangreichen «Materialien» vorbereitet worden. Bei den Mitte Januar beginnenden Sitzungen wurde auch der jährliche Etat[236] der KPD vorgestellt, den sie weitgehend aus Fonds der Komintern bezog, die wiederum aus dem Staatshaushalt der

laubt worden war, unterschrieben Wehners Einreiseformular Pieck, Alichanow und Togliatti. ZAD N 82, 11646 Bl. 286.

234 Hartmut Soell: Der junge Wehner, S. 408.

235 Vgl. Prozeßbericht über die Strafsache des sowjetfeindlichen trotzkistischen Zentrums, verhandelt vor dem Militärkollegium des Obersten Gerichtshofes der UdSSR vom 23.–30. Januar 1937, Moskau 1937. Über diesen Prozeß gegen Radek und Pjatakow wurde ausführlich in der Moskauer *Deutschen Zentral-Zeitung* berichtet.

236 RZA 495/74/127, Bl. 4–7.
Das Budget umfaßte dabei folgende Posten, in Mark:

1. Agitation und Propaganda (Herstellung und Verbreitung von Zeitungen, Broschüren, «Rote Fahne»)	99000
2. Zuschüsse an die Bezirke	24000

UdSSR gespeist wurden. Das aufgestellte Jahresbudget für den Parteiapparat der KPD in Paris, Prag und in den «Grenzstellen» umfaßte für 1937 Gesamtausgaben in Höhe von 411840 Mark, bei eigenen Einnahmen von 60000 Mark. Durch einen Zuschuß von 164900 Goldrubeln (gleich 360300 Mark) sollte das Defizit[237] durch die Komintern ausgeglichen werden.

Bei den Etatberatungen wurde «wiederholt kritisch bemerkt», daß nur ein Bruchteil des Etats für die Unterstützung des Wider-

3.	Zuschüsse an die 7 Grenzstellen	60000
4.	Instrukteure in das Land	18000
5.	Gewerkschaftsarbeit nach dem Land	12000
6.	Verbindungsdienst (Kuriere)	24000
7.	Radioverbindung	7200
8.	Aufenthaltsgelder und Einkleidungen für Funktionäre nach dem Lande	27600
9.	Abwehr	32400
10.	Bücherei (d. i. Paßfälschung)	15600
11.	Zuschüsse an andere Organisationen	6900
12.	Polbüro: Gehälter (nur Paris)	36840
	Verwaltung (Porto, Miete etc.)	5700
13.	Unterstützungen und sonstiges	24400

Die Kosten für die zahlreichen Mitarbeiter des KPD-Apparates in Moskau waren in dieser Aufstellung nicht enthalten. Allein der «Auslandsapparat» der KPD umfaßte insgesamt 65 Angestellte und noch 4 weitere Mitarbeiter. In der operativen Leitung in Paris wurden 5 Mitglieder des Politbüros, 4 Mitarbeiter, 4 technische Angestellte und 4 gelegentliche Mitarbeiter beschäftigt. In der Prager PB-Vertretung arbeiteten 11 Mitarbeiter, davon 3 in der «Bücherei» genannten Paß- und Ausweisfälschung, in der «Abwehr» insgesamt 10 Mitarbeiter. In den Grenzstellen waren insgesamt 25 Mitarbeiter beschäftigt, davon 10 in Prag, 4 in Amsterdam, 4 in Zürich, 3 in Kopenhagen, 1 in Straßburg, 1 in Brüssel, 2 im Saargebiet. Die «Berliner Leitung» in Prag umfaßte 5 Mitarbeiter, die «Hamburger Leitung» in Kopenhagen einen Mitarbeiter.

[237] Als 1938 der Zuschuß der Komintern für die KPD auf Anweisung Moskwins um 24% gekürzt werden sollte, wandte sich Pieck direkt an Dimitroff und bat, die noch ausstehenden 5000 Dollar vom letzten Jahr zu überweisen. RZA 495/74/130, Bl. 78–80.

standes in Deutschland verwendet wurde. Auch Wehner erinnerte sich noch in den *Notizen*, daß zwei Drittel des Gesamtbetrags aller Gelder im Ausland verwandt wurden, aber nur ein Drittel für das Inland.[238]

Während der Beratungen mit dem EKKI-Sekretariat verfaßte Wehner für die *Deutsche Zentral-Zeitung* eine vernichtende Rezension[239] von Andor Gabors Erzählungsband «Die Rechnung». Darin warf Wehner Gabor vor, daß durch das Buch «die Wirklichkeit grob entstellt und verzerrt wird». Gabors Antifaschisten würden in diesem Buch die Lösung nur im individuellen Terror sehen, oder sie «argumentieren in so schwacher, abstrakter Weise gegen den individuellen Terror, daß ihre Position als eine sehr unsichere erscheint». In den *Notizen* rechtfertigte Wehner diese Rezension als «rein literarische Angelegenheit». «Zu Ulbricht und Dengel sprach ich über meine Meinung zu diesen Erzählungen und schrieb eine Kritik, die nach einiger Zeit in der ‹Deutschen Zentral-Zeitung› erschien. Für mich handelte es sich um eine rein literarische Angelegenheit, in der ich glaubte, meine Auffassung schreiben und vertreten zu müssen. Aber die Wirkung der Kritik war eine ganz andere, als die beabsichtigte. Gabor und sein Freund Georg Lukács wandten sich an die deutschen Vertreter beim EKKI und forderten eine Klärung in einer Schriftstellersitzung. Dort stellte sich heraus, daß sie von der fixen Idee besessen waren, ich sei von ihren Feinden ausgenützt worden, die diesen Artikel lanciert hätten, um die Vernichtung Gabors herbeizuführen. Sie betrachtete die Redakteurin der

[238] Zeugnis, S. 115. Wehner waren offensichtlich Aufteilung und Größe des Etats der KPD bekannt. Seine Zurückhaltung bei Angaben zur KPD-Finanzierung durch die Komintern erklärt sich evtl. aus dem später vom schwedischen Gericht gemachten Vorwurf, daß die KPD auf Rechnung der Komintern («för Kominterns räkning») und damit für die Sowjetunion gearbeitet habe.

[239] Kurt Funk (d. i. Herbert Wehner): Erzählungen aus dem dritten Reich. A. Gabors Buch «Die Rechnung», in: Deutsche Zentral-Zeitung, 22. März 1937.

DZZ, Annenkowa, als den Urheber dieses Schlages, und sie brachten mich in Kombination zu Bredel und Huppert, die als Verbündete der Annenkowa bezeichnet wurden. Die literarischen Fragen spielten in dieser Diskussion nur die Rolle von Mitteln im politischen Intrigenkampf.» Wehner vermeldet 1946, daß der «Artikel einfach meine persönlichen Ansichten wiedergegeben hatte», «mit meiner Kritik hatte das alles nichts zu tun».[240]

Die Eintragungen, die der Redakteur der *Deutschen Zentral-Zeitung* Hugo Huppert 1937 in sein Moskauer Tagebuch vornahm, dementieren Wehners nachträgliche Darstellung mehrfach. Der ungarische Schriftsteller Andor Gabor galt ihm im Moskauer literaturpolitischen Cliquenkampf als «Todfeind», wie Willi Bredel es gegenüber Huppert formulierte. Huppert schilderte das Zustandekommen der vernichtenden[241] Rezension Wehners in seinem Tagebuch folgendermaßen: «Funk hat mir gestern in der Komintern Mitteilung gemacht von der vernichtenden Kritik, die Pieck und die ganze KPD-Vertretung an Gabors Schundnovellen-Sammlung ‹Die Rechnung› geübt, sowie auch von der unwürdigen Haltung, die Gabor solcher Kritik gegenüber eingenommen. Ich bot Funk an, er solle in der DZZ einen Artikel über das Machwerk schreiben. Hoffentlich kommt das zustande, das würde reinigend auf unsere literarische Atmosphäre und eine wohltuende Ernüchterung über die Lukács-Gabor bringen.»[242] Walter Ulbricht

[240] Zeugnis, S. 212.

[241] Sowohl Autoren wie Rezensenten waren sich im Moskau der dreißiger Jahre der buchstäblich vernichtenden Wirkung von Rezensionen bewußt. Bredel nannte 1940 eine 1937 durch seine Intervention nicht erschienene Rezension seines Romans «Der unbekannte Bruder» von Andor Gabor eine «Bombe mit Zeitzündung». Nach der Entschärfung dieser «Rezensionsbombe» wird dann von Herbert Wehner dem Roman Bredels in der *Deutschen Zentral-Zeitung* am 23. April 1938 ein «ehrenvoller Platz» in der deutschen Literatur zugewiesen.

[242] Tagebuch Hugo Huppert, Eintragung 19. Februar 1937, Nachlaß Hugo Huppert. Archiv Akademie der Künste, Berlin.

betrachtete die Kritik – wie in anderen «Fällen»[243] anderer Schriftsteller auch – «beinahe als eine polizeiliche Anzeige»[244], die zu einer Sitzung der deutschsprachigen Schriftsteller mit Ulbricht und Pieck führte. Andor Gabor[245] entkam diesem durch die Wehnersche Rezension ausgelösten Kesseltreiben Ulbrichts nur durch die Intervention Dimitroffs.

In seiner Wehner-Biographie übernimmt Hartmut Soell allzu bereitwillig die legitimatorische Darstellung Wehners und meint, daß der «naive» Wehner erst in der Schriftstellersitzung die Folgen seiner Rezension[246] erkannt habe: «Erst dort dämmerte es Wehner, der offenbar noch naiv genug war, von ihm aufgespießte Einzelheiten des Buches – etwa die Schilderung individuellterroristischer Vergeltungsaktionen sowie das dort gezeigte Verständnis für die in Gestapohaft zu Spitzeldiensten erpreßten ehemaligen Genossen – als ‹rein literarische Angelegenheit› zu betrachten, welch hochpolitische Brisanz seiner Kritik beigemessen wurde.»[247]

Wehner war wie die übrigen Politbüro-Mitglieder über die «Säuberungen» unter den Moskauer Schriftstellern durch Pieck schon in Paris informiert worden, hatte schon 1929 in einem Arti-

[243] Vgl. z. B. die Folgen von Literaturkritik im «Falle» Sally Gles, der nach Rezensionen in der DZZ verhaftet wurde.

[244] Julius Hay: Geboren 1900. Aufzeichnungen eines Revolutionärs. München/Wien 1977, S. 220.

[245] Während Andor Gabors Rezension zu einem Buch Willi Bredels 1938 abgelehnt wurde, erschien Wehners hymnische Eloge auf Willi Bredel in der *Deutschen Zentral-Zeitung*. Das Nichterscheinen der Gabor-Rezension führte noch 1940 zu einer hochdramatischen Sitzung der deutschen Sektion des sowjetischen Schriftstellerverbandes, vgl. das Protokoll der Sitzungen vom 23. Oktober 1940 und 31. Oktober 1940. Staatliches Zentralarchiv für Literatur und Kunst, Moskau 631/12/53.

[246] Die immer auf die richtige Linie achtende Komintern ließ sogar durch höchstrichterliche Kritiker Rezensionen kritisieren. Vgl. Philipp Dengel: Besprechung von Büchern ist eine ernste Sache, in: Kommunistische Internationale, 20. Jg., 1939, H. 8, S. 1018–1019.

[247] Hartmut Soell: Der junge Wehner, S. 410.

kel den parteioffiziellen Standpunkt zum Problem des «individuellen Terrors» vertreten, kannte die Bedeutung des Terrorismus-Vorwurfs aus dem im Januar 1937 stattgefundenen Prozeß gegen Radek und Pjatakow und wurde in der Folgezeit immer wieder als offizieller Rezensent[248] oder interner Gutachter für die richtige Parteilinie eingesetzt. So rezensierte Wehner im offiziellen Komintern-Organ *Rundschau über Politik, Wirtschaft und Arbeiterbewegung*[249] auch die in Moskau erscheinende Literaturzeitschrift *Internationale Literatur – Deutsche Blätter*. In seiner Besprechung pries Wehner nicht nur Stalins «Rede über den Entwurf der Verfassung der UdSSR», die «ein Dokument der wahren Freiheit ist». Er vermerkt mit der Autorität des Kominternmitarbeiters auch die mangelnde «Wachsamkeit» der Literaturzeitschrift: «Schwach entwickelt ist in den vorliegenden Heften der Kampf gegen die trotzkistischen Agenten des Faschismus auf literarischem Gebiet. Es ist notwendig, sie in ihren Schlupfwinkeln aufzustöbern, zu stellen und zu entlarven.»[250] Als politischer Schiedsrichter gibt Wehner auch für interne Gutachten die richtige «Linie» aus. So fertigte er im August 1937 ein Gutachten zum Filmszenario Friedrich Wolfs «Das trojanische Pferd» an, in dem er den Inhalt mit der neuen Linie verglich: «Schon beim Drama fiel mir auf, daß der Autor die eigentliche Kernfrage der neuen Taktik der Kommunisten unberührt läßt.»[251]

[248] Kurt Funk: Ein Buch über Ernst Thälmann, in: Deutsche Zentral-Zeitung, 3. 4. 1937.

[249] Herbert Wehner veröffentlichte 1937 auch mehrere Artikel im hektographierten Nachrichtendienst der Komintern «Runa» (Rundschau Nachrichtenagentur), der von Theo Pinkus bis 1938 in Zürich herausgegeben wurde. Diese Beiträge sind ebenso in der Bibliographie Wehnerscher Publikationen bei Hartmut Soell nachzutragen, wie Aufsätze in der französischen Ausgabe der *Kommunistischen Internationale* und der Komintern-Zeitschrift *Internationale Bücherschau*.

[250] Rundschau über Politik, Wirtschaft und Arbeiterbewegung, 6. Jg., 1937, Nr. 43, S. 1564.

[251] RZA 495/205/Kaderakte Friedrich Wolf, Bl. 111.

Weder für den Rezensenten noch für den kritisierten Schriftsteller gehörte im Klima der stalinistischen Säuberungen die Rezension zu den «weniger riskanten Nebengebieten»[252], wie Hartmut Soell meint. In einem Brief an Karl Schmückle vom 11. März 1935 bezeichnete Johannes R. Becher die Dimensionen jener auch von Wehner praktizierten Literaturkritik der Entlarvung: «Nein es fällt einem gar nicht ein, hier eine Feder anzurühren, wenn man weiß, daß wer sie ergreift, durch sie umkommt. Mit dieser Einstellung muß unbedingt gebrochen werden. Das Herumschnuppern mag eine nette private Angelegenheit sein, aber wir brauchen in unserer Literatur und unserer Theorie jetzt eine gewisse Entfaltung, wobei es selbstverständlich klar ist, daß die Kritik nicht eingestellt werden soll, aber sie muß vor allen Dingen eine kameradschaftliche sein und nicht den Geruch des beflissenen, feindlich gesinnten Fehleraufstöberns haben.»[253]

Während Wehner sich als «Rezensent» betätigte und an einigen Beratungen der KPD-Spitze mit dem EKKI-Sekretariat teilnahm, wurde – ohne Wehners Wissen – von der Kaderabteilung der Komintern und von Wilhelm Florin Belastungsmaterial gegen «Kurt Funk» und «Mr. Henrichson» gesammelt.

Moskau 1937: Tödliches Doppelspiel

Als Mitglied des Politbüros der KPD, Sekretär des EKKI und als Vorsitzender der Kontrollkommission der Komintern vereinigte Florin Amtsautorität und Verfolgungswissen mehrerer interdependenter «Apparate» von Komintern und KPD. So besaß seine Anzeige (Dokument 6) gegen Herbert Wehner bei Alichanow[254], dem Leiter der Kaderabteilung der Komintern, besonderes Ge-

[252] Hartmut Soell: Der junge Wehner, S. 429.

[253] Archiv der Akademie der Künste, Berlin, Nachlaß Joh. R. Becher.

[254] G. Alichanow (Vater Elena Bonners, der Witwe Sacharows) wurde 1935 Leiter der Kaderabteilung und wie sein Vorgänger Krajewski (d. i. Wladyslaw

wicht. Bereits 1934 hatte sich Florin in Paris Herbert Wehner vorgenommen: «Florin hielt mich eines Abends 3 Stunden damit auf, mir in Gegenwart Birkenhauers einen Vortrag über meine Position zu halten, von der er behauptete, sie sei eine oppositionelle. Er bezeichnete die Opposition, die ich verkörperte, mit dem Wort ‹Frontgeist› und wollte damit ausdrücken, wir hätten im Lande das Bestreben, die Auslandsleitung abzuhängen und zu ignorieren.»[255] Das am 11. Januar 1937 an Alichanow gerichtete Schreiben Florins löste schon deswegen eine Untersuchung gegen Herbert Wehner aus, da es Wehner als engen Freund des bereits verhafteten Leo Roth (Decknamen: Viktor, Ernst) bezeichnete. Diese Freundschaft zwischen Wehner und Roth wurde in der Verfolgungslogik[256] des Stalinismus zur «Verbindung», zur «Kontaktschuld», zum «guilty by association»[257]. Herbert Wehner beschrieb in den *Notizen* die inquisitorische Verfolgungspraxis von nicht näher spezifizierten «Organen» der Komintern und der KPD: «Unter dem Eindruck der Moskauer Prozesse haben leitende Funktionäre der KPD in Artikeln und durch mündliche Anweisungen Treibjagden gegen Personen veranstaltet, die sie wegen deren andersgerichteter politischer Auffassung ungestraft und billig als Agenten der Gestapo und Provokateure abstempeln zu können glaubten. Niemand hat in dieser Hinsicht mehr ungerechtfertigte und leichtfertige Beschuldigungen auf seinem Konto als die Organe der Komintern und der KPD.»[258]

Ein hierarchisches Geflecht von politischen Disziplinarapparaten von Komintern und KPD initiierte bei den in die Sowjetunion

Stein) und der Mitarbeiter der Kaderabteilung Tschernomordik 1937 liquidiert.

255 Zeugnis, S. 117.

256 Vgl. Artikel 58 des sowjetischen Strafgesetzes, abgedruckt in Robert Conquest: Am Anfang starb Genosse Kirow. Säuberungen unter Stalin. Düsseldorf 1970, S. 663–667.

257 Hannah Arendt: Elemente und Ursprünge totaler Herrschaft. München 1986, S. 523.

258 Zeugnis, S. 150.

geflüchteten KPD-Mitgliedern die terroristische Verfolgung durch NKWD- und Justizmaschinerie. Die vorgängigen «Untersuchungen»[259] von kommunistischen Parteien, «kleinen Kommissionen», die Kaderabteilung und Kontrollkommission der Komintern lieferten den «Verhaftungsgrund» und die in Dossiers weitergereichten «Beweismittel». Verhaftungen, Folter, erpreßte Geständnisse, NKWD-Sonderkommissionen und Militärjustiz akkumulierten «Schuldvorwürfe» und «Verdachtsmomente» zur paranoiden Verschwörungswelt des selbstreferentiellen «Netzes». In dessen terroristische «Logik» des Verdachts und «Mittäterschaft» gerieten in der Sowjetunion schließlich Angehörige des Machtzentrums der KPdSU, einfache Parteimitglieder, Militärführung, einzelne Gruppen, Angehörige von Nationalitäten und nach und nach die gesamte Bevölkerung. Nach dem jüngst bekannt gewordenen Bericht[260] einer von Chruschtschow eingesetzten Kommission unter der Leitung von O. Schatunowskaja wurden allein im Zeitraum vom Januar 1935 bis zum Juli 1940 in der Sowjetunion neunzehn Millionen und vierhunderttausend Menschen als «Volksfeinde» verhaftet. «Von ihnen hat man sieben Millionen erschossen. Die Mehrheit der übrigen Menschen ist in den Lagern umgekommen.»

In einer am 14. Februar 1938 durchgeführten Versammlung der Deutschen Sektion des sowjetischen Schriftstellerverbandes be-

[259] Da Hartmut Soell nur die in Berlin zugänglichen Ausschlußlisten der KPD-Führung für seine Interpretation heranzog, kommt er zu der exkulpatorischen, aber abwegigen Feststellung, daß Verhaftungen, Prozesse, Verurteilungen und Hinrichtungen «ausschließlich Sache der sowjetischen ‹Organe›» gewesen seien. Hartmut Soell: Der junge Wehner, S. 417. Die langjährige Verfolgung durch die verflochtenen Partei-Apparate von KPD und Komintern, die Berichte und Denunziationen der Parteimitglieder sind aber in der Regel ein zentrales Element bei der Auslösung von Verhaftungen und bei der Durchführung von Verhören des NKWD gewesen.

[260] Vgl. dazu René Ahlberg: Stalinistische Vergangenheitsbewältigung. Auseinandersetzung über die Zahl der GULAG-Opfer, in: Osteuropa, 42. Jg., 1992, H. 11, S. 920–937.

nannte Georg Lukács einen zentralen Kausalnexus der stalinistischen «Säuberungen» mit drakonischer Präzision: «Wir hatten eine schlechte Atmosphäre, und ich muß darin erinnern, wie Bela Kun, Süßkind u. a. eine führende Rolle in dieser Organisation hatten. Mit Hilfe der Partei, mit Hilfe der Sowjetbehörden sind wir von diesen beschmutzten Elementen frei geworden.»[261]

Hier reflektiert sich nicht nur die demonstrative Demutsgeste vor dem Fetisch der «Partei», sondern es tritt auch eine chronologisch-genetische «Logik» von innerparteilichen «Säuberungen» und nachfolgenden Verhaftungen hervor. Als vorgängiger Prozeß für die Verhaftung und spätere Liquidierung vieler in die Sowjetunion exilierter deutscher Kommunisten ist in zahlreichen «Fällen» die jahrzehntelange Überwachungs- und Verfolgungspraxis der «Partei-Maschine» in die Analyse der terroristischen «Säuberungen» einzubeziehen. Der terroristische Ausnahmezustand der blutigen «Säuberungen» findet für viele KPD-Mitglieder in der bürokratisch organisierten Normalität[262] der kommunistischen Partei seinen ideologisch definierten Ausgang. Auch Herbert Wehner benennt einige Beispiele für «das Doppelspiel, das vom NKWD und Parteiorganisationen betrieben worden ist»[263]. Terrorapparat und Vernichtungsmaschine des NKWD waren institutionell und personell mit dem «Apparat» von Komintern[264],

[261] Zentrales Staatsarchiv für Literatur und Kunst, Moskau, F. 631, op. 12, d. 52, Bl. 64.

[262] Die Durchsicht von Aktenbeständen der «Kaderabteilung» der Komintern läßt, zumindest für die Verhaftung zahlreicher KPD-Mitglieder, die von J. A. Getty für die KPdSU behauptete Trennung von «Überprüfung» (proverka) und normaler «Parteireinigung» (tschistka) und der späteren Verfolgung und Verhaftung fragwürdig erscheinen. Vgl. J. Arch. Getty: Origins of the Great Purges. The Soviet Communist Party reconsidered, 1933–1938, Cambridge 1985.

[263] Zeugnis, S. 241.

[264] Vgl. Leonid Babitschenko: Die geheime Wende in der Politik der Komintern. Unveröffentl. Manuskript, Moskau 1992.

KPdSU und KPD[265] verbunden. So wurde zum Beispiel der frühere GPU-Chef der Auslandsabteilung Michail Trillisser unter seinem Parteinamen «Moskwin» Sekretär des EKKI und war bis zu seiner eigenen Verhaftung 1938 zusammen mit der Kaderabteilung bei der Selektion für das NKWD tätig.

Permanente Kontrollen, ständige «Untersuchungen» und wechselseitige Denunziationen bildeten in einer zum Panopticon gewordenen Partei[266] nicht nur Herrschaftswissen zur Ausschaltung der politischen Opposition, sondern die Akten und Dossiers der Kaderabteilung der Komintern wurden an das NKWD überstellt, die daraufhin – zumindest in vielen Fällen – Verhaftungen durchführte. Die enge Kooperation von politischer Inquisition und staatlicher Terrormaschinerie war in der Moskauer Emigration bekannt: «Daß die GPU- bzw. NKWD-Organe Einsicht in die Kaderblätter nahmen und diese somit als Unterlage für die Verhaftungen dienten, war ein offenes Geheimnis.»[267]

Idealtypisch umfaßte das innerparteiliche Inquisitionsarchiv der Kaderabteilung, das auch durch Materialien der Parteiführung der KPD, der Internationalen Kontrollkommission der Komintern und des NKWD angefüllt wurde, folgendes dokumentarisches «Belastungsmaterial»:

- Überwachung und Kontrolle durch den Apparat vor 1933
- Unterwerfungserklärungen von Abweichlern

[265] Vgl. z. B. die Untersuchungen gegen Hans Kippenberger und Leo Roth durch die Kaderabteilung und die Transformation der «Vernehmungen» in die Verhörprotokolle des NKWD und in die Anklageschrift des Militärkollegiums.

[266] Vgl. dazu Reinhard Müller: Permanente Verfolgung und «Zivilhinrichtung». Zur Genesis der «Säuberungen» in der KPD, in: Kommunisten verfolgen Kommunisten. Stalinistischer Terror und «Säuberungen» in den kommunistischen Parteien Europas seit den dreißiger Jahren. Hrsg. von Hermann Weber und Dieter Staritz in Verbindung mit Siegfried Bahne und Richard Lorenz. Berlin 1993.

[267] Ruth von Mayenburg: Hotel Lux. Das Absteigequartier der Weltrevolution. München 1991, S. 181.

- erfaßte Dokumente der innerparteilichen Opposition, durch den «Apparat» beschaffte Briefe, Eingaben
- Lebensläufe der Kader mit Selbstbeschuldigungen
- Dossiers der Kaderabteilung mit gesammelten Schuldvorwürfen
- Schriftliche Antworten zum Fragenkatalog der Kaderabteilung
- Denunziationen und Beschuldigungen durch andere KPD-Mitglieder
- Beurteilungen durch die Lenin-Schule
- Beurteilungen durch die Kommission zur «Überführung» in die KPdSU
- Sitzungs- und Verhörprotokolle der Internationalen Kontrollkommission
- Untersuchungsprotokolle der «kleinen Kommission» der KPD-Führung
- Briefwechsel mit dem NKWD
- Auskünfte und Dossiers der Kaderabteilung für den NKWD
- Protokollauszüge von Parteiversammlungen
- Formulare und Enquêten zur Parteikarriere.

In Herbert Wehners *Notizen* werden die in der Regel vorgängigen «Untersuchungen» der «offiziellen Organe der Komintern» allenfalls zu parallelen Verfahren der nicht näher benannten Staatsorgane: «Die offiziellen Organe der Komintern, besonders die Internationale Kontrollkommission (IKK) betrieben – parallel zu den von den Staatsorganen vorgenommenen Verhaftungen und zum Kesseltreiben der ‹Parteiversammlungen›, mit dem ja nur dem Vorbild der ‹Parteiversammlungen› in den russischen Betrieben und Institutionen nachgeeifert wurde – eine eigene Untersuchungs- und ‹Säuberungs›-Aktion.»[268] Nicht nur das gegen Herbert Wehner durchgeführte vorgängige Verfahren der Kaderabteilung dementiert Wehners eigene Behauptung, solche Untersuchungen seien parallel durchgeführt worden. Solche «Paralleluntersuchungen» der Kaderabteilung und der IKK setzten

[268] Zeugnis, S. 225f.

allenfalls die bereits seit Jahren von diesen «Instanzen» durchgeführten Überwachungen und Verfahren[269] fort. Vor allem die vom Verfasser bisher eingesehenen Untersuchungsakten des NKWD[270] zeigen, daß die von der Kaderabteilung an den NKWD weitergereichten Dossiers (Sprawka) und die innerparteilichen Denunziationen die entscheidende Informationsbasis für die Anfangsverhöre[271] des NKWD-Untersuchungsführers lieferten.

So wurde beispielsweise der Kassierer der KPD Leo Flieg auf Beschluß des Politbüros der KPD 1937 nach Moskau gerufen. Hier untersuchte die Kaderabteilung und die IKK seine «Verbindungen» zu Vojuwitsch, Schatzkin und zur bereits verhafteten Mischka Müller. In Denunziationen wurde Flieg auch noch eine «Verbindung» zu einer als «Gestapo-Agentin» bezeichneten Liane Klein vorgeworfen. Nach dieser «Untersuchung» durch die KPD- und Kominterninstanzen wurde Flieg dann im NKWD-Verhör am 7. Oktober 1938 vorgeworfen, «Mitglied einer rechtstrotzkistischen Spionageorganisation zu sein», die in die Komintern eingedrungen sei, «um Verrat und Spionage zu treiben».[272]

Die Verfahren und Beschlüsse der Internationalen Kontrollkommission wurden durch umfassende Nachforschungen der Kaderabteilung vorbereitet, die dafür mündliche Vernehmungen

[269] So war zum Beispiel Heinrich Süßkind 1934 wegen «Verbindung mit Versöhnlern» aus der KPD ausgeschlossen worden und 1936 wieder aufgenommen worden. Nach seiner Verhaftung im August 1936 bot die IKK dem NKWD weitere Untersuchungen an.

[270] Eingesehen wurden NKWD-Akten zu Heinz Neumann, Heinrich Süßkind, Hans Kippenberger, Werner Hirsch, Carola Neher, Hermann Schubert, Werner Hirsch, Karl Schmückle, Margaretc Buber-Neumann und andere.

[271] Auch wenn im weiteren Verlauf der «Untersuchungen» die durch Folter erpreßten Geständnisse von bereits Verhafteten als wichtigstes «Beweismittel» eingesetzt wurden, so gehen auch deren «Geständnisse» wiederum aus der innerparteilichen Denunziations- und Verfolgungspraxis hervor.

[272] Protokoll der Vernehmung des verhafteten Leo Flieg. Vgl. dazu Reinhard Müller (Hrsg.): Die Liquidierung. Reinbek 1993.

von Parteimitgliedern und ihr umfangreiches Inquisitionsarchiv nutzte. In den Sitzungsprotokollen[273] der Internationalen Kontrollkommission wird die Kooperation der verschiedenen Verfolgungsapparate deutlich. Die Kaderabteilung wird beauftragt, über den jeweiligen Kader Informationen zu sammeln, seine Verbindungen zu untersuchen oder ihn sorgfältig zu überprüfen. Zu Johannes R. Becher notierte 1936[274] das Protokoll der IKK: «Die Kaderabteilung wird beauftragt, Angaben über ihn dem NKWD mitzuteilen. An die Parteiführung sind folgende Fragen zu stellen: Entlassung aus dem Parteiapparat, Ausschluß aus der KPD und Ausweisung aus der Sowjetunion.»[275] Zu Ernst Ottwalt[276] heißt es im Protokoll der IKK vom 27.–29. September: «Die Kaderabteilung soll das Material an den NKWD übergeben.» Ebenso sollte die Kaderabteilung dem NKWD eine Aufstellung anbieten, in der alle Personen erfaßt sind, die mit dem bereits verhafteten Heinrich Süßkind in Verbindung standen. Häufig wurde die Kaderabteilung angewiesen, eine sorgfältige «Überprüfung»[277] vorzunehmen. Ihre Untersuchungstätigkeit erstreckte sich auch auf bereits aus der Sowjetunion Ausgereiste wie den Schriftsteller Gustav

[273] RZA 21/68/102, Bl. 102–105.

[274] Sitzung der IKK vom 27.–29. September 1936.

[275] Johannes R. Becher entging wie auch seine Frau Lilly Korpus wahrscheinlich nur durch Intervention Piecks der vorgeschlagenen Ausweisung aus der Sowjetunion. Die vorgeschlagenen «Maßnahmen» der IKK resultieren auch aus einem internen Säuberungs-Tribunal der deutschen Schriftsteller, das in vier Nachtsitzungen in Moskau vom 4. bis 9. September 1936 stattgefunden hatte. Vgl. Reinhard Müller (Hrsg.): Die Säuberung. Moskau 1936. Stenogramm einer geschlossenen Parteiversammlung. Reinbek 1991.

[276] Der Schriftsteller Ernst Ottwalt wurde am 5. November 1936 – nachdem das Belastungsmaterial von der Kaderabteilung an das NKWD geliefert worden war – zusammen mit seiner Frau Traute Nicolas verhaftet und kam 1943 in einem sibirischen Lager ums Leben.

[277] Im September 1936 sollten durch die Kaderabteilung auch Walter Ulbrichts «Verbindungen» und seine Frau Lotte Kühn überprüft werden. RZA 21/38//104, Bl. 104.

Regler. Materialien über den intensiv von allen KPD-Apparaten überwachten «Versöhnler» Karl Volk sollten von der Kaderabteilung an das NKWD weitergegeben werden.

In der Kaderabteilung der Komintern waren für die deutschen Kommunisten als Kaderreferent Georg Brückmann (Deckname: Albert Müller) und Grete Wilde (Deckname: Erna Mertens) zuständig. Beide wurden wie auch die rasch wechselnden Leiter der Kaderabteilung Alichanow, Krajewski und Tschernomordik 1937 und 1938 verhaftet. Ähnlich wie bei den «Säuberungen» innerhalb des NKWD-Apparates werden auch in der Kaderabteilung die zuviel Wissenden liquidiert.

Der hier skizzierte politische Inquisitionsapparat[278] von KPD und Komintern war mit dem Schreiben Florins vom 13. Januar 1937 an den Leiter der Kaderabteilung Alichanow auch gegen Wehner in Gang gesetzt worden. Herbert Wehner sollte durch weitere Untersuchungen zum Opfer im innerparteilichen Machtkampf präpariert werden. Noch am selben Tag fertigte die Kaderabteilung ein erstes kurzes Dossier (Dokument 7) über ihn an, das als «Chefsache» in einem Exemplar auch an den Generalsekretär der Komintern Georgi Dimitroff weitergereicht wurde. In diesem wurde von einem weiteren Gespräch des «Abwehrleiters» der KPD Hermann Nuding (Deckname: Klaus) mit dem Kaderreferenten Brückmann (Deckname: Müller) berichtet, in dem Wehner eine «andere Meinung» zum bereits verhafteten Leo Roth (Deckname: Viktor) vorgeworfen wird. Ferner stellte die Kaderabteilung Vermutungen über die Verhaftungen Thälmanns und anderer Kommunisten an, um den nicht verhafteten Wehner als «Sekretär der Landesleitung» dem Verdacht auszusetzen, er sei Ursache dieser Verhaftungen gewesen. Auch die Parteiführung

[278] Ähnlich wie im mittelalterlichen Inquisitionsverfahren ging die geistliche Obrigkeit, das «Heilige Offizium» der Komintern in Arbeitsteilung mit der weltlichen Obrigkeit gegen die Häretiker vor. Nach Abschluß des innerparteilichen Verfahrens wurde der bereits überführte Delinquent zur Exekution an das NKWD weitergereicht.

der KPD wurde – wie das Notizbuch Wilhelm Piecks[279] ausweist – sofort über die stenographisch aufgenommenen Berichte des KPD-Abwehrleiters Nuding in der Kaderabteilung informiert. Nuding berichtete den anwesenden Alichanow, Tschernomordik, Brückmann und Wilde über «Verbindungen zum tschechischen Generalstab» und lieferte am 13. Januar 1937 auch die schriftlichen Angaben Birkenhauers über Herbert Wehner ab.

Pieck scheint allerdings den Mitteilungen Birkenhauers und den begonnenen «Untersuchungen» der Kaderabteilung kaum Gewicht beigemessen zu haben. In sein Notizbuch trug er unter dem Stichwort «Personalien» die von ihm geplanten Umbesetzungen im Politbüro und KPD-Apparat ein: «Herbert [Funk] vorläufig hier – erst Untersuchung – dann evtl. später hier Parteivertreter.»[280] Trotz der Untersuchung der Kaderabteilung plante Pieck offensichtlich, Herbert Wehner an Stelle Heinrich Wiatreks zum Leiter[281] der deutschen Vertretung beim EKKI zu machen.

Noch zu Beginn der Beratungen des Politbüros mit dem EKKI wurde von allen der Ausreise Herbert Wehners zugestimmt. Ebenso wie bei der Einreise unterzeichneten der Leiter der Kaderabteilung Alichanow, der deutsche Parteivertreter Wiatrek und der EKKI-Sekretär Togliatti das Ausreiseformular[282] des «Verbindungsdienstes»[283] des EKKI-Sekretariats. Noch am 3. Februar 1937 stimmte Togliatti zu, daß Wehner wieder als Karl Halub

[279] IfGA/ZPA NL 36/787, Bl. 194.

[280] IfGA/ZPA NL 36/787, Bl. 233.

[281] Diesen in der Hierarchie wichtigen Posten übernahm dann aber Philipp Dengel, der später von Walter Ulbricht abgelöst wurde.

[282] Unter Punkt 10 findet sich auch eine Frage, die das schwedische Gericht 1942 Wehner zum Vorwurf machte. Auf die Frage, auf «wessen Rechnung» die Ausreise bewerkstelligt werde, antwortet die Kaderabteilung: «Komintern». In Schweden wurde ihm vorgeworfen, «auf Rechnung der Komintern» tätig zu sein. ZAD N 82/11646, Bl. 267.

[283] Der Verbindungsdienst (OMS; später SS) übermittelte diese Ausreiseformulare an die dem NKWD unterstehenden Grenztruppen. 1937 arbeiteten

nach Frankreich zurückfahren könne. Die inzwischen von der Kaderabteilung zusammengetragenen Aussagen von Jakob Hausladen (Dokument 8) und die von dem Abwehrleiter Nuding übermittelten Aussagen Birkenhauers (Dokument 9) über Wehner machen sowohl die geplante Rückkehr nach Frankreich wie auch die anfänglichen Rotationspläne Piecks hinfällig. Die neue Aufgabenverteilung des Politbüros und die Verwendung Wehners in Moskau beschrieb Wilhelm Pieck: «Im Anschluß an diese Beratungen wurde im Einverständnis mit dem Sekretariat des EKKI beschlossen, daß die operative Leitung eingeschränkt werden soll, indem die Genossen Funk und Ackermann aus der operativen Leitung ausscheiden... Funk bleibt als Referent des Sekretariats Ercoli in Moskau und Flieg soll zur Untersuchung wegen Verletzung der Konspiration nach Moskau kommen.»[284]

Wehner hielt die Ergebnisse der Beratung des «inner circle», die ihm in einer Sitzung eröffnet wurden, in seinen *Notizen* fest: «Ackermann werde künftig als Mitarbeiter dieses Sekretariats fungieren, während ich in Moskau zu verbleiben hätte. Ich sollte eine Untersuchung durchmachen, Pieck habe aber durchgesetzt, daß ich gleichzeitig als Referent in Ercolis Sekretariat die deutschen Fragen bearbeiten sollte. Ebenso sei beschlossen worden, daß die Untersuchung – weil ich Mitglied des Zentralkomitees sei – unter seiner Anteilnahme vor sich gehen sollte. Am Schluß wurde ich gefragt, ob ich mit diesen Beschlüssen einverstanden sei. Als ich schroff verneinte, erntete ich bewegte Entrüstung vor allem seitens Florins und des neuen deutschen Vertreters Dengel.»[285]

Schlagartig wurde Wehner die Ausweglosigkeit seines Exils, sein jetzt beginnender Zwangsaufenthalt in Moskau bewußt: «So weit es mein eigenes Schicksal betraf, verstand ich damals, daß ich

noch 16 KPD-Mitglieder im «Verbindungsdienst» der Komintern, die in der Folgezeit nahezu alle verhaftet wurden.

[284] IfGA/ZPA NL 36/558, Bl. 192.

[285] Zeugnis, S. 215.

– wenn überhaupt – erst nach langer Zeit wieder von dort wegkommen würde.»[286]

Wehners Bestallung[287] als Referent des EKKI-Sekretärs Togliatti für die «Bearbeitung der deutschen Fragen» wurde in «fliegender Abstimmung» am 4. März 1937 durch die EKKI-Sekretäre bestätigt (Dokument 11) und an Alichanow in der Kaderabteilung übermittelt. Zu Wehners Aufgabenbereich gehörten anfangs das Zusammenstellen von umfangreichen Informationsmaterialien über die politische und ökonomische Entwicklung in Deutschland. Wehner empfand die ihm zugewiesene Arbeit der Auswertung der nationalsozialistischen Presse und von Berichten der Parteiorganisationen als «Formalität». Der erste von Wehner vorgelegte Bericht vom Juni 1937 sollte «einen Überblick vermitteln über die Formen und Methoden der Auseinandersetzung in den Betrieben, über die Rolle der DAF-Organe und darüber, wie die antifaschistischen Arbeiter verstehen, die Lohn- und Arbeitsfragen in den Betrieben zum Gegenstand des Kampfes der Arbeiter zu machen»[288]. In seinem 26 Seiten umfassenden Bericht gelangte Wehner zu der euphemistischen Schlußfolgerung: «Die nationalsozialistische Lohnpolitik stößt auf steigenden Widerstand seitens der Massen. Der Widerstand ist selbst in den Reihen der nationalsozialistischen Anhänger so stark, daß NS-Organisationen, wie die DAF, mehr und mehr in Gegensatz zur offiziellen Lohnpolitik geraten.»[289]

Noch vor der offiziellen Degradierung zum Mitarbeiter des EKKI-Sekretärs Togliatti lieferte Wehner am 21. Februar 1937 eine Denkschrift[290] über die deutschsprachigen Sendungen des

[286] Ebenda, S. 216.

[287] Wehners Anfangsgehalt beträgt im März 1937 600 Rubel, im Juni 1937 wird es durch besondere Anordnung Dimitroffs auf 800 Rubel erhöht. ZAD N 82/11646 I, Bl. 274 u. 279.

[288] RZA, 495/292/93, Bl. 26.

[289] RZA, 495/292/93, Bl. 50. Vgl. auch 495/292/92, Bl. 56–69.

[290] Da dieses nicht gezeichnete Typoskript (Dokument 10) identische Verbesserungsvorschläge wie die später von «We» (d. i. Wehner) gemachten Mi-

Moskauer Rundfunksenders. Bei seinen kritischen Bemerkungen[291] stützte er sich auf die Erklärungen des VII. Weltkongresses, vor allem auf Bemerkungen des «Steuermanns der Komintern», Dimitroff, der gegen «allgemeine Redensarten» und «leblose Formeln» und für «nationale Formen des proletarischen Klassenkampfes» plädiert hatte. Sowohl seine Tätigkeit als Referent im Mitteleuropa-Sekretariat Togliattis wie auch seine Verwendung als Lektor an der Moskauer Lenin-Schule der Komintern sind Indizien dafür, daß Wehner seit Beginn der Untersuchungen der Kaderabteilung Rückendeckung durch Wilhelm Pieck genoß. Um eine Genehmigung für Wehners Lehrtätigkeit an der Lenin-Schule zu erhalten, wandte sich die Kaderabteilung der Lenin-Schule an Tschernomordik[292] in der Kaderabteilung der Komintern. Nach einer Bedenkzeit, in der man sich nach der Meinung der Komintern und der KPD-Führung erkundigen konnte, erteilte die Mitarbeiterin der Kaderabteilung Grete Wilde (Deckname: Erna Mertens) am 4. April 1937 die endgültige Zustimmung (Dokument 14) für den Einsatz[293] an der Lenin-Schule[294], der ein halbes Jahr dauerte. Hier arbeitete Wehner eng mit Christel Wurm[295] zusammen, der den deutschen Sektor der Lenin-Schule leitete.

nimalvorschläge enthält, ist anzunehmen, daß dieses Typoskript von Wehner verfaßt wurde. RZA 495/292/93, Bl. 2–5.

[291] Dieses Memorandum scheint nicht mit der von Wehner erwähnten Denkschrift über die Sendungen des Moskauer Rundfunks identisch zu sein, die er auf Aufforderung Dimitroffs und Manuilskis für den Bedarf Stalins und Molotows verfaßte. Zeugnis, S. 268.

[292] ZAD, N 82/11646 I, Bl. 282.

[293] Texte zu Wehners Tätigkeit an der Lenin-Schule konnten bisher noch nicht aufgefunden werden. Wehner berichtete über eine zum Gebrauch der Schüler geschriebene «Studie über die Bedingungen und Erfahrungen betrieblicher Bewegungen der Arbeiter unter dem Nazismus». Zeugnis, S. 216.

[294] Wehner unterschrieb am 14. April 1937 eine Verpflichtungserklärung, wonach er «während seiner Tätigkeit an der Lenin-Schule und danach niemals und niemanden über Internas der Schule berichten wird».

[295] Christoph (Christel) Wurm, seit 1915 im Spartakusbund, Gründungs-

Inzwischen hatte Wehner am 24. März 1937 für die Kaderabteilung einen umfangreichen Lebenslauf verfaßt und tags darauf ein gedrucktes Formular[296] mit 33 Fragen ausgefüllt. Abgefragt wurden hierin u. a. die Eltern seiner Ehefrau Charlotte Treuber, die Herbert Wehner als «technische Parteiarbeiterin» bezeichnet. Wehner vermerkte darin auch, daß er seit 1928 als «Parteiarbeiter», d. h. als Berufsrevolutionär tätig gewesen sei und «keiner innerparteilichen Gruppierung» angehört habe. Als Auskunftspersonen verweist er auf Wilhelm Pieck und auf Wilhelm Florin, der im Januar 1937 das Untersuchungsverfahren gegen Wehner mit in Gang gesetzt hatte.

Wehner konnte sicherlich auf die selbstpräventive Unterstützung durch den Parteivorsitzenden und EKKI-Sekretär Wilhelm Pieck bauen, der bereits 1936 durch den «Fall» seines zum Tode verurteilten Mitarbeiters Fritz David (d. i. Ilja Krugljanski) selbst ins Visier seiner «wachsamen», auf Revanche und Selbstverteidigung sinnenden «Kampfgefährten» geraten war. Die Verurteilung der früheren Mitarbeiter der KPD-Führung im ersten Moskauer Schauprozeß hatte der bereits kaltgestellte Rivale im KPD-Politbüro Hermann Remmele[297] benutzt, um die seit 1935 amtierende KPD-Führung unter Pieck mit Eingaben und Denun-

mitglied der KPD, militärischer Leiter des Januar-Aufstands in Berlin 1919, Redakteur und Parteisekretär, 1925 bis 1929 Leiter der Informationsabteilung der Komintern in Moskau. Nach der Rückkehr nach Deutschland arbeitete er in der Informationsabteilung des ZK der KPD, 1933 gab er mit Wehner den hektographierten «Proletarischen Pressedienst» der KPD heraus. Im April 1935 kam er auf Beschluß des ZK der KPD in die Sowjetunion. Wegen «Reorganisierung» – so der kominternübliche Euphemismus für «Säuberungen» – wurde der mit Wehner befreundete Christel Wurm als Leiter des deutschen Sektors der Lenin-Schule 1938 entlassen. Während einer «Selbstkritik» in einer Parteiversammlung erlitt Wurm, dem schon 1929 «ungenügende bolschewistische Härte und Festigkeit» während der «Parteireinigung» in der KPdSU vorgeworfen worden war, einen Schlaganfall. Bei Kriegsausbruch erlag er 1939 einem zweiten tödlichen Schlaganfall.

296 ZAD, N 82/11646 I, Bl. 109–110.

297 Hermann Remmele an Manuilski, 16. April 1936. RZA 495/10 a/39.

ziationen[298] zu überziehen. Auch Werner Hirsch hatte am 25. August 1936 eine mit «Angaben» über zahlreiche «Parteifeinde» gespickte Philippika[299] über die «Kader- und Personalpolitik der KPD» verfaßt, die er u. a. an Stalin und Dimitroff richtete. Der ehemalige Chefredakteur der *Roten Fahne* berichtete darin mit «bolschewistischer Klassenwachsamkeit» von zahlreichen Details zur Parteibiographie des «konterrevolutionären Abenteurers» Heinrich Süßkind, kritisierte das «liberale Verhalten gegenüber Kippenberger und seinen Helfershelfern», verfolgte die «schmutzige Vergangenheit» Heinz Neumanns und brandmarkte die «doppel-zünglerische Haltung» Hermann Remmeles. In dem «ganzen System des Einsatzes der Kader» handle es sich, so Werner Hirsch, um eine «ernste Krankheit unserer Partei», für die letztlich die jetzige Führung unter Pieck verantwortlich sei.

Nach dem «Fall» des früheren Pieck-Mitarbeiters Fritz David hatte der so unter Druck geratene Pieck 1937 selbst größtes Interesse an der Vermeidung weiterer Verhaftungen, die mit ihm in «Verbindung» gebracht werden konnten. Nachdem Pieck bereits durchgesetzt hatte, daß Wehner unter dem Schutzdach des EKKI-Sekretärs Togliatti als Referent beschäftigt wurde, mußte Pieck – schon aus Selbstschutz[300] – in das Untersuchungsverfahren der Kaderabteilung gegen Herbert Wehner eingreifen.[301]

[298] Bereits am 20. August 1936 schrieb Pieck an Dimitroff: «Außerdem beginnen bereits einige Genossen, die durch die Brüsseler Parteikonferenz wegen ihres Fraktionstreibens in der Arbeit der KPD beiseitegestellt wurden, die Angelegenheit zu einer Kampagne gegen die Parteiführung auszunutzen.» RZA 495/74/125, Bl. 132.

[299] RZA 495/10 a/39.

[300] Heinz Neumann verfaßte in der NKWD-Haft 1937 mehrere «Geständnisse». In einer 78 Seiten umfassenden, eigenhändig verfaßten «Aussage» berichtete er dem NKWD «über die konterrevolutionäre bucharinistisch-trotzkistische Organisation Pieck-Ulbrichts».

[301] Von den 1935 gewählten ZK-Mitgliedern der KPD wurde nur der bereits durch die Internationale Kontrollkommission gerügte Leo Flieg, der als Kassier auch nicht an der engeren politischen Führung beteiligt war, in Moskau

Das Untersuchungsverfahren gegen den Kandidaten des KPD-Politbüros Wehner unterscheidet sich in mehrfacher Weise von der sonstigen rigiden Amtspraxis der Kaderabteilung und der Internationalen Kontrollkommission. Die «untersuchende» Kaderabteilung sammelte in der Regel, ohne den Delinquenten zu informieren, Denunziationen und sonstiges «Belastungsmaterial», das nach Weiterleitung an das NKWD zur Verhaftung führte. Im Falle Wehners wurde eine eigens vom EKKI-Sekretariat eingesetzte Kommission tätig, die allein schon durch ihre Besetzung die unterschiedliche Behandlung Wehners signalisierte. Zu den Kommissionsmitgliedern gehörten neben Wilhelm Pieck als Vertrauensmann Dimitroffs der neuernannte Leiter der Kaderabteilung, der Bulgare Georgi Damjanow (Parteiname: Below) und als Mitarbeiter der Kaderabteilung das KPdSU-Mitglied Zirul.

Mit der «Untersuchung» durch diese EKKI-Kommission scheint eine erste Anfrage des NKWD zu Herbert Weinert (!) nichts zu tun zu haben.

In einem Schreiben[302] vom 16. Mai 1937 wurde der später selbst verhaftete Leiter der Kaderabteilung Alichanow vom NKWD aufgefordert, alle vorhandenen Ergebnisse über den z. Zt. in Moskau befindlichen «bekannten Funktionär der KPD» Herbert Weinert (!) mitzuteilen. Die Antwort des neuernannten Leiters der Kaderabteilung Below wurde erst am 2. Juli 1937 dem NKWD-Offizier Poljatschek zugestellt. Ihr lag ein Dossier über Herbert Wehner zugrunde, das die Mitarbeiterin der Kaderabteilung Grete Wilde bereits am 27. Mai 1937 auf «Anfrage» erstellt hatte. In diesem Dossier der Kaderabteilung (Dokument 16) sind neben der Parteibiographie Wehners schon alle «Verdachtsmomente», Denunziationen und wechselseitigen Beschuldigungen zusammengefaßt, die von dem Vorsitzenden der Internationalen Kontrollkommission Florin, dem RGI-Funktionär Jakob Hausladen, dem Ab-

verhaftet. Gegen Willi Münzenberg wurde in Moskau in Abwesenheit verhandelt.

[302] ZAD N 82/11646 I, Bl. 78.

wehrleiter der KPD Hermann Nuding (Deckname: Degen) und dem Sekretär des Thälmann-Komitees Erich Birkenhauer geliefert worden waren. Im Hinblick auf den NKWD-Adressaten werden besonders jene «Verdachtsmomente» hervorgehoben, die in der realen Verhörpraxis und fiktiven Verschwörungswelt des NKWD besondere Bedeutung besaßen:

1. Verhaftungen Wehners, also Kontakte mit der Polizei
2. «Verbindung» zum bereits verhafteten Leo Roth
3. Terrorismusvorwurf Hausladens
4. Verhaftungen Thälmanns und John Schehrs
5. Legale Einreise nach England, mit angeblicher Duldung des englischen Geheimdienstes
6. Reiseroute über Kehl, d. h. durch Deutschland
7. Verhaftung des Reichstechnikers Kox
8. Nichtverhaftung Wehners durch die Gestapo.

Allein der Vorwurf der «Verbindung» zum bereits im November 1936 verhafteten Leo Roth hätte im «Regelfall» für die Verhaftung Herbert Wehners durch das NKWD ausgereicht. Herbert Wehner scheint aber trotz dieser Beschuldigungen 1937 vom NKWD nicht in eigener Sache vernommen worden zu sein. In den *Notizen* erinnerte Wehner sich an zwei Verhöre, denen er in der Lubjanka, dem Sitz des NKWD, ausgesetzt wurde. In den zwei Verhören im Jahre 1937 wurde er zu seinen «Verbindungen» mit Kreszentia Mühsam vernommen, die bereits im April 1936[303] verhaftet worden war. Wehner erklärte sich – so berichtet er in den

[303] Kreszentia Mühsam, die Witwe des im KZ umgekommenen Erich Mühsam, war nach ihrer Verhaftung in Moskau im April 1936 vorübergehend freigelassen worden. Nach ihrer zweiten Verhaftung am 16. November 1938 wurde sie als aktive Teilnehmerin einer «trotzkistischen Gruppe» und wegen ihrer «Verbindung» zu Erich Wollenberg vom NKWD beschuldigt. Das NKWD benutzte für die Anklageschrift die bereitwilligen Aussagen Gustav Wangenheims beim NKWD und die durch Folter erpreßten Aussagen von

Notizen – nicht bereit, «als Mitglied des Zentralkomitees der KPD» für das NKWD über Kreszentia Mühsam Berichte[304] zu liefern. Er wurde bei seiner zweiten Vernehmung[305] in der Lubjanka auch über Max Hölz, über die Tätigkeit von «Trotzkisten» und über einen im Saargebiet eingesetzten Mitarbeiter Leo Roths, also zum Militärapparat der KPD, befragt. Bei seiner Vernehmung durch das NKWD zu dem im Saargebiet tätigen Mitarbeiter des M-Apparates Rattke[306] erfuhr Wehner[307] aus den Beschuldigungen der NKWD-Offiziere, daß die «Vorbereitung und Durchführung» terroristischer Akte im Saargebiet zu den Anklagepunkten gegen Rattke zählte. Auch dem geschaßten Politbüro-Mitglied Hermann Schubert wurde, wie Wehner[308] berichtete, die Organisation von «terroristischen und provokatorischen Akten» im Saargebiet durch die Mitarbeiterin der Kaderabteilung Grete Wilde vorgeworfen.

Mit diesem «Terrorismus- und Provokationsvorwurf» lieferte die Kaderabteilung den politischen Vorlauf und die Basis, auf der das NKWD das absurde Anklagekonstrukt der «Vorbereitung von Terroranschlägen» in der Sowjetunion errichten konnte. Diese «Terrorismus»-Konstruktion gehörte nach dem Kirow-Mord zum Standardrepertoire des Militärkollegiums des Ober-

Carola Neher und anderer deutscher Emigranten. In der Anklageschrift für die «Sonderberatung» des NKWD werden Aussagen Herbert Wehners zu Kreszentia Mühsam nicht erwähnt.

304 Zeugnis, S. 237.

305 In der Regel fanden NKWD-Verhöre in der Lubjanka nur nach Verhaftungen statt. Einvernahmen in der Lubjanka mit anschließender Rückkehr – wie im Falle Wehners – sind nur dadurch zu erklären, daß Wehner nicht in eigener Sache verhört wurde. Das nächtliche Verhör in der Lubjanka, zu dem der fieberkranke Wehner aus dem Hotel «Lux» im Dezember 1937 geholt wurde, gehörte sicherlich zu den traumatischen Prägungen, die Wehner in Moskau widerfuhren.

306 Evtl. Wilhelm Radtke.

307 Zeugnis, S. 236. Auch hier spricht Wehner davon, daß «wir uns an der Saar zweimal gegen die bewaffneten SS-Truppen zur Wehr gesetzt haben».

308 Zeugnis, S. 243.

sten Gerichtshofes der UdSSR[309] wie auch des NKWD, die den § 58, Punkt 8 und 11 und § 19 des sowjetischen Strafgesetzes zur «Begründung» des Vorwurfs der organisierten «Vorbereitung konterrevolutionärer Terrorakte» heranzogen. Da der Verhaftete an «Terror» in Deutschland beteiligt gewesen war oder von anderen dieser Beteiligung bezichtigt wurde, ließen sich ihm in der monströsen Verfolgungslogik des NKWD-Untersuchungsführers auch die Planung von Attentaten auf Stalin oder Molotow unterschieben.

Da der Leiter des M-Apparates im Saargebiet Leo Roth bereits verhaftet war und am 10. November 1937 hingerichtet wurde, konnte Wehners «Verbindung» zu Leo Roth und die gemeinsame Vorbereitung der Überfälle im Saargebiet potentiell als «Beschuldigung» gegen Wehner immer wieder verwendet werden. Gerade weil die Kaderabteilung die Frage der Überfälle im Saargebiet 1937 nicht ausdrücklich in ihren Fragenkatalog aufnahm, hielt sie diese Beschuldigung nicht nur vor Wehner geheim, sondern sie war auch jederzeit, je nach Zweckmäßigkeit, abrufbar. Wehner wußte sowohl um die Beliebigkeit wie auch um die Funktionalisierung solcher Vorwürfe im innerparteilichen Fraktionskampf, wenn er über die Beschuldigungspraxis zusammenfassend feststellte, «daß die Frage, ob jemand beschuldigt beziehungsweise öffentlich verurteilt wird, in der Praxis der KPD-Leitung unter dem Gesichtspunkt der politischen Zweckmäßigkeit entschieden worden ist»[310]. In dem Untersuchungsverfahren der vom EKKI eingesetzten Kommission wurde gegen Herbert Wehner 1937 kein «Terrorismusvorwurf»[311] wegen der Vorfälle an der Saar erhoben.

309 Vgl. Prozeßbericht über die Strafsache des trotzkistisch-sinowjewistischen Zentrums, Moskau 1936.

310 Zeugnis, S. 150.

311 Auch gegen Erich Mielke wurde – obwohl er sich geradezu in seinem Lebenslauf 1931 der Überfälle am Bülowplatz rühmte – von der Kaderabteilung keine Untersuchung wegen «Terrorismus» durchgeführt. Im Untersuchungsverfahren gegen Kippenberger hatte Werner Hirsch am 17. März 1935 für die Kaderabteilung folgende schriftliche Schilderung geliefert: «K.[ippenber-

Der konstruierte «Terrorismusvorwurf» wurde vom NKWD vor allem gegen frühere Angehörige des M-Apparates (z. B. Leo Roth, Hans Kippenberger), aber auch gegen zahlreiche andere KPD-Funktionäre wie Fritz Schulte, Georg Brückmann, Hans Knodt erhoben, die als «konterrevolutionäre, rechtstrotzkistische Spionage- und Terrororganisation» in der Komintern ausgemacht wurden. Dabei wurde ihre von der Kaderabteilung registrierte politische «Abweichung» zum Anfangsverdacht und zum Verhaftungsgrund. In der paranoiden Verdachtswelt des NKWD, der Sondertribunale und Militärkollegien geriet die virtuelle oder reale Devianz zum «Glied in einer Kette», die mit den Bestimmungen des § 58 des sowjetischen Strafrechts dann geschlossen wurde.

Wehner konnte sich nach der Ankunft seiner Frau Charlotte Treuber am 2. Mai in Moskau «auch ein Bild davon machen, in welcher Weise die nach Paris zurückgekehrten Ulbricht und Nuding dort nach Brennmaterial zu meinem Scheiterhaufen gesucht hatten»[312]. Auf der Suche nach solchen Brennmaterialien waren dem Apparat-Mann «Hubert» (wahrscheinlich Hubert von Ranke)[313] bei der Übergabe der Pariser Wohnung Wehners durch

ger] führte H.[einz] N.[eumann]s ans provokatorische grenzende Linie ohne Rückfrage bei Th.[älmann] oder auch nur bei Leo Flieg, der nach meiner festen Überzeugung dieses verantwortungslose Abenteuer nie mitgemacht hatte, durch. K.[ippenberger] mußte dabei wissen, daß ein solches Abenteuer, das fast zum Parteiverbot führte, der Parteilinie widersprach. (Ein Schütze, Paul Miehlke, hier glaube ich, Willi, ist auf der Leninschule).» RZA 495/175/88, Bl. 95. Erich Mielke trug an der Lenin-Schule den Decknamen «Paul Bach».

[312] Zeugnis, S. 217.

[313] Hubert von Ranke, Deckname: Moritz, Mitarbeiter Kippenbergers im M-Apparat, war im August 1936 mit Zustimmung Wehners nach Spanien gegangen, anfangs war er «Delegado politico» in der Centuria Thälmann, 1937 spürte er als Mitarbeiter des republikanischen Geheimdienstes («Departamento del Estado») «trotzkistischen Gestapo-Agenten» in den Reihen der ausländischen Freiwilligen nach, 1938 vollzog er den Bruch mit der KPD. Hubert von Ranke war wahrscheinlich vorübergehend in Paris zur Berichter-

Charlotte Treuber zahlreiche interne Parteimaterialien (vgl. Dokument 17) ausgehändigt worden. Ebenso fanden sich in Wehners Büroarchiv zahlreiche Telegramme aus Moskau, interne Briefe Wilhelm Piecks und Münzenbergs und chiffrierte Berichte aus Deutschland. Die Liste der Dokumente verdeutlicht nicht zuletzt den weitgehend konspirativen Charakter der KPD-Politik, die enge Verbindung mit der Komintern und der KPD-Führung in Moskau, die Wehner auch durch die Übersendung von Personenlisten mit der Verfolgungs- und Ausschlußpraxis schon in Paris bekannt gemacht hatte. Die Auflistung der Pariser Dokumente traf erst am 21. September 1937 in Moskau ein und konnte somit für das zentrale Untersuchungsverfahren der Kaderabteilung im August nicht mehr eingesetzt werden.

Zur Zusammenarbeit von Partei und NKWD

Verfolgungsangst, Parteidisziplin, interne «Überprüfungen» und die immer wieder öffentlich aufgeführten Strafrituale der «Säuberungen» in Schauprozessen und Parteiversammlungen hatten die Moskauer Emigranten ebenso zu Opfern wie auch zu Tätern disponiert. Die von dichotomischer Ideologie, «eisernen» Habitus- und Politikformen geprägte Lagermentalität wurde spätestens nach dem von Stalin inszenierten Kirow-Mord (1934) in der nun einsetzenden «Großen Säuberung» zum totalen Verschwörungssyndrom. Nahezu alle Emigranten waren in eine entpersonalisierte Apparat-Praxis, die moralische Entscheidungen durch die tabuisierten Wertmaßstäbe der «Partei» ersetzte, persönlich involviert. Im bürokratisch organisierten stalinistischen Terror bildete sich sowohl im Verfolgungsraum der Parteizelle wie auch in der Decknamen-Welt des «Apparates» und im Tabubereich der

stattung und wurde von Ulbricht mit der «Überholung» von Wehners Büro und Wohnung beauftragt. Zur Biographie Hubert von Rankes: Institut für Zeitgeschichte, München, ED 161.

«Organe» des NKWD eine funktionale Differenzierung heraus, die mit ihren scheinbar undurchschaubaren Handlungsketten, mit der klammheimlichen Herrschaft der «Instanzen» die Distanz zwischen Tätern und potentiellen Opfern vergrößerte. Physische Selbstrettung und moralische Selbstvernichtung formierten die Irrationalität des stalinistischen Terrors, in dessen bürokratische Rationalität sich die Opfer als Täter einpaßten und die Opfer sich an der eigenen Vernichtung beteiligten. Denunziation und «Meldung» wurden zum Instrument der kollektiven Vernichtung und der individuellen Destruktion. Nicht zuletzt durch die ideologische Überhöhung wurde das vereinzelte «Disziplinar-Individuum», das sich jeglicher «Verbindung» zu anderen Emigranten enthält – «gleich gut für die Rolle des Vollstreckers wie für die des Opfers»[314] vorbereitet.

Wehner beschrieb in seinen *Notizen* die völlige Zerstörung aller zwischenmenschlichen Beziehungen, die wechselseitige Denunziation und die Angst vor der Verhaftung durch das NKWD: «In den sogenannten Parteiversammlungen der Mitarbeiter des EKKI-Apparates, im Gebäude der Komintern, in den Korridoren des Hotels Lux breitete sich damals ein panischer Schrecken, eine hysterische Angst vor einer unangreifbaren und doch so gut wie unentrinnbaren Gefahr aus. Wenn im Büro einer der Mitarbeiter nicht zur Arbeit erschienen war, nahmen seine Kollegen an, er sei in der Nacht durch die ‹Organe des NKWD› verhaftet worden. Sofort ergaben sich für jeden einzelnen zahllose Fragen: wie wird das Verhältnis der Verhafteten zu mir vom NKWD ausgelegt werden? fragte sich wahrscheinlich jeder im Stillen. Äußerlich aber war jeder bestrebt, entweder unberührt zu erscheinen oder zu zeigen, daß er diese Verhaftung seit langem erwartet habe. Niemand wollte engere Beziehungen zu einem Verhafteten gehabt haben. Und weil in den sogenannten Parteiversammlungen der Abteilungen und des gesamten Apparats die persönlichen Beziehungen je-

[314] Hannah Arendt: Elemente und Ursprünge totaler Herrschaft. München/Zürich 1986, S. 716.

des einzelnen schonungslos und schamlos ausgebreitet, nachträglich bewertet und zu Gegenständen wochenlanger Diskussionen gemacht wurden, waren alle bestrebt, ihre persönlichen Beziehungen zu anderen auf das notwendige Minimum zu beschränken. Jeder war bestrebt, sich von den meisten anderen in einem sicheren Abstand zu halten. Hinter Besuchen witterte man die Absicht des Besuchers, etwas Spezielles in Erfahrung bringen zu wollen. Fast alle verleugneten frühere Freunde, zitterten vor der Möglichkeit, eine ihrer Verwandten könnte beschuldigt oder verhaftet werden, wodurch sie automatisch zum Gegenstand von Untersuchungen und Beschuldigungen würden. Jeder suchte im Stillen nach entlastenden Erklärungen für frühere Freundschaften, Zusammentreffen und Ereignisse, aus denen ihm nun Gefahren erwachsen könnten. In den sogenannten Parteiversammlungen aber waren fast alle einig in der Forderung nach schonungsloser Ausrottung der Volksfeinde, während sie in zunehmendem Maße einander mangelnder Wachsamkeit, unzulässigen Liberalismus und der früheren Zugehörigkeit zu dieser oder jener Gruppierung bezichtigten.»[315]

Herbert Wehner, der selbst immer wieder «Untersuchungen» gegen andere KPD-Mitglieder in Gang setzte oder forderte, war seit Jahren mit der apparativen Verfolgungslogik von Komintern und KPD vertraut. In zahlreichen ZK-Erklärungen, Broschüren[316] und Artikeln wurde die «Auslöschung» der «trotzkistischen Bande verkommener Verbrecher» gefordert. Philipp Dengel, Mitglied der Internationalen Kontrollkommission und seit März 1937 Vertreter der KPD beim EKKI, charakterisierte in der Parteizeitschrift *Die Internationale* die in den eigenen Reihen ausgemachten «Feinde»: «Unsere Partei hat die bittere Erfahrung

[315] Zeugnis, S. 218.

[316] Boris Ponomarev: Die Trotzki-Sinowjew-Bande. Eine direkte Agentur des Faschismus. Moskau 1937; Die rechten Spießgesellen der trotzkistischen Bande, Moskau 1937; S. Uranow: Über einige hinterlistige Machenschaften der Werbetätigkeit der ausländischen Spione. Engels 1937.

machen müssen, daß schurkische trotzkistische Mordbanditen wie David, Emel, Stauer sich in ihre Reihen eingeschlichen und lange Zeit unter der Maske der Parteitreue ihre schändliche Arbeit verrichten konnten. Verräter wie Heinz Neumann und Remmele verbanden sich mit Versöhnlern und Trotzkisten zu gemeinsamer partei- und sowjetfeindlicher Tätigkeit. Trotzkisten, Brandlerianer und Versöhnler haben in unseren Reihen eine Anzahl von Versuchen der Zersetzung gemacht und dabei faktisch der Gestapo in die Hände gearbeitet.»[317]

Schon bei der 1935/36 durchgeführten «Überprüfung der Parteidokumente» und vor allem bei der «Überführungsarbeit»[318] der deutschen Sektion der Komintern vom Mai bis September 1936 wurden die Mitglieder der KPD inquisitorisch auf Abweichungen untersucht. Im Verlauf dieser ersten «Säuberungen» wurden «rund 2500 politische und wirtschaftliche Emigranten und etwa 3000 Aktenstücke von Genossen, die nicht mehr in der Sowjetunion sind», gemustert. Ausgesondert werden sollten dabei «Parteifeinde» und «Parteischädlinge», «Verdächtige» und «schlechte Elemente». Die monatelange «Überprüfung» der für die «Überführung» in die KPdSU vorgeschlagenen KPD-Mitglieder[319] wurde dabei von Kommissionen durchgeführt, die – nach «Rücksprache mit der Kaderabteilung» – mit Mitgliedern aus den früheren Parteibezirken besetzt wurden. Diese bezirkskundigen Kommissionsmitglieder verfügten auch über das nur mündlich transportierte Inquisitionswissen über Fraktionszugehörigkeit, Verhalten in der Haft, «Verbindungen», politische Einstellung der Verwandten etc. Nach der Vorarbeit und den «Ermittlungen»

[317] Philipp Dengel: Warum der Trotzkismus aus der Arbeiterbewegung ausgelöscht werden muß, in: Die Internationale, 1937, Sondernummer, S. 11.

[318] Vgl. Stand und Ergebnis der Überführungsarbeit der deutschen Sektion. RZA, Moskau, F. 495/op. 292/d. 83, Bl. 37–52.

[319] Die Gesamtzahl der anerkannten «Politemigranten» wird 1936 von Hermann Nuding in einer Sitzung auf 4600 geschätzt. Davon seien, nach ergänzender Mitteilung Heinrich Wiatreks, von der Deutschen Vertretung «etwa 3000» zusammengestellt. RZA, Moskau, F. 495/op. 74/d. 122a, Bl. 154.

der Kommissionen, die auch mehrere «Bürgen» befragten, wurde die endgültige Selektion durch eine «kleinere Kommission» vorgenommen. Sie bestand aus dem Leiter der Deutschen Vertretung Heinrich Wiatrek, dem Sekretär der Deutschen Vertretung «Hess»[320] und Walter Dittbender. Diese Kommission nahm dann die abschließende Be- oder, richtiger, Verurteilung vor.

In dem abschließenden Bericht der Moskauer «Überführungsarbeit» wird ausgeführt: «Bei der Prüfung der Parteidokumente der in der Sowjetunion befindlichen Mitglieder der KPD konnten von den Kommissionen oft die verschiedenartigsten Widersprüche, falsche Angaben, sowie verdächtige und schlechte Elemente festgestellt werden. In den einzelnen Protokollen sind die Ermittlungen ausführlich niedergelegt.»[321] In den Akten des von Walter Rosenke aufgebauten Archivs der Kaderabteilung spiegeln sich diese Ermittlungen auch als Unterstreichungen und Hervorhebungen in den «Lebensläufen» wider. Neben der abschließenden Beurteilung[322] finden sich hier zahlreiche Berichte und Mitteilungen[323] von Mitgliedern, die das barbarische wechselseitige Denunziationswesen im sowjetischen Exil illustrieren. Mit den «Charakteristiken» fällte die Kommission ihr weitreichendes Urteil, das in vielen Fällen zur späteren Verhaftung entscheidend beitrug. In einer am 23. September 1936 erstellten Liste wurden von Walter Dittbender für 136 KPD-Mitglieder «Auszüge von Fällen aufgeführt, welche als verdächtige und schlechte Elemente, Fälscher oder Parteischädlinge *hier eine besondere Aufmerksamkeit erfordern*»[324].

[320] Wahrscheinlich Kurt Schwotzer.

[321] RZA, Moskau, F. 495/op. 292/d. 83, Bl. 38.

[322] Vgl. z. B. die Beurteilung Ernst Ottwalts, abgedruckt in: Müller, Reinhard (Hrsg.): Die Säuberung. Reinbek 1991, S. 552–556.

[323] So «berichtete» u. a. Ernst Ottwalt über Kreszentia Mühsam, Willi Bredel über Ernst Ottwalt, Johannes R. Becher über Maria Osten, Friedrich Wolf über Ernst Ottwalt, Gustav von Wangenheim über nahezu alle Mitglieder der «Truppe 1931», etc. Vgl. dazu Ernst Ottwalt über Kreszentia Mühsam; Willi Bredel über Ernst Ottwalt; Reinhard Müller: Anmerkung zu Ottwalt und Bredel, in: europäische ideen, 1992, H. 79.

Die Überprüfung und Selektion der «Kader» wurde nach dem ersten Moskauer Schauprozeß zur Chefsache des Politbüros der KPD. Für diese Sitzungen wurden von der Kaderabteilung durch Georg Brückmann[325] und Grete Wilde umfangreiche Listen[326] der auszuschließenden KPD-Mitglieder vorgelegt. In handschriftlichen Aufzeichnungen[327] notierte Wilhelm Pieck den Verlauf solcher Sitzungen, in denen «personelle Sachen» verhandelt wurden. Dabei waren die meisten der während der Sitzungen oder durch «fliegende Abstimmung» ausgeschlossenen KPD-Mitglieder bereits verhaftet.

Wer die Unterzeichnung der Ausschlußlisten als allenfalls nachträgliche Zustimmung zu vorgängigen Verhaftungen deutet, die «ausschließlich Sache der sowjetischen ‹Organe›»[328] gewesen seien, hat die institutionalisierte Arbeitsteilung und Kooperation von Kaderabteilung und KPD-Politbüro, Internationaler Kontrollkommission und NKWD nicht begriffen. Soells Hypothese,

[324] RZA, Moskau, F. 495/op.292/d. 83, Bl. 38.

[325] Bei Hartmut Soell, Der junge Wehner, S. 574 u. S. 621, verwandelt sich der Referent der Kaderabteilung Georg Brückmann (Deckname: Müller) in Kurt Müller. Der ehemalige KJVD-Vorsitzende Kurt Müller war aber als ehemaliger Neumann-Anhänger seit 1932 verfemt. Er kehrte 1934 aus Moskau nach Deutschland zurück und war bis 1945 in Zuchthaus- und KZ-Haft. Als stellvertretender KPD-Vorsitzender wurde Kurt Müller 1950 in die DDR entführt, von Erich Mielke gefoltert, zu 25 Jahren Haft verurteilt und bis 1955 in der Sowjetunion inhaftiert.

[326] Sowohl im ehemaligen SED-Parteiarchiv (IfGA I 2/3/82) wie in den Akten der Kaderabteilung im Moskauer Komintern-Archiv finden sich zahlreiche solcher Ausschlußlisten.

[327] Der stichwortartige Verlauf der Sitzung des Politbüros vom 3. September 1936, an der auch die Mitarbeiter der Kaderabteilung teilnahmen, wurde von Pieck protokolliert. IfGA/ZPA NL 36/787, Bl. 128–132.

[328] Hartmut Soell: Der junge Wehner, S. 417. Hartmut Soell verwendet für diese exkulpatorische Vermutung nur die Ausschlußlisten und die Beschlußprotokolle des Politbüros. Auf diese schmale Quellenbasis stützt Soell seine Behauptung, daß «die KPD-Führung die Entscheidung anderer nachvollzog». Ebenda, S. 418.

daß der KPD-Führung nur der «Ausschluß der verhafteten oder häufig schon verurteilten Mitglieder» als «Kompetenz»[329] verblieb, klammert die vorgängige Verfolgung durch die Komintern- und KPD-Apparate und die Kooperation dieser politischen «Apparate» mit dem NKWD aus.

Die auslösenden Faktoren für die meisten Verhaftungen durch das NKWD waren die permanente Überwachung durch den eigenen Partei-Apparat und die allzu freiwillig gelieferten Denunziationen und «Angaben» von einzelnen KPD-Mitgliedern. Diese parteiamtlichen Untersuchungsergebnisse und die individuellen Mitteilungen wurden in den Dossiers der Kaderabteilung zusammengefaßt, die ihre inquisitorische Praxis[330] in engster Kooperation mit der Parteiführung der KPD und der Internationalen Kontrollkommission durchführte. Herbert Wehner unterzeichnete neben den übrigen Mitgliedern des Politbüros unmittelbar nach seiner Ankunft in Moskau eine bereits am 1. Dezember 1936 zusammengestellte Liste der Kaderabteilung (Liste 4), die 36 Fälle aufführt. Die für die Sitzung des Politbüros am 28. Januar 1937 bestimmte «Aufstellung über Verhaftete» führt u. a. folgende «Fälle» auf:

[329] Hartmut Soell: Der junge Wehner, S. 417.

[330] Der dokumentarische Anhang vermittelt einen Eindruck von der Interdependenz von Parteiapparat und NKWD. Die zum Fall Birkenhauer eingereichten Materialien der Kaderabteilung (vgl. Dokument 29) machen deutlich, welche zentrale Rolle die dem NKWD zugelieferten Dokumente, Briefe etc. besaßen. Darüber hinaus lieferte die Kaderabteilung mehrmals – aufgrund der vorliegenden Beschuldigungen und Dossiers – mehrere Listen an das NKWD, in denen die zu Arrestierenden vor ihrer Verhaftung rot vermerkt waren. In den eingesehenen NKWD-Akten wurde aus den von der Komintern übersandten Materialien ein alle «Abweichungen» und «Verbindungen» auflistendes Dossier angefertigt, das die Grundlage für die Verhöre des NKWD bildete. Vgl. dazu auch Friedrich Firsow: Die Säuberungen im Apparat der Komintern, in: Kommunisten verfolgen Kommunisten. Stalinistischer Terror und «Säuberungen» in den kommunistischen Parteien Europas seit den dreißiger Jahren. Hrsg. von Hermann Weber und Dieter Staritz in Verbindung mit Siegfried Bahne und Richard Lorenz. Berlin 1993.

Hirsch, Werner: geboren 1899, stammt aus Adelsfamilie, Angestellter, KPD 1919/21, 1921 ausgeschlossen als Anhänger der Levi-Gruppe, von 1924/26 Mitglied der KPOe, KPD ab 1926, Redakteur für Parteizeitungen, 1933/34 verhaftet.[331]

Kippenberger, Hans: geboren 1898, kleinbürgerlicher Herkunft, von Beruf Angestellter, Mitglied der USPD seit 1920, KPD 1920/21. War bis zur Brüsseler Konferenz Leiter des illegalen Apparates[332] der KPD.

In dieser Sitzung des Politbüros wurden auch der mit Wehner befreundete Leo Roth und die in den Säuberungssitzungen (4.–8.9.1936)[333] zu Opfern präparierten Schriftsteller Hans Günther[334] und Ernst Ottwalt[335] ausgeschlossen. Nach der im so-

[331] Zu Werner Hirsch hatte Herbert Wehner zwei ausführliche Mitteilungen für die Kaderabteilung am 9. April 1935 und am 26. Oktober 1935 verfaßt. In das «Betr.: Werner Hirsch» zusammengestellte Dossier der Kaderabteilung vom 26. September 1936 flossen u. a. auch Wehners Angaben ein. Mit seiner am 25. August 1936 verfaßten Eingabe an Stalin, Dimitroff und Manuilski zur «Kader- und Personalpolitik der KPD» war Hirsch ins Visier der Parteiführung geraten. Am 3. September 1936 vermerkte Pieck unter der Vergeltung verheißenden Rubrik «Sicherung der Partei» die kritischen Briefe von Hirsch und Remmele. IfGA/ZPA NL 36/787, Bl. 128.

[332] Auch zu Kippenbergers «entscheidenden Fehlern in der Arbeit der Leitung des illegalen Apparates» hatte Wehner am 26. Oktober 1935 dem Leiter der Kaderabteilung Krajewski rapportiert. RZA 495/175/89, Bl. 66.

[333] Vgl. dazu Reinhard Müller (Hrsg.): Die Säuberung. Moskau 1936: Stenogramm einer geschlossenen Parteiversammlung. Reinbek 1991.

[334] Der Literaturkritiker Hans Günther wurde am 4. November 1936 vom NKWD verhaftet und am 16. Oktober 1937 von einem Sondertribunal des NKWD wegen «konterrevolutionärer-trotzkistischer Tätigkeit» zu fünf Jahren Lagerhaft verurteilt. Er starb in der Lagerhaft am 6. Oktober 1938. Vgl. auch Hans Günther: Der Herren eigner Geist. Ausgewählte Schriften. Herausgegeben von Werner Röhr unter Mitarbeit von Simone Barck. Berlin/Weimar 1981.

[335] Der Schriftsteller Ernst Ottwalt wurde 1936 als Mitarbeiter des Militärapparates von der Kaderabteilung «überprüft» und nach Übersendung der «Materialien» an das NKWD am 5. November 1936 verhaftet. Er kam 1943 in

wjetischen Strafrecht üblichen Praxis wurden deren Ehefrauen und Lebensgefährtinnen Traute Nicolas[336] und Trude Richter[337] verhaftet und gleichfalls in politischer «Sippenhaftung» aus der KPD ausgeschlossen. Auch der bereits verhaftete Gert Schneider wurde durch das KPD-Politbüro ausgeschlossen. In dessen Biographie vermerkte die Kaderabteilung: «Die Frau des Genossen Schneider ist die Genossin Hanna Reich, die Tochter des Trotzkisten Wilhelm Reich.» In dieser Sitzung des Politbüros der KPD wurde auch beschlossen, den «Fall» des ehemaligen ZK-Mitglieds Arthur Golke[338] an die Internationale Kontrollkommission zur Untersuchung zu überweisen.

Das Politbüro der KPD war nicht zuletzt durch das Mitglied des Politbüros Wilhelm Florin mit der Internationalen Kontrollkommission der Komintern personell verknüpft. Die Führungsspitze der KPD nahm in zahlreichen «Fällen» – wie hier nur an einer PB-Sitzung exemplarisch nachgezeichnet – direkt Einfluß[339] auf Untersuchungen der Kaderabteilung und der Internationalen Kontrollkommission, deren Mitteilungen an das NKWD Verhaftungen auslösten.

einem sibirischen Lager ums Leben. Vgl. zur Biographie: Reinhard Müller (Hrsg.): Die Säuberung, a. a. O., S. 554–556.

[336] Waltraut Nicolas (Ottwalt), zusammen mit ihrem Mann am 5. November 1936 verhaftet, bis 1940 im Lager Kotlas, im Januar 1941 aus der Sowjetunion nach Deutschland ausgewiesen, 1942 in Berlin wegen Hochverrat zu Gefängnishaft verurteilt.

[337] Trude Richter (d. i. Erna Barnick), Lebensgefährtin Hans Günthers, wurde am 4. November 1936 verhaftet und zu fünf Jahren Zwangsarbeit verurteilt. 1940 aus der Lagerhaft entlassen, 1948 erneut verhaftet, lebte seit 1957 in Leipzig. Vgl. Trude Richter: Totgesagt. Erinnerungen. Leipzig 1990.

[338] Nach der Untersuchung der Internationalen Kontrollkommission wurde der frühere Hauptkassierer der KPD 1937 verhaftet und kam in der Lagerhaft ums Leben.

[339] Zu Verhandlungen der Internationalen Kontrollkommission gegen KPD-Mitglieder wurden häufig Mitglieder des Politbüros zugezogen. Dazu gehörten Pieck, Ulbricht und Wehner.

Der Inquisitionskatalog der Kaderabteilung

Nach der Januar-Sitzung des Politbüros nahm Wehner an weiteren Sitzungen des Politbüros am 22. Juni 1937 teil, unterzeichnete[340] die Ausschlußliste Nr. 10 am 9. Dezember 1937 und am 24. Januar 1938 die von der Kaderabteilung vorbereitete Kader-Liste[341] nach dem in der Komintern üblichen Prinzip der «fliegenden Abstimmung». Wehner war offensichtlich während der am 22. August 1937 einsetzenden Untersuchung der Kaderabteilung vorübergehend von der Teilnahme an den Sitzungen des Politbüros ausgeschlossen, er wurde aber nicht formell[342] seiner Funktion als Kandidat des Politbüros enthoben.

Nicht ohne Auftrag Wilhelm Piecks konnte Wehner im August 1937 ein internes Gutachten zu einem von Friedrich Wolf erstellten Filmszenario verfaßt haben. Noch 1936 waren mehrere solcher hochoffiziöser Gutachten zur richtigen politischen Linie von Romanen und Theaterstücken von Pieck[343] unterzeichnet worden. Mit ebensolcher linientreuer «Wachsamkeit» durchmusterte

[340] In dieser 47 KPD-Mitglieder umfassenden Liste findet sich sowohl Erich Birkenhauer (Belfort) wie auch die den Fall «Kurt Funk» bearbeitende Grete Wilde. Am 7. Oktober 1937 verhaftet und zu 8 Jahren Haft verurteilt, kam sie nach ihrer Deportation nach Karaganda während des Kriegs ums Leben.

[341] Nach der Erstunterzeichnung Piecks unterschrieben Philipp Dengel, Wilhelm Florin, Walter Hähnel und Herbert Wehner am 24. 1. 1938. Die am 9. 1. 1938 von Georg Brückmann zusammengestellte Liste enthält 73 Namen. Eine weitere 158 Namen umfassende, an den Genossen Pieck adressierte Liste wurde von Wehner am 4. 7. 1938 unterzeichnet.

[342] In den meisten anderen «Fällen» verloren die von den Untersuchungen der Kaderabteilung betroffenen KPD-Mitglieder Funktion, Arbeitsstelle und häufig auch ihre bisherige Wohnung.

[343] Pieck beurteilte u. a. Oskar Maria Grafs Roman «Der Abgrund» und Manuskripte von Alfred Kantorowicz. RZA 495/11/1 Bl. 57–58, Bl. 86–88. Wahrscheinlich wurden diese internen Gutachten Piecks von dem Referenten des EKKI Heinrich Meyer verfaßt. Meyer wurde 1936 erst in den Staatsverlag abgeschoben und im August 1936 verhaftet. Nach der Verhaftung Meyers im

Wehner am 25. Mai 1937 auch die aus Deutschland eingegangenen Mitteilungen des Apparates. Daraus fertigte er eine streng vertrauliche «Information über Berichte aus Deutschland, in denen trotzkistische Einflüsse oder Unklarheiten enthalten sind, die von Trotzkisten ausgenutzt werden können»[344]. Als «Unklarheiten» wurden in den Berichten von Wehner vor allem «Äußerungen über die Prozesse gegen die trotzkistischen Schädlinge» und zur Außenpolitik der UdSSR moniert. In der Schlußbemerkung forderte er dazu auf, «schärfer gegen trotzkistische Doppelzüngler aufmerksam zu sein»[345]. Seine ebenfalls am 25. Mai 1937 verfaßten Vorschläge und Bemerkungen zur Moskauer Lenin-Schule (Dokument 15) signalisieren, daß Wehner mit solchen Vorschlägen an die Parteiführung seine organisatorischen und politischen Fähigkeiten unter Beweis stellen wollte.

Ungeachtet der auch durch eine rege Publikationstätigkeit Wehners demonstrierten öffentlichen Akzeptanz, trug die Kaderabteilung weiterhin das belastende «Brennmaterial» für Wehners Scheiterhaufen zusammen. Am 22. August konfrontierte die vom EKKI-Sekretariat eingesetzte Kommission Wehner in einer mündlichen Befragung mit dem Inquisitionskatalog der Kaderabteilung. An dieser Sitzung nahmen wahrscheinlich neben den Kommissionsmitgliedern Pieck, Damjanow, Zirul auch Georg Brückmann und Grete Wilde teil. Bereits nach dieser Befragung kommt die Kommission in der «Angelegenheit Funk» zu folgender Feststellung: «Die vom Sekretariat des EKKI eingesetzte Untersuchungskommission hat festgestellt, daß die von Belfort[346] gegen ihn vorgebrachten Verdachtsmomente in Bezug auf Verbindungen mit der Polizci nicht begründet sind. Die von Funk gegebenen Auskünfte soll er noch schriftlich wiedergeben.» (Dokument 23)

August 1936 scheint Wehner mit dem Verfassen von Rezensionen und Gutachten an dessen Stelle als «Literatur-Instanz» getreten zu sein.

344 RZA 495/292/93, Bl. 19–21.

345 Ebenda, Bl. 21.

346 d. i. Erich Birkenhauer.

Zu diesem, für die 1937 herrschende Untersuchungspraxis der Komintern ungewöhnlichen «Freispruch» trugen sicherlich Wehners prominente Schutzpatrone Dimitroff und Pieck entscheidend bei. Noch 1972 wird dies von Wehner in einem Interview vermerkt: «Ich gehe sicher nicht zu weit, wenn ich mit Bescheidenheit anmerke, daß ich ihm [Dimitroff], ohne zu wissen warum, wohl auch mein Leben verdanke, ihm und einem damals sehr bedeutenden deutschen Kommunisten, nämlich Wilhelm Pieck. Als ich nämlich Gegenstand einer Untersuchungskommission in Moskau wurde, hatten beide darauf bestanden, Mitglieder dieser Kommission zu sein, um bei dem Endurteil mitzusprechen. Nach Abschluß der Untersuchungen habe ich auch von ihm [Dimitroff] eine persönliche Meinung gesagt bekommen.»[347]

Bereits in den ersten schriftlichen «Bemerkungen zu den mir vorgelegten Fragen» (Dokument 19) zog Wehner alle Register der innerparteilichen Verfolgungspraxis, um die Glaubwürdigkeit des «Hauptbelastungszeugen» Birkenhauer zu diskreditieren. Da einige der an Wehner gerichteten Fragen nur auf den Angaben des früheren Pariser Sekretärs des Thälmann-Komitees Birkenhauer (Belfort) beruhen konnten, setzte Wehner zu einer Generalattacke auf die «innerparteiliche Position Belforts»[348] an, um Birkenhauer mit dem vernichtenden Hinweis auf seine Zugehörigkeit zu den «Versöhnlern» und zur «Sektierergruppe» Schuberts zu überziehen. Die Gegnerschaft zur «Linie» des VII. Weltkongresses und der Brüsseler Konferenz wurden Birkenhauer von Wehner ebenso vorgeworfen wie die «Verbindung» zu dem bereits verhafteten und ausgeschlossenen Leo Roth. Das für die «Logik» des Parteiapparates, der NKWD-Verhöre und für die Militärjustiz kennzeichnende Prinzip der Kontaktschuld wird von Wehner auch mit der Einbeziehung «einer gewissen Ruth» angewandt.

[347] Interview mit Reinhard Appel, in: Zeugnis, S. 391.

[348] Vgl. zur Parteibiographie Birkenhauers Reinhard Müller: Linie und Häresie. Lebensläufe aus den Kaderakten der Komintern (II), in: Exil, 11. Jg., 1991, H. 1, S. 46–69.

Durch die Konstruktion solcher Beziehungsnetze und durch den virtuosen Einsatz von stalinistischer Vernichtungslogik und Säuberungsmetaphorik trug Wehner die eigene «Wachsamkeit» als Schutzschild vor sich her. Wehners denunziatorische Attacken auf Birkenhauers «Angaben» waren zwar überlebensnotwendiger Reflex in der wechselseitigen Verfemung, vernichteten aber zugleich die eigene moralische Existenz. Die Alternative von eigener Vernichtung oder Zerstörung des anderen wird nicht nur für Wehner zum unentrinnbaren Dilemma in der ausweglosen Extremsituation[349] des Moskauer Exils. Angesichts der Aporie zwischen physischer oder psychischer Vernichtung panzert sich der schon als «Kurt Funk» verdoppelte Herbert Wehner mit dem Schutzmechanismus der Dissoziation[350], der im alltäglichen Ausnahmezustand der «Säuberungen» Handeln und Moral der arbeitsteiligen Täter und kooperationswilligen Opfer zerspaltet. In der Schilderung Ernst Fischers, der mit seiner Frau Ruth von Mayenburg zu den wenigen Moskauer Freunden Wehners gehörte, brechen die Risse des zunehmend traumatisierten und vereinsamten «Kurt Funk» hervor:

«Der Panzer dieses Hasses schützte einen höchst widerspruchsvollen Menschen, die Koinzidenz anarchischer Leidenschaft und fast pedantischer Organisiertheit, Freiheitstrieb und Wille zur Macht, Wunsch nach Wärme und schroffe Verschlossenheit, ein In-sich-selber-Verbissensein und Explosionen des Zornes, brüllender Ausbruch aus der Einsamkeit eines nach Gemeinschaft sich Sehnenden. Er hatte Fieber. Seine ungemein sympathische Frau

[349] Zahlreiche deutsche Emigranten hatten die sowjetische Staatsbürgerschaft übernommen oder mußten ihre falschen Pässe nach der Ankunft abliefern. Nahezu jeder Versuch, die deutsche Botschaft in Moskau zu betreten, wurde sowohl an das NKWD wie an die Kaderabteilung gemeldet. Herbert Wehner besaß gerade während des Untersuchungsverfahrens monatelang keinen Paß. Seine Frau und er waren dadurch allen bürokratischen Zwängen des sowjetischen Meldesystems ausgesetzt.

[350] Vgl. Robert Jay Lifton/Eric Markusen: Die Psychologie des Völkermords. Atomkrieg und Holocaust. Stuttgart 1992.

und ich gingen in die Küche, um Kaffee zu kochen. Als wir zurückkamen, saß er aufgerichtet auf der Couch mit seiner Gitarre und schrie wilde zusammenhanglose Strophen. Er war wie ein Kessel ohne Ventil, mußte, um sich zu befreien, von Zeit zu Zeit in Sprengstücken auseinanderfliegen. Er schluckte viel in sich hinein. Was in Moskau geschah, mißfiel ihm. Die meisten seiner Genossen waren ihm zuwider. Von Dimitroff sprach er mit Bewunderung, von Togliatti mit großer Achtung. Zu mir hatte er Vertrauen, eine Zeitlang; dann zog er sich auch von mir zurück, in seine schweigsame Verbitterung.»[351]

In diesem atomisierten Dasein des Moskauer Exils verschränken sich auch bei Herbert Wehner individuelle Ohnmachtserfahrung und terroristisches Herrschaftssystem zu einer unmenschlich-menschlichen «Regression auf den blanken Sozialdarwinismus»[352]. Obwohl Wehner bereits durch die Kommission entlastet worden war, bereitete Georg Brückmann aus den Materialien der Kaderabteilung einen 44 Fragen[353] umfassenden Katalog (Dokument 20) von Unterstellungen, Denunziationen und Konstrukten vor, in dem alle Stationen Wehners seit 1933 aufgelistet waren. Wehner sollte sich schriftlich zur Räumung des Karl-Liebknecht-Hauses, zur Beschlagnahme von Archiven, zur Verhaftung Thälmanns und Schehrs äußern. Schriftlich abgefragt[354] wurden auch seine Beziehungen zu den bereits verfemten Leo Roth und Willi Münzenberg, zu seiner Tätigkeit im Saargebiet und in Paris. Wehner erinnerte sich nachträglich in den *Notizen* an zahlreiche Details, fügte aber Personen und Fragestellungen hinzu, die der Fragenkatalog der Kaderabteilung nicht enthielt.

[351] Ernst Fischer: Erinnerungen und Reflexionen, Reinbek 1969, S. 358.

[352] Leo Löwenthal: Individuum und Terror, in: Denken nach Auschwitz. Hrsg. von Dan Diner. Frankfurt a. M. 1988, S. 20–21.

[353] In den bisher durchgesehenen Kaderakten der KPD fand sich nur im «Falle» Herbert Wehners ein schriftlich ausformulierter Fragenkatalog.

[354] In den *Notizen* verkehrt Wehner die Abfolge von mündlicher und schriftlicher Befragung. Zeugnis, S. 232.

Weder tauchten Fragen über sein Verhalten zu sozialdemokratischen Funktionären und zum preußischen Finanzminister Otto Klepper auf noch wurde Wehners Eintreten für Genossen, die er «gegen ungerechtfertigte Behandlung verteidigt hatte»[355], zu einem weiteren Anklagepunkt. Nach Meinung Wehners stellten die Fragen ein «Sammelsurium» dar, waren aber in der Absicht gestellt, ihn «nach allen Regeln der Kunst zur Strecke zu bringen»[356].

Nachdem die Kaderabteilung ihren Inquisitionskatalog am 28. August 1937 überstellt hatte, verfaßte Wehner bis zum 3. September eine durch einen Begleitbrief (Dokument 21) eingeleitete, 22 Seiten umfassende Verteidigungsschrift (Dokument 22). In dem Begleitbrief an die Kaderabteilung verwies er auf seine bisherige Kooperation mit der Kaderabteilung, für die er 1935 nicht nur Unterlagen für eine Statistik über die «Entwicklung unserer Kader in den Bezirksleitungen und im zentralen Apparat» geliefert habe, sondern auch «Angaben» zu den «Personen Kippenbergers, Hirschs, Schultes und Wahls'». Wehners Beschwerde, daß diese Angaben nicht an die «richtige Stelle» gelangt seien, kann sich auch auf seine erste Einvernahme beim NKWD beziehen, bei der er wahrscheinlich auch zu diesen «Personen» befragt wurde. Da Wehner in seinen Funktionen als technischer Sekretär des Politbüros und als Mitglied der Landesleitung über alle Details des «Apparats» und über die politisch-personellen Differenzen innerhalb der KPD-Führung informiert war, lieferte er zu den Fragen detailgesättigte Fallstudien, die ähnlich wie die schriftlichen Aussagen[357] seines Erzrivalen Birkenhauer die interne Geschichte

355 Ebenda, S. 232.

356 Zeugnis, S. 233.

357 Birkenhauer lieferte Auskünfte zu mehreren, nicht schriftlich fixierten Fragen der Kaderabteilung: 1. Die Beziehungen zu Leo Roth, 2. Bemerkungen zur Sektierer-Gruppe, 3. Über die Verhaftung am 3. März 1933. Auch in diesen «Angaben» Birkenhauers wird deutlich, daß er wohl wie kein zweiter mit Wehners politischer Biographie vertraut war. RZA 495/205/5437, unpag. Birkenhauer hatte gesondert auch über einen «Nachtbummel»

der KPD erhellen. Wehner schilderte aus eigener Kenntnis die Tätigkeit der verschiedenen geheimen Apparate der KPD und vermittelt einen Einblick in die Cliquen- und Fraktionskämpfe der KPD auch während der Illegalität.

Mit der ausführlichen Antwort auf die Frage nach den Umständen bei der Verhaftung Thälmanns suchte er auch jenen gegen ihn gerichteten Verdacht zu zerstreuen, der sich für die Verdachtslogik der Kaderabteilung allein aus seiner Nichtverhaftung konstruieren ließ. Grete Wilde hatte die mehrmalige «Nichtverhaftung»[358] Wehners als Verdachtsmoment bereits in ihrem Dossier (Dokument 16) vom 25. Mai 1937 angeführt. Da seine politische Biographie seit seinem KPD-Eintritt weitgehend konform mit der jeweiligen «Linie» verlaufen war, nutzte Wehner die Antworten, um seine Parteitreue durch Hinweise auf seine Rolle beim Aufspüren von fraktionellen Tätigkeiten hervorzuheben. Wehner dokumentierte ausführlich die Verleumdungskampagne der «Rechten» in der KPD, die ihm Unterschlagungen während seiner Tätigkeit in der Roten Hilfe vorgeworfen hatten. Diese Gerüchte waren 1933 von Hermann Remmele aufgegriffen worden und zum Gegenstand einer innerparteilichen Untersuchung geworden, die abschließend die Vorwürfe als «parteifeindliche Verleumdungen» qualifizierte. Um die Vorwürfe Remmeles völlig zu diskreditieren, verwies Wehner auf die fraktionelle Tätigkeit des im Mai 1937 verhafteten Remmele, zu dessen «Aufdeckung» er schon früher beigetragen habe.

mit Herbert Wehner u. a. in Metz rapportiert. Auch dies wurde von der Kaderabteilung in Frage 22) aufgegriffen: «Wie hoch die Zeche? Wer hat sie bezahlt?»

[358] Sowohl Verhaftung wie Nichtverhaftung durch die Gestapo waren für die Kaderabteilung verdächtig. Auch der NKWD bediente sich dieses Konstrukts. So wurden in den NKWD-Verhören viele verhaftete Emigranten als «Agenten» oder «Residenten» bezeichnet, weil sie vor oder nach 1933 in Deutschland inhaftiert waren und dort «angeworben» worden seien. Dieses Konstrukt nutzte das NKWD auch gegen den Referenten der Kaderabteilung Georg Brückmann.

Auch die Frage nach seinen «Beziehungen» zu dem bereits verhafteten Leo Roth (Viktor) wendete Wehner geschickt, um seine Parteitreue und seine Übereinstimmung mit Walter Ulbricht zu demonstrieren. Er distanzierte sich mehrmals von Leo Roth, den er nicht nur in Amsterdam von seiner Funktion entbunden, sondern noch dazu politisch ermahnt habe. Ebenso kontradiktatorisch verfuhr Wehner in seiner Antwort zu Willi Münzenberg, mit dem er schon 1932/33 starke Differenzen gehabt habe und den er zudem im «Auftrag des Politbüros» zu untersuchen[359] und «anzugreifen» hatte.

Auch andere Vorwürfe oder Unterstellungen konnte er mühelos parieren oder zurückgeben. So antwortete er auf die durch Birkenhauer inspirierte Frage der Kaderabteilung: «Was ist bekannt über Frau Koestler (Ascher). Warst du gegen die Entlassung aus dem Münzenberg Apparat?» – «Ich selbst habe Münzenberg auf die Frage der Frau Ascher aufmerksam gemacht und ihn veranlaßt, sie zunächst von der Arbeit zu dispensieren. Gleichzeitig sollte er durch ihren Vorgesetzten feststellen lassen, welche Beziehungen sie zu ihrem Bruder habe. Sie wurde – wie mir bekannt geworden ist – daraufhin entlassen.» Noch dazu kann Wehner (Dokument 22) darauf verweisen, daß er eine von «trotzkischen Kreisen» geplante Unterschriftensammlung in Paris durch die von ihm beeinflußte kommunistische Fraktion im Schutzverband deutscher Schriftsteller unterbinden ließ. In den Wehnerschen *Notizen* gibt Wehner die Frage der Kaderabteilung so wieder: «Es wurde behauptet, ich hätte mich seinerzeit Münzenbergs Absicht widersetzt, die Schwester des Volksfeindes Ascher von ihrem Arbeitsplatz zu entfernen; ich sollte erklären, warum ich das getan hätte.»[360] Hätte Wehner in den *Notizen* seine Antwort von 1937 referiert, wäre deutlich geworden, daß er es auch hier verstand, seine besondere Linientreue unter Beweis zu stellen.

[359] Während dieser Untersuchungen Wehners hatte sich Münzenberg 1932 mit einem ausführlichen Brief an Thälmann gewandt.

[360] Zeugnis, S. 233.

Obwohl im barbarischen Klima der «Säuberungen» alle Denunziationen und «Untersuchungen» der Kaderabteilung lebensbedrohlich waren, konnte sich Herbert Wehner – ausgerüstet mit einem perfekten Gedächtnis und der Kenntnis der Untersuchungslogik – den 44 Inquisitionsfragen entziehen. Nicht zuletzt der bereits am 25. August 1937 ergangene Entscheid der höchstrichterlichen Untersuchungskommission des EKKI befreite Wehner zumindest vorübergehend von den Nachstellungen der Kaderabteilung. In ihrem Urteil hatte die Kommission zum Fragenkatalog der Kaderabteilung und zu Wehners ausführlichen Antworten lakonisch festgestellt, daß die von Birkenhauer «vorgebrachten Verdachtsmomente in bezug auf Verbindungen mit der Polizei nicht begründet sind» (Dokument 23).

Wenige Wochen später gelangte am 23. September 1937 eine von dem Apparatmitarbeiter Hubert von Ranke Ende Mai zusammengestellte Mitteilung (Dokument 17) ins Heilige Offizium der Kaderabteilung nach Moskau. Ein neues Untersuchungsverfahren wurde gegen Wehner eingeleitet. Da er sowohl in seinem illegalen Pariser Büro wie in seiner Wohnung zahlreiche «sekrete» Parteimaterialien aufbewahrte, wurde ihm Verletzung der Konspirationsregeln[361] vorgeworfen, und die Kaderabteilung begann am 26. September 1937 mit einem neuen Untersuchungsverfahren. Auch hier schaltete sich Wilhelm Pieck unverzüglich in das Untersuchungsverfahren der Kaderabteilung ein und führte ein Gespräch (Dokument 24) mit Herbert Wehner. Wehner zeigte sich Pieck gegenüber reumütig, bestand aber gleichzeitig darauf, daß die Aufbewahrung der Dokumente notwendig gewesen sei. Nach einer weiteren «Aussprache» mit Leo Flieg, dem ebenfalls

[361] Die inzwischen selbst aufgelöste Zentrale Kontrollkommission der KPD hatte Anfang 1936 festgestellt, daß angesichts der großen Opfer «alle Verstöße Einzelner gegen die Konspiration und gegen die Beschlüsse der Partei doppelt schwer wiegen». RZA 495/74/124, Bl. 4. Der Reichstechniker Wilhelm Kox wurde im Herbst 1935 «wegen Konspirationsfehler» ausgeschlossen.

die Aufbewahrung «sekreter» Dokumente vorgeworfen wurde, wandte sich Pieck brieflich[362] an Dimitroff und Manuilski. Nachdem Wehner und Flieg sich «darauf berufen, daß solches Material auch in der Illegalität, unter entsprechenden Sicherungsmaßnahmen aufbewahrt» werden könne, verlangte Pieck eine Anweisung von höchster Stelle zu der künftigen Aufbewahrung solcher «sekreten» Dokumente.

Mit der Rückendeckung Dimitroffs konnte Pieck offensichtlich eine weitere Untersuchung der Kaderabteilung wegen «Konspirationsfehler» zumindest beeinflussen. Die vom EKKI-Sekretariat neuinstallierte Kommission bestand aus Wilhelm Pieck, dem Leiter der Kaderabteilung Damjanow (Below) und dem deutschen Kaderreferenten Brückmann (A. Müller). Diese Kommission wurde noch vor der Verhaftung Birkenhauers (22. November 1937) im Herbst tätig. Sowohl Birkenhauer wie auch der ebenfalls wegen «Verletzung der Konspiration» nach Moskau kommandierte ZK-Kassenverwalter Leo Flieg[363] wurden zu Herbert Wehner[364] vernommen. Noch am 23. März 1938 berichtete die Kaderabteilung (Dokument 31) an Dimitroff, daß gegen Wehner eine «Reihe sehr ernster Anschuldigungen polizeilichen Charakters» vorgebracht wurden, deren «Untersuchung» aber «noch nicht zu Ende geführt wurde». Erst am 13. Juni 1938 kommt diese zweite Kommission zu der Meinung, daß Herbert Wehner «im Apparat des EKKI belassen werden soll».

[362] RZA 495/74/127, Bl. 170.

[363] Leo Flieg wurde am 20. März 1938 verhaftet.

[364] Wehners schriftliche Antworten zu den Fragen dieser Kommission konnten noch nicht aufgefunden werden.

Die Säuberung

Im Herbst 1937 – noch während der zweiten «Untersuchung» – nutzte Wehner die Gelegenheit, um gegen seinen Hauptbelastungszeugen Birkenhauer – gegen den ebenfalls eine «Untersuchung» von der Kaderabteilung betrieben wurde – an höchster Stelle zu intervenieren. Mit einem umfangreichen Schreiben (Dokument 25) wandte er sich am 17. November 1937[365] an den Sekretär des EKKI, Klement Gottwald – 1948 Organisator des Staatsstreichs in der ČSR –, um gegen die Mitarbeit Birkenhauers am Moskauer Radio zu protestieren. Wehner wiederholte bei seinen «Angaben» die bereits im August (Dokument 19) an die Kaderabteilung eingereichten Hinweise. Birkenhauer wurde von Wehner bezichtigt, zu den «aktivsten Personen» der «sektierischen» Fraktion Schubert/Schulte gehört zu haben und seine Opposition auch noch nach dem VII. Weltkongreß fortgesetzt zu haben. Erwähnt wurden auch hier von Wehner – wie bereits im August (Dokument 19) – auch die «Beziehungen» Birkenhauers[366] zu Ruth Stock und zu «Mischa» (Michael Tschesno-Hell). Bereits nach Wehners «Angaben» vom August hatte Birkenhauer für die Kaderabteilung über seine «Beziehungen zu Ruth» und über seine Beziehungen zu «Mischa»[367] zu berichten. Wehner weitete nun seine Vorwürfe noch dadurch aus, daß er Birkenhauer zu den Leuten rechnete, die «infame Hetze gegen einzelne führende Genossen» betrieben hätten und die Arbeit Birkenhauers im Thälmann-Komitee in die Nähe der «Provokation» rückte. Nachdem Birkenhauer am 22. November 1937 durch das NKWD verhaftet worden war, erschienen die Wehnerschen Mitteilungen dem Referenten Fürnberg

[365] Von Wehners Brief vom 17. November 1937 fertigte die Kaderabteilung am 23. November 1937 drei Abschriften.

[366] Birkenhauer wurde nach vier Jahren Haft am 8. September 1941 zum Tode verurteilt.

[367] RZA 495/205/5437, Bl. 197–199 und 228–230. Beide Berichte wurden von Birkenhauer im Oktober 1937 verfaßt.

so brisant, daß er sie am 29. November 1937 an Dimitroff (Dokument 26) weiterreichte. Nach der Verhaftung Birkenhauers setzte Wehner am 26. November 1937 mit einer umfassenden Eingabe an Pieck (Dokument 27) seinen Feldzug fort. In eifernder Tonlage forderte er Pieck auf, die «Säuberung von schlechten Elementen und Schädlingen vorzunehmen». Wehner fügte dann noch weitere «Fälle», wie den des «ehemaligen Parteimitglieds Meyer», hinzu, dessen «feindlicher Charakter ebensowenig von unseren Parteiorganen erkannt wurde», kritisierte, daß «die Organe unserer Partei nicht imstande waren, ein schlechtes Element abzustoßen», und hielt Pieck in der Behandlung des «Falles» Birkenhauer vor, daß hier mit «einer falschen ‹Objektivität› vorgegangen wird». Birkenhauer und auch Knodt seien erst von der weiteren Mitarbeit am Moskauer Radio ausgeschlossen worden, nachdem er beide «in schärfster Form» angegriffen habe. Ohne «ein gewisses Maß an Vertrauen und Energie» und die Beachtung der «Meinungen verantwortlicher Parteiarbeiter», so Wehner, sei eine «Säuberung» der Partei nicht durchzuführen. Auch dem deutschen Vertreter beim EKKI, Philipp Dengel, machte Wehner den Vorwurf, den Genossen Schulte wie auch «den inzwischen entlarvten Birkenhauer» noch zur Mitarbeit herangezogen zu haben. Die führenden Köpfe der «Sektierer-Gruppe» seien «verbrecherische Feinde». Gegen Schulte habe er bereits Unterlagen geliefert, die aber nicht zum gewünschten Ergebnis, nämlich zu weiteren «Untersuchungen»[368] der Kaderabteilung geführt hätten. Wehner führt es auf das Wirken von «Feinden» wie des inzwischen verhafteten Leiters der Kaderabteilung, Krajewsky, zurück, daß seine «Angaben» im «Spezialfall Schultes» nicht zur Verhaftung geführt hätten. Schulte wurde von Wehner jetzt noch zusätzlich in «Verbindung» mit dem gegen die Politik des ZK der KPD opponierenden Max

[368] Fritz Schulte wurde im Februar 1937 vom NKWD verhaftet. Bereits 1935 wurde Schulte von seinen Funktionen als Kandidat des Präsidiums des EKKI und als Mitglied des KPD-Politbüros «abgelöst». Bis zu seiner Verhaftung arbeitete er in einem Moskauer Betrieb.

Reimann[369] und mit dem bereits verhafteten «Feind» Smoljansky, dem «Gehilfen» des EKKI-Sekretärs Togliatti, gebracht. Auch der bereits von der IKK gerügte Leo Flieg geriet als «enragierter Neumann-Freund» in das Visier Herbert Wehners, der Wilhelm Pieck nochmals an einen «seriösen und unantastbaren Brief» erinnert, in dem Flieg, der ehemalige ZK-Kassierer, bereits 1934 als «Gauner» bezeichnet wurde. Wehner forderte von der KPD-Führung, daß die «Meinung und Erfahrungen» der in Moskau anwesenden «ZK-Mitglieder und anderer verantwortlicher Parteimitarbeiter» gehört und geprüft werden, nicht zuletzt, um damit an seine eigenen Kompetenzen zu erinnern. Der Brief kulminierte in den folgenden Feststellungen: «Als wir kürzlich die Aussprache zur Vorbereitung einer deutschen Beratung hatten, haben alle Genossen die Notwendigkeit einer scharfen Säuberung betont. M.E. muß uns jetzt der *Fall Birkenhauer veranlassen, wirklich konsequent an diese Arbeit zu gehen.* Ich meine, das ist eine wichtige politische Aufgabe, in deren Erfüllung von hier aus – so weit es in unseren Kräften steht – die deutsche Parteileitung unterstützt werden muß. Damit diese Unterstützung zustande kommt, müßte aber unter den hiesigen Genossen Klarheit und Einmütigkeit darüber bestehen, daß diese Reinigung nur möglich ist, wenn man sie aktiv fördert und nicht damit rechnet, daß sich unklare Dinge mehr oder weniger selbsttätig klären werden. Deshalb habe ich diese Zeilen in der Erwartung geschrieben, daß es jetzt möglich ist, über diese Fragen und zu entsprechenden Entschlüssen zu gelangen.» (Dokument 27)

Wehners gesammelte Ausfälle gegen Birkenhauer und seine Aufforderung zur konsequenten «Säuberung» wirkten auf den Parteivorsitzenden Pieck «als eine Beschwerde über mangelnde Wachsamkeit und falscher Objektivität» und als «Versuch, sich

[369] Max Reimann war Mitarbeiter im Prager Auslandssekretariat der KPD, bei Grenzübertritt 1939 in Deutschland verhaftet, bis 1945 im KZ Sachsenhausen in Haft, nach 1945 Bundestagsabgeordneter und Vorsitzender der KPD in der Bundesrepublik.

den Anschein besonderer Wachsamkeit zu verschaffen», wie Pieck umgehend an Dimitroff (Dokument 28) schrieb. In einem gemeinsamen Gespräch mit Pieck, dem Leiter der deutschen Vertretung beim EKKI Philipp Dengel und dem Kaderreferenten Brückmann (Müller) werden Wehners «allgemeine Formulierungen» zurückgewiesen, aber Wehner erneut aufgefordert, sein Wissen über andere Genossen der Kaderabteilung und Pieck mitzuteilen. Die «Angaben» über «verdächtige Elemente», die Wehner früher von sich aus gemacht habe, seien von ihm und Dengel sofort «ernstlich geprüft» und an die Kaderabteilung und an die Internationale Kontrollkommission weitergegeben worden, versichert Pieck dem nun durch diese Mitteilung informierten Dimitroff.

Ein Brief des Leiters der Kaderabteilung Damjanow (Below) an das NKWD (Dokument 29) illustriert, daß die von der Kaderabteilung[370] zusammengestellten «Materialien» an die «betreffende Stelle» gelangt sind. Gerade weil in dem vorliegenden Durchschlag, der sich in der Kaderakte Birkenhauers findet, der Adressat nicht namentlich oder institutionell benannt ist, muß davon ausgegangen werden, daß die in russischer und deutscher Sprache[371] vorliegende Materialliste an das NKWD[372] geschickt

[370] Wehner bezeichnet in den *Notizen* die Täterrolle der Mitarbeiter der Kaderabteilung, die dann selbst als zuviel Wissende zum Opfer wurden: «Grete Wilde und ‹Kader-Müller› waren, nachdem sie selbst als Werkzeuge dazu beigetragen hatten, einige tausend deutsche Parteimitglieder entweder verhaften zu lassen oder nach ihrer Verhaftung durch ihre Angaben zu belasten, selbst verhaftet worden.» Zeugnis, S. 251. Nachzutragen bleibt, daß die «Angaben» der Kaderabteilung an das NKWD häufig aus den «Mitteilungen» und Beschuldigungen anderer KPD-Mitglieder zusammengestellt wurden. Dies gilt für Wehners Briefe an Pieck und Gottwald, aber auch für das «Dossier» über Wehner, das die Kaderabteilung an das NKWD sandte (Dokument 18).

[371] RZA 495/205/5437, Bl. 291 u. Bl. 290.

[372] Indizien für das NKWD als Empfänger sind neben dem Verschweigen des tabuisierten Adressaten: 1. Die frühere Materialsendung zu Birkenhauer war für die vom NKWD betriebene Untersuchung zur Verhaftung Thälmanns

wurde. Die nahezu 100 Seiten umfassende Materialsammlung enthielt neben dem von Birkenhauer selbstverfaßten Lebenslauf und zahlreichen Berichten Birkenhauers Mitteilungen von Walter Dittbender und Wilhelm Florin auch die Briefe Wehners an Gottwald (Dokument 25) und an Pieck (Dokument 27).

Herbert Wehners Darstellung der Verhaftungen Leo Fliegs und Birkenhauers in den *Notizen* benennt zwar die wechselseitige Verfolgung, beschreibt aber die eigene Involvierung allenfalls als «Verteidigung»: «Birkenhauer erhob – ohne daß ich davon eine Ahnung haben konnte – fantastische Anklagen gegen mich, wobei er die Vorgänge des Nachmittags vor der Verhaftung Thälmanns so entstellte, als hätte ich damals versucht, ihn der Polizei in die Hände zu spielen ... Ob diese Verhaftungen irgend etwas mit meiner Verteidigung gegen die zu meiner Vernichtung konstruierten Anklagen zu tun gehabt haben, wage ich nicht zu entscheiden.»[373]

Panoptische Praxis, individuelle «Angaben» und bürokratische Verfahrenslogik des Partei-Apparats gingen so als «Material» in den Verfolgungsraum des NKWD über. Durch die von der Kaderabteilung gelieferten Materialien konnte das NKWD ein Dossier erstellen, das zusammen mit den erfolterten Aussagen bereits Verhafteter zur Grundlage von weiteren Verhören und Anklagekonstrukten wurde.

Hannah Arendts Analyse des faschistischen Terrors trifft auch auf wesentliche Elemente des stalinistischen Terrors zu: «Dem von ihnen angerichteten Grauen liegt die unbeugsame Logik zugrunde, welche auch die Sichtweise von Paranoikern regiert, in deren Systemen alles mit absoluter Notwendigkeit folgert, wenn erst einmal die erste verrückte Prämisse akzeptiert worden ist.

bestimmt; 2. der Hinweis auf früheres Material «betr. Verbindung mit einem deutschen Agenten»; 3. Birkenhauer war seit dem 22. November 1937 in NKWD-Haft. Wegen der beigefügten Bemerkungen des Vorsitzenden der IKK Wilhelm Florin läßt sich die Möglichkeit ausschließen, die Kontrollkommission könnte der Empfänger gewesen sein.

[373] Notizen, S. 232f.

Der Wahnwitz solcher Systeme besteht natürlich nicht nur in ihrer Ausgangsprämisse, sondern vor allem in der ehernen Logik, die sich durchsetzt.»[374]

Die Verhaftungen zahlreicher «Politemigranten» in der Sowjetunion sind nicht als Abweichung von irgendeiner «Gesetzlichkeit» oder «Norm» zu begreifen. Verhaftungen und Verhöre des NKWD, Urteile des Militärkollegiums des Obersten Gerichts bilden in vielen «Fällen» die tödliche Konsequenz aus der «ehernen Logik» jener innerparteilichen «Kontrollmaschinerie», die um und durch Parteimitglieder und Funktionäre einen «Beobachtungs-, Registrier- und Dressurapparat»[375] aufgebaut hatte. Diese Verfolgungsmechanismen, Disziplinarstrategien und Unterwerfungsrituale[376] entspringen der Normalität[377] der «eisernen Kohorte» der Weltrevolution, in deren Reglements sich die disziplinierten «Parteisoldaten» wie Wehner einfügten oder durch normierende Sanktionen eingepaßt wurden. In den Massenverhaftungen der «Großen Säuberung» wurde die irrationale «Logik» des Terrors von den Opfern und den arbeitsteiligen Tätern zumeist als unkalkulierbarer Schrecken, als entpersonalisierte «Maschinerie» rezipiert: «Irgendein System habe ich bei den sich überstürzenden und überschneidenden Maßnahmen nicht erkennen können. Alles machte den Eindruck eines unpersönlichen Apparats.»[378]

374 Hannah Arendt: Nach Auschwitz. Berlin 1989, S. 8.

375 Michel Foucault: Überwachen und Strafen. Die Geburt des Gefängnisses. Frankfurt a. M. 1977, S. 224.

376 In einem Brief an das Politbüro und die Kontrollkommission der KPdSU verweist Schljapnikow schon 1926 darauf, daß er Objekt und Opfer «jenes Denunzianten-, Spitzel- und Spionagesystems, das in der Partei praktiziert wird», geworden sei. Vgl.: Schauprozesse unter Stalin 1932–1952, Zustandekommen, Hintergründe und Opfer. Berlin 1990, S. 95.

377 Weitgehend ausgeblendet wird diese innerparteiliche Verfolgungspraxis in der von einem Autorenkollektiv verfaßten Publikation: In den Fängen des NKWD. Deutsche Opfer des stalinistischen Terrors in der Sowjetunion. Berlin 1991.

378 Zeugnis, S. 231.

Dabei erzeugte gerade die individuell erfahrene Interdependenz von terroristischem Chaos und bürokratischer Herrschaftslogik beim atomisierten Individuum das Trauma permanenter Angst. Terroristische Totalität, aufgeherrschte Objekt- und akzeptierte Subjektkontrolle machten zudem das panoptisch überwachte «Gehäuse der Hörigkeit» für die deutschen Exilanten in der Sowjetunion ausweglos. Die Flucht vor dem Faschismus endete so für die Moskauer Emigranten in der hermetischen Menschenfalle von Partei-Maschine und Terror. In einem Bericht des Sekretärs[378] der deutschen Vertretung, Paul Jäkel, an das ZK der KPD werden die Dimensionen des Terrors und die Stimmung unter den KPD-Mitgliedern[379] beschrieben:

«So wurden bis 28. April 1938 bei der Deutschen Vertretung beim EKKI 842 verhaftete Deutsche gemeldet. Das sind aber nur solche Verhafteten, die bei der Deutschen Vertretung beim EKKI registriert sind. Die wirkliche Zahl der verhafteten Deutschen ist natürlich höher. Von Oktober 1937 bis Ende März 1938 betrug die Zahl der Verhafteten 470. Allein im Monat März 1938 wurden rund 100 verhaftet. Am 9. März 1938 wurden aus dem Politemigrantenheim in Moskau 113, am 11. März 17 und am 12. März 12 Politemigranten verhaftet. Am 23. März wurden die letzten vier männlichen Politemigranten aus dem Politemigranten-Heim verhaftet... In der Provinz, z. B. in Engels, ist kein einziger deutscher Genosse mehr in Freiheit. In Leningrad betrug die Gruppe deutscher Parteigenossen Anfang 1937 rund 103 Genossen, im Februar 1938 waren es nur noch 12 Genossen. Diese Zahlen widerspiegeln sich auch in der Beitragszahlung. Während Anfang 1937 rund 1300 KPD-Mitglieder ihre Beiträge an die Deutsche Vertretung beim EKKI entrichteten, gibt es jetzt nur noch 378 zahlende Mitglieder. [...]

[378] Bericht von Paul Jäkel vom 29. April 1938 an das ZK der KPD vom RZA, 495/292/101, Bl. 13–18.

[379] Da viele deutsche Emigranten Mitglieder der KPdSU geworden waren, sind sie in diesem Bericht über die KPD-Mitglieder nicht erfaßt.

Unter den Verhafteten befindet sich eine bedeutsame Anzahl Jugendlicher, die zum Teil noch Kinder waren, als sie in die SU gekommen sind. So u. a. auch der Sohn des Genossen Max Maddalena, der Sohn des Genossen Heinrich Schmitt, beide Söhne von Max Seydewitz usw.

Man kann sagen, daß über 70% der Mitglieder der KPD verhaftet sind. Wenn die Verhaftungen in dem Umfange wie im Monat März 1938 ihren Fortgang nehmen, so bleibt in drei Monaten kein einziges deutsches Parteimitglied mehr übrig. Von den 841 Verhafteten sind 8 Genossen wieder aus der Haft entlassen worden.

Die Stimmung eines Teils der Genossen ist außerordentlich erregt. Sie sind durch die vielen Verhaftungen erschüttert und deprimiert. Wenn einer den anderen trifft, fragt er ihn: ‹Du lebst noch?› Wenn die Genossen in unser Büro kommen und ihre Beiträge zahlen, sagen sie: ‹Na, eure Karthotek wird ja auch immer kleiner! Wieviel sind denn überhaupt noch da? Noch ein Dutzend?› Und ‹Jetzt habt ihr nur noch zwei Tage Sprechstunde in der Woche? Wir wundern uns, daß ihr überhaupt noch nicht zugemacht habt!›

Während noch vor einigen Monaten jeder Verhaftete von den Genossen als Spion betrachtet wurde, ist das heute in dem Maße nicht mehr der Fall. Sie glauben einfach nicht, daß Paul Scherber, Willi Kleist, Hans Hausladen, Walter Dittbender usw. Spione oder Verräter sind. [...]

Im Politemigrantenheim hatten Mitte März dieses Jahres einige Genossen und Genossinnen schon ihre Koffer gepackt und warteten voll Angst und Schrecken auf ihre Verhaftung. Einige Frauen, deren Männer verhaftet sind, u. a. die Frau von Prof. Felix Halle, hat am 11. Oktober 1937 und die Frau Gertrud Mühlberg (Olbrisch) Anfang März 1938 Selbstmord verübt. Ein Teil der Frauen und Kinder der Verhafteten sind buchstäblich am Verhungern. Die zahlreichen Briefe und Hilferufe, die täglich bei der Deutschen Vertretung beim EKKI eingehen, geben ein erschütterndes Bild. Im Büro der deutschen Vertretung beim

EKKI sind Verzweiflungsszenen der Frauen von Verhafteten eine allgemeine Erscheinung. Einige Frauen wollten sich im Büro der Deutschen Vertretung aus dem Fenster stürzen. Taube, Gertrud hatte die Absicht, ihr Kind unter die Straßenbahn zu werfen und Selbstmord zu begehen. Sonja Garelik, deren Mann in Swerdlowsk verhaftet ist, äußerte dieselben Absichten. Immer und immer wieder beteuert ein Teil der Frauen und Angehörigen von Verhafteten bei der Deutschen Vertretung beim EKKI schriftlich und mündlich, daß ihre Männer unschuldig verhaftet sind und nichts Unrechtes getan hätten. Einige führen die Ursachen der Verhaftungen auf lügenhafte Denunzierungen zurück, andere sprechen die Vermutung aus, daß der deutsche Faschismus seine Hand im Spiele hat und der versucht, mit Hilfe von Jagoda-Elementen Teile der Kader der KPD zu vernichten. [...]

Die Frauen Kukulies und Harms (deren Männer im Kaukasus verhaftet sind) sagten am 4. April ds. Jhs. bei ihrem Besuch im Büro der Deutschen Vertretung beim EKKI u. a.:

‹Warum verhaften sie bloß die Proleten und nicht euch (d. h. die führenden Genossen)? Warum hilft die Partei nicht, wenn soviel Unrecht geschieht?›»

Angesichts solcher Massenverhaftungen bleiben die Versuche Wilhelm Piecks, durch Eingaben an Dimitroff und an die NKWD-Chefs Jeschows und Berija die Freilassung einiger Verhafteter zu erreichen, marginal und weitgehend folgenlos. Solche offiziellen und vereinzelten Rettungsversuche Piecks[381] setzten zudem erst ein, nachdem die KPdSU in ihrer ZK-Sitzung[382] im Januar 1938 «die Praxis des formalen und seelenlos-bürokratischen Verhaltens gegenüber der Frage des Schicksals von Partei-

[381] Briefe und Liste von KPD-Mitgliedern in: In den Fängen des NKWD. Deutsche Opfer des stalinistischen Terrors. Berlin 1991, S. 333–343.

[382] Über die Fehler der Parteiorganisationen beim Ausschluß von Kommunisten aus der Partei, in: Die Kommunistische Internationale, 1938, H. 3/4, S. 142–150.

mitgliedern»[383] mit propagandistischer Heuchelei verurteilt hatte. In den Sitzungen des Politbüros wie in Briefen Piecks an Dimitroff[384] wurden die Eingaben einzelner Verhafteter wie z. B. des deutschen Referenten der Kaderabteilung des EKKI[385] Georg Brückmann behandelt. Weitgehende Konformität und Exekution der «Linie» gehörten aber auch zur Strategie der Selbstrettung einer potentiell gefährdeten KPD-Führung, die es verstand, alle «führenden Genossen», d. h. die 18 Mitglieder des amtierenden Zentralkomitees – mit der Ausnahme Leo Fliegs –, vor der Verhaftung zu bewahren. Angesichts der Verhaftungsquote von 70 Prozent innerhalb der gesamten KPD-Mitgliedschaft in der Sowjetunion drängt sich die erwähnte Frage «Warum nur die Proleten und nicht euch (d. h. die führenden Genossen)» geradezu auf.

Nicht nur aus solchen Sitzungen, Listen und Berichten, sondern auch durch viele Briefe von Frauen Verhafteter an die «führenden Genossen» wie auch durch Gespräche und umlaufende Gerüchte war Wehner mit zahlreichen Einzelschicksalen vertraut, die er später in den *Notizen* beschrieb. Seine widersprüchlichen Erfahrungen zwischen eigener Gefährdung und überlebensnotwendiger

[383] Resolutionen des XVIII. Parteitages der KPdSU (B). Moskau 1939, S. 48. Das eigene Verschwörungskonstrukt wird vom Stalinismus noch zur «Erklärung» des Terrors verwandt, wenn die «weitgehenden Repressionsmaßnahmen» auf in die «Partei eingedrungenen» Karrieristen und «getarnte Feinde» zurückgeführt werden. Als neue «Opfer» werden so die bisherigen Täter bestimmt. Durch diesen Propagandatrick wurde noch dazu jenes Heiligenbild Stalins befördert, der von alldem nichts gewußt habe. Vgl. demgegenüber zur zentralen Rolle Stalins und der KPdSU-Führung im Terrorsystem Alexander Jakowlew: Stalinistischer Terror. Referat im Hamburger Institut für Sozialforschung (erscheint 1993).

[384] Vgl. Reinhard Müller (Hrsg.): Die Liquidierung, a. a. O.

[385] Die KPD besaß entgegen den Vermutungen Hartmut Soells keine eigene Kaderabteilung. Die Liste mit 16 verhafteten «Personen», über die «bei der Kaderabteilung kein belastendes Material vorliegt», wurde wie andere Listen vom Referenten der Kaderabteilung des EKKI Georg Brückmann zusammengestellt.

Mittäterschaft, der klaffende Abgrund zwischen der brutalen Wirklichkeit des Stalinismus und ethischem Empfinden brachen besonders in jenen Passagen der *Notizen* wieder hervor, die die Zerstörung der Persönlichkeit und die «erpreßte Versöhnung» der Moskauer Jahre nachzeichnen: «Aber auch diese von Tag zu Tag aufkommenden Hoffnungen, neuen Verzweiflungsausbrüche und die zuletzt das Resultat bildende Vereinsamung jedes Individuums inmitten eines Wirrwarrs einander offen und geheim bekämpfender Individuen scheint mir charakteristisch für die Auswirkungen der totalitäten Diktatur. Der Widerspruch zwischen den durch die offizielle Propaganda hervorgerufenen und genährten Vorstellungen der einzelnen Menschen und der Wirklichkeit war für den einzelnen vernichtend.»[386] Wehner formulierte seine Erklärungsversuche des stalinistischen Terrors in den dreißiger Jahren wie auch des eigenen Verhaltens, wenn er fortfährt: «Er versuchte bis zum Äußersten, sich das Geschehen zu erklären, indem er die Kriegsgefahr, die Notwendigkeit der Verteidigung des Sowjetstaates, die geheime und bis in den NKWD-Apparat sich erstreckende Tätigkeit feindlicher Agenten oder das Wirken persönlicher Feinde zur Erklärung heranzog. Aber die Diktatur ging in ihren Ansprüchen und Auswirkungen noch weiter. Sie verlangte, daß auch der zu Boden Getretene sich wieder in ihren Dienst stelle. Viele haben es getan. Sobald sie nur einen Schimmer persönlicher Hoffnung sehen zu dürfen glaubten, klammerten sie sich wieder an ihre alten Vorstellungen und stellten sich wieder in Reih und Glied.»[387]

[386] Zeugnis, S. 261.
[387] Ebenda.

Im «Gehäuse der Hörigkeit»

Die existentielle Gefährdung durch «Untersuchungen» wie der auferlegte Selbstzwang erzeugen in der Moskauer Emigration eine «Psychose des täglich möglichen Sündenfalls»[388], die nicht ohne physische Folgen bleibt: In einem Schreiben an Dimitroff erbat Wehner am 21. Juni 1938 einen Erholungsurlaub in einem Sanatorium, nachdem er zwei Monate lang an einer Lungenentzündung laboriert hatte.

Anpassung an die verdinglichte Vernunft der «Linie» der Partei und die vorsätzliche Unterwerfung unter die «Autorität» der Partei löschen nicht nur «Abweichung» oder «Individualismus» aus, sondern das dem Terror ausgelieferte Individuum verbietet sich bei Strafe des Untergangs die Reflexion selbst: «Der Akt des Denkens selbst wird zur Dummheit: Er ist lebensgefährlich. Es wäre dumm, nicht dumm zu sein, und als Folge erfaßt allgemeine Verdummung die terrorisierte Bevölkerung. Die Menschen verfallen in einen Zustand der Erstarrung, der einem moralischen Koma gleichkommt.»[389]

Inmitten der allgegenwärtigen Verfolgung von «Abweichlern» und «Doppelzünglern» wurde für Wehner die öffentliche Übereinstimmung mit der Linie ebenso wichtig wie die ständige Distanzierung von «Parteifeinden». Wie weit in den Moskauer Jahren der ideologische Konformismus Wehners ohnmächtiger Anpassung, vorsätzlicher Identifikation des Halbgläubigen oder bruchloser stalinistischer Überzeugung entsprang, läßt sich in den von ihm publizierten Texten kaum ausmachen. Sowohl die von Wehner benutzten Publikationsorgane wie auch seine Themen signalisieren seit dem Herbst 1937, daß er trotz der «Untersuchungsverfahren» politische Akzeptanz in den offiziellen Publikationsorganen der Komintern wie auch in der ebenso parteiamtlich

388 Gustav Regler: Das Ohr des Malchus. Köln 1960, S. 337.

389 Leo Löwenthal: Individuum und Terror, in: Zivilisationsbruch. Denken nach Auschwitz. Hrsg. von Dan Diner. Frankfurt a. M. 1988, S. 16.

kontrollierten Moskauer *Deutschen Zentral-Zeitung*[390] genoß. Im November 1937 veröffentlichte Wehner in der *Rundschau über Politik, Wirtschaft und Arbeiterbewegung* zum zwanzigsten Jahrestag der «Großen Sozialistischen Oktoberrevolution» einen Jubelartikel[391] unter der Überschrift «Moskau, du glückliche Stadt».

Seine Hymne zieht alle Register der hochstalinistischen Sprachklischees[392], die sich angesichts der Gleichzeitigkeit des Terrors wie ein «Wortdelirium» (Silone) ausnehmen: «Jeder Satz der Stalinschen Konstitution, der von vielen Transparenten leuchtet, ist ihnen Unterpfand des weiteren Aufstieges. Sie sind Bürger des mächtigsten Staates der Erde. [...] Es offenbart sich einem die übermenschliche Kraft der Partei Lenins und Stalins. Auf Schritt und Tritt erhält er neue Beweise von der geschichtsbildenden Arbeit dieses überragenden Baumeisters der neuen Welt.» Wehner beschreibt «neue Menschen», «fröhliche Menschen» und Alte, denen das «Glück widerfuhr, am Ende ihrer Tage von den heilenden Strahlen der Sonne des Sozialismus erwärmt zu werden». Nachdem Wehner die «buchstäblich überquellenden Bazare, Magazine und Kaufhäuser» ausgemacht hat, gipfelt seine Lobhude-

[390] Wehners Rezensionen für die *Deutsche Zentral-Zeitung* führten zu einem engen Kooperationsverhältnis mit dem Redakteur Hugo Huppert. Während einer «Säuberungs-Sitzung» der deutschen Kommission des Sowjetischen Schriftstellerverbandes präsentierte Hugo Huppert am 14. Februar 1938 eine «Erklärung des Gen. Funk». Trotz der Erklärung Wehners wurde der wegen seiner Zuträgerdienste für Kaderabteilung und NKWD innerhalb der Schriftsteller verfemte Hugo Huppert ausgeschlossen und verhaftet. Nach dreizehnmonatiger Haft kam er wieder frei, «eingebildeter, hochnäsiger, menschenfresserischer denn je» (Julius Hay).

[391] Herbert Wehner: Moskau, du glückliche Stadt, in: Rundschau über Politik, Wirtschaft und Arbeiterbewegung, 1937, 6. Jg., Nr. 49, S. 1832–1833.

[392] Vgl. z. B. den von Wilhelm Pieck gezeichneten Artikel zum 20. Jahrestag der Oktoberrevolution «Begrüßung des Zentralkomitees der KPD an den Genossen Stalin, an das siegreiche Sowjetvolk», in: Die Internationale, 1937, H. 7/8, S. 1–4.

lei[393] auf Moskau in der Schlußsentenz: «Ein wirbelndes, buntes Leben durchpulst Moskau, zu dem man – wie Faust – doch mit anderer, neuer Betonung sagen kann: ‹Hier ist des Volkes wahrer Himmel, zufrieden jauchzet Groß und Klein: Hier bin ich Mensch, hier darf's ich's sein.›»

Noch im Dezember 1937 erschien ebenfalls in der *Rundschau* ein überschwenglicher Artikel «Ein Jahr Stalinsche Verfassung»[394]. Wehners gestanzte Erklärungen zum Sieg der «Nationalitätenpolitik» Stalins und zu den «Errungenschaften» der «sozialistischen Demokratie» sind durch eine Kette von Zitaten Lenins, Molotows und Stalins abgesichert. Die offizielle Phraseologie[395] wird durch die individuelle Emphase noch überhöht, mit der er die Moskauer Schauprozesse darstellt: «Die Vernichtung der schmutzigen Agenten des Faschismus und die weitere Stärkung der Schlagkraft der Roten Armee vollzogen sich im Zeichen der breitesten Erneuerung sozialistischer Demokratie. Die staatlichen Organe, die den unmittelbaren Kampf der eingedrungenen faschistischen Schädlinge führen, konnten und können sich auf die Initiative und Mitarbeit der Massen in den Betrieben und in der Landwirtschaft stützen, in deren Lebensinteresse die restlose Vernichtung dieser Feinde des Sozialismus liegt.» Wehners interne Eingaben an Gottwald und Pieck korrespondieren mit seiner veröffentlichten Vernichtungssemantik: «Wer in diesen Wochen Zeuge des empordrängenden politischen Lebens in der sozialistischen Demokratie sein kann, das durch die Wahl zum Obersten Sowjet der UdSSR zum Ausdruck kommt, dem wird unabweisbar die Erkenntnis klar, daß wohl eines der größten Verdienste der

[393] Vgl. auch Hugo Huppert: An Moskau und andere Jubiläumsbeiträge in der Zeitschrift «Die Internationale Literatur/Deutsche Blätter», H. 11, 1937.

[394] Herbert Wehner: Ein Jahr Stalinsche Verfassung, in: Rundschau über Politik, Wirtschaft und Arbeiterbewegung, 1937, 6. Jg., Nr. 52, S. 1969–1970.

[395] Vgl. Die Verfassung der sozialistischen Demokratie, in: Die kommunistische Internationale 1936, H. 11/12, S. 1–6; Josef W. Stalin: Über den Entwurf der Verfassung der UdSSR, Moskau 1936.

von Stalin geführten kommunistischen Partei in der jüngsten Vergangenheit darin besteht, den vernichtenden Schlag gegen die trotzkistisch-bucharinschen Feinde des sozialistischen Aufbaus und der sozialistischen Demokratie ausgelöst und geführt zu haben. Durch ihn wurde die Bahn für die allseitige Demokratie frei.»

Wie in der Komintern- und KPD-Publistik üblich und von Wehner[396] häufig praktiziert, wurden auch die «reaktionären Führer der II. Internationale» und die «Führer der deutschen Sozialdemokratie» wegen ihrer Kritik des stalinistischen Terrors gegeißelt: «Die Führer der deutschen Sozialdemokratie haben es sich zur Aufgabe gemacht, auch in der Emigration ihren Kampf gegen die Sowjetunion weiterzuführen. Im Chor der Feinde des Sozialistischen Staates fallen die Fistelstimmen dieser seltsamen ‹Antifaschisten› auf.»

Einen weiteren Jahrestag nimmt Wehner 1937 zum Anlaß, um auf den «Schmied der antifaschistischen Einheit», Georgi Dimitroff, anläßlich des 4. Jahrestags seiner Schlußrede im Leipziger Prozeß einen Dithyrambus[397] anzustimmen. Ähnlich hymnisch waren Wehner bereits im April 1937 in der *Deutschen Zentral-Zeitung* ein biographisches Porträt Fritz Heckerts[398] und eine

[396] «Trotzdem gibt es noch Führer der II. Internationale, die in den Chor der Hetzer gegen diese konsequente Friedensmacht einstimmen und die jene verächtlichen, schmutzigen trotzkistischen Agenten des Hitlerfaschismus in Schutz nehmen, die Versuche, die Kraft des sozialistischen Staates zu schwächen, wie sie in den kapitalistischen Ländern versuchen, die Arbeiterbewegung zu lähmen und zu zerstören.» Herbert Wehner: Ein Mai der Mobilisierung für den Weltfrieden, gegen die faschistischen Kriegstreiber!, in: Rundschau über Politik, Wirtschaft und Arbeiterbewegung, 1937, 6. Jg., Nr. 17, S. 662.

[397] Herbert Wehner: Dimitroff, Schmied der antifaschistischen Einheit. Zum 4. Jahrestag seiner Schlußrede im Leipziger Prozeß, in: Rundschau über Politik, Wirtschaft und Arbeiterbewegung, 1937, 6. Jg., Nr. 55, S. 2107–2108.

[398] Herbert Wehner: Ein Tribun des antifaschistischen Deutschlands, in: Deutsche Zentral-Zeitung, 6. April 1937.

Buchrezension[399] zu Thälmann geraten. Seit 1937 publizierte er regelmäßig in der vom Exekutivkomitee der Kommunistischen Internationale herausgegebenen Zeitschrift *Die kommunistische Internationale*, meistens in der deutschsprachigen, aber auch in der englischen und französischen[400] Ausgabe. Da in diesem theoretischen Amtsblatt von der Führungsspitze der Komintern und Vorsitzenden einzelner kommunistischer Parteien Grundsatzartikel veröffentlicht wurden, mußte die Heranziehung Wehners zu einer «kleinen Redaktionskommission», von Ernst Fischer initiiert, von den «Instanzen» der Komintern abgesegnet werden. Im Rückblick der *Notizen* stilisiert sich Wehner zum oppositionellen Beiträger, der gegen die Linie in der Komintern und der KPD-Führung löckte: «Ich konzentrierte mich auf die Bekämpfung aller Tendenzen, die der nazistischen Expansion dienen konnten und versuchte gleichzeitig, für die Demokratisierung und Unabhängigkeit der Arbeiterbewegung einzutreten. Der Anstoß zu meiner Mitarbeit war die Notwendigkeit, gegen das Liebäugeln mit großdeutschen Tendenzen in der Parteiführung zu polemisieren.»[401] Ein schlichter Textvergleich mit Artikeln Piecks und Ulbrichts und mit veröffentlichten ZK-Aufrufen lassen die von Wehner und im Nachtrag von Hartmut Soell[402] behauptete Dissi-

[399] Herbert Wehner: Ein Buch über Ernst Thälmann, in: Deutsche Zentral-Zeitung, 3. April 1937.

[400] Wehners Artikel über den reaktionären Kurs des Parteivorstandes der SPD erschien sowohl in der englischen wie in der französischen Ausgabe der *Kommunistischen Internationale*.

[401] Zeugnis, S. 265.

[402] Hartmut Soell meint, daß Wehner nach der Methode vorging, den Sack (Sozialdemokratie) zu schlagen, um den Esel (die Strategie von Komintern und KPD) zu treffen. Hartmut Soell: Der junge Wehner, S. 435. Nach diesem gewagten Interpretationsmuster müßte man die offizielle Komintern-Politik, die Wehner treulich wiedergab und interpretierte, als «eigentlich» gegen die Komintern gerichtet beschreiben, da auch Dimitroff, Manuilski oder Stalin den «Sozialdemokratismus» niedermachten. Stalin wäre dann der gerissenste Äsop im eigenen «Lager».

Vgl. zur offiziellen Kritik der Komintern am «Sozialdemokratismus» durch

denten-Rolle hinfällig erscheinen. «Geistige Schmuggelware», «Äsopsche Sprache», «verschlüsselte Botschaften» kann aber Soell nur deswegen ausmachen, weil er die offiziellen Botschaften nicht durchmustert. Wehner konnte für seine Position als «Sachwalter der internationalen Arbeiterbewegung» und als «deutscher Patriot» keineswegs nur «indirekt werben», wie sein Biograph Soell vermutet. Bereits 1935 hatte Dimitroff auf dem VII. Weltkongreß[403] nicht nur den «Kampf gegen den Chauvinismus» gefordert, sondern in «richtiger Anwendung der Leninschen-Stalinschen-Nationalitätenpolitik» die Verknüpfung des proletarischen Internationalismus und der «nationalen Formen» des Klassenkampfs gefordert und gegen «nationalen Nihilismus» Stellung bezogen. Ernst Fischer[404] repitierte, ebenso wie Herbert Wehner, in der *Kommunistischen Internationale*, diese offizielle Position zur «nationalen Frage». Wenn sich Wehner in verschiedenen Artikeln gegen den «Sozialdemokratismus» wandte, kritisierte er nach der Annexion Österreichs die «verworrene Haltung des SPD-Vorstandes zu ‹Großdeutschland›»[405] und bezog Position gegen die SPD-Politiker Wilhelm Sollmann und Wenzel Jaksch. Auch erweist sich die Soellsche Hilfskonstruktion, daß Wehner den «Umweg einer Kritik an den Sozialdemokraten» gegangen

Georgi Dimitroff: «Und tausendfach hatte Genosse Stalin recht, als er vor zehn Jahren schrieb: ‹Es ist unmöglich, mit dem Kapitalismus Schluß zu machen, wenn man nicht mit dem Sozialdemokratismus in der Arbeiterbewegung Schluß macht.› Hierin besteht die zweite wichtigste prinzipielle Lehre für das Proletariat der kapitalistischen Länder in Verbindung mit dem 20. Jahrestag der Großen Sozialistischen Oktoberrevolution.» Georgi Dimitroff: Die Sowjetunion und die Arbeiterklasse der kapitalistischen Länder, in: Kommunistische Internationale, 1937, 18. Jg., H. 11/12, S. 30.

403 Protokoll des VII. Weltkongresses der Kommunistischen Internationale. Erlangen 1974, Bd. I, S. 369–372.

404 Peter Wieden (d. i. Ernst Fischer): Arbeiterklasse und Nation, in: Kommunistische Internationale, 1938, 19. Jg., H. 11, S. 1171–1187.

405 Herbert Wehner: Die deutsche Arbeiterklasse und «Großdeutschland», in: Kommunistische Internationale, 1938, Jg. 18.

sei, um damit «natürlich nicht direkt» die eigene Parteileitung zu kritisieren, bei einem Vergleich mit der offiziellen Politik von KPD und der KP Österreichs in der Annexionsfrage[406] mehr als hinfällig. Nicht nur, daß die Wehnersche «Dissidenz» mit der der offiziellen Linie konform geht, selbst die entlegensten kommunistischen Presse-Organe wurden in der Moskauer Komintern-Zentrale einer strengen Supervision[407] unterzogen.

Einen historischen Rückblick auf die Novemberrevolution nutzte Wehner, um, wie in der KPD-Publizistik üblich, die «Lehre» daraus zu ziehen, daß «die Politik des Sozialdemokratismus (d. h. die Theorie und Praxis der Arbeitsgemeinschaft mit der Bourgeoisie) die demokratischen Errungenschaften gefährdet und die Arbeiterklasse entwaffnet»[408]. Die Analyse der faschistischen Aggressionspläne[409] und die Auseinandersetzung mit dem «Sozialdemokratismus» sind Schwerpunkte der Wehnerschen Publizistik 1938 und 1939, für die er die beiden offiziellen Komintern-Organe *Rundschau* und *Kommunistische Internationale* nutzen konnte. Mit einer ausführlichen Rezension[410] zu einem von

[406] Vgl. Briefwechsel zwischen dem ZK der KPD und dem ZK der KPOe, in: Die Internationale, 1938, 19. Jg., H. 3/4, S. 139–141; Ph. Gruber (d. i. Alfred Klahr): Österreichs Freiheitskampf und die deutsche Revolution, in: Die Internationale, 1938, 19. Jg., H. 3/4, S. 24–32; Peter Wieden (d. i. Ernst Fischer): Der Marxismus und die Unabhängigkeit Österreichs, in: Kommunistische Internationale, 1938, Jg. 19, H. 6, S. 540–549.

[407] G. Friedrich (Siegfried Geminder): Kuckuckseier in der kommunistischen Presse, in: Kommunistische Internationale, 1938, Jg. 19, H. 6, S. 573–579. Hier werden z. B. *Daily Clarion* (Toronto), *Arbeideren* (Oslo), *Ny Dag* (Stockholm) nach «geistiger Schmuggelware» durchforstet.

[408] Herbert Wehner: Lehren eines Kampfes um die demokratische Republik. Rückblick auf den 9. November 1918, in: Kommunistische Internationale, 1938, 19. Jg., H. 11, S. 1188.

[409] Herbert Wehner: Das pangermanistische Programm des Nationalsozialismus, in: Kommunistische Internationale, 1938, Jg. 19, H. 7, S. 664 bis 671.

[410] Die Rezension erschien sowohl in der *Kommunistischen Internationale* wie in der *Internationalen Bücherschau*, einer Rezensionen und Bi-

Max Seydewitz 1938 im Londoner Malik-Verlag publizierten Buch «Stalin oder Trotzki?» bewährte sich der wachsame Wehner erneut in der «Entlarvung des Trotzkismus». Wehner lobte die hochgestimmte Darstellung der «erfolgreichen sozialistischen Wirklichkeit» in diesem Buch, die besonders hervorzuheben sei, da die Stimme von Seydewitz «aus dem Lager der deutschen Sozialdemokratie» komme. Dabei war es in der Moskauer KPD-Führung bekannt, daß der ehemalige sozialdemokratische Reichstagsabgeordnete Seydewitz bereits seit 1934 der KPD angehörte. Noch dazu war das gesamte Buchmanuskript in Moskau von Hermann Remmele[411] sorgfältig redigiert worden. Wehner kritisiert dann allerdings nicht nur den Titel «Stalin oder Trotzki?»[412] des Buches – «es ist in jeder Weise ein Unding, den größten lebenden Führer der Arbeiterklasse, den genialen Baumeister des Sozialismus mit einem Provokateur und Banditen in einem Atem zu nennen» –, sondern Seydewitz hatte in seinen Augen vor allem versäumt, die «ganze verbrecherische Tätigkeit des Trotzkismus innerhalb der internationalen Arbeiterbewegung» angemessen darzustellen, der «auch außerhalb der UdSSR ein Todfeind der antifaschistischen Kräfte ist». Man müsse viel «entschiedener als Max Seydewitz die Notwendigkeit eines rücksichtslosen internationalen Kampfes zur Liquidierung des Trotzkismus» betonen. Abschließend ergeht sich Wehner dann – inmitten der Moskauer Massenverhaftungen – in einer Lobhudelei des stalinistischen Terrors: «Was die Sowjetmacht auf diesem Gebiet bisher geleistet hat, diente nicht allein ihrer unmittelbaren Verteidigung; die Aus-

bliographie vereinenden Komintern-Publikation. Herbert Wehner: Max Seydewitz. Ein Sozialdemokrat über die Sowjetunion und die internationale Arbeiterbewegung, in: Internationale Bücherschau, 1938, H. 4/5, S. 87–90.

[411] RZA 495/205/ Kaderakte Hermann Remmele. Die Wehnersche Kritik an Seydewitz ist wahrscheinlich darauf zurückzuführen, daß der Moskauer «Lektor» des Seydewitz-Buchs, Hermann Remmele, bereits im Mai 1937 verhaftet worden war.

[412] In der Rezension wird die Nennung des Titels konsequent vermieden. Ein Teil der Auflage erschien unter dem Titel «Die große Alternative».

hebung und Vernichtung der trotzkistischen Nester in der Sowjetunion gehört zu den wertvollsten Diensten, die von der, an der Macht befindlichen, Arbeiterklasse der internationalen Arbeiterbewegung und der ganzen fortschrittlichen Menschheit geleistet worden sind.»[413]

Wehners Veröffentlichungen sprengten keineswegs inhaltlich den propagandistischen Rahmen der Komintern- und KPD-Politik. Er schrieb sich im Gegenteil immer mehr in die Rolle des parteioffiziellen Kommentators zum Nationalsozialismus, zur «nationalen Frage» und zu internationaler Politik und zum «Sozialdemokratismus» hinein. Während 1938 von ihm noch eine «Konzentration der Kräfte und die feste Orientierung gegen den Hauptfeind, den deutschen Faschismus»[414] gefordert und der deutsche Faschismus als «Kriegstreiber» bezeichnet wurde, richtete sich – nach Abschluß des Stalin-Hitler-Paktes – seit Herbst 1939 die Kritik gegen England und Frankreich. Mit gleichbleibender Vehemenz geißelte er die Politik der sozialdemokratischen Führer in Artikeln[415] und in Broschürenform[416], häufig mit jener in der KPD- und Komintern-Publizistik virtuos beherrschten Demagogie, die «reaktionären Führer» von den «sozialdemokratischen Arbeitern» zu trennen: «Die sozialdemokratischen Arbeiter wollen Freundschaft zur sozialistischen Sowjetunion, aber führende sozialdemokratische Politiker hetzen gegen die Sowjetunion und schwimmen im trüben Wasser eines ‹Antikom-

[413] Herbert Wehner: Ein Sozialdemokrat über die Sowjetunion und die internationale Arbeiterbewegung, in: Die internationale Bücherschau, 1938, H. 4/5, S. 90.

[414] Herbert Wehner: Die Politik der II. Internationale gegenüber der Offensive des Faschismus, in: Kommunistische Internationale, 1938, H. 12, S. 1312–1323, S. 40.

[415] Vgl. z. B.: Herbert Wehner: Der imperialistische Krieg und die Arbeiterklasse, in: Die kommunistische Internationale, 1939, H. 5, S. 37–49.

[416] Kurt Funk (d. i. Herbert Wehner): Soll die Arbeiterklasse vor dem Kriege kapitulieren? Eine Auseinandersetzung mit der Politik der II. Internationale. Paris 1939.

munismus›.» Wehner forderte von den sozialdemokratischen Politikern nach dem Münchner Abkommen, eindeutig Stellung zu beziehen «gegen die imperialistischen Kräfte, die die Brandstifter des zweiten imperialistischen Weltkrieges sind: gegen den faschistischen Kriegsblock, d. h. in erster Linie gegen den deutschen Faschismus, und gegen die Helfershelfer dieses Blocks»[417].

Immer wieder nutzte Wehner auch Jahrestage, um sich mit weihevollen und zitatgespickten Jubiläumsartikeln[418] bei Dimitroff in Erinnerung zu bringen und der Kaderabteilung die quasi-offizielle Akzeptanz und den öffentlichen Komintern-Status seiner Person zu demonstrieren. Nach der Verhaftung der beiden deutschen Mitarbeiter in der Kaderabteilung, Grete Wilde und Georg Brückmann, und nach der offiziellen Einstellung des Untersuchungsverfahrens gegen Wehner am 13. Juni 1938 wurde von der russischen Mitarbeiterin der Kaderabteilung Priworodtskaja im Juni 1939 ein neues Dossier (Dokument 36) über Herbert Wehner angefertigt, in dem die bisherigen «Angaben» über Wehner durch eine von Willi Münzenberg gemachte «Mitteilung» ergänzt wurden. Wehner hatte sich – so teilte Münzenberg nach Berichten von André Malraux mit – für die Haftentlassung des wegen seiner «nationalrevolutionären» Vergangenheit zum «Gestapo-Agenten» abgestempelten Schriftstellers Bruno von Salomon, der in Spanien verhaftet worden war, eingesetzt. Auch hier fungierte der wechselseitige Verdacht als sich innerhalb des stalinistischen Verfolgungssystems potenzierendes Herrschaftsmittel.

Denunziatorische «Retourkutschen» zerstörten nicht nur jede

[417] Herbert Wehner: Soll die Arbeiterklasse vor dem Kriege kapitulieren?, a. a. O., S. 48.

[418] Herbert Wehner: Der fünfte Jahrestag von Dimitroffs Befreiung mahnt zur Einheit. 27. Februar 1934–27. Februar 1939, in: Rundschau über Politik, Wirtschaft und Arbeiterbewegung, 1939, 8. Jg., Nr. 10, S. 290–291; ders.: Internationale Solidarität der Arbeiterklasse – Unterpfand des Sieges über die faschistischen Aggressoren. Zum vierten Jahrestag der Eröffnung des VII. Kongresses der Kommunistischen Internationale, in: Rundschau über Politik, Wirtschaft und Arbeiterbewegung, 1939, 8. Jg., H. 40, S. 1135–1137.

Freundschaft, sondern die Lieferung von «Angaben» gehörte zur totalen Wissens- und personellen Verfügungsgewalt des scheinbar anonym operierenden Parteiapparats. So fertigte Wilhelm Florin als Vorsitzender der Internationalen Kontrollkommission der Komintern und als Mitglied des Politbüros auf «Ersuchen der Kaderabteilung» am 7. Juli 1939 eine erneute Auflistung (Dokument 37) von «Sachen» an, die «noch nicht ganz geklärt sind». In einem Untersuchungsverfahren gegen die frühere ZK-Stenotypistin «Trude»[419] wurde erneut «Material» ausfindig gemacht und den bisherigen «belastenden» Verdachtskonstrukten gegen Wehner hinzugefügt. Im gleichen Schreiben erteilt Florin dem ihm aus zahlreichen Sitzungen «der deutschen Genossen»[420] bekannten Wehner einen politisch-ideologischen Gütestempel durch den lobenden Hinweis, daß Wehner mit seinem «ausgezeichneten Gedächtnis» der Internationalen Kontrollkommission geholfen habe, in «einigen Fällen ein klares Bild zu bekommen».

Für ihre inquisitorischen Verhandlungen gegen die wenigen verbliebenen KPD-Mitglieder zog die Internationale Kontrollkommission häufig als sachverständige «Zeugen» und «Ankläger» Mitglieder der KPD-Führung heran. So nahmen Wehner und Ulbricht am 5. Juli 1939 an der Verhandlung gegen die Stenotypistin Erna Wein[421] teil.

Voruntersuchungen für die Internationale Kontrollkommission

[419] In den *Notizen* beschreibt Wehner das Schicksal Trude Taubes: «Trude, die frühere Stenotypistin Thälmanns und Freundin Hirschs, die in ihrer Glanzzeit zu den selbstsicheren Typen der Arrivierten gehört hatte, arbeitete nun für einen Lohn von 75 Rubeln in bar und ein gewisses Entgelt in Naturalien auf einem außerhalb Moskaus gelegenen Kolchos. Sie glich cinem gehetzten Tier.» Zeugnis, S. 255.

[420] 1939 nahmen an solchen Sitzungen der «deutschen Genossen», d. h. der Moskauer KPD-Führung, in der Regel teil: Wilhelm Pieck, Walter Ulbricht, Wilhelm Florin, Herbert Wehner, Philipp Dengel. Ergänzt wurde diese Gruppe häufig durch die KPÖ- und Komintern-Vertreter Ernst Fischer, Friedl Fürnberg und Klement Gottwald.

[421] RZA 505/54/Bl. 77–78.

wurden arbeitsteilig auch von einer «Kleinen Kommission» der KPD-Führung durchgeführt. Im «Fall» der Schriftstellerin Maria Osten[422], der «Beziehungen» zu Versöhnlerkreisen um John Heartfield und Carola Neher vorgeworfen wurden, gehörten neben Herbert Wehner Walter Ulbricht, Philipp Dengel zur «Kleinen Kommission». In einer Aktennotiz vom 28. Mai 1939 vermerkte Herbert Wehner während dieses Untersuchungsverfahrens zu den Stellungnahmen Maria Ostens: «Meines Erachtens sind diese Papiere gar nichts wert, weil in ihnen nur das ‹Angenehme› steht. Über die Beziehungen zu Kolzow schreibt sie kein einziges Wort, obwohl diese für ihre Rolle in den letzten Jahren entscheidend war.»[423]

Die «Kleine Kommission» beschloß am 3. Juli 1939, daß die Parteimitgliedschaft von Maria Osten ruhen solle, bis von «anderer Stelle ihre Beziehungen zu Kolzow untersucht sind»[424]. Daraufhin schließt die Internationale Kontrollkommission in einer Sitzung am 14. Oktober 1939 Maria Osten aus der KPD aus, im Juni 1941 wird sie vom NKWD verhaftet und am 8. August 1942 erschossen.

Auch im «Fall» des ehemaligen ZK-Mitglieds Willi Münzenberg, den die Komintern bereits 1937 von allen Funktionen im Verlagsbereich und als Organisator zahlreicher «Frontorganisationen» entbunden hatte, wurden Herbert Wehner und Walter Ulbricht zur entscheidenden Sitzung der Internationalen Kontrollkommission am 16. Februar 1939 herangezogen. Nach einem einleitenden Bericht Walter Ulbrichts, der sich dabei auf ein umfangreiches Memorandum des Sekretariats des ZK der KPD stützte, und

[422] Maria Osten (d. i. Maria Greßhöner), 1909–42, 1926 KPD-Mitglied, Schriftstellerin, seit 1932 Lebensgefährtin des *Prawda*-Redakteurs Michail Kolzow. Sie wurde bereits im September 1936 während der Säuberungssitzungen der deutschen Schriftsteller – in Abwesenheit – wegen «Beziehungen» zu «Versöhnlern» beschuldigt. Nach der Verhaftung Kolzows (1938) führt die «Kleine Kommission» eine Untersuchung durch.

[423] RZA 495/205/1236, nicht pag.

[424] Protokoll der Sitzungen abgedruckt in: In den Fängen des NKWD. Deutsche Opfer des stalinistischen Terrors. Berlin 1991, S. 344–345.

einem Abschlußplädoyer Florins meldete sich in der Aussprache Herbert Wehner zu Wort (Dokument 35). Er brandmarkte Münzenberg als Neumann-Anhänger und verwies auf eine Untersuchung, die er bereits 1932 gegen Münzenberg durchgeführt habe. Nach weiteren Plädoyers (Smeral, Dengel, Florin, Tschakaja) wurde der «Fall» Münzenberg[425] von der Internationalen Kontrollkommission dem ZK der KPD zum formellen Ausschluß übergeben. Im veröffentlichten ZK-Beschluß finden sich zahlreiche jener exorzistischen Verdammungsformeln, die der Stalinismus Abweichlern und Kritikern entgegenschleuderte: «Das ZK der KPD beschließt, Münzenberg wegen prinzipienlosen und doppelzünglerischen Verhaltens, wegen seines Verhaltens gegen die Einheitsfront, fortgesetzter Intrigen und desorganisatorischer Tätigkeit innerhalb der Volksfrontbewegung, bewußter Störung der Zusammenarbeit der Kommunisten mit anderen antifaschistischen Kräften, versuchten Betrugs gegenüber Anhängern der Volksfrontbewegung, Verbindung mit Trotzkisten und anderen Feinden der Arbeiterbewegung, was alles einem Verrat an der Partei und der Arbeiterbewegung gleichkommt, aus den Reihen der kommunistischen Partei Deutschlands auszustoßen.»[426]

Die Beteiligung Wehners an der «Kleinen Kommission» und an Verfahren der Internationalen Kontrollkommission sind ein Zeichen dafür, daß Wehner nicht nur formell an den Sitzungen der KPD-Führung teilnahm. Er gehörte zu jenem Moskauer «inner circle», der für die Kaderabteilung und für den Generalsekretär Dimitroff Beurteilungen und «Charakteristiken» anderer Mitglieder des Politbüros, ZK-Mitglieder und ZK-Mitarbeiter[427] ver-

[425] Verlauf und politische Hintergründe des Verfahrens gegen Münzenberg bleiben einer späteren Untersuchung vorbehalten. Das Verfahren der Kontrollkommission gegen Ulbricht, das Münzenberg angestrengt hatte, wurde am 5. Juli 1939 formell durchgeführt und endete – wie nicht anders zu erwarten – mit einem Freispruch Ulbrichts.

[426] Deutsche Volkszeitung, 9. April 1939, S. 4.

[427] Vor dem 14. Januar 1938 hatte Wehner auch Charakteristiken von Hans

faßte. Die Wehnersche Beschreibung solcher «Beurteilungen» und «Untersuchungen» trifft nicht zuletzt auch auf die eigene Praxis zu: «Dort, wie an so vielen anderen Stellen, erwies es sich, daß Genossen, die wegen politischer Differenzen kaltgestellt oder ausgeschlossen worden waren, nach alter Weise mit allen denkbaren provokatorischen Vorkommnissen oder kriminellen Handlungen in Verbindung gebracht wurden, sei es, um die Notwendigkeit ihrer Bekämpfung drastischer begründen zu können, sei es, weil die Akteure selbst vom Parteikampf die Auffassung hatten, daß der politische Gegner diffamiert werden müsse. Jede Verteidigung oder Gegenwehr der Angegriffenen wurde automatisch zu einem ‹Verbrechen›, das wiederum nachträglich die ‹Richtigkeit› der Maßnahmen beweisen zu helfen hatte.»[428] Allein am 7. Juli 1939 verfaßte Wehner «Charakteristiken» der Politbüro-Mitglieder Franz Dahlem und Paul Merker, des Kandidaten des Politbüros Anton Ackermann, des ZK-Mitglieds Paul Bertz und der Kandidaten des ZK Karl Mewis und Siegfried Rädel.

Diese Charakteristiken Wehners wurden von dem Leiter der Kaderabteilung Damjanow (Below) zu Dossiers für Dimitroff zusammengefaßt, in die auch noch die Urteile von Florin und zum Teil Ulbrichts eingingen. Das über Dahlem erstellte Dossier[429] schließt mit der Feststellung: «Es wird als notwendig betrachtet, sorgfältiger die politischen Positionen des Genossen Dahlem in der Vergangenheit zu überprüfen und seine konkrete Verantwortung für die Zulassung von Fehlern bei der Durchführung der Linie der Partei und der Komintern in der letzten Zeit zu klären.» Ebenfalls am 7. Juli 1939 lieferte Wehner ein Obergutachten zu bereits in der Kaderabteilung vorliegenden Charakteristiken von

Schröter und Conrad Blenkle an die Kaderabteilung geliefert. RZA 495/74/135/Bl. 24.

[428] Zeugnis, S. 174.

[429] RZA 495/74/135, Bl. 37. Die vierseitige «Sprawka» (Auskunft) über Franz Dahlem wurde am 9. Juli 1939 von der Kaderabteilung für Dimitroff verfaßt.

Mitgliedern der linkssozialistischen Gruppe «Neu Beginnen» (Dokument 38). In diesem Text fertigte er zugleich die «bürgerliche Psycho-Analyse» ab – wenn man deren Maßstäbe anwende, werde «Tür und Tor für trotzkistische Tendenzen» geöffnet. Ebenfalls am 7. Juli 1939 produzierte der unermüdliche Wehner weitere Charakteristiken über zahlreiche ihm bekannte Funktionäre der KPD (Dokument 40): Charakteristiken der «Versöhnler» Gerhart Eisler und Adolf Ende (Lex Breuer), eine Woche später dann über neun Funktionäre der KPD (Dokument 43, 44, 45)[430], darunter die ebenfalls als «Versöhnler» ausgemachten Heinrich Wiatrek, Erich Glückauf, Albert Norden, Bernhard Förster, Hans Schröter und die als «Sektierer» deklarierten Hermann Jakobs und Paul Peschke. Wehners Beschreibung von Anton Ackermann war gleichsam eine Art Selbstcharakteristik: «Vielleicht wollte Ackermann dadurch, daß er die Rolle eines Aufspürers und Bekämpfers von ‹parteifeindlichen› Oppositionen übernahm, sich in den Augen des EKKI-Sekretariats unentbehrlich machen.»[431] Nach Wehners Meinung war Ackermann mit den in Moskau herrschenden «Gepflogenheiten» so vertraut, daß er es «besser als irgendein anderer verstand, daß die zweckmäßigste Art, sich unter solchen Verhältnissen persönlich zu ‹behaupten›, darin bestand, selbst zum Angriff gegen Oppositionen überzugehen». Ackermann wie auch Wehner und andere KPD-Mitglieder entdeckten unablässig «Oppositionsverschwörungen», nicht zuletzt um zu beweisen, daß jeder selbst «der ‹gestählteste› und ‹unerbittlichste Bolschewik›» sei.[432]

Als stets wachsamer und seriell berichtender «Aufspürer» von

[430] Mit großer Wahrscheinlichkeit lassen sich bei einer umfassenden Durchsicht der Akten der Kaderabteilung noch zahlreiche Spuren Herbert Wehners auffinden. Wehner war seit Mitte 1938 auch bei der Beurteilung von Mitgliedern der Schweizer Kommunistischen Partei tätig. Mdl. Mitteilung von Peter Huber.

[431] Zeugnis, S. 189.

[432] Zeugnis, S. 190.

Oppositionen genoß Wehner offensichtlich das «Vertrauen» der KPD-Führung auch deswegen, da sein «ausgezeichnetes Gedächtnis» und die intimste Kenntnis aller ideologischen «Schwankungen» auch für Pieck oder Ulbricht eine latente Bedrohung darstellten. Wehners Akzeptanz in der KPD-Führung beruhte aber auch auf der ideologischen Wendigkeit und Produktivität, mit der er Artikel für die *Kommunistische Internationale* verfaßte. Im Gegensatz zu anderen Führungsmitgliedern war er nicht auf die Zuarbeit von Ghostwritern aus dem Kreis der «Mitarbeiter», «Gehilfen» und «Referenten» angewiesen. Heftgestaltung, Themenstellung und Autoren wurden in Sitzungen der «deutschen Genossen» bestimmt. Um die kanonisierte Geschichte der KPdSU (B) zu propagieren, wurde festgelegt, daß Wehner einen Artikel «Die Staatstheorie des Leninismus und die faschistische Staatsgewalt»[433] zu verfassen habe. Wehners Beitrag erschien dann am 15. Juli 1939 unter dem modifizierten Titel «Die Bedeutung der Lehre Lenins und Stalins vom Staat für die internationale Arbeiterbewegung» in der *Kommunistischen Internationale* und zielte in erster Linie darauf, die «reaktionären sozialdemokratischen Führer» zu entlarven. Erst sei Klarheit darüber zu schaffen, daß «ohne die Überwindung gewisser sozialdemokratischer Staatsauffassungen die Arbeiterklasse nicht den Weg zur Beseitigung der faschistischen Diktatur finden kann»[434].

Gehörten im gespenstischen Totenhaus des Stalinismus das überschwengliche Hohelied auf das «lebendige Beispiel der blühenden sozialistischen Gesellschaft»[435] zum handwerklichen Ritual des ideologischen Frontsoldaten oder entsprang es subjektiver Überzeugung? Waren Wehners Beiträge einem überlebensnotwendigen Kostümzwang geschuldet oder wurde der zweifelnde

[433] RZA 495/292/103, Bl. 75.

[434] Herbert Wehner: Die Bedeutung der Lehre Lenins und Stalins vom Staat für die internationale Arbeiterbewegung, in: Kommunistische Internationale 1939, 20. Jg., H. 7, S. 855.

[435] Ebenda, S. 849.

Halbglaube hinter der vorsätzlichen Emphase verborgen? Verschränkten sich die selbstauferlegte Gewißheit und der latente Zweifel zu einem trutzigen Fundamentalismus, der die gefährdete politische Überzeugung gegen die katastrophische Realitätserfahrung immer wieder dogmatisch zementieren mußte? Dienten nicht die irrealen Fiktionen vom «vollständigen Sieg des Sozialismus» als ideologisches Immunsystem, mit dem sich der «Täter» selbst panzerte?

Die rigorose Mentalität wechselseitiger Verfolgung erschütterte und befestigte zugleich die permanent gefährdete Identität im eigenen ideologischen «Lager» und wurde auch bei Wehner zur «bolschewistischen Festigkeit», die sich im Aufspüren von «Abweichlern», «Provokateuren», «Schädlingen» und «Volksfeinden» bewährte. In der manischen Verfolgung des personalisierten «Feindes» wurde die individuelle Irritation, die nicht öffentlich formulierte Frage an sich selbst mitausgelöscht.

Moralische Zerstörung, die in der Kluft zwischen verkündeter Theorie und barbarischer Praxis aufbricht, wird durch hyperaktive Ideologieproduktion mit vorgestanzten Floskeln und durch wendigen politischen Pragmatismus überdeckt.

Palastrevolution und Ausreise

Nicht zuletzt durch die neue «Wendung» der Politik der Sowjetunion mit dem Abschluß des Stalin-Hitler-Pakts wurde die angekündigte Fortsetzung des Wehnerschen Artikels zur Staatslehre Lenins und Stalins hinfällig. Im Rückblick der *Notizen* bewertete Wehner den sich schon seit dem KPdSU-Parteitag im März 1939 abzeichnenden Front- und Parolenwechsel als eine «furchtbare Belastung»[436] für die deutschen Kommunisten in Moskau. Nach dem Beginn des Zweiten Weltkriegs hatten alle bisher antifaschistisch agierenden kommunistischen Parteien ihr

[436] Zeugnis, S. 269.

bisheriges Politikverständnis durch eine «jähe Wendung» zu korrigieren, d. h. an die herrschende Interpretation der KPdSU und der Komintern anzupassen. Der faschistische Aggressionskrieg wurde von Stund an als «Kampf zwischen den imperialistischen Mächten» deklariert und Deutschland als «friedliebende Macht» den «Kriegsprovokateuren» England und Frankreich gegenübergestellt. Die ideologische «Wendung» wurde im Bericht Molotows an den Obersten Sowjet der UdSSR vom 31. Oktober 1939 deutlich, den die *Kommunistische Internationale* im November 1939 abdruckte: «Es ist beispielsweise bekannt, daß in den letzten paar Monaten Begriffe wie ‹Aggression›, ‹Aggressor› einen neuen konkreten Inhalt bekommen, einen neuen Sinn erlangt haben. Es ist nicht schwer zu verstehen, daß wir von diesen Begriffen gegenwärtig nicht in diesem Sinne Gebrauch machen können, wie, sagen wir, vor drei oder vier Monaten. Wenn man von den europäischen Großmächten spricht, so befindet sich Deutschland heute in der Lage eines Staates, der die schnellste Beendigung des Krieges und den Frieden anstrebt, England und Frankreich aber, die gestern noch gegen die Aggression stritten, sind für die Fortsetzung des Krieges und gegen den Abschluß eines Friedens.»[437] Alle antifaschistischen Deklarationen und Aktivitäten der Komintern und ihrer kommunistischen Parteien wurden nicht nur durch die Rede Molotows dementiert: «Daher ist es nicht nur sinnlos, sondern auch verbrecherisch, einen Krieg wie den Krieg für die ‹Vernichtung des Hitlerismus› zu führen, einen Krieg, der drapiert wird mit der falschen Flagge eines Kampfes für die ‹Demokratie›.»[438]

Angesichts der «schroffen Wendung» der Komintern-Politik gab Dimitroff die neue Politik- und Sprachregelung für die kommunistischen Parteien höchstselbst aus. Kommunistische Parteien wie die KP Frankreichs und die KP Englands, die anfangs noch zur

[437] Wjatescheslaw Molotow: Über die Außenpolitik der Sowjetunion, in: Kommunistische Internationale, 1939, 20. Jg., Novemberheft, S. 1127.

[438] Ebenda, S. 1128.

Unterstützung ihrer Regierungen im Kampf gegen Hitler aufgerufen hatten, mußten nach einer internen Direktive der Komintern, übermittelt durch ein Sendschreiben Gottwalds vom 8. September 1939, ihren Kurs korrigieren: «Die Teilung der Staaten in faschistische und demokratische hat jetzt ihren früheren Sinn verloren. Dementsprechend *muß* die Taktik geändert werden ... Die kommunistischen Parteien müssen überall zu einer entschiedenen Offensive gegen die verräterische Politik der Sozialdemokratie übergehen. Die kommunistischen Parteien besonders Frankreichs, Englands, Belgiens und der Vereinigten Staaten, die im Gegensatz zu dieser Einstellung auftreten, *müssen sofort* ihre politische Linie korrigieren.»[439]

Die Moskauer KPD-Führung vollzog den Kurswechsel der sowjetischen Außenpolitik und die schroffe Wendung der Komintern in zahllosen Sitzungen der «deutschen Genossen», an denen auch KPÖ-Vertreter und der zuständige EKKI-Sekretär Gottwald teilnahmen. Bei diesen internen Diskussionen spielte Herbert Wehner im September und Oktober schon allein deswegen eine zentrale Rolle, weil von ihm die programmatischen Vorgaben ausgearbeitet wurden. Anfang September 1939 verfaßte er für eine erste Vorlage «Punkte, die bei der Ausarbeitung unserer Taktik und unserer Losungen beachtet werden müssen» und dann am 8. September eine sechsseitige «Grundlage zur Diskussion für die Vorbereitung einer Plattform des Kampfes gegen den imperialistischen Krieg und über die Perspektiven».[440]

Wehner lieferte mit seinem Brief an Pieck vom 2. Oktober 1939 (Dokument 46) auch die Stichworte zu einer eifernden Abrechnung mit dem Pariser KPD-Sekretariat, das sich – analog zum anfänglichen Verhalten der KP Frankreichs – bei den französischen Behörden registrieren ließ. Die ersten Stellungnahmen des Pariser Sekretariats, «skandalöse Publikationen», wertet Wehner als

[439] Zit. in: Stalin und Hitler. Pakt gegen Europa. Hrsg. und eingeleitet von J. W. Brügel. Wien 1973, S. 114.

[440] IfGA/ZPA NL 36/496, Bl. 88–97.

«Schädlingsarbeit von Lumpen, die innerhalb unseres Apparats oder der mit ihm verbundenen Apparate ihr Unwesen treiben». Über die Mitglieder des Pariser KPD-Sekretariats Franz Dahlem, Paul Merker und Paul Bertz wie über deren Mitarbeiter hatte Wehner bereits Monate zuvor vernichtende Charakteristiken geliefert.

Mit der durch den Brief Wehners initiierten Kampagne gegen das Pariser KPD-Sekretariat versuchte die Moskauer Parteiführung, sich – im Gegensatz zur KP Frankreichs oder Englands – als besonders linientreu zu erweisen. In einer Sitzung[441] am 9. Oktober 1939 beschloß die Moskauer KPD-Spitze, daß Wehner und Ulbricht ein Memorandum zur Politik des Pariser Sekretariats wie auch einen Entwurf über die neuen Aufgaben der Partei ausarbeiten sollten. Das Memorandum wurde als «Stellungnahme des ZK der KPD zu dem Verhalten des Auslandssekretariats des ZK der KPD in Paris vor und bei Ausbruch des imperialistischen Weltkriegs»[442] erst am 12. August 1940 beschlossen. Darin wurden «ernste politische Fehler» als «Ausdruck einer tiefen theoretischen und politischen Verworrenheit» ausgemacht, dem Pariser Sekretariat «prinzipienloses Verhalten» gegenüber dem Parteivorstand der SPD, Abmachungen mit «trotzkistisch beeinflußten, parteifeindlichen Gruppierungen», Unverständnis für die Politik der Sowjetunion und «schwere Unterlassungsfehler» bei der Durchführung der Direktiven zur «Festigung» der Parteiorganisationen vorgeworfen. Wilhelm Pieck hatte in einem Bericht[443] für das Sekretariat des EKKI die «völlig falsche Orientierung auf Unterstützung des Krieges an der Seite Englands und Frankreichs» ebenso scharf kritisiert wie der aus Paris nach Moskau gekommene Anton Ackermann den «primitiven Antifaschismus» vieler deutscher Genossen ausmachte. Wehners Invektiven, Piecks Stel-

441 IfGA/ZPA 3/1/313, Bl. 51 auch RZA 495/10a/317/ 105–106.
442 RZA 495/12/39, Bl. 122–127.
443 IfGA/ZPA NL 36/540, Bl. 135–136.

lungnahme, der Bericht Ackermanns[444] und das Memorandum vom August richteten über die «Abweichung» und die «ernsten Fehler» von Franz Dahlem, Paul Merker, Paul Bertz, Gerhard Eisler, Lex Ende, die seit 1950 in der DDR erneut einer stalinistischen «Säuberung»[445] ausgesetzt wurden, in denen ihnen diese politischen «Fehler» aus dem Jahre 1939 wiederum vorgehalten wurden.

Aus den handschriftlichen Notizen Wilhelm Piecks vom Herbst 1939, die nach der Wende 1989 im Berliner SED-Archiv zugänglich wurden, wie auch aus den Sitzungsprotokollen der «deutschen Genossen» in Moskau wird aber auch deutlich, daß Herbert Wehner die Gelegenheit der «jähen Wendung» nutzte, um die «Kaderpolitik» der Moskauer Führung ins Kreuzfeuer zu nehmen. In der Sitzung vom 7. Oktober 1939 habe Wehner, so notierte Pieck, seinen «ungenügenden Einfluß auf die Leitung der Partei» beklagt, ferner, daß er über den «Zustand nicht unterrichtet» sei und daß er «stärkeren ideologischen Einfluß» fordere. Wehner habe «nichts über das Debakel der Leitung in Paris erfahren».

Vor allem im November 1939 kritisierte Wehner in zwei Sitzungen[446] ausführlich die Kaderpolitik, die mit der «Durchführung unserer Linie» verbunden sei. Er erinnerte in der Sitzung vom 2. November 1939 an seine 1935 mit der Kaderabteilung zusammen erstellte «Liste der Kader» und vermerkte «faulen Liberalismus gegenüber schlechten Elementen». Dazu rechnete er ZK-Mitarbeiter wie Eisler und Norden und forderte, daß einige Fälle – z. B. Max Frenzel – «zu Ende geführt werden» müßten. Er sei bei den Anschuldigungen gegen ihn «nicht selbst gehört» worden und «nicht informiert», wie es «ausgegangen» sei. Auch Wilhelm Florin sah die «Ursachen in falscher Kaderpolitik» und im «versöhnlerischen Verhalten gegenüber faulen Elementen in der Emigration». Welche Bedeutung Pieck Wehners Angriffen beimaß, wird

444 IfGA/ZPA 3/1/462, Bl. 1–61.

445 Vgl. dazu die Kurzbiographien im dokumentarischen Anhang.

446 IfGA/ZPA NL 36/496 Bl. 129–136.

daran deutlich, daß er wenige Tage später eine persönliche Aussprache mit Walter Ulbricht herbeiführte, über die er notierte: «Feind in unsere Führung eingedrungen – Führung diskreditiert – ob schweigen vor KI?» ... «Brief von Kurt nur Form».[447] Wehner beschrieb in den *Notizen* auch jene Sitzung, in der er die Fragen aufwarf, «weshalb die Kominternführung den Versuch der Brüsseler Konferenz, eine verjüngte Parteiführung zu schaffen, gestört hatte, und ob sie bereit sei, zu erklären, weshalb sie in der Praxis sich von einem Mißtrauen mir und anderen jüngeren Genossen gegenüber habe leiten lassen»[448].

Seine Kritik an der «Kaderpolitik» führte in der KPD-Führung zu «nachträglichen Auseinandersetzungen über das Verhalten Ulbrichts und Piecks» in den Untersuchungen gegen Wehner. Ulbricht erklärte, daß er einsehe, «damals falsch gehandelt zu haben»[449]. Die von Wehner initiierte Hofkabale in der KPD-Führung wird durch einen Urteilsspruch Dimitroffs beigelegt, in dem er das Vertrauen der Kominternführung gegenüber Pieck, Florin und «nach einigem Zögern» auch gegenüber Ulbricht ausspricht. Nach der Aussprache im EKKI-Sekretariat, so notierte Pieck, habe Wehner seine Kritik an der Kaderpolitik der Führung aufrechterhalten: Es habe «keine Freiheit der Entwicklung der Kader» gegeben, er sei «von der Leitung entfernt» worden, alle seien «irgendwie verdächtigt» worden, die ZK-Mitglieder hätten sich wie ein «Rudel» verhalten, sie hätten «den Kopf hinhalten», aber keine politischen Konsequenzen aus dieser Kritik ziehen dürfen.

Wehner wurde am 9. Oktober 1939 mit der Vorbereitung eines Memorandums für die Beratung mit dem EKKI-Sekretariat beauftragt und verfaßte zusammen mit Friedl Fürnberg ein gemeinsames Manifest[450] der kommunistischen Parteien der Tschecho-

[447] IfGA/ZPA NL 36/496 Bl. 105.
[448] Zeugnis, S. 278.
[449] Ebenda, S. 279.
[450] Gegen den imperialistischen Krieg – für den Frieden und die Freiheit der Völker. Erklärung der kommunistischen Parteien Deutschlands, Österreichs

slowakei, Österreichs und Deutschlands. In der Sitzung vom 9. Oktober 1939 wurde auch die Führungsstruktur geändert und das Pariser KPD-Sekretariat, das der Moskauer Führung auch als willkommener Sündenbock zur Abwehr eigener Angriffe gedient hatte, aufgelöst: «Es wurde beschlossen, daß die Führung der KPD aus den hier anwesenden Mitgliedern des ZK gebildet wird und daß Publikationen der Partei nur von ihnen erfolgen sollen. Die drei Mitglieder des ZK, die in den skandinavischen Ländern für die Grenzarbeit tätig sind, sollen neben ihrer Grenzarbeit die Aufgabe übernehmen, die Verbindung zwischen der Führung der Partei und dem Lande zu sichern, sonst aber keine selbständige Funktion als Führung der Partei ausüben.»[451] Für die geplante Publikationstätigkeit wurde in einer weiteren Sitzung von Ulbricht vorgeschlagen, daß Wehner als Redakteur für die Herausgabe der *Rote Fahne*[452] verantwortlich sein sollte und Artikel für die *Internationale* verfassen solle. Zusammen mit Ulbricht wurde Wehner mit der Abfassung eines Briefs der Parteiführung «an die Leitungen und Funktionäre der KPD im Land über die Aufgaben der Partei» (Dokument 47) beauftragt. Dadurch sollten die KPD-Funktionäre in Deutschland mit der neuen «Linie» nach Abschluß des Stalin-Hitler-Paktes vertraut gemacht werden. England und Frankreich wurden zu «imperialistischen Kriegstreibern» erklärt und die «Taktik der Einheits- und Volksfront» hatte nicht weitergeführt werden können, da die sozialdemokratischen Parteien in das «Lager des englischen Imperialismus» übergegangen seien.

Wehner war also im Herbst 1939 keineswegs nur mit «journalistischer Gelegenheitsarbeit» und «Informationsarbeiten» befaßt, wie er in *Notizen* beschreibt, sondern konnte nach seiner Attacke

und der Tschechoslowakei, in: Kommunistische Internationale, 1939, 20. Jg., H. 12, S. 1284–1292.

451 RZA 495/110a/317, Bl. 109.

452 Es verblieb bei den Vorschlägen, weder die *Rote Fahne* noch die *Internationale* erschienen nach Kriegsbeginn weiter.

auf die Kaderpolitik zumindest vorübergehend in die programmatische Diskussion eingreifen. Nach dieser Palastrevolution wurde er dann allerdings «erneut Gegenstand politischer Überprüfungen»[453].

Vorher wollte er aber (oder sollte er?) nach Schweden ausreisen. In einem Brief an Dimitroff stellte Pieck am 16. Dezember die Frage «der Verwendung des Genossen Funk in der politischen Hilfsstelle im Auslande». Ob Wehner durch die Parteiführung ins Ausland abgeschoben werden sollte oder ob dies – wie er in den *Notizen* ausführte – seinem Wunsch entsprach, kann hier nicht entschieden werden. Zumindest die Kaderabteilung blockierte Anfang 1940 alle Ausreiseversuche Wehners. Sie fertigte am 15. Januar 1940 erneut ein Dossier[454] mit allen bisher schon vorgebrachten «Beschuldigungen» an. Ein bereits eingereichtes Ausreiseformular[455] des Internationalen Verbindungsdienstes des EKKI-Sekretariats wurde im Januar 1940 storniert. In diesem letzten Untersuchungsverfahren gegen Wehner wurde vom Referenten der Kaderabteilung Försterling erneut der Vorwurf der «Verletzung der Konspiration» (Dokument 49) erhoben. Nachdem Wehner eine schriftliche Erklärung beim Sekretariat der KPD eingereicht hatte, wurde dieser Vorwurf durch eine Mitteilung Ulbrichts an die Kaderabteilung hinfällig. Zur endgültigen Entscheidung wurden Dimitroff persönlich von der Kaderabteilung im März 1940 zahlreiche Dokumente vorgelegt (Dokument 50). Dimitroff unterrichtete Wehner – so berichtete Wehner später in einem Interview[456] – persönlich vom Ausgang der Untersuchungen. Dimitroff meinte zu Wehner, daß von den Vorwürfen nichts nachgeblieben sei und er hoffe, daß auch bei Wehner «nichts nachbleibe». Wehner hielt 1976 zu diesem Gespräch mit

[453] Erklärung Wehners zu einer Veröffentlichung der Zeitung *Dagens Nyheter*, 11. März 1957, in: Zeugnis, S. 237.

[454] ZAD N 82/11646 I, Bl. 29–34.

[455] ZAD N 82/11646 I, Bl. 268.

[456] Zeugnis, S. 418.

Dimitroff fest: «Er hat wohl gewußt, daß da etwas nachbleiben muß.»[457]

Während seines letzten Jahres in Moskau beschäftigte sich Wehner mit einer «umfassenden Arbeit über die Entwicklung der deutschen Wirtschaft», an der er seit Jahren zusammen mit dem befreundeten Christoph Wurm gearbeitet hatte. In Artikeln für die in Stockholm erscheinende Komintern-Zeitschrift *Die Welt* lieferte er – trotz aller Erfahrungen scheinbar ungebrochen – hochgestimmte Bilder: «Moskau feiert den 1. Mai im wahrsten Sinn des Wortes. Das Sowjetland spendet seinen Bürgern aus dem unterschöpflichen Füllhorn, was sie zum Leben brauchen und das Kostbarste, was es spendet, ist Lebensfreude, Zuversicht und ein unversiegbarer Strom von Kraft und Energie.»[458] Und selbst die Annexion der östlichen polnischen Gebiete durch die Sowjetunion[459] wurde von ihm als «leuchtender Triumph der aufbauenden sozialistischen Nationalitätenpolitik» verbucht und der «nationalen Unterdrückung und Zerreißung der Völker durch den Kapitalismus»[460] gegenübergestellt. Nicht zufällig erinnerte er in diesem Zusammenhang an den Kampf der KPD gegen den Versailler Vertrag und pries «Ein Jahr Nichtangriffsvertrag zwischen der Sowjetunion und Deutschland».

Wehner selbst, der von den verzweifelten Ausreiseversuchen vieler Frauen, deren Männer verhaftet worden waren, wußte, weil er zumindest vertretungsweise in der «Deutschen Vertretung» solche «Fälle» (Dokument 48) bearbeitete, konnte mit offizieller

[457] Ebenda.

[458] Herbert Wehner: Moskau feiert den 1. Mai, in: Die Welt, 1940, 2. Jg., Nr. 19, S. 523.

[459] Über eine Million «antisowjetischer Elemente» wurden aus diesen Gebieten in die Sowjetunion deportiert. Vgl. Die Auslöschung eines Kulturraumes. Polnisches Erinnern an das Ostpolen der Zwischenkriegszeit, in: Osteuropa, 1990, 40. Jg., H. 7, A 410–420.

[460] Herbert Wehner: Die Delegation der werktätigen Bevölkerung und der Nordbukowina vor dem Obersten Sowjet, in: Die Welt, 1940, 2. Jg., Nr. 34, S. 997.

Genehmigung der «Instanzen» im Februar 1941 nach Schweden ausreisen, um dort die Tätigkeit des ZK-Mitglieds Karl Mewis zu untersuchen und um die illegale Widerstandstätigkeit in Deutschland zu organisieren. In einer Bescheinigung des Verbindungsdienstes des Sekretariats des EKKI hieß es: «Von seiten des Sekretariats des EKKI wird Genosse Funk in die Stadt Tallin in dienstlichen Angelegenheiten kommandiert. Frist der Dienstreise von 2.2. bis 12.2.1941. Genosse Funk hat 500 Rubel bei sich.»[461] Von Tallin reiste Wehner nach Stockholm.

Die Moskauer Kaderabteilung hat mit der Ausreise die Akte Wehner keineswegs geschlossen. Nach seiner Verhaftung und der Gerichtsverhandlung wurde Wehner aufgrund der von seinem Rivalen Karl Mewis ausgestreuten Verratsvorwürfe endgültig vom ZK der KPD ausgeschlossen (Dokument 51). Das in Moskau tagende ZK wirft seinem ehemaligen Mitglied Wehner vor, daß seine Aussagen in Schweden «aus erbärmlicher Feigheit» gemacht wurden und daß sie ein «infamer Verrat» an der Partei seien. Anläßlich einer erneuten Nachfrage des NKWD fertigte die Kaderabteilung erneut ein Dossier (Dokument 52) an und führte eine letzte Sitzung zum «Fall» Wehner (Dokument 53) durch.

[461] ZAD N 82/ 11646 I, Bl. 21.

Die Dokumente

Dokument 1

Mitteilung der Deutschen Vertretung beim EKKI an das ZK der Internationalen Roten Hilfe in Moskau

ZK MOPR[1] 8.4.35
Polit-Emigrantenstelle

Werte Genossen!

Entsprechend unserer Vereinbarung bitten wir, für den Genossen Herbert Funk und Frau für den 14. April 1935 zwei Fahrkarten weicher Klasse von Moskau nach Gagri zu besorgen, sowie auch für ihn und seine Frau das Taschengeld an den Genossen Hess[2] auszuhändigen.

Es ist aus bestimmten Gründen[3] nicht zweckmäßig, daß der Ge-

[1] In diesem Dokument wird die umfassende Fürsorge und Kontrolle des «Apparats» deutlich, der die Fahrkarten ebenso wie das Taschengeld für den Erholungsurlaub am Schwarzen Meer besorgt. Adressat des Briefes war die beim Zentralkomitee der Internationalen Roten Hilfe (MOPR) angesiedelte Stelle zur Betreuung der politischen Emigranten (Polit-Emigrantenstelle).

[2] Wahrscheinlich handelt es sich bei «Heß» um Kurt Schwotzer. Bei dem hier genannten Mitarbeiter der «Deutschen Vertretung» beim Exekutivkomitee der Kommunistischen Internationale «Heß» kann es sich nicht um den mit Wehner befreundeten Leo Roth (Decknamen: Ernst Hess, Viktor) handeln, da Leo Roth erst am 11. Januar 1936 in Moskau eintraf.

[3] Die Verfahrensweisen und Regeln der Konspiration wurden auch im Moskauer Exil beibehalten. Decknamen mußten weiterbenutzt werden, auch wenn die eigentliche Identität bekannt war. Da «Funk» nur vorübergehend in der Sowjetunion war, sollte er auch das öffentliche Büro der Roten Hilfe meiden, in dem auch «normale» Emigranten Hilfe in Wohnungs- und Arbeitsfragen suchten. In der Kombination mit Wehners Vornamen entstand anfangs der Deckname «Herbert Funk», der dann in «Kurt Funk» oder «Kurt» umge-

nosse Funk zwecks Erledigung seiner Angelegenheit selbst zur MOPR geht.

Mit kommunistischem Gruß!
Deutsche Vertretung beim EKKI
Richter[4]

Quelle: RZA 495/292/78 Bl. 12.

wandelt wurde. Wehners Deck- und Parteiname «Kurt Funk» wurde bei der Verzeichnung von Publikationen in der Regel aufgelöst.

[4] Unter seinem Decknamen «Max Richter» war Hermann Schubert als Mitglied des Politbüros der KPD vom Januar 1935 bis zur «Brüsseler Parteikonferenz» im Oktober 1935 Leiter der Deutschen Vertretung beim EKKI. Als «Linkssektierer» degradiert, arbeitete Schubert in der IRH in Moskau. 1937 wurde er verhaftet und am 22. März 1938 durch das Militärkollegium des Obersten Gerichts der UdSSR zum Tode verurteilt.

Dokument 2

Redebeitrag Herbert Wehners auf dem VII. Weltkongreß der Kommunistischen Internationale

Esch/8. Ex.[5]
VII. Weltkongress der KI
8. Sitzungstag
13. Sitzung. 1.8.35.

Redner Nr. 68
Redner Gen. Funk (Deutschland)
Sprache deutsche.

(Mit großem Beifall begrüsst)

Genossen, es ist in der Diskussion hier mehrfach die Frage gestellt worden, wie die deutschen Kommunisten gegenwärtig die Einheitsfront der Arbeiter organisieren, und wie sie unter den Massen arbeiten. Unsere Genossen, die zum 2. Punkt der Tagesordnung sprechen werden, werden ausführlich die Probleme unserer Einheitsfrontpolitik behandeln, insbesondere die Frage, in wie starkem und wie tiefem Maße die sektiererischen Fehler der Partei

[5] Diese Rede Herbert Wehners auf dem VII. Weltkongreß wird hier nach dem internen Moskauer Redeprotokoll zitiert. Die durch handschriftliche Korrekturen Wehners vorbereitete Fassung weicht, wie andere Redebeiträge auch, in wesentlichen Punkten von der veröffentlichten Version in der *Rundschau über Politik, Wirtschaft und Arbeiterbewegung* ab. Vgl. dazu den Reprint der *Rundschau*-Version: Protokoll des VII. Weltkongresses der Kommunistischen Internationale. Moskau 25. Juli – 20. August 1935. Erlangen 1974, S. 309–312. Protokolliert wurde diese Rede von der Stenotypistin Martha Esche. Ihr Zeichen «Esch» findet sich auf zahlreichen Dokumenten der Komintern und der KPD.

uns gehindert haben, rasch und wirklich tief uns zu verbinden und zu vereinigen mit den sozialdemokratischen Arbeitern. Ich möchte, anknüpfend an das, was die beiden Genossen der deutschen Delegation hier schon berichtet haben, einiges zu den *organisatorischen* Erfahrungen sagen, die wir im Kampfe um die Massen und in der Anwendung der Einheitsfronttaktik gesammelt haben, um ein Bild zu geben, wie wir unter den Schlägen des Terrors und nach Überwindung ernster Fehler auf dem Wege sind, eine wirkliche Massenpolitik, eine wirkliche Massenarbeit zu leisten.

Wir haben in der zurückliegenden Zeit die verschiedenartigsten Organisationsformen und Methoden anwenden müssen. Wir mußten uns dabei weitgehend davon leiten lassen, solche Formen zu finden, die uns in den Stand setzten, dem stärker und raffinierter werdenden Terror der nationalsozialistischen Kampforganisationen und der geheimen Staatspolizei auszuweichen bzw. ihn unschädlich zu machen. Wir haben dabei gelernt, daß es in den Organisationsfragen und in den Arbeitsmethoden für unsere illegale Partei keine Starrheit und keinen Schematismus geben kann, und daß die Formen abhängig sind von der Höhe der Entwicklung der Massenbewegungen.

Genossen, es ist hier gesagt worden, daß wir 1933 als Massenpartei in die Illegalität gegangen sind. Es gelang damals den Faschisten nicht, unsere Partei zu zerstören, und wir haben auch in den schlimmsten Zeiten des Terrors unsere Partei zentral zusammengehalten und zentral zu führen verstanden. Die Faschisten kannten die Fähigkeit unserer Genossen aus ihrer Arbeit an den Stempelstellen, aus ihrer Arbeit in den Betrieben, aus den Demonstrationen, aus der Tätigkeit der Partei bei den Presseverboten, sich neuen Bedingungen anzupassen. Sie wußten deshalb, daß es mit einem juristischem Verbot der Partei nicht getan ist. Aus diesem Grunde hatten wir derartige unerhörte, noch nie dagewesene Massenprovokationen und Terror zu erleiden. Die Reichstagsbrandprovokation hat sich in der Organisation schwer ausgewirkt. Aber unsere Genossen fanden damals auf Grund bestimmter Erfahrungen, die sie schon in der Legalität gesammelt haben, die Kraft und den Mut, mit neuen Methoden auf diesen Terror zu antworten. Wir haben damals eine Flut von illegalem Material, ganz allein gestützt auf die Initiative unserer unteren Einheiten, herausgebracht. Wir haben neue Formen der Massenagitation gefunden. Unsere Genossen waren unerschöpflich und unermüdlich darin. Wir haben unsere Genossen eingesetzt in Blitzdemonstrationen, in Sprechchören. Unsere Genossen haben auf diesen Gebieten eine vorbildliche Kühnheit und großen Opfermut bewiesen. Aber, Genossen, damit kann man sich nicht begnügen und konnte man sich nicht begnügen. Wir wollen nicht bei dieser positiven Feststellung stehen bleiben. Wir hatten damals Funktionäre, die gute Zeitungen herausgeben konnten, die auf diesem Gebiete großen Mut und große Erfahrungen bewiesen. Aber wir waren nicht mit den Massen verbunden, nicht in ihren Organisationen verankert. Wir sind zu folgender Erfahrung gekommen: Der Herausgabe des Agitationsmaterials wurden bei uns praktisch alle anderen organisatorischen und politischen Fragen untergeordnet. Es hat sich dann ein solcher Zustand entwickelt; weil man für die Herausgabe von Agitationsmaterial doch nur einen verhältnismäßig kleinen Kern von Genossen gebrauchen kann, hat sich an der aus der Sozialdemokratie übernommenen Arbeitsteilung in Funktionäre und in Mitglieder, die mehr oder weniger passiv sind, nichts verändert, sondern diese Trennung in Funktionäre und Mitglieder hat sich im Gegenteil noch vertieft. Wir hatten in der Illegalität eine Verschiebung nach der Seite, daß die Arbeit noch mehr durch einen Kern aktiver Funktionäre geleistet wurde und auf der andern Seite eine große Masse von arbeitsbereiten Parteigenossen überhaupt keine Gelegenheit fand, und nicht dazu herangeholt wurde, Massenarbeit zu leisten. Es entwickelte sich daher so ein Zustand der Abkapselung, der Isolierung. Dafür ein Beispiel: wir hatten in der Legalität als Maßnahme und Hilfsmittel für unsere Beitragskassierung die Schaffung von sogenannten Fünfergruppen vorgesehen. Wir wollten, daß ein Beitragskassierer 5 Genossen aufsucht und kassiert. Daraus entwickelte sich aber in der ersten Zeit der Illegalität praktisch ein Ersatz für die Zellen mit dem Ergebnis, daß der Fünfergruppenleiter seine Leute aufsuchte, mit ihnen sprach, meist nur kurz, meist nur in der Wohnung oder bei dem Treff, und daß das Ergebnis war, daß die Mitglieder der Partei keine Gelegenheit hatten, in der Zelle zusammenzukommen, zu politischen Beratungen ihre Meinung zu sagen, gemeinsame Aufgaben zu stellen, die Durchführung dieser Aufgaben zu kontrollieren und darüber zu sprechen, wie man es besser machen kann. So wurde aus einem Hilfsmittel ein Hemmnis, das sich der Entfaltung der Initiative unserer Genossen hindernd in den Weg stellte, wir haben heute noch dagegen zu kämpfen, daß solche Formen und, wie ich vorhin schon sagte, solche Formen der Massenarbeit, wie die Verteilung von Literatur, als einzige und entscheidende angesehen werden.

Ich will dafür noch ein Beispiel geben: vor einiger Zeit wurde in einer größeren Stadt eine sogenannte schlagartige Verteilung von Material organisiert. Unsere Genossen haben darauf große Mühe und Sorgfalt verwendet. Sie teilten die Stadt in Bezirke ein, sie organisierten, daß Genossen aus anderen Bezirken das Material in den betreffenden Bezirken verteilten und zu einer bestimmten Zeit wurde das Material in den Wohnungen verteilt. Die Genossen waren sehr stolz auf diese Aktion.

Aber wir haben an ähnlichen Aktionen gelernt, daß sie vorzügliche Hilfsmittel für die geheime Staatspolizei sind, um sich einzuschalten, daß sie dabei viel leichter Gelegenheit hat, an unsere schwachen Stellen heranzukommen und daß wir keine Möglichkeit danach haben, eine systematische, in die Tiefe gehende Massenarbeit zu leisten. Wir wissen nicht, was mit dem Material geworden ist, wer es bekommen hat. Wir haben keine Möglichkeit, jeden einzelnen Menschen auf Grund unseres Agitationsmaterials nun weiter zu bearbeiten und ihm weiter zu sagen, was wir wollen.

Wie schädlich solche Aktionen in Wirklichkeit sich auf eine systematische, organisierende Massenarbeit auswirken, zeigte sich bei einem Betrieb. Dort wurde von einer Massenorganisation, ohne daß die Betriebsgenossen es wußten, ein Flugzettel mit ziemlich nichtigem Inhalt in den Betrieb gebracht. Die Genossen des Betriebes hatten darunter zu leiden. Die geheime Staatspolizei führte sofort eine Untersuchung durch, einige Genossen wurden verhaftet, und ein Arbeiter, der bereits in der Arbeitsfront war und dort eine legale Funktion hatte, wurde erschlagen. Sie nahmen auf diese Weise Rache an den Arbeitern, die sie im Betrieb fangen konnten.

Im Zusammenhang damit noch einige Worte zur *Konspiration*. Ich habe darzulegen versucht, wie unsere Organisationen sich gegenüber den Massen abgekapselt haben. In der ersten Zeit hatten wir eine sehr schwache Aufnahme von Mitgliedern. Die sozialdemokratischen Arbeiter entwickelten sich zu uns, aber wir kamen nicht in Kontakt zu ihnen. Wir haben im Gegenteil in dieser Beziehung vieles versäumt, und Fehler gemacht in der Richtung, daß wir sie abstießen, keine richtigen Methoden fanden, um sie in der Organisation so aufzunehmen, daß sie sich sofort als gleichberechtigte Genossen fühlten, so daß wir solche Erfolge nicht erzielen konnten, wie unser österreichischer Genosse sie heute glänzend demonstriert hat.

Genossen, wir hatten eine Form der Konspiration am Anfang, die vielfach in der Isolierung bestand. Unsere Genossen waren nicht dadurch getarnt, daß sie sich einbauten in die nationalsozialistischen Massenorganisationen, und wir hatten nicht das richtige Verhältnis zwischen Konspiration und Massenarbeit. Es gab Genossen, die diese Isolierung fühlten und sie zu durchbrechen versuchten, indem sie die elementarsten Regeln der Konspiration über Bord warfen. Wir haben massenweise Fälle, wo die Instrukteure Literatur in die unteren Organisationen mitnahmen und dadurch nicht nur sich selbst, sondern auch die Organisationen und das mühselig aufgebaute Verbindungsnetz zerstört haben.

Wir hatten oft eine Durchbrechung der Konspiration auf dem Gebiete der Kassierung, der Technik[6] in ihrem Verhältnis zum

[6] Technik, d. i. jener Teil des KPD-Apparats, der mit der Herstellung und Verbreitung von Druckschriften befaßt war.

Parteiapparat usw. Es ist uns gelungen, für das Verbindungswesen[7] und für die Technik getrennte Apparate aufzubauen. Wir haben die Erfahrungen unserer illegalen Bruderparteien angewandt und aus ihnen gelernt. Aber in den meisten Fällen bezahlten wir infolge unserer Isolierung unten, den Aufbau unseres illegalen Apparates mit ziemlich großen Opfern.

Wir hatten solche Arbeitsmethoden zu finden, die uns befähigten, eine wirkliche Massenarbeit zu führen, wie uns das der Genosse Lenin gelehrt hat. *Die* neuen Formen der Organisation gelang es uns nicht sofort zu finden, die uns bei Einhaltung der strengsten Konspiration befähigt hätten, eine *Massenarbeit* durchzuführen.

Am krassesten kam das zum Ausdruck in unserer Arbeit in den unter unserer Führung stehenden Massenorganisationen.[8] Es war eine unserer Hauptschwächen in der Legalität, daß das Schwergewicht unserer Massenarbeit und unserer Anstrengungen zur Schaffung der Einheitsfront von unten nicht in den großen Arbeitermassenorganisationen, die unter sozialdemokratischer Führung standen. Wir hatten auf fast allen Gebieten, zum Beispiel auf sportlichem, gewerkschaftlichem und kulturellem Gebiete Parallelorganisationen, die aus der Entwicklung heraus entstanden waren. Als die Faschisten zur Zerschlagung der Arbeiterorganisationen übergingen und die sogenannte Gleichschaltung durchführten, gaben wir für die Massenorganisationen die Parole der Verteidigung der Arbeiterorganisationen bei gleichzeitiger Vorbereitung auf Überführung der Organisationen in die Massenorganisationen der Faschisten heraus.

Das ist uns nur bei den Sportorganisationen gelungen, während

[7] Durch Kuriere wurde die «Verbindung», d. h. die konspirative Übermittlung von Nachrichten und Direktiven, zwischen den Bezirksleitungen und der Landesleitung in Berlin hergestellt.

[8] Gemeint sind solche von der KPD gegründeten und kontrollierten Organisationen wie die Rote Hilfe, die Revolutionäre Gewerkschaftsopposition, Internationale Arbeiterhilfe, etc.

die Organisationen wie IAH[9] und Freidenker[10], der Internationale Bund der Opfer des Krieges und der Arbeit und andere die rechtzeitige Überführung versäumt haben. Dort, wo dieses nicht geschah, büßten die Organisationsformen ihren Massencharakter ein, sie ahmten in ihren Organisationsformen und Agitationsmethoden die Partei nach, so daß sie nach und nach gänzlich ihre Bedeutung als Transmissionen zu den Massen verloren haben. Erst im Winter 1933 hatten wir die ersten Einzelbeispiele der Massenarbeit in den faschistischen Organisationen, zum Beispiel bei den Erwerbslosen, im Luftschutz usw. Bei den Erwerbslosen arbeiten wir an den Stempelstellen. Wir hatten aber noch nicht neue Formen der Massenarbeit gefunden. Die alten Erwerbslosenausschüsse[11] genügten nicht mehr. Sie wurden aufgerieben. Unsere Genossen, die in der NS-Volkswohlfahrt und in den anderen Organisationen tätig waren, konnten sich an den Stempelstellen und in den Wohnungen der Erwerbslosen «legal» bewegen und die Erwerbslosen erfassen und bearbeiten.

Im Sport haben unsere Genossen durch ihre Anpassung an die faschistischen Massenorganisationen eine breite Arbeitsmöglichkeit erreicht. Wir haben hier die Grundlage zur Organisierung einer Opposition geschaffen und das Fundament zum Kampfe um demokratische Teilforderungen gelegt.

Nun, Genossen, will ich ein Beispiel anführen, das zeigt, wie wir auf Grund solcher negativen Erfahrungen zu Methoden kommunistischer Massenarbeit übergegangen sind, in Fortsetzung der Methoden, die 1932 zur Vorbereitung und Durchführung des BVG-Streiks[12] angewendet wurden.

[9] Internationale Arbeiterhilfe.

[10] Verband proletarischer Freidenker.

[11] Gemeint sind die zumeist von der KPD initiierten und dominierten Erwerbslosenausschüsse.

[12] Der Streik (3.–7.11.1932) der Arbeiter der Berliner Verkehrsgesellschaft wurde von der RGO initiiert und die NSDAP schloß sich dem Streik an. Walter Ulbricht und Goebbels traten gemeinsam in Streikversammlungen auf.

Die Bezirksleitung eines Bezirks, in dem einige große Chemie-Betriebe liegen, hatte bis Mitte 1934 fortgesetzt versucht, in diesen Chemie-Betrieben einen Betriebszelle aufzubauen. Sie hat das praktisch erreicht, als sie den besten Genossen im Bezirk damit beauftragte, diese Arbeit durchzuführen. Er sammelte mit Hilfe der Unterbezirksleitung des Gebietes, in dem der Betrieb lag, und wo die Chemiearbeiter in den Orten zerstreut wohnen, Namen und Adressen zuverlässiger Parteimitglieder und Sympathisierender und erreichte in wenigen Wochen, daß er mit 15 Leuten eine Zelle aufbauen konnte, die zur Hälfte aus bisher sozialdemokratischen Arbeitern bestand. Es wurden 4 Abteilungszellen gegründet. Die Verbindung zu den Abteilungszellen hielt er nicht selbst, um zu vermeiden, daß durch *eine* Verhaftung die Gesamtzelle zerstört werden kann. Die Zelle ging bald dazu über, eine Zeitung herauszubringen; zunächst in sehr beschränktem Umfange. Hier haben wir aus den Fehlern gelernt, daß wir in der ersten Zeit große Massenauflagen von unseren Zeitungen herausgaben und dadurch die Genossen gefährdeten. Für jede Abteilungszelle hatten wir einen eigenen Instrukteur, weil bei einem anderen Aufbau es der Gestapo gelingen könnte, die Genossen zu ermitteln. Als wir stärker waren, wurde eine Gesamtbetriebszellenleitung geschaffen, die unseren Kräften und den Verhältnissen entsprach. Hier war es möglich, mit Hilfe der sozialdemokratischen Arbeiter eine provisorische Gewerkschaftsleitung zu organisieren. Von diesem Betrieb kamen wir heran an die seit Monaten gesuchte – und jeder weiß, was das in der Illegalität bedeutet – sozialdemokratische Leitung, mit der es dann möglich war, gestützt auf die ersten Anfänge, einen Pakt abzuschließen zur Aktionseinheit im ganzen Bezirk, einen politischen Pakt, der uns instand setzte, einen Druck auf die sozialdemokratischen Instanzen auszuüben. Die nächste Frage war: wie realisieren wir diesen Pakt. In diesem Bezirk haben wir keine endgültige Antwort gefunden. Ich will an einem anderen Beispiel zeigen, wie die Genossen eines anderen Bezirks die Antwort für ihren Bezirk gefunden haben. Die Genossen organisierten mit den sozialdemokratischen Arbeitern ein solches Verhältnis, daß zu den

Sitzungen der Bez.[irks]-Leitung der Kommunistischen Partei jeweils ein Mitglied der sozialdemokratischen Parteileitung kam, wenn über eine politische Frage gesprochen wurde. Ebenso zu den Sitzungen der Unterbezirksleitungen. Sie schufen so ein enges Vertrauensverhältnis, das auch nicht durch die Trotzkisten gestört werden konnte, die die Parole ausgaben: die Kommunisten sind mit Spitzeln durchsetzt, um die beginnende Einheitsfront zu stören. Hier hatten wir eine primitive Art, mit der es möglich war, die Einheitsfront mit mehreren hundert sozialdemokratischen Arbeitern zu verwirklichen und durch eine bestimmte Massenagitation und vor allen Dingen auch durch Erfolge auf dem Gebiete der Gewerkschaftsarbeit, weiter vorzustoßen.

Wir haben neue Formen auch auf dem Gebiete der Wohnorganisationen. Z. B. stießen wir vor einiger Zeit auf eine Zelle, die nur aus Genossinnen bestand, die frühere Sozialdemokratinnen waren und die sich die Aufgabe gestellt haben, im Bund deutscher Mädchen und in der Nationalsozialistischen Frauenschaft zu arbeiten und die Auffassung vertraten, daß sie ihre Arbeit ohne Hinzuziehung von Genossen durchführen werden.

Wir haben die Auffassung, daß wir in dieser Beziehung in keinen Schematismus verfallen dürfen. Die Wohngebietsorganisationen waren solange nicht arbeitsfähig, solange sie sich nicht konkrete Aufgaben gestellt hatten. Wenn sie jetzt an den Stempelstellen, unter den Kriegs- und Arbeitsinvaliden, im Luftschutz, kurz überall dort, wo Massen vereinigt sind, sich mit diesen Massen verbinden und arbeiten, so werden wir neue Organisationsformen entwickeln.

Es war früher notwendig, unsere Zellen zu verkleinern. Aber es war falsch, daraus ein zahlenmäßiges Schema zu machen. Die Größe der Zellen hängt ab von der Struktur des Gebiets. Die Zellen müssen sich konkrete politische Aufgaben stellen, die sie erfüllen können.

Die Leitungen haben unter den Bedingungen der Illegalität die Aufgabe, die politische Grundlinie der Arbeit anzugeben und den unteren Einheiten bei der Durchführung zu helfen, damit vor allem ein Maximum an Initiative, ein Maximum von eigener Arbeit von den Genossen entfaltet wird. Wir haben das während der Zeit unserer legalen Arbeit vernachlässigt und wir haben deshalb mit besonderem Interesse die Ausführungen des französischen Genossen verfolgt, der über die Arbeit der französischen Partei gesprochen hat, weil wir aus seinen Ausführungen an vielen Punkten unsere Versäumnisse gesehen haben, die uns erschwert haben, in die Illegalität überzugehen.

Zum Schluß: eine entscheidene Bedeutung in diesem Kampfe um die Durcharbeitung der Organisation hat unsere Presse, die es bis heute noch nicht verstand, ihre Rolle als organisierender Faktor zu spielen.

Zum Beispiel *Die Rote Fahne*, die lange Zeit hindurch keine oder eine nur ganz ungenügende organisierende Rolle gespielt hat. Sie soll das nicht nur innerparteilich, sondern sie muß vor allem den Massen auch an Hand konkreter Arbeits- und Kampfbeispiele Erfahrungen übermitteln und ihnen helfen, sich zusammenzuschließen und den richtigen, nächsten Schritt zu gehen. Ich will an einem Beispiel zeigen, wie falsch unsere Zeitungen oft an die Fragen der Heranführung der Arbeiter an die Organisierung ihres Kampfes gehen. Den Arbeitern eines Betriebes, in dem ein Konflikt war, wurde folgendes gesagt:

«Die Kolleginnen schimpfen zwar über die Zustände, fühlen sich aber zu schwach, um irgend etwas zu unternehmen. Es wird die Aufgabe der Kommunistischen Partei sein, und der Gruppe der proletarischen Klassengewerkschaften, die Empörung dieser Kolleginnen zu Kampfhandlungen gegen diese Mißstände zu steigern.»

Damit konnten die Arbeiterinnen nichts anfangen.

Genossen, es fehlt mir leider an der Zeit, an Hand anderer Beispiele, z. B. aus der BVG nachzuweisen, wie sich bei unseren Genossen unten eine bessere Methode durchsetzt.

Zum Schluß, Genossen, was ist der Unterschied zwischen der Massenpartei, die wir in die Illegalität führten, und der Massenpartei, wie sie sich jetzt entwickelt.

Damals hatten wir eine große Mitgliederzahl, die sich zusammensetzte aus einem verhältnismäßig engen Kreis von Funktionären und einer großen Zahl von Mitgliedern, die nicht oder ungenügend Massenarbeit unter Anleitung und Kontrolle der Partei leisteten. *Heute* haben wir eine Partei, die nach Überwindung großer Schwächen und Hemmnisse *auf dem Wege ist*, sich mit den Massen zu verbinden, indem jedes Mitglied ein Organisator und Führer der Massen wird. Unsere jungen, in der Illegalität gewachsenen und gestählten Kader, die gestützt auf die Traditionen unserer Partei beispiellosen Heldenmut und große Opferbereitschaft im Einsatz ihrer Kraft und ihres Lebens für die Sache der Arbeiterklasse bewiesen haben, werden und können wahre Wunder an Heldenmut und Tatkraft in der Massenarbeit und in der Entwicklung der Einheitsfront mit den sozialdemokratischen Genossen vollbringen, wenn wir politisch das Sektierertum in unserer Partei restlos liquidieren und auf die Linie der Komintern marschieren. Wir erwarten vom VII. Kongreß, daß er uns in dieser Hinsicht ein neues entscheidendes Stück vorwärts bringt.

Quelle: RZA 494/1/200 Bl. 94–105.

Dokument 3

Lebenslauf Herbert Wehners («Kurt Funk») von 1935

Diesen Lebenslauf hatte Herbert Wehner als «Parteiarbeiter» vor seiner Abreise aus Moskau auf Anforderung der Kaderabteilung des Exekutivkomitees der Kommunistischen Internationale anzufertigen. Seine Wahl zum Kandidaten des Politbüros wird von ihm hier nicht vermerkt.

Lebenslauf[13]

Geboren am 11. 7. 1906 in Dresden als Sohn einer Arbeiterfamilie. Mein Vater ist Lederarbeiter (seit 1929 erwerbslos), meine Mutter war Schneiderin (sie arbeitete später oft und jetzt als Aufwärterin und Wäscherin). Ich habe einen Bruder, der ebenfalls Arbeiter (Lederarbeiter) ist.

Im Jahre 1913 begann ich die Volksschule zu besuchen im Erzgebirge. Da mein Vater zu Kriegsbeginn ins Feld mußte und meine Mutter krank war, begann ich schon 1915 zu arbeiten, bei Bauern, später bei Handwerkern (Tischler, Tapezierer). 1917 übernahm ich außerdem noch Heimarbeit.

Nach Verlassen der Volksschule besuchte ich noch eine dreijährige Berufsschule.

In den Jahren 1924/25 war ich in einer Maschinenfabrik beschäftigt, um als Kontorist ausgebildet zu werden. Mit einigen Unterbrechungen arbeitete ich dann in verschiedenen Betrieben. 1927 wurde ich bei Zeiss-Ikon gemaßregelt.

Januar 1923 trat ich der Sozialistischen Arbeiterjugend bei und nahm am Jugendtag in Nürnberg teil. In unserer Gruppe gab es von Anfang scharfe Differenzen, die im Oktober 1923 zur Abspal-

[13] Von Herbert Wehner handschriftlich abgefaßter Lebenslauf. Die Kaderabteilung erstellte davon eine maschinenschriftliche Abschrift.

tung eines großen Teils führten. Die meisten Genossen, darunter ich, schlossen sich nicht dem KJV an, weil zwischen uns und den führenden KJV Gen.[ossen] (Brandler-Anhänger[14]) keine Übereinstimmung zu erzielen war. Wir schlossen uns als selbstständige Gruppe der Syndik.[alistisch]-anarchistischen Jugend an und organisierten uns gewerkschaftlich in der Synd.[ikalistischen] Arbeiter-Föderation.

1925 oder 26 wurde ich zu dem Reichkongr.[eß] der Synd.[ikalistischen] Jugend entsandt, wo ich zusammen mit Mühsam für [den] Anschluß an die RHD[15] und Arbeit mit dem RFB[16] eintrat. Wir blieben mit unseren Anträgen in der Minderheit. 1926 arbeitete ich mit Mühsam zusammen, trennte mich jedoch Anfang 1927 von ihm. Es kamen zu den politischen Differenzen einige persönliche, die damals meine politische Entwicklung etwas hemmten.

Seit 1925 bin ich Mitglied der RHD. 1927 wurde ich Ortsgruppenleiter von Dresden, 1928 Bez.[irks]-Sekretär der RHD in Ostsachsen.

Juni 1927, unter dem Eindruck des Essener Parteitags und des Kampfes der KPdSU gegen den Trotzkismus trat ich der Partei bei. Im Betrieb Zeiss-Ikon war ich Zellenleiter. Mehrere Genossen der Synd.[ikalistischen] Jugend traten mit mir, die meisten anderen im Laufe des Jahres in die Partei ein.

1927 wurde ich als Mitgl. der BL[17] und von der BL als Gew.[werkschafts]-Sekretär gewählt. Diese Funktion übte ich auch für den Bezirk Sachsen aus, als er im Dez. 1929 vereinigt wurde. Im Sommer 1930 wurde ich in den Sächsischen Landtag gewählt.

Ab Juni 1930 war ich stellvertr. Pol. Sekretär[18] in Sachsen. Im

[14] Nach dem Scheitern des Aufstandsversuchs in Hamburg im Oktober 1923 wurde der Parteivorsitzende Heinrich Brandler nach Moskau kommandiert. In der Diskussion der Komintern und der KPD wurden Heinrich Brandler und August Thalheimer als Sündenböcke verfemt.

[15] Rote Hilfe Deutschland.

[16] Roter Frontkämpfer-Bund.

[17] Bezirksleitung.

[18] Politischer Sekretär.

Jahre 1931 kam ich zur Org.-Abtlg.[19] des ZK. Im August 1932 wurde ich techn. Sekretär des PB.

In der Bekämpfung der Neumann-Fraktion war ich außer in meiner zentralen Funktion auch im UB Zentrum, Berlin, tätig, wo ein Herd dieser Fraktion sich befand.

In der Illegalität arbeitete ich in der Leitung im Lande bis Juni 1934. Dann übernahm ich die Leitg. des Abst.[immungs]-Kampfes im Saargeb.[iet]. Von dort ging ich im Febr. 1935 erneut mit dem Auftrag, in der LL zu arbeiten, [weg]. Meine Verhaftung und Ausweisung aus Prag folgte. Als Deleg.[ierter] nahm ich am VII. Kongr.[eß] und an der Parteikonferenz[20] teil.

Verhaftet war ich im Laufe der Jahre mehrmals, während der Arbeit in der Illegalität im Lande nicht.

26. X. 35 Herbert Funk

Quelle: N 82 / 11646 I, Bl. 114–115 a.

[19] Organisationsabteilung.

[20] VII. Weltkongreß der Kommunistischen Internationale und sog. Brüsseler Konferenz der KPD.

Dokument 4

Brief des KPD-Funktionärs Hans Hausladen («Henry Jakob») an Wilhelm Pieck

In diesem Brief wird Herbert Wehner wegen der Vorbereitung von Bomben- oder Handgranatenanschlägen auf Büros der «Deutschen Front» im Saargebiet als «bewußter oder unbewußter» Provokateur bezeichnet.

Vertraulich!!!

Moskau den 10. Dez. 1935

An das Z. K. der KPD
zu Händen des Genossen Pieck

Herbert befragen [handschriftl. Zusatz]

W. Gen.!

Bezugnehmend auf unsere kurze Aussprache am 7. d. Mts. komme ich dem Wunsch des Gen. Pieck nach und unterbreite schriftlich meine Bedenken und Befürchtungen über die letzten Tage der Saarpolitik. Daß es jetzt erst geschieht, ist darauf zurückzuführen, daß mir anläßlich des Berliner Richardstraßenprozesses bewußt wurde, welche Folgen evtl. sowohl für die Parteiführung als für das Leben des Gen. Thälmann sich aus dem, was die letzten Tage vor der Saarabstimmung auf Anweisung des Instrukteurs des ZK im Saargebiet geschah, erwachsen könnte.

Einige Tage vor der Abstimmung wurde ich zu einer Sitzung nach Neunkirchen eingeladen. Die Sitzung wurde geleitet von dem mir nur als «Kurt» bekannten Genossen, welcher als verantwortlicher Instrukteur des ZK im Saargebiet tätig war. In dieser fraglichen Sitzung wurde angewiesen, am Sonntag, den 15. Januar, am Tag der Abstimmung, aus den umliegenden Orten die besten Leute des Massenselbstschutzes[21] nach N.[eunkirchen] zu beordern, und zwar sollen Leute, die kommen, warm[22] angezogen sein. Verwandt sollten sie werden, wie festgelegt wurde, um das «D. H.» in N.[23] auf den «Leisten» zu schlagen.

Bei einer zweiten Kolonne wurde festgelegt, daß sie am Denkmal in Neunkirchen am Abend der Abstimmung eine N.Fahne[24] verbrennt und eine Ansprache dabei gehalten wird. Beim Eingreifen der Polizei oder anderer sollte mit allem auf diese «draufgehalten» werden. Als drittes für Neunkirchen war festgelegt, daß dem Büro der D. F.[25] ein warmer Gruß geschickt wird. Von der gleichen Stelle war auch für Saarbrücken und Saarlouis desgleichen angeordnet.

In Saarlouis ging das Auto mit den «Dingerchen» hoch, der Mann wurde verhaftet und abgeurteilt (kam auf Grund der Amnestie aus dem Saargebiet). Von vielen verantwortlichen Genossen wurden gegen diese angewiesenen Maßnahmen Bedenken geäußert. Der größte Teil führte aber Maßnahmen durch, um nicht als Feiglinge oder Drückeberger zu erscheinen. Eine grundsätzliche Aussprache wurde darüber nicht einmal mit den UB-Leitern und Instrukteuren zugelassen.

Von verschiedenen Genossen wurde bei der Durchführung der angewiesenen Maßnahmen nicht so gehandelt, sie gaben aus eigenem Antrieb in letzter Minute nicht die Befehle zur Aktion. Im D. F. Büro explodierte am 15. Januar abend 9 Uhr eine Handgra-

21 Von der KPD organisierte Gruppen zur «Abwehr von faschistischen Überfällen». In seinem Lebenslauf vom 24. März 1937 verweist Wehner darauf, daß er 1932 in Berlin die «massenmäßige Abwehr der Faschisten» organisiert habe. Herbert Wehner war wahrscheinlich als besoldeter Sekretär der KPD-Bezirksleitung in Dresden auch Mitglied des RFB.

22 d. h. sie sollten sich mit Waffen ausrüsten.

23 Gemeint ist das «Deutsche Haus» in Neunkirchen.

24 NSDAP-Fahne.

25 Deutschen Front.

nate. Die sonst in dem Haus postierte Wache befand sich in den Räumen des Hinterhauses. Von denselben wurden mit Pistolenfeuer die Täter verfolgt, welche die Handgranate geworfen hatten. Sie sind entkommen.

Für das angeführte sind verschiedene Genossen zur Zeit hier, welche meine Angaben noch in genaueren Details anführen können, die ich jederzeit durch Euch erreichen kann. Ich ersuche das Polbüro zur Stellungnahme in dieser Angelegenheit. Da ich mich nicht von dem Gefühl befreien kann, als sei der betreffende Instrukteur ein bewußter oder unbewußter Provokateur gewesen.

Ich befürchte auch, daß [man] nach dem Ablauf des einen Jahres «Schonfrist» im Saargebiet, Personen deswegen noch den Prozeß machen wird oder solche Zeugen aus dem S. Geb.[26] als Zeugen für die Verantwortung der Parteiführung für solches Geschehen in der Partei des Gen. Thälmann aufmarschieren läßt.

Mit kom. Gruß Jakob

Quelle: ZAD N 82/11646 I, Bl. 214–215.[27]

[26] Saargebiet.

[27] Von diesem handschriftlich verfaßten Schreiben wurde durch die Kaderabteilung am 4. Februar 1937 eine «Streng vertraulich» deklarierte Abschrift in drei Exemplaren hergestellt. Zwei Exemplare davon sollten an Alichanow, den Leiter der Kaderabteilung des EKKI, gegeben werden. Dies bedeutet, daß erst 1937 – nach dem Vorliegen weiterer Vorwürfe von Wilhelm Florin – diese Vorwürfe Hausladens aufgegriffen wurden.

Dokument 5

Schreiben Wehners an die «Grenzstellen»

Chiffriertes Schreiben Wehners an die «Grenzstellen» der KPD über «trotzkistische Zersetzungserscheinungen anläßlich der Moskauer Prozesse» in der Emigration, das auch an den in Prag verbliebenen Teil der KPD-Auslandsleitung zur Kenntnisnahme geschickt wurde. Die darin enthaltenen Vorschläge zur «Überprüfung» jedes KPD-Mitglieds und zur evtl. «Zurückschickung» nach Deutschland gehen auf eine Direktive der Moskauer KPD-Führung zurück. Der beigefügte Chiffrier-Schlüssel wurde wahrscheinlich durch einen zweiten Kurier überbracht.

an Pr.[ag] zur Kenntnis
19. September 1936

Liebe Freunde[28],

in der letzten Zeit haben sich in Teilen der 1/ gewisse Zersetzungserscheinungen gezeigt, u. a. anläßlich der 2/, ferner in Zusammenhang mit der 3/ und schließlich als Folge einer 4/. Es hat sich herausgestellt, daß in den meisten Fällen der Gegner Stützpunkte in den Reihen der 1/ hat, von denen aus eine systematische Zersetzungsarbeit organisiert wird. Diese Tatsache wird von einem Teil unserer Funktionäre unterschätzt. Ja, es gibt eine Reihe Fälle, in denen unsere Freunde sich sogar zum Vorspann solcher Arbeit, indem sie Auseinandersetzungen und Stimmungen in der 1/ lediglich auf materielle Schwierigkeiten bezw. auf die Unzufriedenheit mit der materiellen Lage oder, wie das sehr häufig vorkommt, auf ein angebliches Unverständnis der ausländischen Bruderorganisationen für die Lage unserer 1/ zurückführen. In solchen Fällen unterstützen sie, wenn auch unbewußt und ungewollt, die Ausbreitung einer letzten Endes systematisch organi-

[28] Zum Zweck der leicht zu entschlüsselnden «Konspiration» wurde im Sprachgebrauch der KPD zumeist die «Genossen» durch «Freunde» ersetzt.

sierten Zersetzungsarbeit in der 1/. Insbesondere die 4/ veranlaßt uns, einige konkrete Vorschläge zur Untersuchung und Bereinigung der Lage in der 1/ zu machen. Ihr wißt und habt aus der Resolution des ZK[29] zum Prozeß gegen die trotzkistischen Verschwörer gelesen, daß mehrere 5/ beteiligt waren. Es ist nicht genug damit getan, daß wir die Handlungsweise solcher Leute scharf verurteilen, wir müssen vor allem aus diesem Vorgang Lehren ziehen zur Erhöhung der Wachsamkeit und zur Verhinderung neuer Zersetzungsfälle.

In der 1/, die sich nun schon mehrere Jahre hinzieht, besteht die Möglichkeit, daß infolge der schweren materiellen Lage und teilweise ungenügender Beschäftigung, Freunde in ihrer Spannkraft nachlassen und sogar Einflüsterungen gegnerischer Kräfte zum Opfer fallen. Die Anstrengungen des Gegners sind sehr groß und sind mitunter nicht spürbar.

Unsere Vorschläge sind

a) Ihr bestimmt einige Freunde, die unverzüglich die Überprüfung jedes einzelnen Mitglieds der 1/ organisieren

b) die Untersuchungsergebnisse müssen von Euch zum Anlaß genommen werden, den Funktionärskader, wo es notwendig ist, umzustellen und zu verbessern.

c) wir müssen erreichen, jenen Teil der 1/, der aus verhältnismäßig geringfügigen Gründen in die 1/ gegangen ist, davon zu überzeugen, daß es zweckmäßig und notwendig ist, ins Land zurückzugehen. Es gibt darunter Freunde, die nicht einmal Strafe zu gewärtigen haben oder andere, die nur eine vorübergehende Inhaftierung in Kauf nehmen müssen, durch die sie aber ihre Legalität zurückerlangen. Sie dürfen natürlich nicht mit den 6/ in Verbindung gebracht werden, vielmehr werden sie nach einiger Zeit lernen, sich legal zu bewegen und eine bestimmte legale Arbeit zu leisten, z. B. im Sport.

[29] Abgedruckt wurde diese Resolution des ZK der KPD zum ersten Moskauer Schauprozeß in der *Internationale* und in der *Deutschen Volkszeitung*.

d) Im übrigen müssen wir durchsetzen, daß unsere 1/ enger mit dem 7/ verbunden wird. Dazu gehört ein stärkerer Kampf um 8/ und eine wirkliche Einfühlung in die Verhältnisse von 7/. Es ist ein ganz unmöglicher Zustand, daß ein großer Teil unserer Freunde in der 1/ Jahre hindurch in einem ungesunden Wartezustand verharren muß, ohne sich produktiv betätigen zu können.

e) Leute, denen konkret Verbindungen zu gegnerischen Kräften nachgewiesen werden, müssen entfernt werden.

Wir stellen diese Aufgaben mit allem Nachdruck und machen darauf aufmerksam, daß sie ein entscheidender Bestandteil zur Realisierung der Resolution des Z. K., die oben erwähnt ist, sind. Ihre Lösung erlaubt keinen Aufschub und wir erwarten von Euch, daß Ihr uns gleichzeitig mit der Bestätigung dieses Briefes mitteilt, wie Ihr in Eurem Gebiet diese Aufgaben begonnen habt, zu erfüllen.

Mit bestem Gruß
Kurt

Zu unserem Brief v. 19.9.1936

1/ Emigration
2/ spanischen Ereignisse
3/ französische Politik
4/ trotzkistische Zersetzungsarbeit anläßlich des Moskauer Prozesses
5/ deutsche Parteimitglieder
6/ illegale Organistionen
7/ Arbeiterleben in den anderen Ländern
8/ Asylrecht

Quelle: IfGA/ZPA I 2/3/286, Bl. 388–389.

Dokument 6

Schreiben von Wilhelm Florin an Alichanow

Mit diesem Schreiben des Vorsitzenden der Internationalen Kontrollkommission der Komintern Wilhelm Florin an Alichanow, den Leiter der Kaderabteilung des EKKI, gibt Florin den Anstoß zu den Untersuchungsverfahren gegen Wehner. Wehner soll als «enger Freund» des bereits verhafteten «Viktor» (d. i. Leo Roth) befragt werden.

11.1.1937 1/FL/R.

Streng vertraulich

An den Genossen Alichanow

Werter Genosse!

Ich mache darauf aufmerksam, daß für einige Tage der Genosse Kurt Funk (Herbert Wehner) hier ist zur deutschen Beratung.[30] Der Genosse war bis zuletzt ein enger Freund von Viktor (Hess). Viktor wurde hier verhaftet. Man hatte uns um Auskünfte gebeten. Vielleicht kann man die Gelegenheit wahrnehmen, um von Wehner einige zu erhalten. Wehner hat mit Viktor im Saargebiet zusammen gewohnt. Wehner ist sicherlich über die dortige Tätigkeit Viktors am besten unterrichtet gewesen. Vielleicht kann die Gelegenheit wahrgenommen werden, einige Fragen zu klären bezw. einige Auskünfte einzuholen. Das würde am zweckmäßigsten die Kaderabteilung selbst machen.

Ich wurde seinerzeit einmal befragt, konnte aber keine Auskunft geben, weil ich über die Tätigkeit Viktors während dieser

[30] Beratung des Sekretariats des EKKI mit der KPD-Führung.

Zeit im Saargebiet keine Kenntnis hatte. Wenn man noch Wert darauf legt, wäre jetzt die Gelegenheit gegeben, etwas mehr zu hören.

Mit kommunistischem Gruß
Florin [Unterschrift]

Quelle: N 82/11646 I, Bl. 271.

Dokument 7

Erstes Dossier der Kaderabteilung zu Herbert Wehner

Dossier der Kaderabteilung zu Herbert Wehner, in dem die «Mitteilungen» Florins und des Abwehrleiters der KPD «Klaus« (d. i. Hermann Nuding) aufgeführt werden. Die Kaderabteilung faßt den Stand ihrer bisherigen «Ermittlungen» gegen Wehner wegen der Verhaftungen Thälmanns, Schehrs u. a. zusammen.

1. Expl. Dimitroff [handschr.]

Streng vertraulich 13. 1. 1937
2 Expl.

Herbert Funk
richtiger Name Herbert Wehner.

31 Jahre alt, proletarischer Herkunft, Angestellter. Politisch organisiert: von 1923 bis 1927 Mitglied und Funktionär der anarchosyndikalistischen Jugend und der Syndikalistischen Arbeiterföderation.

Ab Juni 1927 Mitglied der KPD.

Seit 1929 Mtgl. der Bez.Ltg. Sachsen als Gewerkschaftssekretär der BL.

1930 Mitglied des Sächsischen Landtages, ab 1930 stellvertr. Pol-leiter von Sachsen.

1931 Orgabteilung des ZK.

1932 technischer Sekretär des ZK.

bis Juni 1934 in der illegalen Landesleitung im Land

1934 im Saargebiet bis Anfang 1935

Frühjahr 1935 in Prag vier Wochen verhaftet.

Sommer 1935 in Moskau – Delegierter zum Weltkongreß

Nach der Brüsseler Konferenz Mitglied des ZK und PB.
Arbeitet in Paris im PB.

In den Akten liegt bisher nichts Negatives über ihn vor.

Folgende Mitteilungen sind vorhanden:

a) Ein Brief des Gen. Florin an Gen. Alichanow, daß «Funk im Saargebiet mit Viktor zusammenwohnte, eng mit ihm befreundet war und über seine Arbeit gut informiert war»
b) von Genossen Klaus in einem Gespräch mit Gen. Müller[31] (am 13.1.1937), daß «Funk eine andere Meinung hat über Viktor und die Frau von Viktor (Tochter von Hammerstein) mehr weiß über Herbert Funk und seine Familie als Klaus, der mit ihm schon 5 Jahre zusammenarbeitet». Beide Angaben wurden bisher nicht überprüft, mit Funk ist nichts gesprochen worden. In der Kaderabteilung ist eine Frage in Bearbeitung, die aber bisher nicht abgeschlossen werden konnte:
Funk ist seit Mitte 1932 technischer Sekretär des ZK der KPD. In der Zwischenzeit waren folgende Verhaftungen:

a) Verhaftung Johnny Schehr – Oktober 1932. Funk wußte seine Adresse, aber auch eine Reihe anderer Funktionäre. Anscheinend wurde er auf Grund einer Anweisung des Reichswehrministeriums damals verhaftet.
b) Thälmanns Verhaftung. Als einziger der Sekretäre wurde nicht verhaftet Kurt Funk – er wußte die Wohnung und die Vorbereitungen für die neuen Wohnungen Thälmanns.
c) Im Laufe des Jahres 1933 waren eine Reihe von Verhaftungen in der Umgebung des ZK – es wird verhaftet Grete Busch (im August), die im Büro von Kurt Funk gearbeitet hat. Es ist Herberts Büro, was aufgedeckt wurde. Grete Busch belastet Funk, sie soll freigelassen worden sein und wurde später von der Partei entfernt.

[31] d. i. Georg Brückmann (Deckname Albert Müller), deutscher Referent der Kaderabteilung.

d) Verhaftung von Johnny Schehr, Eugen Schönhaar, Rudi Schwarz im November 1933. Funk war zu dieser Zeit in der Landesleitung und arbeitete eng mit Johnny zusammen. Die LL hatte schon vor den Verhaftungen Mitteilung, daß die Gestapo einen Schlag führen will, ohne daß entsprechende Sicherungen getroffen wurden. Funk war der Sekretär der Landesleitung. – Die Verhaftungen wurden auf die Provokationen von Kattner[32] zurückgeführt. Funk hatte mit Kattner im Sekretariat zusammengearbeitet und ist dem Kattner gut bekannt.
e) Funk war unbehelligt im Lande bis Juni 1934 und arbeitete zuletzt zusammen mit Franz D.[33] Auf Beschluß des ZK kam er heraus. In allen diesen Verhaftungskomplexen taucht durchgehend der Name Funk als einer derjenigen auf, die durchgehend in der Leitung waren, während alle andern wechselten.

Die Frage ist absolut nicht abgeschlossen und es soll nicht der Eindruck entstehen, als könnte man schon behaupten, Funk hat damit etwas zu tun.

Quelle: N 82/11646 I, Bl. 90–91.

[32] Alfred Kattner.

[33] Franz Dahlem.

Dokument 8

Angaben von Hausladen an die Kaderabteilung

«Jakob» Hausladen ergänzt für die Kaderabteilung seine früheren Angaben zu den Anschlägen im Saargebiet. Die Kaderabteilung läßt durch Hans Hausladen die Identität von Herbert Wehner bestätigen.

Moskau, den 17.2.1937 17.2.1937

Bezugnehmend auf mein früheres Schreiben an das Z. K. zu Händen des Genossen Pieck vom Oktober 1935 mache ich weitere Angaben: Den von mir beschuldigten Genossen Kurt ..., den ich im Saargebiet unter diesem Namen als den verantwortlichen Parteifunktionär des Z. K. kennenlernte, traf ich im Januar 1937 hier in der Komintern (bei dem Genossen Weber[34] im Büro), so wie annehme, nennt er sich Kurt Funk. Kurt hatte die Tage vor der Abstimmung zwischen 10. und 14. Januar im Saargebiet mit noch einem Genossen, vermutlich einen Genossen aus dem Apparat, in Wiebelskirchen eine Sitzung durchgeführt, an der ich und der Gen. Alfred Zerbe und noch andere teilnahmen. Der mir unbekannte Genosse[35] aus dem Apparat (spricht Berliner Dialekt und hat jüdisches Aussehen) hatte die Generalsstabskarte, auf der er die «Objekte» aussuchte, die es zu bearbeiten gab.

Ohne einen Einwand zuzulassen, wurde mir und Alfred ein Auftrag für Neunkirchen übertragen, von dem ich bereits berichtet habe. Nach der Abstimmung und dem Mißlingen der meisten «Aktionen» (nur eine, die in Neunkirchen auf das Kreisbüro der Deutschen Front hatte funktioniert) machte Kurt dem Partei-

[34] Weber, d.i. Heinrich Wiatrek, Leiter der Deutschen Vertretung beim EKKI, 1937 abgelöst, arbeitete dann mit Wehner in Stockholm zusammen.

[35] d.i. Leo Roth (Viktor).

sekretär vom U. B. Saarlouis, den ich als früheren Jugendsekretär aus dem Ruhrgebiet kannte, Vorwürfe, wegen dem Mißlingen der Aktion in Saarlouis. Den Gen. Richter[36] sah ich im Saargebiet nur einmal im September auf einer Sitzung, bei der auch der Gen. Schweitzer[37] zugegen war. Auf dieser Sitzung wurden nur allgemeine Fragen behandelt.

Jakob[38]

Quelle: N 82/11646 I, Bl. 213–213a (handschriftlich).

In der «streng vertraulich» deklarierten, maschinenschriftlichen Abschrift vom 17. Februar 1937 findet sich noch folgender Nachtrag:

Während der Anwesenheit von Jakob wurde Kurt (Funk) zu einer anderen Frage in die Kaderabteilung gebeten. Jakob bestätigte, daß dieser Kurt der Gen. Funk ist, den er meint.

17.2.1937 Mertens[39]

[36] Deckname von Hermann Schubert, bis 1935 Mitglied des Politbüros.

[37] Deckname von Fritz Schulte, bis 1935 Mitglied des Politbüros.

[38] d. i. Hans Hausladen («Henry Jakob«).

[39] Deckname von Grete Wilde, Mitarbeiterin der Kaderabteilung.

Dokument 9

Dossier der Kaderabteilung zu Wehner

Dossier der Kaderabteilung mit weiteren Mitteilungen und Beschuldigungen von Erich Birkenhauer (Okin) gegen Wehner, der hier als «Mr. Henrichson» bezeichnet wird.

Streng vertraulich[40]
Abschrift 2 Expl.

Betr. Mr. Henrichson[41]

[40] Von diesen Beschuldigungen gegen «Mr. Henrichson» liegen zwei Varianten vor. Die handschriftliche Version (Bl. 209–211) kann – nach Schriftvergleich – nicht von Erich Birkenhauer selbst stammen, der erst im Juni 1937 zur «Berichterstattung» nach Moskau kommandiert wurde.

Da aber zahlreiche Beschuldigungen und Unterstellungen nur Birkenhauer selbst beibringen konnte, wurden wahrscheinlich die denunziatorischen «Hinweise» – aus Gründen der «Konspiration» – in anderer Handschrift erst in Moskau protokolliert. Das für Birkenhauers üblichen Decknamen «Niko» verwendete Anagramm «Okin» deutet in die Richtung des zumindest beabsichtigten Quellenschutzes.

Wilhelm Pieck notierte in Stichworten den Verlauf einer gemeinsamen Sitzung in der Kaderabteilung, in der ein Bericht des in Moskau eingetroffenen Abwehrchefs «Klaus» Hermann Nuding stenographisch protokolliert wird. Anwesend waren neben Pieck der Leiter der Kaderabteilung Alichanow, sein Stellvertreter Tschernomordik und die beiden deutschen Mitarbeiter Grete Wilde und Georg Brückmann. Am 13. Januar sei ein vertraulicher Bericht an Alichanow und Tschernomordik gegeben worden, der Mitteilungen über die «Fortsetzung der Verbindung mit dem tschechischen Generalstab und 2) schriftliche Angaben von Nikolaus (Okin) Birkenhauer über Herbert (Erikson) enthalte. IfGA/ZPA NL 36/787, Bl. 194. Pieck machte irrtümlicherweise aus Wehners zeitweiligem Decknamen «Henrichson» einen «Erikson».

In seinen *Notizen* berichtet Wehner, daß Ulbricht und Nuding in Paris nach «Material zu meinem Scheiterhaufen» (Zeugnis, S. 217) gesucht hatten. Zu diesem Material gehörte neben dem Bericht Birkenhauers auch die Liste von Parteidokumenten, die Wehner in seinem Büro und in seiner Wohnung aufbewahrt hatte (Dokument 17).

1. Henrichson lebte in der Illegalität auf einem deutschen Buch[42] legal in Berlin. Seine Frau arbeitete in gleicher Wohnung *legal*. Das Buch war ursprünglich an Okin[43] Ende der Legalität gegeben worden. Es war gemeldet bei Otto Kühne, Sekretär der Reichstagsfraktion. Okin benutzte es Anfang 1933 (Januar, Februar) wegen dieses letzten Umstandes *nicht*. Nach Okins Verhaftung gab dessen Frau es an Henrichson. Henrichson wußte von Okin (schon vor der Verhaftung des letzteren), daß das Buch *nicht gut* war. – Henrichson war auf den Namen des Buches auch Mitglied der Arbeitsfront.
2. Henrichson war meines Wissens nach mindestens bis August 1934 im Lande. Er kam zu diesem Zeitpunkt heraus und nahm an einer erweiterten PB-Sitzung teil. Die Sitzung fand in Paris statt.
3. Henrichson erhielt im Sommer 1934 mehrmals die dringende Aufforderung vom PB aus dem Lande herauszukommen. Er kam wiederholt dieser Aufforderung[44] *nicht* nach. Das wurde bei seinem späteren Herauskommen gerügt.
4. Im Lande und an der Saar hatte Henrichson die allerengste persönliche Verbindung und Zusammenarbeit mit Viktor.
5. Ende 1934 resp. Anfang 1935 wurde Schenks[45] Archiv und Arbeitsraum in Saarbrücken von der Gestapo ausgehoben. Folgende Tatsache ist wichtig: Man verschleppte nicht nur Schenks Frau. Man nahm nicht nur die Materialkoffer mit. Sondern man nahm eine auf dem Tisch liegende *präparierte* Schreibmappe mit. Sichtbar waren darin lediglich leere Blät-

[41] Wehner trug evtl. wegen seiner Reise nach England den Decknamen eines Mr. Henrichson.

[42] Gefälschter Personalausweis oder Reisepaß.

[43] Erich Birkenhauer besaß zwei Decknamen: Belfort und Niko. Durch Anagram wurde aus Niko der hier auftauchende Okin.

[44] Dieser Hinweis auf die Verweigerung eines «Parteibefehls» taucht auch an anderer Stelle auf.

[45] d. i. Wilhelm Kox, der als «Reichstechniker» für den Druck und die Verteilung der KPD-Schriften, Zeitungen und Zeitschriften zuständig war.

ter und leere Kuverts. Die Tatsache, daß sich im *Innern* der Schreibmappe wichtigste Adressen etc. befanden, konnte nur ein *engster* Vertrauter wissen.

6. Ende Januar oder Anfang bis Mitte Februar 1935 fuhr Henrichson auf einem Dänenbuch[46] nach Prag. Auf Anweisung des PB. Zweck: Abreise nach Berlin als Mitglied der LL. Henrichson fuhr von Paris über *Kehl*, d. h. über Deutschland nach Prag. In Kehl bekanntlich die allerstrengste Kontrolle der Ausländer.

Weitere Fragen:

a) Lene Riebe (Gestapo-Agentin). Wer hatte sie seinerzeit (Anfang der Illegalität) in den Sekr.Apparat[47] eingesetzt?
b) Welche Pol-Sekretäre sind von Beginn der Illegalität an in den verschiedenen Bezirken hochgegangen. (Sie gingen serienweise hoch) Welche von ihnen waren gemäß der damals üblichen Sektoren-Aufteilung in der LL an Henrichson angeschlossen?
c) Martin[48] befragen: War ihm jene umfassende Liste aller bekannten Funktionäre bekannt, die im November 1933 im KL[49] «gefunden» wurde?
Wenn nicht? *Wer* kann sie angelegt und vor allem verwaltet haben?
d) Wem waren die illegalen Büros des ZK, die Pressestelle des ZK, kurzum all die Büros bekannt, die im November 33 an *gleichem* Tage hochgegangen sind?

[46] d. h. mit einem dänischen Paß. Die für die Paßbeschaffung und Fälschung zuständige Abteilung des KPD-Apparats trug den Decknamen «Bücherei». In vielen Moskauer «Kaderakten» finden sich solche beschafften und benutzten Pässe, die nach der Einreise in der Kaderabteilung abzuliefern waren.

[47] Apparat des Sekretariats des ZK.

[48] Deckname für Wilhelm Bahnik, tätig im sog. Abwehrapparat der KPD.

[49] Karl-Liebknecht-Haus in Berlin.

e) ist festgestellt, wodurch das Büro, in dem Richter[50] und Walter U.[lbricht] die Besprechungen mit den Bezirksvertretern abhielten, im Juli August 1933 *hochgegangen* ist?

f) Wer hat Atze Schubotz s. Zt. als Kassierer in die LL eingesetzt? Wer hat ihn später als Techniker für den Westen eingesetzt?

g) Luise Sattler: (Frau von Humboldt) befragen über folgendes: Sie äußerte Ende Sept. zu Okin: Sie habe einen furchtbaren Verdacht auf jemanden, daß er ein Gestapo-Agent sei. Luise S. arbeitete damals als Steno im illegalen Sekretariat. *Wen* hat sie damals gemeint?

h) Mit welchem deutschen Buch ist Henrichson im Dez. 1936 nach London gefahren? Wann ausgestellt? Welchen Namen hat das Buch?

7. In Prag ging Henrichson hoch. Die Tatsache, daß das Dänenbuch unecht war, wurde kurz nach der Verhaftung durch die Prager Polizei ermittelt. Henrichson und Frau blieben bis Mai 1935 (od. April) in Haft. Gingen dann per Schub mit Begleitung in die SU.
8. Im Februar/März 1935 ging die LL im Lande hoch.
9. Im Sommer 36 teilte mir Oskar (Erich Gl.[51]) in Brüssel beiläufig mit, daß Martin Hoffmann und Firl[52] im März 1936 verhaftet worden seien. Okin fragte darüber Mr. Henrichson kurze Zeit später. Henrichson sagte sinngemäß: Da sei Hoffmann selbst in Schuld. Natürlich wieder eine Weibersache. Hätte Hoffmann mit ihm (d. h. Henrichson) vorher in Prag gesprochen, hätte er ihm sagen können, daß das fragliche Weib eine Gestapo-Agentin sei. Aber Hoffmann habe es ja nicht nötig gehabt, darüber mit ihm (H.) zu sprechen.

[50] d. i. Hermann Schubert.

[51] d. i. Erich Glückauf.

[52] Vgl. auch die Schilderung der Verhaftung von Martin Hoffmann und Wilhelm Firl in Wehners *Notizen*. Zeugnis, S. 154f.

10. Beutel[53] war bis etwa Sommer 1934 in der Reichsleitung der RHD[54].

Mehrere Garnituren von Org[anisations]-Leitern, Kassierern etc. (z. B. Claus und Fugger) gingen hoch. Beutel blieb. Das war der Grund, warum er auf Beschluß des PB. herausgeholt wurde. Beutel ging in Emigr. –

Kein Mitglied des PB oder Mitarbeiter desselben sprach mit ihm. Beutel ist z. Zt. Emileiter in Amsterdam. Von wem eingesetzt??? Im August 36, als Okin nach Amsterdam fuhr, gab Henrichson an Okin folgenden Auftrag mit für Joachim: Henrichson bitte letzteren, er möge Beutel für die Emi-Arbeit[55] in Paris freigeben.

Beutel ist Frankfurter. Er emigrierte 33 ins Saargebiet, fuhr mit einem Saarpapier nach Deutschland. Wurde dort verhaftet. (Ende 1933?) Wurde aber freigelassen. Kam ins Saargebiet zurück. Wurde dann ins Land geschickt von der RHD (mit wessen Zustimmung resp. Befürwortung, weiß ich nicht).

Quelle: N 82/11646 I, Bl. 207–208.

[53] Beuttel, Wilhelm.

[54] Rote Hilfe Deutschlands.

[55] Als Emigrationsleiter für die Erfassung und soziale Betreuung der Emigranten zuständig.

Dokument 10

Denkschrift Wehners über die Sendungen des Moskauer Radios

Dieses nicht gezeichnete Dokument wurde wahrscheinlich von Herbert Wehner verfaßt. Dabei dürfte es sich evtl. um die in Wehners «Notizen» erwähnte Denkschrift[56] *über die Sendungen des Moskauer Radios handeln.*

21.2.1937 *Vertraulich*

Zu den deutschen Übertragungen im Moskauer Radio

Die deutschsprachigen Sendungen in der letzten Zeit entsprachen sowohl in ihrem sachlichen Inhalt wie auch in der Form und der Sprache nicht den Anforderungen, die an ein so wichtiges Mittel der Massenbeeinflussung gestellt werden müssen, entsprachen nicht den Möglichkeiten, die gegeben sind, entsprachen vor allem nicht den Bedürfnissen der zahlreichen Hörer in Deutschland, die sich aus allen Kreisen der Bevölkerung zusammensetzen, und die hohe Zuchthausstrafen zu erwarten haben, wenn sie beim Hören von Radio Moskau erwischt werden.

Begründung für diese Feststellung:

1. Das Material baut sich zum größten Teil auf Übersetzungen aus «Prawda», «Iswestija» und verschiedener weiterer Sowjetzeitungen auf. Diese Zeitungen werden aber *für das Sowjetpublikum geschrieben*, das fast 20 Jahre lang sozialistisch beeinflußt ist und im Sozialismus lebt, das täglich im Geiste des Kommu-

[56] Wehner schrieb in den *Notizen*, daß er auf Anforderung von Dimitroff und Manuilski eine von Stalin und Molotow angeforderte «kritische Sachdarstellung» über die Sendungen des Moskauer Radios verfaßt habe. Zeugnis, S. 268.

nismus erzogen wird. Vieles ist dem Sowjetbürger eine Selbstverständlichkeit, vieles kann bei ihm vorausgesetzt werden, wovon der über 4 Jahre unter der täglichen faschistischen Beeinflussung stehende deutsche Hörer keine Ahnung hat, was ihm völlig fremd ist, mit dem er nichts anfangen kann, es nicht versteht und vielleicht falsch deutet.

2. Die Sowjetzeitungen wenden sich *in der Art der Behandlung des Materials* an ihre Leser, die ganz anders ist und anders sein muß, wie eine kommunistische Zeitung im kapitalistischen Land für die Leser bearbeitet. Diese Art der Stoffbehandlung, die die Sowjetwirklichkeit und das tägliche Sowjetleben in Rechnung stellt, ist für den Hörer in Deutschland oft nicht brauchbar, verfehlt völlig ihren Zweck und kann eine gegenteilige Wirkung haben, als die gewollte.
3. Die russische Sprache hat mehr als manche andere Sprache ihre Eigenarten im Ausdruck und im Stil. Rein wörtliche Übersetzungen zeitigen da zuweilen katastrophale Ergebnisse. Es gibt Satzungetüme, die man mehrere Male lesen muß, um sie zu verstehen, wie viel weniger versteht sie der Hörer, dem sie am Ohr vorbei gehen. Es gibt Redewendungen, Ausdrücke und eine bestimmte Terminologie, die in der russischen Sprache ihre ganz bestimmte Bedeutung haben, die aber in wörtlicher Übersetzung im deutschen Sprachgebrauch etwas ganz anderes bedeuten oder abstoßend wirken oder einen anderen Sinn unterlegen.
4. In den Übertragungen wird nicht genügend und nicht schnell genug reagiert auf die Vorgänge in Deutschland, auf Reden der faschistischen Führer, auf Regierungsmaßnahmen usw. Meist geschieht das nur durch den Pressedienst, der den Sowjetzeitungen und der TASS entnommen ist und auf den zum Teil natürlich auch das oben über die russischen Übersetzungen Gesagte zutrifft.
5. An Tagen, wo ein für die Sowjetunion wichtiges Ereignis vorliegt, das ausgiebig im Sowjet-Radio behandelt wird, ist es nicht immer richtig, daß dieselbe Wichtigkeit auch für die Hö-

rer in Deutschland vorliegen muß, und zwar so weitgehend, daß sie auf jeden anderen Stoff verzichten müssen. Ein Beispiel dafür: Zweifellos war der Tod des Genossen Ordshonikidse ein Ereignis, das auch dem deutschen Hörer ausführlich und eindringlich nahegelegt werden mußte. Es wäre also nichts dagegen zu sagen gewesen, wenn am 19. 2. 1937 von den zwei Stunden deutscher Sendezeit von jeder Stunde je 30 Minuten für die Darstellung der Bedeutung, des Lebens, der Arbeit und der Würdigung des Genossen Ordshonikidse ausgenutzt worden wären. Und zwar in einer dem Verständnis des deutschen Hörers angepaßten Form und Sprache. Der restliche Teil der Zeit hätte dann für andere Fragen und Pressemeldungen zur Verfügung gestanden. – Was aber war am 19. 2. der Inhalt der deutschen Sendung? Eine für *beide Sendestunden völlig gleiche* wörtliche Übersetzung fast des gesamten Inhaltes der «Prawda» mit vollständiger Wiedergabe aller Nachrufe und sogar der Mitteilung der Bestattungskommission. Die zwei Stunden hatten keine Zeile anderes Material, keine politische Meldung. Die «Prawda»-Artikel über Ordshonikidse waren für den deutschen Hörer völlig ungeeignet, weil sie voraussetzten, was der deutsche Hörer nicht weiß und nicht wissen kann.

Aus alledem geht hervor, daß die Sendungen der letzten Zeit für die deutschen Hörer nur einen bedingten Wert hatten. Und das ist ein schlechter Zustand, weil das Moskauer Radio das einzige große Mittel zur Beeinflussung der deutschen Volksgenossen, die einzige große antifaschistische Massenzeitung ist. Das Moskauer Radio wird in Deutschland von großen Massen gehört.

Wie müßten die Übertragungen ausgestaltet sein?

1. Entsprechend auf Grund der Beschlüsse des VII. Weltkongresses der Komintern durchgeführten Politik muß die Sendung in Inhalt, Form und Sprache eingestellt sein auf die besondere

Lage in Deutschland und auf das Verständnis und die Aufnahmefähigkeit der Massen, aus *allen Schichten* (Arbeiter, Bauern, Mittelständler, Intelligenz, Anhänger der Faschisten usw.), die vier Jahre unter der faschistischen Diktatur leben, nur faschistische Zeitungen lesen, die aus der Politik der Welt nur das erfahren, was die Diktatur zur Veröffentlichung für zweckmäßig hält, die täglich durch das deutsche Radio faschistisch beeinflußt und verhetzt werden.

2. Daraus folgt die Notwendigkeit der schnellsten Information über alle politischen Ereignisse von Wichtigkeit, von denen man annehmen kann, daß sie dem deutschen Hörer durch die Faschisten verschwiegen oder falsch dargestellt werden.
3. Schnellstes Reagieren auf alle Ereignisse in Deutschland selbst, besonders auf Reden Hitlers, Göbbels, Görings, Hess usw., und zwar in einer Sprache, die volkstümlich, lebendig, leicht, bildhaft ist und zuweilen auch Sarkasmus, Ironie und Witz nicht vermissen lassen soll.
4. *Alle* Vorträge – welche Themen in ihnen auch behandelt sind – sollen immer in der geeigneten, dem Thema des Vortrages entsprechenden Form, den Hörern aus allen Schichten der Bevölkerung sagen, *wie* der Kampf gegen den Faschismus geführt werden muß, welches der Weg ist, der zum Sturz der faschistischen Diktatur führt. Die Losung der Volksfront soll in *allen* Vorträgen *konkretisiert* und nicht nur als Losung ausgesprochen werden.
5. Bei den im Vordergrund stehenden Artikeln gegen die faschistischen Kriegsvorbereitungen sollen möglichst *konkret* die ganzen Manöver der Faschisten aufgezeigt, ihre Demagogie enthüllt werden. Argumente und Sprache müssen packend, aufreizend wirken.
6. Nicht unterschätzt werden darf die organisierende Rolle der Radiosendungen für die illegal arbeitenden Kommunisten und die fortgeschrittenen Arbeiter. Die früher unter dem Thema «Aus den Erinnerungen eines alten Bolschewiki» gegebenen praktischen Anweisungen für die Arbeit auf den verschiedenen

Gebieten hatten oft eine große Bedeutung und waren für die Arbeit unserer Genossen Richtlinie. Bei Vorträgen dieser Art ist zu beachten, daß sie in ihrer ganzen Art auch dem Verständnis der gesamten Hörerschaft angepaßt werden.

7. Vorträge, die Sowjetprobleme behandeln, müssen besonders gewissenhaft bearbeitet sein, weil sie oft als Thema selbst dem deutschen Hörer völlig neu sind. Die geeignetste Form ist die Gegenüberstellung mit den Problemen in Deutschland, die eingehende Behandlung solcher Sowjetprobleme, mit denen sich die Faschisten bei ihrer Antisowjethetze beschäftigen.

Zur Durchführung dieser Aufgaben folgende *Vorschläge*:

1. Besprechung des Sendeprogramms mit der deutschen Vertretung bei der Komintern resp. mit den Genossen, die die deutsche Vertretung damit beauftragt (event. Bildung einer kleinen Kommission).
2. Eine bestimmte Sicherung dafür, daß das gemeinsam besprochene und festgelegte Programm unter selbstverständlicher Verantwortung der Leitung des Ino-Radio[57] auch durchgeführt wird. (Besprechung mit Genossen vom ZK der KPdSU).
3. Heranziehung eines Mitarbeiterstabes, der nicht nur politisch hochqualifiziert ist, sondern auch in einer Sprache zu schreiben versteht, die dem Verständnis der Hörer angepaßt ist.
4. Soweit Übersetzungen aus der Sowjetpresse verwendet werden, müssen sie von politisch hochqualifizierten Übersetzern gemacht werden, die die deutsche Sprache perfekt beherrschen. Spezifisch russische Worte und Ausdrücke dürfen nicht wörtlich übersetzt, sondern müssen verdeutscht werden. Der Satzbau muß ein deutscher sein.
5. Die deutsche Redaktion des Radio soll neben den Parteizeitungen Möglichkeiten haben, auch einige deutsche faschistische Zeitungen zu lesen und zu bearbeiten, weil das mit eine Vorbedingung ist zur Einstellung der Sendungen gegen die faschistischen Agitation, Propaganda und Argumente.

[57] Moskauer Rundfunksender.

6. Tägliches Abhören der wichtigsten Stunden der Sendungen aus dem faschistischen Deutschland. Auf krasse Lügen sofort am nächsten Tag in geeigneter Form reagieren.
7. Schaffung von besseren räumlichen Arbeitsbedingungen für die Redaktion des Radio.

Quelle: RZA 495/292/93, Bl. 2–6.

Dokument 11

Ernennung Wehners zum EKKI-Referenten

Protokollauszug der Sitzung des EKKI-Sekretariats, auf der Wehner als Mitarbeiter des für Mitteleuropa zuständigen EKKI-Sekretärs Togliatti (d. i. Ercoli) bestätigt wird. Die Mitteilung geht an die Kaderabteilung.

Gen. Alichanow [handschriftlich]	Streng vertraulich Zurück an Kontrolle nach Erledigung Abschriften unzulässig

Auszug

aus dem Protokoll Nr. 117 der Sitzung des Sekretariats des EKKI vom 3. März 1937

Behandelt:	Beschlossen:
4. (584) Antrag des Gen. Ercoli, den Gen. Funk dem Gen. Ercoli zur Bearbeitung der deutschen Fragen zur Verfügung zu stellen.	4. Der Antrag wird angenommen. (Fliegende Abstimmung am 3. 3. 1937: Dimitroff, Ercoli, Florin, Kuusinen, Moskwin, Wan-Min.)

Generalsekretär des EKKI: /Dimitroff./

Dokument 12

Wehners «Minimalvorschläge» zu den Sendungen im Moskauer Radio

Von Wehner (We) ausgearbeitete Minimalvorschläge zu den deutschen Sendungen im Moskauer Radio, die ebenfalls in der ausführlicheren «Denkschrift» (Dokument 10) verwendet werden.

10.3.37
We

Minimalvorschläge zu den deutschen Sendungen im Moskauer Radio.

An beiden Sendern stehen für deutsche Übertragungen täglich insgesamt 2 Stunden zur Verfügung. Sonntags, einschließlich der Kurzwelle 3 bis 4 Stunden.

In rund 32 Sendestunden wurden in der Zeit v. 1. bis 16.2.37 folgende Themen behandelt:

Internationale Politik	49,5 Seiten	
Spanien	113,– Seiten	
Prozess[58]	73,5 Seiten	
Deutsche Themen	65,5 Seiten	(Meist Übersetzungen aus Presse)
Hitler Rede	7,5 Seiten	
Sowjetunion	63,– Seiten	

Die Zahlen zeigen, daß Themen, die konkret nur auf die Bedürfnisse des deutschen Hörers zugeschnitten sind, sehr knapp bemessen waren.

Doch nicht darin liegt der entscheidende Mangel der deutschen Übertragungen. Er liegt vielmehr darin, daß infolge mangelnden

[58] Gemeint ist der zweite Moskauer Schauprozeß.

Verständnisses leitender Funktionäre im Radio nicht nur widerstrebend deutsche Themen und deutsche Autoren akzeptiert werden, sondern bei allen anderen Themen wird in der Regel darauf verzichtet, sie für die Bedürfnisse des deutschen Hörers zu bearbeiten. Das führte beispielsweise dazu, daß ein Vortrag der sich anläßlich der Fuldaer Geschäftskonferenz an die deutschen Katholiken wandte, nicht gegeben werden konnte. Überhaupt besteht bei den leitenden Funktionären des Radios stark ausgeprägt die Tendenz, Übersetzungen aus der Prawda, Iswestija u. s. w. Originalvorträgen von deutschen Autoren geschrieben, vorzuziehen.[59]

Diese Art von Sendungen charakterisiert eine Genossin aus Westdeutschland in einem Brief an das Radio wie folgt: «Die Sendung trifft nicht immer das richtige, sie ist oft unaktuell und schematisch, nicht allgemeinverständlich genug, nicht aktivierend, nicht genug an die Tagesfragen der Arbeiterschaft anknüpfend.

Schluß mit der langweiligen, kalten, leblosen Objektivität. Sie (die deutschen Arbeiter) wissen keinen Weg und Ihr dringt nicht durch.

Das deutsche Proletariat wird aufhorchen und aktiviert, wenn ihr es einmal direkt bei seinem Leben packt.

Vorschläge:

1.) Mit den zuständigen Stellen müßte eine Vereinbarung getroffen werden, welche die Leitung des Radios ermächtigt, solche Themen zu senden, die unserer Volksfrontpolitik entsprechen.
2.) Dazu sind in weitgehendstem Maße deutsche Autoren zu verwenden, die von der deutschen Vertretung vorgeschlagen werden.
3.) Die Popularisierung der Sowjetunion ist zu verbinden mit einer ständigen Auseinandersetzung und Widerlegung der

[59] Die Tendenz zur Übernahme von Artikeln aus der sowjetischen Presse erklärt sich dadurch, daß diese Beiträge bereits die Zensur passiert hatten.

wichtigsten fasch.[istischen] Argumente ihrer Antisowjethetze.

Die Popularisierung der Sowjetunion ist dem Niveau der deutschen Hörer anzupassen. Die schematische Übertragung aus der Sowjetpresse ist nicht weiter zu praktizieren.

4.) Um eine tägliche operative Arbeit der deutschen Redaktion im Radio zu ermöglichen, sind deutsche (faschistische) Zeitungen anzuschaffen.
5.) Die monatlichen Radioprogramme sind gemeinsam mit der deutschen Vertretung aufzustellen, die unbeschadet der vollen Verantwortung der Redaktion des Radios zu ihrer Beratung und Ausarbeitung einige qualifizierte Kräfte heranzieht.
6.) Die Stelle des ersten deutschen Redakteurs ist sofort mit einer geeigneten Kraft zu besetzen; qualifizierte Übersetzer sind sicherzustellen.
7.) Dem Radio sind geeignete Arbeitsräume zur Verfügung zu stellen.

Quelle: RZA 495/292/93, Bl. 7–8.

Dokument 13

Schreiben von Grete Wilde an Klavdia Kirsanowa

Schreiben von Grete Wilde («Erna Mertens»), Mitarbeiterin der Kaderabteilung des EKKI, an die Leiterin der Moskauer Lenin-Schule der Komintern Kirsanowa[60].

15.3.1937 Streng vertraulich

Gen. Kirsanowa, MLSch.[61]

Auf die Anfrage der Kaderabteilung der MLSch., ob man Kurt Funk als Lektor für den deutschen Sektor ausnützen kann, ersuchen wir Sie, diese Frage solange zurückzustellen, bis ein endgültiger Beschluß über seine Tätigkeit in der Komintern gefaßt ist.

Mertens

Quelle: ZAD N 82/11646 I, Bl. 281.

[60] Klavdia Kirsanowa, Direktorin der Lenin-Schule der Komintern.

[61] Moskauer Lenin-Schule der Komintern.

Dokument 14

Schreiben der Kaderabteilung an die Moskauer Lenin-Schule der Komintern

4.4.1937 Streng vertraulich

An die MLSch.
Betr. Anfrage Funk:

Auf Ihre Anfrage vom 31.3. teilen wir Ihnen mit, daß wir gegen die Verwendung des Genossen Funk nichts einzuwenden haben.

Mertens

Quelle: ZAD N 82/11646 I, Bl. 277.

Dokument 15

Vorschläge Wehners zur Moskauer Lenin-Schule

25. Mai 1937

Einige Bemerkungen und Vorschläge, die Schule betreffend.

1. Es sollte so bald als möglich eine Besprechung sein, in der über die Qualitäten der einzelnen Schüler und die Perspektiven gesprochen wird.
2. Schon jetzt müßte vorbesprochen werden, ob 2–4 Genossen weiter auf der Schule bleiben, um dort als Aspiranten bezw. Mitarbeiter sich weiter zu qualifizieren. Die gegenwärtige Not an geeigneten Mitarbeitern macht eine solche Maßnahme besonders dringend.
3. Vielleicht ließe sich die Unterbringung einiger Genossen in folgenden Arbeiten bewerkstelligen: a) neuer Verantwortlicher für das Parteikabinett – für den Fall, daß Singer sich als Lektor qualifizieren will; b) Maschinistin.

4) Die Genossen Werner (Jugend) und Graf haben sehr gute journalistische Qualitäten und sollten deshalb besonders weiter gebildet werden. Graf ist angefordert für die Arbeit. Seine Reise zögert sich schon seit Monaten hin wegen einer Prothese, die er zu bekommen hat. Der Arzt des Ambulatoriums hat es bisher gegenüber der Anstalt, die die Prothese herstellt, an dem notwendigen Druck fehlen lassen.

   Für redaktionelle Arbeiten auszubilden, würden sich auch noch eignen: Helga (eine Genossin) und Walter Hegele. Hegele ist allerdings in letzter Zeit einige Male krank gewesen.

5) 1 bezw. 2 Genossen befassen sich besonders intensiv mit Bauernfragen. Da wir auf diesem Gebiete doch den größten Man-

gel haben, wäre zu erwägen, ob einer von diesen Genossen vielleicht einige Zeit beim Agrarinstitut[62] arbeiten könnte, so lange er nicht zur praktischen Arbeit angefordert ist.

Quelle: RZA 495/292/93 Bl. 18.

[62] Internationales Agrarinstitut in Moskau.

Dokument 16

Dossier der Kaderabteilung

In diesem Dossier über Herbert Wehner, das nach einer Anfrage des NKWD vom 17. Mai 1937 erstellt wurde, werden von Grete Wilde besonders die für das NKWD relevanten «Verdachtsmomente» hervorgehoben: Verhaftungen, Verbindung zum bereits verhafteten Leo Roth, Attentate, Verbindung zum früheren Berliner Polizeipräsidenten Albert Grzesinski, Intelligence Service, vermeintliche Gestapo-Agenten.

Diese deutschsprachige Version wurde am 2. Juli 1937 in russischer Übersetzung (vgl. Dokument 18) von der Kaderabteilung an das NKWD übermittelt.

Streng vertraulich. 27.5.1937

Betr. Anfrage Kurt Funk (richtiger Name *Herbert Wehner*)

Angestellter der Komintern als Referent im Sekretariat Ercoli und Lektor an der M. L. Sch.[63]
Geboren 11.7.1906 in Dresden, Angestellter.
Mitglied der Sozialdemokratischen Arbeiterjugend 1923
Mitglied der syndikalistisch-anarchistischen Jugend von 1923 bis 1926
ab 1927 Mitglied der KPD.

Während seiner Tätigkeit in der syndikalistisch-anarchistischen Jugend hatte Funk enge Verbindung zu Erich Mühsam, Leiter der syndikalistisch-anarchistischen Jugend (jetzt von der Gestapo ermordet), mit dem er in einer Wohnung in Berlin 1926/27 zeitweise zusammen lebte. Seitens der Mühsam-Anhänger wurde nach dem Austritt von Funk die Behauptung aufgestellt, daß Funk Gelder

[63] Moskauer Lenin-Schule.

veruntreut hat, Funk gab darüber noch während der Illegalität eine Erklärung ab an das ZK der KPD, daß es sich um eine Verleumdung handelt.

Parteifunktionen: ab 1928 Bezirkssekretär der Roten Hilfe in – Dresden bis Frühjahr 1929 – danach Gewerkschaftssekretär der Bezirksleitung der Partei in Dresden. Nach der Zusammenlegung der sächsischen Bezirke Ende 1929 war er Mitglied der sächsischen Leitung, stellvertretender Polleiter. Anfang 1931 kam er in den ZK-Apparat in Berlin. Im Juli 1932 im Zusammenhang mit der Veränderung im Apparat des ZK auf Grund der Liquidierung der Gruppe Heinz Neumann wurde er mit der technischen Leitung des Sekretariats beauftragt. In Verbindung mit dieser Arbeit hatte er enge Verbindung zu Genossen Thälmann und Jonny Schehr.

1933 leitete er vom ersten Tage der Illegalität an das Verbindungswesen des ZK und zu den Bezirken. Ab August 1933 hatte er die Aufgabe die Instrukteure, die in die Bezirke geschickt wurden, zu instruieren. Bis Mitte Juni 1934 war er in der Landesleitung in Berlin. Im Juni 1934 fuhr er auf Beschluß des Polbüros ins Saargebiet, um dort den Abstimmungskampf zu organisieren.

Nach der Niederlage im Saargebiet organisierte er mit andern Genossen die Weiterarbeit der Partei, im Februar 1935 wurde er beauftragt, wieder in die Landesleitung nach Berlin zu gehen. In Prag wurde er verhaftet und ausgewiesen und kam deswegen im April 1935 in die SU.

Teilnehmer am 7. Weltkongreß mit beratender Stimme.

Auf der Brüsseler Parteikonferenz im Oktober 1935 wurde er als Mitglied des ZK und zum Kandidaten des Polbüros gewählt. Bis Dezember 1936 war er in der operativen Leitung der Partei in Paris tätig. Anfang Januar 1937 kam er nach Moskau zur Beratung der deutschen Parteifragen.

Funk verblieb in Moskau auf Grund eines besonderen Beschlusses des Sekretariats der EKKI mit Zustimmung des Polbüros der KPD.

Als *Verhaftungen* seit der Illegalität gibt Herbert Funk an:

1) eine kurzfristige Verhaftung im Saargebiet 1935,
2) vierwöchentliche Verhaftung in Prag März/April 1935.

Von einer Verhaftung im Saargebiet war bisher nichts bekannt. Der Abstimmungstermin war am 15. Januar 35, Funk war bis Ende Februar 35 noch im Saargebiet.

Bisher wurden folgende Unklarheiten, die in Verbindung mit der Arbeit von Funk vorhanden sind, nicht geklärt, die aber die Ursache des Beschlusses seines vorläufigen Verbleibens in der SU sind:

1. Seitens des Gen. Florin, Mitglied des Polbüros der KPD und Sekretär in der Komintern liegt eine Mitteilung vom Januar 1937 vor, daß Funk ein enger Freund von dem verhafteten Viktor (Ernst Hess – in Moskau verhaftet in Verbindung mit der Angelegenheit des Kippenberger Apparats) war. Funk hat mit diesem im Saargebiet zusammen gewohnt und soll am besten über Viktors Arbeit informiert sein.
2. Am 10.12.1935 gab der in Moskau anwesende frühere Referent der Profintern[64], Gen. Jakob Hausladen eine Mitteilung über «Kurt» (Parteiname von Wehner im Saargebiet), daß in einer Sitzung verantwortlicher Sekretäre der Partei im Saargebiet unter Leitung von «Kurt» Anweisungen gegeben wurden, in Neukirchen, Saarbrücken und Saarlouis bestimmte Attentate auf faschistische Gebäude durchzuführen. An der Sitzung nahm auch Viktor teil, der die betreffenden Objekte an Hand einer Karte aussuchte und bestimmte. Eine grundsätzliche Aussprache über die Zweckmäßigkeit wurde den Funktionären nicht gestattet, aber ein Teil der Genossen gab in letzter Minute nicht die Befehle zur Aktion. In das «Deutsche Haus» in Neukirchen wurde aber – entsprechend den Anweisungen – eine Handgranate geworfen. Die Täter konnten fliehen, es ist nicht bekannt, ob sie später verhaftet wurden.

Genosse Degen[65], bisheriger Abwehrleiter der KPD machte im

[64] Rote Gewerkschafts-Internationale.
[65] Deckname für Hermann Nuding.

Januar 1937 in einer Besprechung Mitteilungen über Funk, folgenden Inhalts:

1. daß Funk gesagt haben soll, daß Hoffmann und Firl (die beiden letzten Mitglieder der Landesleitung in Berlin – verhaftet Anfang 1936) durch Weibergeschichten kaputtgegangen sind und Funk ihnen vorher hätte sagen können, daß dieses Weib eine Gestapo-Agentin ist. (Es handelt sich um eine Frau Höfele in Berlin, Agentin, bei der Hoffmann verkehrte.)
2. daß ein Mann der Mopr[66], der verdächtig ist, aus Feigheit aus Deutschland die Flucht ergriffen zu haben und dadurch die Genossen Claus[67] (in Deutschland schon hingerichtet) und Fugger[68] verhaftet wurden, von Funk zur Arbeit herangezogen wurde und Funk erneut versuchte, ihn in seine nähere Umgebung zu bekommen.
3. In der Untersuchung der Frage des Gen. Thälmann[69] war Funk bis zuletzt absolut passiv, obwohl Funk zur engsten Umgebung des Genossen Thälmann gehörte.
4. daß Funk im Auftrage der Partei in Paris die Verbindung zu dem früheren Berliner Polizeipräsidenten Grzeszinski hatte. Es bestand der Plan das Archiv des Grzeszinski zu beschlagnahmen, da Grzeszinski sich früher geäußert hatte, daß es einen Spitzel in der Spitze der KPD schon seit der Legalität gibt und sich weigerte, Angaben der KPD darüber zu machen. Funk hat bei diesem Plan nicht geholfen, sondern erklärt, daß es unmöglich ist, das Archiv zu beschlagnahmen.
5. In der Spanienfrage legte Funk Wert darauf, daß in der Spanienfrage und in personellen Fragen der KPD kein anderer Genosse Einblick erhält. Er hat die Pariser Emigrantenleitung dahingehend unterrichtet, daß sie die Spanienfahrer dem Apparat nicht zur Kontrolle geben. Tatsache ist, daß bei der Pariser

[66] Internationalen Roten Hilfe.
[67] Rudolf Claus.
[68] Karl Fugger, 1934 verhaftet, elf Jahre KZ-Haft.
[69] Gemeint ist hier die Untersuchung der Verhaftung Thälmanns.

Emigrantenleitung aber die Karthotek in die Hände der Trotzkisten fiel, die mit dieser Karthotek eine Kampagne gegen die Partei durchführten, und die Emigrantenleitung keine entsprechende Kontrolle durchführen konnte.

6. Während seiner Reise in die SU – Dezember 1936 fuhr Funk mit einem deutschen Paß auf seinen legalen Namen (Wehner) von Paris nach London, obwohl der Intelligence Service die leitenden Funktionäre der KPD mit ihrem Namen aus der Legalität und wahrscheinlich auch aus der Illegalität bekannt sind. Er wurde in England ohne jede Beanstandung hineingelassen und konnte wieder ausreisen. Die Begründung der Fahrt nach London ist, daß Funk irgendeinem Völkerbundausschuß angehören (für Emigrantenfragen) soll und er aus diesem Grunde nach England ging. Von Kopenhagen aus fuhr er mit einem tschechischen Paß[70] in die SU.

Ferner liegt vom Genossen Peterson, der während der Zeit der Jonny-Schehr-Verhaftungen ebenfalls verhaftet wurde und 1935 nach Verbüßung einer zweijährigen Strafe entlassen wurde, eine Mitteilung darüber vor, daß Peterson Jonny Schehr im Columbiahaus[71] getroffen habe. Dabei sagte ihm Jonny: «Ich tippe auf Osten» (Deckname von Funk während dieser Zeit). Bei einem späteren Zusammentreffen hätte sich aber Jonny korrigiert, indem er sagte:

«Nicht Osten – sondern...» Sie wurden von der Gestapo getrennt, ohne daß Petersen das weitere verstehen konnte.

Seitens des Genossen Belfort (Birkenhauer, bis Anfang 1937 Sekretär des Thälmann-Komitees und im August 1933 wieder freigelassen, obwohl er als Thälmanns Sekretär bekannt war) liegt eine Mitteilung mit Verdachtsmomenten gegen Funk vor, wobei aber unterstrichen werden muß, daß gegen Belfort selbst in Verbindung mit seiner Verhaftung und Freilassung ein noch unaufgeklärter Verdacht besteht und er in der letzten Zeit 1936/37 wegen

70 Als Karl Halub.

71 Berüchtigte Berliner Gestapo-Zentrale.

seiner Arbeit als Leiter des Thälmann-Komitees seitens der KPD und der Komintern stark kritisiert wurde:

1. Funk lebte auf einem deutschen Paß im Lande legal, der am Ende der Legalität an Belfort gegeben war und den Belfort selbst an das Sekretariat als unbrauchbar zurückgab, weil dieser Paß bei einem führenden deutschen Funktionär (Otto Kühne – kommunistischer Reichstagsabgeordneter, der anfangs der Illegalität sofort verhaftet wurde) polizeilich gemeldet war. Funk war auf den Namen dieses Passes nicht nur polizeilich gemeldet, sondern auch Mitglied der Arbeitsfront.
2. Funk war bis August 1934 legal im Lande, ohne verhaftet zu werden.
3. Funk erhielt 1934 mehrmals dringende Aufforderungen vom Polbüro, aus dem Lande zu gehen, er kam wiederholt dieser Aufforderung nicht nach, er wurde dafür vom Polbüro gerügt.
4. Im Lande und an der Saar hatte Funk die allerengste persönliche Verbindung und Zusammenarbeit mit Viktor.
5. Ende 1934, Anfang 1935 wurde ein Archiv des Reichstechnikers[72] Schenk – jetzt aus der KPD ausgeschlossen – in Saarbrükken von der Gestapo ausgehoben. Man nahm dabei eine auf dem Tisch liegende «präparierte» Schreibmappe mit, sichtbar waren darin nur leere Blätter und Kuverts. Die Tatsache, daß sich im Innern dieser Mappe die wichtigsten Adressen (nach dem Lande) befanden, konnte nur ein engster Vertrauter wissen.
6. Im Februar 1935 fuhr Funk auf einem dänischen Paß nach Prag zwecks Abreise nach Berlin. Funk fuhr über *Kehl*, d.h. über Deutschland, obwohl in Kehl die strengste Kontrolle für Ausländer ist. Weiter stellt Belfort eine Reihe konkreter Fragen, die zu untersuchen wären mit den ganzen Hochflügen im Lande und dem Eindringen von Gestapoagenten in die KPD.

Die Hauptmomente, die einer eingehenden Untersuchung bedürfen sind folgende:

[72] «Reichstechniker» der KPD Wilhelm Kox war zuständig für Druck und Vertrieb von Parteischriften.

Funk gehörte zur nächsten Umgebung des Gen. Thälmann, als technischer Leiter des Sekretariats war er über alle Fragen des Sekretariats und auch über Thälmanns Aufenthalt orientiert. Funk wurde als einziger der technischen Sekretäre nicht verhaftet und verblieb im Lande. Bei der Verhaftung einer Grete Busch (Stenotypistin) August 1933, die vor der Polizei Aussagen machte, wurde Funk mit seinen legalen Namen schwer von ihr belastet. Bei der Verhaftung von Jonny Schehr und der anderen Genossen der Landesleitung im November 1933 war Funk in der Landesleitung verantwortlich für alle technischen Fragen und Verbindungsfragen. Die Verhaftung Jonny Schehrs wird auf die Tätigkeit des Gestapoagenten Kattner zurückgeführt. Funk wurde auch von dieser Verhaftungswelle nicht betroffen. Zur damaligen Zeit befand sich als Kassierer im Apparat der Landesleitung im Lande auch Schubotz (damals Kastor) der im Sommer 1936 in Amsterdam als Gestapo-Agent entlarvt wurde und nach Deutschland flüchten konnte. Schubotz war zuletzt technischer Arbeiter für die Westbezirke.

Funk blieb bis zum Sommer 1934 im Land. Die Nichteinhaltung der Aufforderung des Polbüros erklärte Gen. Funk in einem Gespräch damit, daß er auf Grund der innerparteilichen Parteiverhältnisse in der KPD es für politisch falsch hielt, aus dem Lande zu gehen, um die Landesleitung nicht den Anhängern der Richter-Gruppe in der KPD auszuliefern. Funk gehörte nicht zur Gruppe von Max Richter (in Moskau verhaftet) und Schweitzer[73], sondern trat gegen ihre Auffassungen auf.

Keiner der hier angeführten Verdachtsmomente wurde bisher durch uns untersucht, weil noch weiteres Material abgewartet werden sollte.

Mertens[74]

Quelle: ZAD N 82/11646 I, Bl. 86–89.

[73] Hermann Schubert und Fritz Schulte.

[74] Mertens, Deckname von Grete Wilde, Mitarbeiterin der Kaderabteilung der Kommunistischen Internationale.

Dokument 17

Mitteilung von «Hubert» an das Sekretariat der KPD in Moskau

In dieser Mitteilung wird Wehner von dem Apparatmann «Hubert»[75] *wegen der Aufbewahrung «interner Parteidokumente» die Verletzung von Konspirationsregeln vorgeworfen.*

28.5.37

An das Sekretariat der K. P. D.

Liebe Freunde,
Die ernste Aussprache, die wir nach Übersiedlung von Prag nach Paris betr. Privatarchiv bei den einzelnen Freunden, insbesondere bei Kurt und Ackermann, damals hatten, scheint absolut resultatlos geblieben zu sein, mindestens im *Fall Kurt*. Nicht nur, daß sich bei Kurt *jetzt zu Hause* eine Reihe Parteidokumente allgemeiner Natur angesammelt hatte, es ging viel weiter. Bei der *Aufgabe der Wohnung überreichte uns die Frau von Kurt nachfolgende interne Parteidokumente, die wir selbst im zentralen Archiv der Partei nicht aufbewahren würden und nicht aufbewahrt haben, weil sie nach* Kenntnisnahme und nach Übermittlung an zu Hause[76] vernichtet wurden.

Was uns übergeben wurde:

1. Protokolle der Sitzungen des PB (mit legaler Namensnennung der PB-Freunde): vom 7.6., 8., 10., 11., 12., 13., 15.–19., 22.–24. Juni 1936
2. Weiter der Briefwechsel zwischen dem Freund Wilhelm[77] und

[75] Wahrscheinlich Hubert von Ranke.
[76] d. h. nach Übermittlung nach Moskau.

dem PB einerseits und Kurt und Wilhelm andererseits. Brief vom 8.10.36, 15.10.36, 22.9.36, vom 1.10., vom 20.9., vom 7.9.

3. Protokoll einer PB-Sitzung vom 10. Oktober in M.[oskau]
4. Erklärung von Remmele
5. Bemerkungen z. d. Brief v. Remmele von Heinz Neumann,
6. Mitteilungen über *Ausschlüsse aus der Partei*[78]
7. interner Brief von Moritz[79] über die Aktionen der Centuria Thälmann, vom 26.10.
8. und eine Reihe von Einzelbriefen über den Abtransport der Freunde nach dem Süden[80]
9. Ein Brief, unterschrieben von D.[81], der über interne Dinge im Zusammenhang mit den PB-Beschlüssen und unsere Politik gegenüber der SPD in Paris sich ausläßt.
10. Ein Auszug aus dem Brief des Freundes Wilhelm, in dem die bekannten 11. Punkte zum Oktoberaufruf enthalten sind und Bemerkungen zu diesen 11 Punkten.
11. Bericht über die Unterhaltung mit Helmut vom D. W., streng vertraulich vom 27.7.36
12. *22 Adressen, die mit Südtransporten zusammenhängen*
13. Zwei persönliche Briefe zwischen Emileiter[82] und Kurt, in denen die Lage der Emigration intern besprochen wird.
14. Ein Brief von Heinrich Brandler, in denen er an seine Anhänger Anweisungen betr. seine Kriegsthesen gibt
15. Brief von Alfred, in welchem interne Angelegenheiten zur Katholikenfrage enthalten sind, mit allen Personalangaben

77 Wilhelm Pieck.

78 Solche Ausschlußlisten wurden seit dem 3. September 1936 von der Moskauer Kaderabteilung erstellt. Einige dieser Ausschlußlisten wurden von Wehner 1937 und 1938 in Moskau unterzeichnet.

79 d. i. Hubert von Ranke.

80 Weitertransport von Spanienfreiwilligen.

81 Brief Dimitroffs.

82 Emigrationsleiter.

16. Ein Bericht der ISH[83] an die Komfraktion der RGI[84] v. 17.2.36, mit Begleitbrief an Kurt v. 25.9.36
17. Ein Brief des Freundes Erwin
18. Vier Dokumente über Ausschlüsse und andere innerparteiliche Angelegenheiten
19. Quittungsbelege in der Höhe von 30000 frs. für Süd[85]
20. Handschriftliche Notizen über Forbach

In seinem *Büroarchiv* waren vorhanden:

1. *11 Telegramme* von *zu Hause* mit politischen Direktiven und *Personalfragen*,
2. 3 Briefe von Wilhelm[86]
3. 3 Briefe an Wilhelm (August–Sept. 36)
4. 3 *Briefe von zu Hause* mit div. Anweisungen div. Personen betreffend, Juli–Oktober 36
5. 16 Briefe von und nach Prag in der Zeit Juli–Sept. 36.
6. 12 Briefe von Willi Münzenberg mit internem Inhalt über unsere Politik in Paris, darunter Bemerkungen, daß der Freund Smo.[87] hier war und Walter[88] oder Kurt sprechen wollte. Darunter ein interner Brief ohne Unterschrift, in dem von der Anwesenheit von Schwe.[89] und Sm.[90] gesprochen wird.
7. 10 Briefe an verschiedene Freunde hier, darunter zwei an

[83] Internationale der Seeleute und Hafenarbeiter.
[84] Kommunistische Fraktion der Roten Gewerkschafts-Internationale.
[85] d.i. Spanien.
[86] d.i. Wilhelm Pieck.
[87] d.i. der Komintern-Emissär Gregorj Smoljanski.
[88] d.i. Walter Ulbricht.
[89] d.i. Nikolaj Schwernik, führender KPdSU- und Komintern-Funktionär.
[90] d.i. Bohumir Smeral, ehemaliger Vorsitzender der tschechoslowakischen Kommunistischen Partei, seit 1935 Mitglied der Internationalen Kontrollkommission der Komintern.

Otto Katz[91], Brandler[92], Bernhard[93], Mischa[94], August[95], Frank[96].

8. Zwei Briefe mit Anweisungen an die DVZ[97]
9. Zwei Briefe Niko[98] an Kurt und Kurt an Niko
10. Abschrift eines Briefes von Grossmann[99] an Katz
11. Brief Grzesinski an Katz

[91] Otto Katz, KPD-Mitglied seit 1922, Mitarbeiter Willi Münzenbergs, 1933 Mitverfasser des Braunbuchs über Reichstagsbrand und Hitler-Terror, Emigration nach Paris, Mitarbeiter in zahlreichen Komitees und Hilfsorganisationen, 1936 Leiter der Agence d'Espagne in Paris, 1939 USA, dann Mexiko, Sekretär des Bundes Freies Deutschland, 1946 in die ČSR, Redakteur der Parteizeitung, 1952 verhaftet und als «zionistischer Agent» nach einem Schauprozeß mit zehn Mitangeklagten hingerichtet.

[92] d. i. Heinrich Brandler, KPD-Vorsitzender 1923, 1929 zusammen mit August Thalheimer Führer der KPD-Opposition (KPD[O]), 1933 Emigration nach Frankreich, 1941 Kuba, 1949 Rückkehr nach Deutschland.

[93] Georg Bernhard, Publizist, Chefredakteur, Reichstagsabgeordneter der Deutschen Demokratischen Partei (1928–30), 1933 Emigration, Gründer des *Pariser Tageblatts*, Vertreter der jüdischen Emigranten in der Zentralvereinigung der deutschen Emigranten, Mitglied im «Vorläufigen Ausschuß zur Vorbereitung einer deutschen Volksfront».

[94] Michael Tschesno-Hell, Publizist, KPD-Mitglied seit 1922, 1933 Emigration Frankreich und Schweiz, nach 1945 SED-Funktionär, Drehbücher zu Thälmann-Filmen und Vizepräsident des Verbandes der Film- und Fernsehschaffenden der DDR, Vorstandsmitglied des Schriftstellerverbandes der DDR.

[95] August Thalheimer, Mitbegründer der KPD, Mitglied der Zentrale bis 1923, 1924 bis 1928 in der Sowjetunion «kominterniert», 1928 Mitbegründer der KPD(O), 1933 Emigration nach Frankreich, 1941 Kuba.

[96] Karl Frank, seit 1919 KPÖ, Redakteur der *Roten Fahne*, 1928 KPD-Ausschluß, Mitglied der KPD(O)-Reichsleitung, 1933 SPD-Mitglied, Leiter der Auslandsvertretung der Gruppe «Neu Beginnen», Emigration Wien, Prag, Paris, ab 1938 USA.

[97] *Deutsche Volkszeitung*.

[98] Erich Birkenhauer.

[99] Kurt R. Großmann, Pazifist, Generalsekretär der deutschen Liga für Menschenrechte, 1933 Emigration Prag, 1938 Paris, aktiv in der Flüchtlingshilfe.

12. Brief Willi[100] an Grzesinski, 1 Brief Grzesinski an Kurt, ein Brief Grzesinski an Kommissionsmitglieder

Zu diesen Briefen ist zu bemerken, daß Inhalt und Ton wesentlich anders ist, als der letzte Brief Grzesinskis an Willi. Etwa *130 Berichte* aus dem Lande mit Schlüssel, davon Berichte, die März 1936 datiert sind bis in die neueste Zeit vor der Abreise von Kurt nach Hause. Einen Teil dieser Berichte bekam er aus Prag in seiner Eigenschaft als PB-Mitglied, die nach Kenntnisnahme vernichtet werden sollten, einen anderen Teil bekam er aus dem Westen, wovon ihm laufend direkt ein Expl. aus dem Westen zuging, das nach Auswertung direkt zu vernichten war. Der größte Teil dieser Berichte wurde von uns nach Hause geschickt und ist bei uns im Archiv nicht mehr vorhanden, weil sie schon ausgewertet waren.

Ich würde dem Sekretariat vorschlagen, die Angelegenheit ernstlich durch die Freunde von zuhause untersuchen zu lassen und ihnen die hier angegebenen Unterlagen zu unterbreiten.

28.5.37 Hubert[101]

Quelle: ZAD N 82/11 646 I, Bl. 124–125.

[100] Willi Münzenberg.
[101] Wahrscheinlich Hubert von Ranke.

Dokument 18

Antwort der Kaderabteilung auf die Anfrage des NKWD

Antwort der Kaderabteilung auf die Anfrage des NKWD vom 16. Mai 1937 zu Herbert Weinert (!). Für den Antwortbrief an den NKWD-Mitarbeiter Poljatschek wird das von Grete Wilde in der Kaderabteilung angefertigte Dossier vom 27. Mai 1937 (Dokument 16) ins Russische übersetzt. Im Briefwechsel der Kaderabteilung wurde die Nennung des NKWD vermieden, der Name des Mitarbeiters und die Registraturnummer genügten für die Identifizierung der «betreffenden Stelle».

2 Expl. Mch.
2. 7. 1937 Streng Geheim

Gen. Poljatschek

über Weinert H.
Deutschland
zu Nr. 194742
vom 16. 5. V–(19)37

Wir verfügen über Angaben über WEHNER, Herbert.

Hier folgt das von Grete Wilde am 27. Mai 1937 zusammengestellte Dossier (Dokument 16). Es wurde für den Gebrauch des NKWD ins Russische übersetzt.

Quelle: ZAD N 82/11646 I, B. 79–85.

Dokument 19

Wehners Antwort auf Fragen der Kaderabteilung

Erste schriftliche Antwort Herbert Wehners auf die ihm von der Kaderabteilung am 22. August vorgelegten Fragen. Hier versucht Wehner die Glaubwürdigkeit des Hauptbelastungszeugen dadurch zu erschüttern, in dem er die «innerparteiliche Position» und die «Verbindungen» Birkenhauers aufführt.

Streng vertraulich[102]

25. August 1937.

Einige Bemerkungen zu den mir vorgelegten Fragen.

Es wird hoffentlich Gelegenheit geben, nochmals zu den Fragen, die mir am 22. d. Mts. gestellt wurden, zu sprechen. So sehr ich mir über die Notwendigkeit klar bin, daß jede Phase der Arbeit in dieser schwer zu überblickenden Periode genau geprüft werden muß, so sehr muß ich mich doch wundern über die Leichtfertigkeit, mit der gewisse Fragen in der Form von Behauptungen aufgestellt worden sind. Es handelt sich um die Fragen Belforts[103]. Zu einigen dieser Fragen werde ich noch schriftlich weitere Aufklärungen geben. Zunächst möchte ich aber auf einen Umstand hinweisen, der m. E. für die Erklärung des Zustandekommens solcher Behauptungen von Bedeutung ist: das ist die innerparteiliche Position Belforts.

Belfort, der früher zu den Versöhnlern gehört hatte, war einer der aktivsten Parteigänger der Gruppe Richter[104]. Als im Jahre

[102] Handschriftlicher Zusatz von Herbert Wehner.

[103] d. i. Erich Birkenhauer.

[104] Der sog. Sektierer-Gruppe um Hermann Schubert (Richter) und Fritz Schulter.

1934 Richter mit allen Mitteln versuchte, die Landesleitung in seine Hände zu bekommen, indem er Leute vorschob, die ihm ergeben waren, spielte Belfort dabei eine nicht unwesentliche Rolle. Das ist umso bedeutsamer, als B.[elfort] eben erst aus dem Konzentrationslager gekommen war und die Vorgänge aus eigener Anschauung nicht kennen konnte.

In engster Zusammenarbeit mit Richter griff B.[elfort] in die Saarpolitik ein. Er war eine treibende Kraft bei dem Versuch, die Saarpolitik im Gegensatz zur Linie der Einheitsfrontpolitik zu ändern. Damit wurde damals von der Gruppe Richter der Versuch unternommen, einen bestimmten Einfluß auf den bevorstehenden VII. Weltkongreß auszuüben.

Auf dieser Linie verblieb Belfort auch nach der Brüsseler Konferenz. Als ich in Amsterdam den damaligen dortigen Apparatleiter Viktor[105] seiner Funktion enthob (bei welcher Gelegenheit ich von den besonderen Verbindungen[106] Viktors erfuhr – worüber ich sofort dem Gen. Ulbricht und durch ihn dem Gen. Pieck Mitteilung machen ließ), wurde festgestellt, daß Viktor eng mit Belfort zusammenarbeitete. Das wurde damals mit der Angelegenheit[107] des Gen. Th.[älmann] erklärt. In Wirklichkeit reicht diese Begründung nicht aus. Nach Viktors Weggang ist Belfort mehrmals in Amsterdam gewesen. Zweimal mußte festgestellt werden, daß er sich dort aufgehalten hatte, ohne sich bei den Parteiinstanzen zu melden. Er hatte dort Gespräche mit Parteimitgliedern. Darüber gibt es 2 Beschlüsse der dortigen Gebietsleitung der Partei, in denen dieses Verhalten Belforts scharf verurteilt wird. Dem Politbüro wurde darüber Mitteilung gemacht. Belfort traf sich hier

[105] d.i. Leo Roth.

[106] Gemeint sind wahrscheinlich die Verbindungen Leo Roths zum französischen, englischen und tschechoslowakischen Botschaften und Militärkreisen.

[107] d.h. über Leo Roth und den M-Apparat wurde die Verbindung zwischen dem inhaftierten Ernst Thälmann, seiner Frau Rosa, den Verteidigern Thälmanns und dem Politbüro in Moskau hergestellt. 1936 gehörte diese Verbindung auch zum Aufgabenbereich Herbert Wehners.

speziell mit einer gewissen Ruth, über deren Person wir nie vollkommene Klarheit erlangen konnten. Diese Ruth war eine Mitarbeiterin Viktors gewesen. Sie soll durch Heirat die schweizerische Staatsangehörigkeit erworben haben und eine ehemalige Medizinstudentin sein. Einige Monate hat sie sich in der Schweiz, dann wieder in Holland aufgehalten. Es wurde uns weiter mitgeteilt, daß sie einmal eine Reise nach Schweden unternommen hat, von der wir nichts weiter in Erfahrung bringen konnten. Diese Ruth war ein Zentrum antiparteilicher Tätigkeit in Amsterdam. Sie hetzte Parteimitglieder und außerhalb der Partei stehende Intellektuelle gegen die Volksfrontpolitik der Komintern auf, speziell gegen die Politik der französischen Bruderpartei. Sie verbreitete unerhörte Gerüchte über innerparteiliche Vorgänge und konspirative Angelegenheiten. Sie versuchte, einen Kreis von Leuten zu bilden, die die dortige Leitung systematisch angriffen. Mit dieser Ruth traf und besprach sich Belfort. Ohne Wissen der Parteileitung verschaffte er ihr einmal eine vertrauliche Arbeit. Auf derselben Linie, auf der sich ihre parteifeindliche Agitation bewegte, bewegten sich auch die Argumente, die in Paris von verschiedenen Leuten in Umlauf gesetzt wurden. Hier wurde von einem Kreis von Parteimitgliedern systematisch gegen die Volksfrontpolitik gehetzt. Dazu gehörte der weißgardistische Emigrant und Trotzkist «Mischa»[108], der im Thälmannkomitee arbeitete (bis von mir die sofortige Entlassung verlangt und eine Untersuchung gegen ihn eingeleitet wurde). Ebenso Belforts enger Mitarbeiter Hermann Jakobs[109]. Belfort selbst vertrat den Standpunkt, daß die Volksfrontpolitik diskreditiert sei und für Deutschland nicht in Frage kommen könne. Besonders stark waren solche Angriffe in Zeiten, in denen es in der französischen Volksfront gewisse Schwierigkeiten gab, z. B. nach der Francabwertung. Solche Auffassungen traten regelmäßig hervor. Mischa und Jakobs versuchten einmal in

[108] d. i. Michael Tschesno-Hell.

[109] Hermann Jakobs, 1921 KPD, Redakteur an verschiedenen KPD-Zeitungen, 1933 Emigration, Frankreich und USA.

einer Funktionärsitzung einen direkten Vorstoß, wobei sich ihre Argumentation mit der Belforts absolut deckte.

Diese Vorgänge zeigen, daß Belfort, der früher mit den Angehörigen der Gruppe Richter (z. B. mit Most [110] und Ander [111]) engstens verbunden war, auch nach Brüssel nicht abgerüstet hat.

Neben solchen Gegensätzen gab es scharfe Auseinandersetzungen über die Arbeit Belforts im Thälmann-Komitee, z. B. über Veröffentlichungen, die einen provokatorischen Charakter trugen und über die im Polbüro diskutiert wurde.

Ich führe diese Tatsachen an, um darauf hinzuweisen, daß aus solchen Gründen die Angaben von Belfort einen besonderen Unterton haben, so daß sie m. E. nicht als Angaben eines Genossen betrachtet werden können, der in ehrlicher Sorge um ernste Parteifragen Momente zu einer Untersuchung liefert. Ich möchte zum Schluß noch darauf hinweisen, daß im Ausland von Leuten, die zur Gruppe Richter gehörten, z. B. von Pfordt [112] in Skandinavien und von Reimann [113] in der Tschechoslowakei unentwegt gegen das auf der Brüsseler Konferenz gewählte ZK gehetzt wird. Die Hetze dieser Leute bewegt sich auf der gleichen Linie, auf der sich die Zersetzungsarbeit der genannten Ruth in Holland bewegte.

Kurt Funk [Handschr. Unterschrift]

Quelle: ZAD N 82/11646 I, Bl. 198–200.

[110] d. i. Heinrich Meyer, 1932 Leiter der Agitpropabteilung des ZK der KPD, bereits im August 1937 in Moskau verhaftet, am 3. September 1938 zum Tode verurteilt.

[111] d. i. Hans Knodt, 1932 bis 1934 Chefredakteur der *Roten Fahne*, 1937 in Moskau verhaftet, am 7. April 1941 zu 8 Jahren Lagerhaft verurteilt, kam in der Lagerhaft ums Leben.

[112] Fritz Pfordt.

[113] Max Reimann.

Dokument 20

Fragenkatalog der Kaderabteilung

Fragenkatalog der Kaderabteilung für das Untersuchungsverfahren gegen Herbert Wehner. Die Fragen wurden von «A. Müller», d. i. Georg Brückmann, nach den in der Kaderabteilung vorliegenden «Angaben» und «Meldungen» Birkenhauers, Florins, Hauladens, Nudings etc. ausgearbeitet.

28.8.1937

A. Arbeit bis zur Illegalität und Vorbereitung der Illegalität

Besonders berücksichtigen

1. Räumung des KL-Hauses[114] (Geheime Räumlichkeiten)?
2. Wer war verantwortlich für die Räumung und wer nahm daran teil?
3. Wer hat nach der Räumung des KL-Hauses noch gearbeitet?
4. Wer konnte an das Material gelangen, nachdem es aus dem KL-Haus geschafft wurde?
5. Wer hat den Raum für dieses Material beschafft und wer wußte, wo der Raum ist?
6. Wer war verantwortlich für das Material?

B. Tätigkeit während der illegalen Arbeit in Deutschland
Besonders berücksichtigen:

7. Mit welchen Gen. aus der LL[115]-ZK-Apparat – Bezirksleitungen zusammengearbeitet?
8. Über die pol. Differenzen unter den leitenden Parteifunktionären und Deine Stellungnahme dazu?
9. Hast Du während Deines Aufenthaltes in Deutschland mehrere Male Aufforderungen vom PB bekommen aus dem Lande

[114] Karl-Liebknecht-Haus, Sitz der KPD-Führung in Berlin.
[115] Landesleitung.

zu kommen und bist diesen Aufforderungen *nicht* nachgekommen?

10. Was ist Dir bekannt über die Verhaftung des Gen. Thälmann.
   a) Wer hat das Quartier besorgt und wer wußte alles, wo das Quartier ist?
   b) Wie hast Du von der Verhaftung des Genossen Th.[älmann] erfahren?
   c) Welche Feststellungen wurden durch die Partei gemacht bez. der Verhaftung des Gen. Th.[älmann]?
   d) Welche Vorwürfe erhob Remmele gegen Dich?
11. Was ist Dir bekannt über die Verhaftung des Genossen Schehr? (Wie unter Punkt 10 a–c)
12. Über Deine Legalisierung in Berlin. Dokumente – Organisationszugehörigkeit u. ä. War der Anmeldeschein früher bei Otto Kühne gemeldet worden?
13. Hat Belfort an Dir [!, R. M.] einen Paß zurückgegeben – wer hat ihn weiter benutzt?
14. Hat die Frau Belfort, nach der Verhaftung von Belfort, Dir mitgeteilt, daß sie 2 Koffer besitzt mit Material des Gen. Thälmann? Wie hast Du Dich dazu verhalten?
15. Deine Beziehungen zu Viktor und seiner Frau?
   a) Berlin
   b) Saargebiet
   c) Hast Du Viktor nach der Br. Parteikonferenz[116] im Ausland getroffen und ihm versichert, daß er im Apparat bleiben wird?
16. Was ist dir bekannt über Schubotz?
   a) Wer hat Sch[ubotz] als Kassierer für die LL eingesetzt?
   b) Wer als Techniker für den Westen bestimmt?
17. Wer war verantwortlich für die illegalen Büros? – Wer hat sie besorgt? – Wer kannte die Büros? – Wie war es möglich, daß am gleichen Tage im November 1933 alle Büros hochgingen?

[116] Brüsseler Konferenz der KPD, die 1935 in Kunzewo bei Moskau stattfand.

C. Tätigkeit im Saargebiet
Besonders berücksichtigen

18. Über die Abwehr des fasch. Terrors – Meinung der Vertreter des PB – War mit der franz. Partei bei der Waffenanforderung ein Zwischenfall – Wurde trotz Verlangens der Vertreter des PB mit ihnen und der Saarleitung gemeinsam eine Sitzung abzuhalten, diese Sitzung nicht einberufen?
19. Deine Verbindung mit den Saarbehörden?
20. Wie war Deine Arbeit *nach* der Saarabstimmung im Saargebiet?
21. Zu welchem Zweck hast Du Geld aus dem Saargebiet nach Berlin geschickt und wie wurde es durchgeführt?
22. Über den gemeinsamen Besuch eines Restaurants in Metz (Funk-Viktor-Belfort-Glückauf), wie hoch die Zeche? Wer hat sie bezahlt?
23. Über die Fahrt von Paris-Prag über Kehl?

D. Tätigkeit in Paris
Besonders berücksichtigen:

24. Legalisierung in Paris – Woher kannten die Soz.[ialdemokraten] Deinen richtigen Namen?
25. Reise nach London-Paß-Visum?
26. Über die Erkundigungen der franz. Polizei nach Deiner Abfahrt?
27. Verhältnis zu Münzenberg?
28. Über die Herausgabe «Schriften der jungen Nation»?
29. Verbindung mit Grzesinski – Äußerung Grz.[esinski] über Spitzel im ZK-Apparat während der Legalität. Wurde erörtert das Archiv von Grz.[esinski] zu bekommen und Deine Stellungnahme?
30. Wie kamen die Trotzkisten zu der Emi.Kartothek[117]?
31. Was ist Dir über Beutel bekannt? Wer hat ihn wieder herangezogen? Wollte er nach Paris geholt werden zur Mitarbeit?

[117] Kartothek der Pariser Emigrationsleitung.

32. Was ist bekannt über Frau Koestler[118] (Asher)? Warst Du gegen die Entlassung aus dem Münzenberg-Apparat?
33. Hast Du an der Sitzung teilgenommen auf der R. Rothschild berichtete? Was berichtete sie über die 2 Gen., die noch im Zuchthaus sitzen?
34. Was ist Dir bekannt über Lotte Scheckenreuther (Frau Eberlein)?
35. Ist Dir ein Hiller bekannt und was wurde Dir über ihn mitgeteilt?
36. Wie wurde der Sp.[anien] Transport organisiert? – Wer hatte die Verantwortung? – Wurden die Gen. von der Abwehr Abteilung[119] überprüft?
37. Wurde Pick nach Sp.[anien] geschickt? Ist Dir bekannt, daß er 4–6 Wochen legal nach der Saarabstimmung in D.[eutschland] war? Ist Dir bekannt, daß er unter der Hand sich einen dänischen Paß besorgte?
38. Deine Bekanntschaft mit Goldhammer[120]
    a) Deutschland
    b) Prag und wie schätzt Du ihn ein?
39. Verhältnis zu Schenk.
    a) Land
    b) Saargebiet
    c) Prag. Über Gestapo-Raub seines Archivs – Koffer – Schreibmappe.
40. Woher kennst Du Grete Busch, hast Du mit ihr zusammengearbeitet?

[118] Dorothy Asher, Frau des Schriftstellers Arthur Koestler.

[119] Abwehrabteilung der KPD.

[120] Bruno Goldhammer, 1923 KPD, Redakteur an KPD-Zeitungen, 1933 Emigration Prag, dann Paris. Von Ulbricht 1936 in die Schweiz abgeschoben, 1945 Rückkehr nach München, KPD-Sekretär, 1947 Berlin, Chefredakteur des Berliner Rundfunks, 1950 wegen «Verbindung» zu Noel Field aus der SED ausgeschlossen, verhaftet und mehrere Jahre in sowjetischen Gefängnissen. 1956 «rehabilitiert».

41. Woher kennst Du Lene Riebe, hast Du mit ihr zusammengearbeitet?
42. Woher kennst Du Luise Sattler, hast Du mit ihr zusammengearbeitet?
43. Deine Äußerungen zu der Verhaftung von Hoffmann betr. Beziehungen zu einer Gestapo-Agentin?
44. Über die Verhaftung Deiner Frau in Prag. Hat man sie als Gestapo-Agentin bezeichnet?

Müller, A.[121]

Quelle: ZAD N 82/11646 I, Bl. 132–133.

[121] Georg Brückmann, Deckname Albert Müller, Referent in der Kaderabteilung des EKKI.

Dokument 21

Schreiben Wehners an die Kaderabteilung

Begleitschreiben Herbert Wehners an die Kaderabteilung, in dem er auf die bisherige Zusammenarbeit mit der Kaderabteilung verweist und seine zukünftige Zusammenarbeit offeriert.

3. September 1937

An die Kaderabteilung.

Werte Genossen!

Beiliegend übergebe ich Euch die Antworten auf die Fragen, die mir unter dem 28. August schriftlich gestellt wurden. Ich habe mich nach Möglichkeit an den Wortlaut der Fragen gehalten und hoffe, daß es mir gelungen ist, die oft recht komplizierten Vorgänge verständlich zu schildern.

Bei dieser Gelegenheit möchte ich daran erinnern, daß mir bis heute keine Gelegenheit gegeben worden ist, im Zusammenhang über solche Fragen aus der illegalen Arbeit den dafür in Frage kommenden Instanzen zu berichten. Zweifellos aber enthält das, was ich zu dieser oder jener Frage sagen kann, Momente, die zu Ergänzung oder Berichtigung des Bildes beitragen könnten, das Ihr von manchen Vorgängen habt. Im Jahre 1935 habe ich die Unterlagen für eine Statistik der Entwicklung unserer Kader in den Bezirksleitungen und im zentralen Apparat geliefert, die dem Sekretariat unterbreitet worden sind. Unmittelbar nach der Brüsseler Konferenz schrieb ich auf Anforderung der Kaderabteilung handschriftlich die Angaben nieder, die ich zu den Personen Kippenbergers, Hirschs, Schultes und Wahls zu machen hatte. Sie wurden damals Krajewski übergeben. Später erkundigte ich mich nach dem Verbleib dieser Angaben, weil mir auffiel, daß Genossen, die mit dieser Materie zu tun hatten, über die Angaben, die ich gemacht hatte, nicht im Bilde waren. Ich bekam den Eindruck, daß diese Angaben nicht an die richtige Stelle[122] gelangt sind.

Es würde m. E. nichts schaden, wenn bei der Überprüfung deutscher Kader auch Angaben, die ich zu machen habe, mit berücksichtigt würden.

In den hiermit vorgelegten Antworten habe ich zur Erleichterung des Verständnisses in der Regel die legalen Namen der Beteiligten eingesetzt.

Mit kommunistischem Gruß
Kurt Funk [Unterschrift]

Quelle: ZAD N 82/11646 I, Bl. 134.

[122] Entgegen Wehners Eindruck gelangten seine «Angaben» in die Untersuchungsakten der Kaderabteilung zu Hans Kippenberger.

Dokument 22

Wehners Antwort auf den Fragenkatalog der Kaderabteilung

Herbert Wehners ausführliches Antwortschreiben zum Fragenkatalog der Kaderabteilung des EKKI. Mit seinen umfassenden Antworten kann Wehner zumindest einen Teil jener Fragen entkräften, die ihn «nach allen Regeln der Kunst» zur Strecke bringen sollten. In den Antworten Wehners werden zudem zahlreiche Informationen zur Hintergrundsgeschichte der KPD und zur Tätigkeit verschiedener geheimer «Apparate» geliefert.

Streng vertraulich. 30. August 1937

Beantwortung der mir unter dem 28. d. Mts. schriftlich gestellten Fragen.

Zu Punkt A, Arbeit bis zur Illegalität und deren Vorbereitung.

Ehe ich zur exakten Beantwortung der 6 Fragen dieses Punktes übergehe, muß ich einiges über die Arbeitsteilung im zentralen Apparat und über meine speziellen Aufgaben sagen.

In meinem zuletzt eingesandten Lebenslauf, der das Datum vom 24. März 1937 trägt, habe ich geschrieben, daß ich im August 1932 durch den Beschluß des Politbüros mit der Funktion des technischen Sekretärs des PB betraut wurde. Dieser Beschluß wurde mir durch den Genossen Schehr mitgeteilt. Ich bat damals darum, mich – wenn es irgend möglich wäre – in der Org.-Abteilung des ZK zu lassen, da mir die Massenarbeit mehr lag als die büromäßige Arbeit, die ich nun zu erledigen haben sollte. Genosse Schehr teilte mir aber nach einigen Tagen erneut mit, daß der Beschluß bestehen bleibe. Meine Arbeit auf diesem Posten gestaltete sich vom ersten Tage an ziemlich schwierig. Während einiger Wochen, die zwischen der Ablösung

Fliegs[123] und Schönhaars[124] einerseits und meinem Antritt andererseits lagen, hatte Meyer[125] – der Mitarbeiter des Genossen Thälmanns war – diese Sekretariatsarbeit gemacht. Er wollte nunmehr einen Teil dieser Arbeit weiter kontrollieren, wozu aber kein Beschluß vorlag. Trotzdem versuchte er, einen Teil dieser Arbeit in den Händen zu behalten. So wollte er z. B. Protokolle haben. Er nahm an den Sitzungen der zentralen Geschäftsabteilung teil usw. Während der Abwesenheit Meyers zur Zeit des XII. EKKI-Plenums bekam ich jedoch einen klaren Überblick und konnte mich einarbeiten. Nach der Rückkehr der Delegation zum Plenum gab es, wie mir vom Genossen Schehr gesagt wurde, Meinungsverschiedenheiten mit Meyer darüber, ob ich weiter die Arbeit machen solle. Der Genosse Thälmann gab mir damals konkrete Richtlinien für die Arbeit, die ich zu machen hatte. Er bestärkte mich auch in meiner Tätigkeit zur Reorganisierung der Ar-

[123] Leo Flieg, Gründungsmitglied der KPD, 1922 bis 1932 Sekretär des Organisationsbüros der KPD, Verbindungsmann zur Komintern, als Sekretär des Politbüros der KPD zusammen mit Heinz Neumann 1932 abgesetzt, danach Mitarbeiter der Abteilung für Internationale Verbindungen der Komintern (OMS, später SS abgekürzt). 1934 bis 1937 als Kassierer der KPD, ZK-Mitglied seit 1935. Bis 1935 selbst Mitglied der Internationalen Kontrollkommission der Komintern, wurde er nach seiner Rückberufung einem Verfahren der IKK ausgesetzt. Er wurde der «Verbindung» zu der bereits verhafteten Mischka Müller, zu Schatzkin und Münzenberg beschuldigt. Nach seiner Verhaftung wurde er am 7. Oktober 1937 in einem NKWD-Verhör dann angeklagt, «Mitglied einer rechtstrotzkistischen Spionage-Organisation in der Komintern» zu sein und «Verbindungen» zu Münzenberg zu haben. Herbert Wehner beschuldigte Leo Flieg massiv in seinem Brief an Wilhelm Pieck vom 26. November 1937. Flieg selbst wurde in der «Sache» Herbert Wehners neben Birkenhauer von der Kaderabteilung als Zeuge gehört. Nach den Foltertorturen des NKWD beschuldigte Flieg in seinem erpreßten «Geständnis» sich selbst und zahlreiche andere, einer fiktiven kominternfeindlichen Verschwörung anzugehören.

[124] Eugen Schönhaar, seit 1919 KPD, Leiter des Mitteleuropäischen Büros der Roten Hilfe, seit 1929 Mitarbeiter des ZK der KPD, 1933 in Berlin verhaftet und am 1. Januar 1934 von der Gestapo ermordet.

[125] Heinrich Meyer.

beit des zentralen Apparats. Bisher hatten z. B. einige Stenotypistinnen im Sekretariat eine vollkommen selbstständige Arbeit gemacht, die sich kaum kontrollieren ließ. Diese Genossinnen beklagten sich bei einigen Genossen darüber, daß sie jetzt nicht mehr, wie früher, die Sekretariats- und Politbüroprotokolle bekamen, sondern von mir lediglich Briefe diktiert erhielten, während sie früher die Beschlüsse selbstständig aus den Protokollen herausgeschrieben und weitergegeben hatten. In diese Auseinandersetzungen – in deren Verlauf sich besonders Hirsch für die Ansprüche der Stenotypistinnen einsetzte – griff Genosse Thälmann ein und erklärte, daß meine Arbeitsmethode von ihm völlig gebilligt werde. In Verbindung zur laufenden Sekretariatsarbeit mußte damals die Vorbereitung auf die Illegalität durchgeführt werden. Leider waren dabei schon viele Fehler gemacht worden. Zwei Parteimitglieder aus Hamburg hatten s. Zt. durch Meyer den Auftrag erhalten, solche Vorbereitungsarbeiten zu leisten. Es handelte sich um Emil Künder (Pseudonym Harry) und um Hoffmann (Pseudonym Vatti). Beide waren dazu ungeeignet, es dauerte aber lange, bis ich Gelegenheit hatte, Genossen Thälmann diese Untauglichkeit unter Beweis zu stellen. Hoffmann ging schließlich nach Hamburg zurück, während Künders Arbeit mehr und mehr eingeschränkt wurde, bis er schließlich mit Kurierarbeiten beschäftigt wurde. Künder hatte u. a. ein Buch angelegt, in das er die illegalen Quartiere aller Genossen eintrug. Er arbeitete mit dem Kippenberger-Apparat und mit dem sogenannten Ifland-Apparat zusammen. Die Aufgabe des letzteren war die Beschaffung und Betreuung von Quartieren und Büroräumen, die Anlegung und Verwaltung von Archiven, die Kontrolle und Pflege der Poststellen zum Verkehr mit den Bezirken.

Diese beiden Apparate waren wohl auch die Verfasser des Planes für die Struktur der illegalen Arbeit. Ein solcher Plan existierte schriftlich in den Händen dieser Apparate.

Nun zu den Fragen unter Punkt A.

Zu 1: Am 30. Januar 1933 nachmittags wurde das KL-Haus geräumt. Vieles war schon vorher hinausgeschafft worden. Nach meiner Erinnerung nahmen an der Räumung unmittelbar teil: Ballschmieder, Vorpahl, Gromulat, Trude Stark, Peterson und ich. Ballschmieder und Vorpahl transportierten die Materialien aus dem Keller herauf. Ich überwachte das Zusammentragen des in den oberen Sekretariatsräumen befindlichen Materials. Gromulats – der in dem schon genannten Ifland-Apparat für die Verwaltung der Räumlichkeiten und Archive verantwortlich war – kontrollierte Ballschmieder und Vorpahl. Nach der Räumung verließ ich das Haus, nachdem ich mich überzeugt hatte, daß in den Fächern der Sekretariatsräume sich nichts mehr befand. Ich bin nach der Räumung noch mit einigen Genossen des ZK zusammengekommen. Soweit ich mich erinnern kann, waren darunter die Genossen Schehr und Pieck. Ihnen sagte ich, daß alles geräumt sei. Die Zusammenkunft fand in einem Lokal dicht am Bülowplatz statt.

Frage 2 ist damit ebenfalls beantwortet.

Zu 3: Durch einen PB-Beschluß wurde festgelegt, daß einige Genossen wieder das KL-Haus beziehen sollten, um dort die laufenden Wahlkampfangelegenheiten zu regeln, insbesondere, um dort die damit zusammenhängenden Ferngespräche aus den Bezirken zu erledigen. Diese Genossen waren Peterson (Referentenvermittlung), Koenen[126] (als Parlamentarier) und Gollmik[127] (für Agitpropangelegenheiten).

Zu 4: Das Material wurde durch Ballschmieder an eine Stelle gebracht, die ihm von Gromulat angegeben worden war. Ballschmieder kannte also den Raum. Wer ihn von den Iflandleuten kannte, weiß ich nicht. Von ihnen existiert noch Gromulat, während Reinhold zu lebenslänglich Zuchthaus verurteilt wurde und vor seiner Verurteilung eine Reihe von Angaben der Gestapo ge-

[126] Wilhelm Koenen, seit dem Zusammenschluß mit der USPD Mitglied der Zentrale der KPD, 1929 ZK-Mitglied, 1932 Abgeordneter des preußischen Landtags, 1933 Emigration.

[127] Walter Gollmik, 1920 KPD, seit 1929 Mitarbeiter des ZK der KPD, Mitarbeiter von John Schehr bis zu dessen Verhaftung, 1934 Emigration.

macht hat. Reinhold[128] war Chef dieser Abteilung. Ein anderer Mitarbeiter ist Ferri, dessen richtiger Name mir nicht bekannt ist. Er ist aus der Emigration nach Deutschland zurückgekehrt. Alle Anzeichen sprechen dafür, daß er der Provokateur ist. Ballschmieder wurde im März oder April 1933 verhaftet, ist aber wieder freigelassen worden – ich glaube 1934 – damals konnte man wohl nicht mit ihm in Verbindung treten.

Frage 5 ist damit ebenfalls beantwortet.

Zu 6: Für das Material war nach der Übergabe Ifland verantwortlich. Das Sekretariat des ZK hielt in Zukunft nur die laufenden Materialien kurzfristig bei sich.

In einem vom Ifland-Apparat beschafften Raum in der Gneisenaustraße befand sich ein Archiv mit ziemlich weit zurückliegendem Inhalt. In dieses Archiv wurden in der legalen Zeit die Materialien des ZK, wie Protokolle, Listen, besonders sekrete Briefdurchschläge usw. durch Trude Stark gebracht. Nachdem ich im Oktober 1932 einmal mit Gromulat und Trude Stark in diesem Raum gewesen war, hatte ich beim PB angeregt, dieses Archiv zu liquidieren, indem man die wichtigeren Sachen nach hier schicken sollte. Vieles davon war allerdings sowieso bereits in einem Exemplar nach hier gegangen. In der ersten Zeit der Illegalität wurde dann durch einen Beschluß des PB der Kippenberger-Apparat mit der Übernahme und Weiterleitung dieses Materials in diesem Archiv beauftragt. Mir wurde durch Trude Stark gesagt, daß Kippenberger das Material übernommen habe. Für diese Angelegenheit war vom PB damals Schubert direkt verantwortlich gemacht worden, mit dem Trude Stark sich auch mehrmals getroffen hat. Ich möchte darauf hinweisen, daß sich hier Mitgliederlisten des ZK befunden haben. Meiner Überzeugung nach haben sich solche Listen auch noch in einer dunklen Aktentasche befunden, die von Trude Stark am 30. Januar 1933 bei der Räumung persönlich an Ballschmieder gegeben wurde. Trude Stark sagte damals, daß sich in dieser Tasche sehr wichtige und vertrauliche Sachen befinden,

[128] Reinhold, d. i. Hermann Dünow.

die sie in Arbeit gehabt habe. Mehrmals habe ich sie später, wenn ich sie traf, daran erinnert, sich um die Tasche und deren Inhalt zu kümmern. Darüber habe ich damals auch dem PB Mitteilung gemacht. Meines Wissens ist sie aber nach hier gefahren, ohne diese Sache geregelt zu haben. (Trude Stark war die Stenotypistin des Genossen Thälmann).

Zu Punkt B, Tätigkeit während der illegalen Arbeit in Deutschland.

Zu 7: Ich mußte mit vielen Genossen Verbindung halten. Der Kreis, mit dem ich zusammen kam, war folgender: Regelmäßig traf ich mich mit einem Mitglied des PB, um die laufenden Aufträge zu besprechen. Dieser Genosse war Ulbricht, mit dem ich nahezu täglich zusammenkam. Cirka dreimal habe ich den Genossen Pieck getroffen, das letzte Mal am Tag vor seiner Abreise, um mit ihm die Reisefragen zu besprechen. Mehrmals mußte ich auch mit Schubert zusammenkommen. Mit dem Genossen Schehr kam ich in der letzten Zeit selten zusammen. Einige Male hatte ich mit ihm und mit Oberberatern[129] Besprechungen.

Mit Remmele, der PB-Mitglied war, kam ich nicht zusammen. Genossen Florin habe ich, wenn ich nicht irre, ein Mal getroffen. Ferner mußte ich mit Mitarbeitern des PB zusammentreffen. Mit Hirsch[130] hatte ich in den ersten Wochen heftige Auseinandersetzungen, weil er forderte, meine Telefonnummer zu erhalten und sich täglich mit mir zu treffen. Auch hatte er gefordert, mit mir in einem Raum zusammen zu arbeiten, um immer auf dem laufenden sein zu können. Darüber ließ ich dem Genossen Thälmann eine Mitteilung zugehen. Er ließ mir sagen, daß Hirsch meine Telefonnummer nicht wissen solle, damit der Kreis nicht zu groß werde, der sie kenne. Genosse Thälmann hatte sich so geäußert, daß Hirsch Aufträge erhalten werde und sich nicht so oft zu treffen brauche. In dieser Zeit fertigte Hirsch seine bekannten Dokumente zur Lage an und versuchte, eine Besprechung mit dem Ge-

[129] Für mehrere Bezirke verantwortliche Beauftragte des ZK der KPD.

[130] Werner Hirsch.

nossen Schehr, Kippenberger, Gollmik und mir zustande zu bringen, zu der ich nicht ging, sondern Peterson schickte, damit er sähe, was sich dort abspielt.

Zu dem Kreis der Mitarbeiter gehörte ferner Birkenhauer, von dem ich in der Regel die Texte für Rundschreiben usw. erhielt, für deren Vervielfältigung und Weiterleitung ich zu sorgen hatte.

Dann hatte ich zu treffen: die Kuriere, die in die Bezirke fuhren. Ihnen gab ich mündliche Aufträge und nahm Mitteilungen entgegen. Ferner die Vertreter des Kippenberger-Apparats und des Ifland-Apparats. Beide traf ich in der Regel täglich.

Darüber hinaus traf ich oft Genossen, die aus den Bezirken nach Berlin kamen. Mit ihnen besprach ich Verbindungsfragen und nahm ihre Wünsche entgegen. Ich mußte auch, zusammen mit PB-Mitgliedern mitunter an Besprechungen mit Bezirksvertretern teilnehmen. Schließlich kam ich mit den sogenannten Oberberatern, d. h. den Instrukteuren des ZK für jeweils mehrere Bezirke, zusammen.

Persönlich sind mir folgende Menschen in Erinnerung, mit denen ich im Laufe dieser Arbeit zusammenkam:
Reinhold, Kippenberger, Ferri, Viktor, Franz Vehlow[131] aus den beiden schon genannten Apparaten. Dazu gehört noch Gromulat und später Behrend.
Schönhaar, Reimers, Schubotz und ein gewisser Emil aus dem Apparat für Druck und Versand.
Karl Ganz, Emil Künder, Herbert Firl, Ballschmieder, Ernst, Peterson, Walter Barthel, die als Kuriere und im Postversand arbeiteten.
Lambert Horn, Fladung, Glückauf, Dolgner, Bräunert, Bertz, Rembte, Vehser, Wiedmeier (der Genosse), Heilmann, Harry Barthel, Woitkowski, Kraus, Grobis, Kassner, Suhr, Pauli aus Bezirksleitungen.
Thesen, Creutzburg, Daub, Elgas, Doll, Auer, Pfeiffer als Instrukteure des ZK.

[131] Deckname von Louis Schuster.

Rädel, der verschiedene Massenorganisationen bearbeitete; Fuchs[132], der in der IAH.-Leitung arbeitete; Knodt, der als Redakteur der RF[133] arbeitete; Gohlke und Beling aus der Abteilung Kasse.
Wilhelm Firl, der als Mitarbeiter des Genossen Ulbricht tätig war; Neubauer[134] vom Pressedienst; Wurm[135] und Kunik[136] von der Informationsabteilung.

Einigemale mußte ich auch mit Stenotypistinnen zusammentreffen. In Erinnerung sind mir: Anna Ballong, die bei mir arbeitete; Trude Stark; «Malchen», die früher bei Gohlke, dann kurze Zeit bei dem Genossen Schehr arbeitete; Käthe Reiche, die an der Liquidierung des Überführungsmaterials arbeitete; Maria Geist, die bei Lenz arbeitete.

Schulte und Chwalek[137] von der Reichsleitung der RGO, traf ich in dieser Periode ebenfalls, allerdings sehr selten, vielleicht je ein oder zwei Mal.

Dieser große Kreis ergab sich aus dem m. E. falsch angelegten Plan für die Struktur der illegalen Arbeit. Ich habe später diese Struktur völlig mit verändern helfen.

Zu 8: Die Differenzen haben in steigendem Maße die Arbeit gehemmt. Ich war damals nicht Mitglied der Parteiführung, habe also nicht an Diskussionen teilgenommen. Was ich erlebt habe, das waren die unmittelbaren Auswirkungen dieser Differenzen. Dazu habe ich folgendes zu bemerken:

[132] d. i. Paul Merker.

[133] *Rote Fahne*.

[134] Theodor Neubauer, 1920 KPD, Redakteur, Reichstagsabgeordneter, ZK-Mitarbeiter, am 3. August 1933 in Berlin verhaftet, bis 1939 KZ Buchenwald, nach Entlassung Aufbau einer Widerstandsgruppe, 1944 verhaftet, am 5. Februar 1945 im Zuchthaus Brandenburg hingerichtet.

[135] Christoph Wurm.

[136] Erich Kunik, seit 1928 Leiter der Informationsabteilung des ZK der KPD, im Dezember 1933 in die UdSSR, 1937 verhaftet und im Lager umgekommen.

[137] Roman Chwalek.

Schon vor der Verhaftung des Genossen Thälmann gab es Reibungen und Intrigen. Soweit ich urteilen kann, handelte es sich darum, daß von einigen Mitarbeitern künstlich und prinzipienlos an der Schaffung eines Gegensatzes zwischen dem Genossen Thälmann und dem Genossen Schehr einerseits und dem Genossen Ulbricht andererseits gearbeitet wurde. Solche Momente gab es schon vor Hitlers Regierungszeit. Darüber habe ich einmal mit dem Genossen Thälmann gesprochen. Er hat die Notwendigkeit einer festen Zusammenarbeit mit dem Genossen Ulbricht betont. (Das war Anfang Januar 1933 und meine Mitteilungen bezogen sich auf Äußerungen, die ich von Meyer vor dessen Verhaftung und von Birkenhauer gehört hatte.)

Nach der Verhaftung des Genossen Thälmann kam Schubert von Hamburg nach Berlin. Damals informierte ich ihn auftragsgemäß über die Lage in der Partei. Genosse Schehr war indessen nach hier gereist. Als er zurück kam, gab es sofort heftige Auseinandersetzungen zwischen ihm und Schubert. Schubert bezeichnete sich als Nachfolger des Genossen Thälmann. Er hatte solche Äußerungen bereits in Hamburg getan. Vom Genossen Schehr verlangte er damals eine Berichterstattung über die Ergebnisse der hiesigen Beratung vor dem gesamten Kreis der ZK-Instrukteure. Das waren 8 Genossen. Genosse Schehr lehnte aus Gründen der konspirativen Sicherheit und aus politischen Gründen ab, so rasch vor diesem großen Kreis zu sprechen. Er arbeitete an einigen Dokumenten, die schnell fertig werden sollten, und die die Grundlage der weiteren Arbeit abgeben sollten. Schubert desavouierte damals den Genossen Schehr vor mehreren ZK-Instrukteuren – in meinem Beisein vor Thesen und Wiedmeier. Er forderte von mir, den Genossen Schehr aus einer Besprechung in diesem Kreis in ein Lokal zu holen, was ich ablehnte. Ich habe damals dem Genossen Schehr mitgeteilt, was ich gehört hatte, ebenfalls das Ansinnen, das Schubert an mich gestellt hatte: «Alle, die mit Teddy gesoffen haben, zu entlassen».

Schubert bezeichnete in dieser Zeit den Genossen Schehr als Polizeiagenten. Das wurde mir vom Genossen Schehr selbst und bei einem Treff mit dem Apparatvertreter Viktor von diesem mitgeteilt.

Hinzu kamen politische Differenzen zwischen den Genossen Ulbricht und Schehr. Sie handelten sich um 3 Fragen: Die Stellung zu der sozialdemokratischen Partei, die Gewerkschaftsarbeit, die Organisationsfragen. Schubert hängte sich damals an Ulbricht an, und es gab ein Zusammengehen beider während einiger Zeit.

Schubert setzte mit aller Brutalität seinen Kurs durch. Er drängte mich aus meiner Funktion heraus und stellte mir die provokatorische Aufgabe, mich mit der Vorbereitung der Herstellung von falschen Geldscheinen und falschen Eisenbahnkarten zu beschäftigen. In den zentralen Apparat wurden ungeeignete und unsichere Elemente hereingezogen, wie Grobis. Die von Thälmann vor seiner Verhaftung geforderte Entlassung des Emil Künder wurde von Schubert vereitelt und Künder wurde als Schuberts Kurier in den engsten Apparat eingeschaltet. Einige Stenotypistinnen aus Hamburg wurden herangeholt, z. B. «Ruth» und «Elfi», von denen sich die eine, «Ruth» in der schamlosesten Weise gegen alle konspirativen Regeln verging und später, als Schubert in die Emigration gegangen war, von uns schleunigst entlassen und weggeschickt werden mußte. Die Gerüchte über schwere innerparteiliche Differenzen wurden in den Bezirksleitungen verbreitet. Charakteristisch dafür sind spätere Aussagen des Genossen Stamm und die konkreten Mitteilungen über die Wühlereien von Schubert und seinen Leuten (Wahls und Dolgner) in Hamburg und Berlin.

An meine Stelle wurde erst Walther Bartel gesetzt, dann Franz Jacob. Dieser Jacob tat u. a. den bezeichneten Ausspruch: «Jetzt werden wir den Berliner Bonzen mal beibringen, was ein Hundertmarkschein wert ist.» Das heißt, er sprach indirekt vom «Wohlleben» der in Berlin im zentralen Apparat tätigen Genossen. Jacob wurde kurze Zeit darauf mit sehr vielem Geld in der Tasche im Café «Vaterland» verhaftet, im Beisein seines Freundes Hermann Jakobs (der zum engsten Kreis von Schubert gehörte). Hermann Jakobs entkam.

Ich war Ende Juni schwer krank geworden und lag mit hohem Fieber an einer sehr gefährdeten Stelle (in meiner unmittelbaren Nähe ereignete sich während meiner Erkrankung der Vorfall in Köpenik, in dessen Verlauf über ein Dutzend Funktionäre der SPD ermordet wurden und alle Wohnungen durchsucht wurden). Trotzdem ich höchst gefährdet war und mich nicht bewegen konnte, lehnte Schubert eine Forderung des Genossen Peterson ab, mir Geld zur Verfügung zu stellen.

Die innerparteiliche Lage erfuhr noch eine weitere Verschärfung durch die Tätigkeit des Genossen Gollmik. Gollmik war, nachdem er sich nach einer fünf Wochen dauernden Unterbrechung endlich wieder zur Verfügung gestellt hatte, zum Mitarbeiter des Genossen Schehr geworden. Er hat leider damals die Differenzen zwischen dem Genossen Schehr und Ulbricht weiter geschürt, statt zu ihrer Beilegung mitzuhelfen, wie ich es versucht habe.

Als das XIII. Plenum heranrückte, teilte mir Genosse Schehr mit, daß er nicht fahre. Dagegen habe ich protestiert und verlangt, daß er fahre. Einige Zeit las mir Genosse Schehr aus einem Briefe vor, den er von hier – Unterschrift Michel – erhalten hatte, und in dem Ansätze und Perspektiven einer Bereinigung der innerparteilichen Zustände angekündigt wurden. Genosse Schehr war damals sehr befriedigt über den Brief und über die durch ihn eröffneten Aussichten. Damals beauftragte er mich auch, den nach Berlin gekommenen Wahls nicht an die Leitung des RFB – die er übernehmen sollte – heranzulassen. Er erzählte mir von Wahls fraktioneller Tätigkeit, zusammen mit Jakobs, Oelsner[138] und teilweise auch mit Lenz[139]. In dieser Zeit, in der das erste Plebiszit unter Hitler vorzubereiten war, hatte Wahls und seine Freunde eine heftige Verleumdungskampagne in den Kreisen von Parteifunktionären gegen den Genossen Schehr organisiert. Sie machten ihn und

[138] Fred Oelsner.

[139] d. i. Joseph Winternitz, ZK-Mitglied und Leiter der Propagandaabteilung der KPD, 1931 abgelöst, Emigration in die ČSR und nach England.

uns, die wir mit ihm zusammen arbeiteten, für das lange Ausbleiben der Losungen verantwortlich, sprachen von Unfähigkeit usw.

Ich habe also in den damaligen schwierigen Zeiten eng mit dem Genossen Schehr gearbeitet und politisch zu ihm gestanden. Mit ihm hatte ich in dieser Zeit – in den Monaten August bis Oktober – auch die Pläne zu einer völligen Reorganisation des zentralen Apparats und der Parteiorganisation besprochen und ausgearbeitet.

Zu 9: als mir der Genosse Schehr von dem Briefe erzählte, den er von hier bekommen hatte, sagte er auch, daß eine LL gebildet werde, und daß das PB restlos ins Ausland verlegt werde. Er sagte mir, daß beschlossen sei, daß ich mit ins Ausland gehe, um beim PB zu arbeiten. Die Verhaftung des Genossen Schehr durchkreuzte die Pläne der Reise. Ich hielt es für meine Pflicht, zunächst im Lande zu bleiben, die Verbindungen zu retten und dann erst nach draußen zu fahren. Hätte ich das nicht getan, so wäre damals alles zusammengebrochen. Das habe ich dem Kominterninstrukteur «Johann» gesagt. Er fuhr nach hier und wollte hier darüber berichten. Ich habe von ihm nichts mehr gehört, aber ein anderer Mann, «Marek», der von hier unserer Technik zur Unterstützung beigegeben worden war, teilte mir mit, daß man hier über meine Haltung zufrieden gewesen sei.

Damals war Genosse Fladung, der in die LL einrücken sollte, mit dem Genossen Schehr zusammen verhaftet worden. Einem anderen für die LL vorgesehenen Mann, Ferlemann, teilte ich mit, daß größte Gefahr herrsche, und daß er nicht seine Wohnung verlassen solle, um nicht verhaftet zu werden. Er tat es trotzdem, um sich mit einer Frau zu treffen, die er privat aus Leipzig bestellt hatte, und wurde dabei verhaftet. Nunmehr benachrichtigte ich Lambert Horn, über dessen Berufung in die LL ich mit «Johann»[140] gesprochen hatte. Er wurde jedoch, noch bevor er seine

[140] d.i. Paul Bertz, 1919 KPD, Landtags- und Reichstagsabgeordneter, Kandidat des ZK, «linke» Opposition in der KPD, zusammen mit Paul Merker 1930 wegen «linker Abweichung» angegriffen, bis 1933 Instrukteur in Deutschland, als «Johann» Leiter der Abschnittsleitung West, 1935 ins ZK

Berliner Arbeit abgegeben hatte, zusammen mit Oskar Müller und seiner Frau in einem Kaffee auf dem Kurfürstendamm verhaftet, als er einen Treff mit dem inzwischen zum Provokateur gewordenen Helmut Lass absolvierte. Jetzt waren noch Schenk und Rädel da. Schenk sollte nach den mir von dem Genossen Schehr mitgeteilten Beschlüssen in die vorgesehene LL einrücken. Er hatte seit seiner Ankunft von hier als der technischer Sekretär gearbeitet.

Bis zur Verhaftung von Lambert Horn hatte ich meine alte Arbeit weiter geleistet (seit August hatte ich die Aufgabe, Kader zu instruieren und die Erfahrungen der Parteiarbeit zusammenzustellen und auszuwerten für die Parteipresse). Nunmehr mußte ich einen Teil der LL-Arbeit übernehmen. Während Schenk die Technik und den Verbindungsapparat behielt, übernahm Rädel einige Bezirke und die Anleitung einiger noch bestehender Massenorganisationen. Ich übernahm mehrere Bezirke (Berlin, Westdeutschland, Wasserkante, Mitteldeutschland) und die Verbindung zu dem Genossen Wurm, der den Pressedienst[141] herstellt, was ich nunmehr mit ihm zusammen tat.

Wir organisierten sofort alles neu. Die technischen Mitarbeiter wurden grundsätzlich alle entfernt. Die Bezirksleiter wurden ausgetauscht, ebenso die ZK-Instrukteure. Die Bezirke wurden umgebildet, und vor allem verkleinert. Die Verbindungen von oben nach unten wurden dezentralisiert usw. Einigemale wurde ein Kurier zum PB geschickt, um es über unsere Arbeit auf dem laufenden zu halten. Ein Mal kam ein Kurier des PB zu uns. Ferner versuchten wir mit dem noch in Berlin sitzenden PB-Mitglied

gewählt, im Sekretariat der Pariser Auslandsleitung, 1939 Internierung, 1940 Flucht in die Schweiz, 1945 Rückkehr nach Berlin, 1946 nach Opposition gegen Vereinigung von SPD und KPD Ausscheiden als hauptamtlicher Funktionär, 1950 als «Agent» wegen Verbindung zu Noel Field beschuldigt, Selbstmord.

[141] Proletarischer Pressedienst, hektographiertes Mitteilungsblatt der KPD, 1933.

Schulte Verbindung zu bekommen. Er versetzte uns aber 5 Mal, so daß darüber ca. 5 Wochen vergingen. Dann habe ich ihn informiert. Kurze Zeit darauf kam die Mitteilung, daß er nach draußen kommen solle.

Zu Anfang des Jahres 1934 wollten wir dicht an der Grenze eine Besprechung mit einem Vertreter des PB und des Kippenberger-Apparats halten. Das hatten wir schon im November verlangt und hatten durch den damaligen Apparatleiter Reinhold, der sich draußen mit Kippenberger getroffen hatte, eine zusagende Antwort erhalten. Als wir in Spindlermühle nach Überwindung großer Schwierigkeiten eintrafen, war niemand da, und wir mußten unsere dringenden Fragen allein mit den 2 Apparatleuten aus dem Lande, die ebenfalls gekommen waren (Viktor und Rudi Schwarz), behandeln. Von Seiten der LL nahmen teil: Rädel, Schenk und ich. Rädel, der aus Sicherheitsgründen nicht wieder ins Land fahren konnte, wurde nach Paris geschickt, um hier zu berichten. Gleichzeitig fuhr Viktor nach dort, worauf wir keinen Einfluß hatten. Genosse Rädel hatte den Auftrag, dem PB einen gründlichen Bericht über die Lage im Lande, über unsere Arbeit und über eine Reihe personeller Fragen zu geben. Unsere Differenzen mit dem Apparat sollten ebenfalls zur Sprache gebracht werden. Sie lagen auf folgendem Gebiet: Wir verlangten im Rahmen unserer schon geschilderten Reorganisationsmaßnahmen eine Reorganisation des Apparats auf der Linie der Umstellung auf reine Abwehr und Parteisicherung. Dagegen waren Viktor und Rudi Schwarz. Wir hatten konkrete Beschwerden über die Sicherung der Kader in den Monaten November–Dezember 1933, in denen die vielen Verhaftungen durchgeführt worden waren. Die Apparatleute erklärten hinterher, daß man schon vorher gewußt hätte, daß von der Gestapo ein derartig großer Schlag für diese Zeit geplant sei. Sie hatten jedoch nichts getan, um diesen Schlag abzuwehren. Einen besonderen Raum nahm die Angelegenheit Kattner[142] ein. Über die Rolle Kattners hatte es zwischen

[142] Alfred Kattner wurde verdächtigt, als Spitzel die Verhaftung Thälmanns

der LL und dem Apparat im Lande heftigste Differenzen gegeben. Von uns war eine Untersuchung gegen Kattner und Singvogel gefordert worden, aber der Apparat lehnte sie ab. Er nahm ausdrücklich Kattner gegen uns in Schutz und bereitete dessen Entsendung auf eine hiesige Schule vor. Erst nachdem mehrere Apparatleute unmittelbar durch Kattner beim letzten Treff vor dessen Abreise zur Schule verhaftet worden waren, ließen sich die Apparatleute überzeugen.

Genosse Rädel wurde ferner von uns beauftragt, dem PB unsere Meinung über eine Reihe von Funktionären zu sagen, die wir uns auf Grund ihres Verhaltens gebildet hatten. Es handelte sich speziell um Wahls[143] und Creutzburg[144] und um unsere Vorschläge bezüglich Frenzels[145], dessen fraktioneller Tätigkeit wir damals auf die Spur kamen.

Wir haben leider vom damaligen PB auf diese Fragen und Anregungen keine konkrete Antwort erhalten.

Vielmehr wurden Leute, gegen die wir ernste Bedenken vorgebracht hatten, ohne Prüfung unserer Anklagen in verantwortlichste Funktionen gesetzt.

Uns wurden schriftlich die Beschlüsse einer Auslandstagung

und anderer KPD-Mitglieder herbeigeführt zu haben. Er wurde Anfang Februar 1934 vom M-Apparat erschossen. Als «Vergeltungsmaßnahme» ermordete die Gestapo am 22. Februar 1934 John Schehr, Erich Steinfurth, Eugen Schönhaar und Rudolf Schwarz.

[143] Otto Wahls, Redakteur der *Hamburger Volkszeitung*, nach seiner illegalen Tätigkeit in Berlin Emigration, 1935 als Anhänger der «Sektierer-Gruppe» aus dem ZK abgewählt, Freiwilliger in Spanien, danach Mexiko.

[144] August Creutzburg, 1920 KPD, 1929 bis 1932 Leiter der Organisationsabteilung der KPD, im Dezember 1933 Emigration nach Prag, Amsterdam, Paris, über verschiedene Länder in die UdSSR, degradiert zum Verlagsmitarbeiter, Rüge wegen unkonspirativer Arbeit, im Februar 1938 verhaftet, zu 25 Jahren Lagerhaft verurteilt und 1938 umgekommen.

[145] Max Frenzel, KPD 1919, Sekretär für Gewerkschaftsfragen, als «Versöhnler» mußte er sein Landtagsmandat niederlegen, er wurde nicht ausgeschlossen, distanzierte sich von den «Versöhnlern» 1934, illegaler Widerstand in Berlin bis zur Verhaftung 1937, bis 1945 im Zuchthaus Brandenburg.

übermittelt. Kurze Zeit darauf kam Genosse Dahlem, als Vertreter des PB an. Mit ihm haben wir dann alle laufenden Fragen besprochen. Er übernahm es, das PB weiter zu informieren. Mit Gen. Dahlem besprach ich den Vorfall mit Wahls, der sich in Tagen vor Dahlems Ankunft ereignet hat. Wahls, der den Auftrag erhalten hatte, als ZK-Instrukteur nach Südwestdeutschland zu gehen, war ohne unser Wissen ins Ausland gegangen, hatte sich im Saargebiet mit Richter getroffen und kam mit der Erklärung zu uns, daß ich binnen 3 Tagen ins Ausland gehen solle, während Schenk dazu 6 Tage Zeit habe. Er drohte gleichzeitig mit Maßnahmen, wenn diese Weisungen nicht durchgeführt würden. Ich habe ihm erklärt, daß ich meine Arbeit nur dem PB übergeben werde, nicht aber ihm. Er fuhr daraufhin, ohne unser Wissen, wieder ins Ausland zu Richter und kam nach einiger Zeit zurück. Inzwischen hatten wir dem Genossen Dahlem die Lage dargestellt. Er billigte damals unseren Standpunkt, wies Wahls sehr scharf zurück und bezeichnete sein Auftreten in einem Brief an das PB als «hochstablerisch». Nichtsdestoweniger bestand das damalige PB darauf, daß Wahls als führender Mann in die LL einrücke. Genosse Dahlem erklärte mir und Schenk, daß er sich nach Möglichkeit nie mit Wahls, sondern mit dem Genossen Daub – der im Februar aus dem Ausland zur Arbeit zurückgekommen war, und der seitdem mit Schenk und mir zusammenarbeitete – treffen werde. Nunmehr fuhr ich nach Paris zur Berichterstattung und Regelung der Differenzen. Nach meinem Bericht im PB wurde eine Kommission aus den Genossen Pieck und Florin gebildet, der ich vorzutragen hatte, was ich gegen Wahls zu sagen hatte. Das habe ich damals im Beisein von Wahls offen getan. Ich erinnere mich auch noch daran, daß Genosse Pieck mir sagte, daß Wahls nur vorübergehend diese Arbeit machen werde.

Vom PB wurde mir damals erklärt, daß die Angelegenheiten geklärt und erledigt seien. Ich fuhr zurück nach Berlin, um dort die Abwicklung der Arbeiten zu beenden. Im Juni 1934 erhielt ich eine dringende Aufforderung, sofort nach Saarbrücken zu kommen. Dieser Aufforderung kam ich sofort nach.

Aus dieser Darstellung ergibt sich, daß ich im November das

Land nicht verließ, weil durch die Verhaftungen eine neue Situation geschaffen worden war. Im Februar, als ich die von fraktionellem Geist diktierten Worte von Wahls entgegennahm, habe ich anschließend dem Genossen Dahlem meine Bereitschaft zur Abreise mitgeteilt, sobald ich die Arbeiten und Verbindungen übergeben hätte. Dann erfolgte die Regelung mit dem PB und im Juni bin ich sofort gereist, als ich Nachricht erhielt.

Für mich hat die Arbeit in dieser schwierigen Periode der Illegalität kein Vergnügen bedeutet. Ich war sehr gefährdet. Wenn ich aber heute wieder in solche Lagen versetzt würde, würde ich genau so handeln, wie damals, weil ich genug Verantwortungsgefühl für die Partei habe, um zu begreifen, daß in solchen Momenten alles auf standhaftes Handeln ankommt.

Schließlich möchte ich bemerken, daß es gelungen ist, nach den schweren Ereignissen vom November 1933 die Organisation zu festigen und in einen stabileren Zustand zu bringen. Die Arbeit, zu der ich damals die Initiative ergriff, hat also im wesentlichen positive Ergebnisse gehabt. Wir waren endlich Anfang 1934 imstande, wieder Massenarbeit in den Betrieben zu leisten.

Zu 10:

a) Wer das Quartier besorgt hat, kann ich nicht wissen, denn es ist m. E. schon sehr lange benützt worden. Über das Quartier haben viele Menschen Bescheid gewußt. Mir ist bekannt, daß folgende Leute das Quartier kannten: Kattner, Hirsch, Birkenhauer, Gromulat, Kippenberger, wahrscheinlich auch Trude Stark. Das sind aber nur die Leute, von denen ich selbst genau weiß, daß sie es kannten. Ich wurde im Februar einmal vom Genossen Thälmann nach dort bestellt, um ihm Bericht über die Vorbereitungen zur Zeuthener Konferenz[146] zu geben. Außerdem wollte Genosse Thälmann meine Bedenken gegen die Abhaltung dieser Konferenz hören. Die Adresse wurde mir damals durch Hirsch gegeben.

[146] Gemeint ist die Tagung des Zentralkomitees am 7. Februar 1933 im Sporthaus Ziegenhals bei Niederlehne, südöstlich von Berlin.

b) Die Verhaftung wurde mir durch Kippenberger am Telefon mitgeteilt. Am selben Abend wurde eine Besprechung mit einigen Apparatleuten durchgeführt, um zu ermitteln, was zur Sicherung weiter zu tun sei. Die Leute (Kippenberger, Lore[147], Reinhold, Rudi Schwarz [?]) waren außerordentlich deprimiert und redeten davon, daß «nun alles aus sei». Ich habe sofort die Mitglieder des PB informiert und für den nächsten Morgen eine Sitzung des PB vorbereitet.
Am nächsten Morgen traf ich Genosse Ulbricht und machte ihm über das, was ich erfahren und eingeleitet hatte, Mitteilung. In der Nähe dieses Treffs hielten sich Kippenberger und Viktor auf, denen mitgeteilt wurde, daß Genosse Schneller[148] aus dem Gefängnis entwichen sei, woraus sie schlußfolgerten, daß er den Genossen Thälmann verraten habe. Ich erhielt von Ulbricht den Auftrag, dieses Gerücht weiter zu verfolgen. Es wurde in kurzer Zeit festgestellt, daß einer der Urheber dieser Verleumdung der ehemalige «Welt am Abend»-Redakteur Rabold war, der – zur Rede gestellt – sich auf «schon alte» Feststellungen berief, die über den Genossen Schneller gemacht worden seien. – Viktor sagte in dem Zusammenhang damals, daß dieser Fall schlimmer sei, als der Fall Asew. Es entstand bei uns der Eindruck, daß die Apparatleute von der Schuld Schnellers überzeugt seien.
c) Ich weiß nicht, was und ob das PB überhaupt konkrete Feststellungen über die Verhaftung des Genossen Thälmann nachforschen ließ, und daß der Apparat damals behauptete, Thälmann sei durch einen Verwandten der Quartiergeber verraten worden. Später hörte ich auch die Version, daß Hirsch die Polizei

[147] d. i. Helene Berner, Mitarbeiterin des M-Apparates, Lebensgefährtin Kippenbergers, 1935 UdSSR, 1939 Lenin-Schule, Rote Armee, 1946 bis 1948 Kaderausbildung in der SBZ, Funktionärin der Gesellschaft für Deutsch-Sowjetische Gesellschaft.

[148] Ernst Schneller, 1920 KPD, Landtagsabgeordneter, Militärexperte, Mitglied des Polbüros der KPD, 1929 in die Geschäftsabteilung des ZK abgeschoben.

mitgebracht habe – wogegen sich Hirsch, der davon erfahren haben mußte, aus dem Gefängnis heraus zur Wehr setzte (Kassiber). Vom Apparat kam auch einmal das Gerücht, daß der Mann der Quartiersgeberin nicht sicher gewesen sei.
Ich habe aus all dem den Eindruck gewonnen, daß der Apparat den wirklichen Sachverhalt nicht ermittelt hatte.

d) Genosse Ulbricht teilte mir mit, daß Remmele verlangt hatte, mich zu überprüfen. Ausdrücklich erklärte mir Ulbricht, daß keinerlei konkrete Beschuldigungen erhoben worden seien, sondern daß es sich darum handele, den Nachweis zu führen, daß Gerüchte, die früher von den Rechten[149] ausgestreut worden waren, nicht den Tatsachen entsprechen. Das ist geschehen. Ich habe Genosse Ulbricht darauf aufmerksam gemacht, daß – wenn gegen mich etwas vorliegt, ich unmöglich die Arbeit in dieser Zeit weiter machen könne. Ich mußte aber meine Arbeit ohne Unterbrechung weiter führen.

Zu den verleumderischen Gerüchten selbst: In unserem Bezirk Ostsachsen waren 1927–29 starke Auseinandersetzungen mit den Rechten und den Ultralinken. Die Genossen der Partei, die in dem Kampf gegen diese Leute hervortraten – dazu gehörte auch ich – wurden in der gemeinsten Weise angegriffen und verleumdet. Die Rechten besaßen zeitweilig eine Tageszeitung in unserem Bezirk, in der sie solche Verleumdungen publizierten. Ich wurde u. a. einmal als «Sammelbüchsenöffner» bezeichnet. Dieses Wort hat den Unterton der Unterschlagung. In einer öffentlichen Versammlung in Radeberg habe ich die Verleumder gestellt und von ihnen Aufklärung gefordert. Damals haben diese Leute dann feige erklärt, daß das Wort doch gar nichts von Unterschlagungen enthalte. Es sei darin nur die Feststellung enthalten, daß ich Sekretär der Roten Hilfe sei und als solcher doch Sammelbüchsen öffne. Unsere Parteileitung im Bezirk hat damals im Kampf gegen die Rechten viele derartige Verleumdungen zurückgewiesen.

[149] Gemeint ist die «Rechtsopposition» in der KPD.

Ferner stützten sich Remmeles Behauptungen darauf, daß einmal von denselben Leuten (von Schloer und den anderen Rechten in der RHD-Leitung) eine Verleumdung aufgegriffen worden war, ich hätte s. Zt. Mühsam finanziell geschädigt. Darüber existierte ein Briefwechsel zwischen der Bezirksleitung der RH Ostsachsen und dem Zentralvorstand der RHD. Die Bezirksleitung der Partei kannte nicht nur den Briefwechsel, sondern er wurde s. Zt. im Einvernehmen mit ihr geführt. Schloer[150] und Co. hatten damals die Absicht, mich aus der Funktion zu verdrängen. Der Bezirk der RH hatte jedoch erhebliche Fortschritte während meiner Arbeit gemacht, so daß eine Begründung aus der Arbeit heraus von Schloer nicht gefunden werden konnte. Deshalb griff er zu dieser Behauptung. Als die Anfrage von Schloer kam, habe ich sie der BL der Partei vorgelegt. Eine Antwort mit Unterlagen wurde geschrieben, und schließlich mußten selbst die Schloer-Leute in Berlin schriftlich diese Angelegenheit als erledigt, d. h. als gegenstandslos bezeichnen. Dieser Briefwechsel wurde damals von mir beschafft und dem Genossen Ulbricht übergeben. Nach Prüfung der Angelegenheiten wurde im PB beschlußmäßig festgestellt, daß es sich in beiden Fällen um parteifeindliche Verleumdungen handelte, die nicht auf Tatsachen beruhen. Der Beschluß wurde ins Protokoll aufgenommen.

Das waren also die Vorwürfe Remmeles. Erklärend muß ich noch hinzufügen, daß Remmele gegen mich seit Jahren in schärfster Feindschaft stand, was u. a. auf einen Zusammenstoß mit ihm in meinem Bezirk zurückzuführen war. Remmele hatte ferner in den Tagen, in denen er die Vorwürfe gegen mich zu starten versuchte, die heftigsten Auseinandersetzungen mit der Partei. Ich habe damals mehrere Fraktionssitzungen, die er mit Schlaffer, Bernhard Schmidt, Langner u. a. abhielt, aufgedeckt –

[150] Jakob Schloer, 1919 KPD, Redakteur und Funktionär, 1926 Generalsekretär der «Roten Hilfe», als «Rechter» seiner Funktion enthoben, ausgeschlossen, KPD(O)-Mitglied, 1933 Emigration nach Schweden, 1945 Rückkehr nach Berlin, 1950 erneut aus der SED ausgeschlossen.

was nicht zur Milderung seiner Einstellung mir gegenüber beitrug.

Schlußbemerkungen zum Punkt 10: Außer den Antworten, die ich vorstehend auf die konkreten Fragen unter Punkt 10 gegeben habe, habe ich noch einige Bemerkungen zu machen, die in diesem Zusammenhang interessieren dürften.

Gromulat hat in der Zeit vor Thälmanns Verhaftung gesagt, daß für Genossen Thälmann einige Ersatzwohnungen bereit stünden. Er und Kippenberger äußerten sich aber, daß Genosse Thälmann nicht bereit sei, diese Wohnungen zu beziehen, solange er sie nicht genau geprüft habe. Angeblich wollte aber doch Genosse Thälmann die Wohnung wechseln. Gromulat sagte später, daß er bereits die Schlüssel zur neuen Wohnung (Nähe Kaiserallee) bei sich gehabt habe, um sie Genossen Thälmann zu übergeben. Außerdem war außerhalb Berlins ein kleines Landhaus erworben worden, das nur wenige Leute kannten (Kattner, Kippenberger, Genosse Schehr – später sollte es auch Birkenhauer kennen lernen). Dieses Landhaus war einige Zeit vor Thälmanns Verhaftung per Auto (das Reimers führte) von den oben Genannten aufgesucht worden. Vor dieser Erwerbung hatte ein anderes Landhaus existiert, das aber kurze Zeit vor der Illegalität – angeblich aus Ersparnisgründen – aufgegeben worden war. Verantwortlich für die Unterbringung und Sicherung des Genossen Thälmann war Kippenberger.

Zu 11: Das Zimmer, in dem Genosse Schehr verhaftet wurde, war von dem schon genannten Ifland-Apparat besorgt worden. Es hatte schon während der Legalität als Raum zur Unterbringung von Materialien des Genossen Thälmann gedient und war von Kattner betreut worden, der dazu auch Schlüssel besaß. Meines Wissens wurden die dort liegenden Materialien vom PB übernommen. Darüber müßte Genosse Ulbricht Bescheid wissen. Später war das Zimmer in Benutzung des Genossen Ulbricht und dann Schuberts. Nach der Verhaftung des Genossen Schehr habe ich eine Aufstellung von ca. 25 Personen zusammengebracht, die das Zimmer gekannt haben müssen. Jetzt kann ich mich noch an folgende Personen erinnern: Kattner, Singvogel, Gen. Ulbricht,

Gen. Lenz[151], Schubert, Reimers[152], Schulte, Reinhold, Gromulat, Gen. Fladung[153], Ferlemann[154], Lambert Horn. Ich war zwei Mal vom Genossen Schehr zu Besprechungen in diesem Zimmer geladen.

b) Von der Verhaftung des Genossen Schehr erfuhr ich am Tage danach. Sie wurde mir durch Gromulat mitgeteilt, der sich mit der Sekretärin des Gen. Schehr getroffen hatte, die schon am Abend zuvor vergeblich auf Gen. Schehr gewartet hatte. Gromulat berichtete mir, daß Gen. Schehr eine Besprechung mit dem Genossen Fladung abgehalten habe, bei der beide verhaftet wurden. Die Sekretärin ergänzte später, daß Genosse Schehr 2 Tage vor der Verhaftung eine auffällige Erscheinung bemerkt hatte. Der Zimmervermieter habe ihm mitgeteilt, daß ein im [Haus] wohnender SS.-Mann, der dort Blockwart sei, bei ihm vorgesprochen habe und versucht habe, ihn auszuhorchen über Untermieter, mit wem er Verkehr habe usw. Die Sekretärin hat nach dieser Erzählung den Genossen Schehr gebeten, dieses Zimmer nicht mehr zu benützen. Er habe sich das überlegen wollen. Schließlich sei er aber doch wieder hingegangen.

[151] Lenz, d.i. Joseph Winternitz, ZK-Mitglied, als Leiter der Propagandaabteilung 1931 abgelöst, Emigration in die ČSR und nach England.

[152] Willy Reimers, 1922 KPD, Redakteur, Verlagsgeschäftsführer, 1933 Reichstechniker, Saargebiet, Dänemark, 1937 nach Moskau zur Untersuchung vor Internationale Kontrollkommission, 1938 Ausreise nach Dänemark, 1941 Verhaftung durch Gestapo, bis 1945 in Zuchthaushaft, 1945 SPD-Mitglied, Journalist, Mitglied der Hamburger Bürgerschaft, Verlagsleiter von SPD-Zeitungen.

[153] Hans Fladung, 1920 KPD, KPD-Funktionär, Mitglied des Preußischen Landtags, 9. November 1933 in Berlin verhaftet und schwer gefoltert, nach Haftentlassung 1938 Emigration Schweiz, England, Vorsitzender des Freien Deutschen Kulturbundes, nach 1945 Verlagsgeschäftsführer und Sekretär des Kulturbundes.

[154] Karl Ferlemann, 1919 KPD, Funktionär, 1926 Lenin-Schule, 1928 Mitglied des Preußischen Landtags, 1931 kam Ferlemann nach Sachsen, Mitglied der Bezirksleitung, Ende 1933 verhaftet, bis 1945 in Zuchthaus- und KZ-Haft. 1945 bei Hungermarsch zur Verlagerung des KZ Sachsenhausen umgekommen.

c) Zunächst habe ich aus innerparteilichen Gründen den Genossen, die von der Verhaftung des Genossen Schehr wußten, untersagt, darüber zu sprechen. Genosse Schehr hatte selbst in den Tagen vor der Verhaftung Befürchtungen geäußert, daß es infolge der Heftigkeit der innerparteilichen Auseinandersetzungen möglich sei, daß man verhaftet würde. Es befanden sich einige ZK-Instrukteure zur Berichterstattung und Entgegennahme von Instruktionen für den Plebiszit-Kampf in Berlin. Mir kam es darauf an, diese Genossen nicht zu gefährden und die Verbindungen zu den Bezirken nicht zu gefährden. Das ist gelungen. Mit Ausnahme Fladungs, der mit dem Gen. Schehr selbst verhaftet wurde und dann Ferlemanns, der durch sein eigenes Verschulden die Verhaftung ermöglichte, sind damals keine Genossen aus den Bezirken in Berlin verhaftet worden. Ferner kam es mir darauf an, die aggressivsten Fraktionisten aus Berlin zu entfernen, um zu verhindern, daß sie Schaden anrichten. Auch das ist gelungen. Schließlich – darüber habe ich schon geschrieben – wurden sofort die Maßnahmen getroffen, um den noch vorhandenen Apparat möglichst schnell zu verkleinern und möglichst viel Leute davon aus Berlin abzuschieben. Auch das ist ohne Zwischenfälle gelungen.

Dem PB habe ich sofort Mitteilung per Kurier zugehen lassen. Der Apparat wurde sofort instruiert, um Nachforschungen anzustellen. Dabei ergab sich die schon erwähnten scharfen Differenzen über die Einschätzung Kattners. Reinhold reiste nach Prag, traf dort Gen. Ulbricht und Kippenberger und kam mit dem Beschluß zurück, sofort Reimers aus der Arbeit zu entfernen und ihn nach Prag zu schicken, da er verdächtig sei. Der Verdacht stützte sich darauf, daß Reimers zu der Gruppe gehört hatte, die – wie ich schon erwähnte – kurz vor der Verhaftung des Genossen Thälmann das Landhaus aufgesucht hatte. Dieses Landhaus war zur gleichen Zeit hochgegangen, in der Gen. Schehr verhaftet worden war. Meine Meinung war damals anders. Ich hatte schon vor der Reise auf Kattner hingewiesen, ebenso auf Singvogel. Als Reinhold diese Möglichkeiten bestritt, hatte ich einen Brief an das PB gerichtet, in dem ich die Herausziehung und Prüfung dieser beiden forderte. Nachdem nun Reinhold mit der Direktive bezüglich Reimers kam, habe ich erneut meinen Standpunkt dargelegt, habe jedoch sofort Reimers von der Arbeit entbinden und ihn reisen lassen. Inzwischen hatte ich auch über die Vorgeschichte des Zimmers einiges erfahren, das mir vordem unbekannt war (wer es früher benützt hatte usw.). Durch den Genossen Firl waren Erkundigungen über das Hochgehen des Gen. Schehr eingezogen worden, nachdem wir infolge der Haltung des Apparats mit diesem nicht weiter kamen.

Die Rolle Kattners[155] war wenige Tage danach ganz klar, als durch ihn Reinhold und einige andere Leute des Apparats hochgingen und als wir erfuhren, daß auch andere Zimmer, die Kattner von früher her kannte (Boeckstrasse, Taubenstrasse) hochgegangen waren. Reinhold hat einige Zeit danach aus dem Gefängnis mitgeteilt, daß er Kattner als Spitzel bezeichnen müsse. Gleichzeitig hat er mitgeteilt daß er ihm – bevor er diese Überzeugung erhalten hatte – noch einige Dinge mitgeteilt habe und daß er auch einige Aussagen gemacht habe (über die Sternwarte, über eine Wohnung in Moabit). Ich möchte an dieser Stelle feststellen, daß es darüber später scharfe Auseinandersetzungen mit Kippenberger gab, der das bestritt und dann, als ihm alles bewiesen wurde, erklärte, man dürfe darüber nichts sagen, weil dadurch das Vertrauen zum Apparat erschüttert werde. Ebenso verhielt sich Viktor.

Viel später, im Jahre 1935, wurde mir durch Gollmik mitgeteilt, seine Frau habe in Berlin gehört, daß die Frau von Meyer[156], die

[155] Alfred Kattner, Mitarbeiter Thälmanns, lieferte der Gestapo Hinweise, die zur Verhaftung Thälmanns und anderer KPD-Mitglieder führten. Wegen diesem Verdacht wurde Kattner 1934 vom «Apparat» der KPD erschossen.

[156] Liesel Meyer wurde wegen dieser weitergegebenen Mitteilung auch in Moskau beschuldigt. In den *Notizen* schreibt Wehner über die Folgen solcher «Mitteilungen»: «H. Meyers Frau, die den Eindruck einer Irren zu machen begann, versuchte verzweifelt, Angaben gegen andere zu sammeln und dem NKWD damit zu beweisen, daß sie einwandfrei sei.» Zeugnis, S. 255f.

mit Schehr befreundet war, an Schehrs Verhaftung mitschuldig sei. Diese Mitteilung wurde von mir dem Gen. Degen weitergegeben. Später habe ich sie auch hier zur Kenntnis gebracht.

Zu 12: Seit Ende 1929 habe ich faktisch illegal gewohnt, d. h., ich habe immer an einer anderen Stelle gewohnt, als ich polizeilich gemeldet war. Während eines Jahres, in dem ich bereits in Berlin arbeitete, war ich noch in Dresden gemeldet. In Berlin war ich bei Leuten gemeldet, die ich persönlich gar nicht kannte. Meine Frau trug einen anderen Namen als ich.

Im Januar erhielt ich von der dafür zuständigen Abteilung ebenso wie andere Genossen ein Meldepapier. Es lautete auf den Namen Berthold Hachfeld, geboren in Chemnitz. Dieses Papier [!, R. M.] stand in Moabit gemeldet bei mir unbekannten Leuten. Vorher war es u. a. in Kassel gemeldet gewesen. Die Auskunft der Abteilung lautete, daß es vorher nicht benützt gewesen sei. Ob das stimmt, konnte ich nicht nachprüfen. Ich glaube nicht, daß dieses Papier bei Otto Kühne gemeldet war. Jedenfalls ist mir davon nichts gesagt worden. Mit anderen Genossen, z. B. mit dem Genossen Rädel, habe ich in dieser Zeit über Schwierigkeiten gesprochen, die sie mit ihren Papieren hatten. Rädels Papier war u. a. bei der Frau des Willi Leow[157] gemeldet gewesen. Bei diesen Unterhaltungen hätte ich wohl auch darauf kommen müssen, daß mein Papier angeblich bei Kühne gemeldet war. Wie gesagt ist mir diese Angabe neu.

Mit Hilfe meines Bruders meldete ich zunächst das Papier in Breslau an, um prüfen zu können, ob alles in Ordnung damit ist. Dann meldete ich mich als Untermieter nach Berlin-Hirschgarten, wo meine Frau als Schneiderin tätig war. Ich hatte mir eine Korre-

[157] Willy Leow, 2. Vorsitzender des RFB, wegen angeblicher Unterschlagung abgesetzt, Mitglied des Reichstags, 1935 UdSSR, 1936 wegen «Unterschlagung» in Moskau zu fünf Jahren Lagerhaft verurteilt, 1943 in einem Lager umgekommen. Da Leow bereits verhaftet war, verwendet Wehner hier «des Willy Leow». Durch den pejorativen Genitiv wird der Bezeichnete zur Unperson.

spondenz mit einer großen Bremer Kaffeefirma angelegt, ebenso hatte ich mit verschiedenen Firmen, die inseriert hatten, korrespondiert. Diese Korrespondenz hob ich auf, um sie als Ausweis u. dergl. zu benützen. Ich bezahlte auch Kirchensteuer auf das Papier und erhielt einen Brief vom Pfarrer der Gemeinde. Meine Frau war vollkommen legalisiert, war als selbstständige Gewerbetreibende gemeldet, zahlte Umsatzsteuer und zahlte monatlich einen «Förderungsbeitrag» an die örtliche Gruppe der HJ, worüber sie eine Quittungskarte erhielt. Über meine Legalisierungsmaßnahmen unterrichtete ich den Genossen Ulbricht, der sie für richtig befand und überhaupt empfahl, sich auf dieser Linie zu bewegen. Meine Adresse teilte ich niemandem, außer dem Genossen Peterson, mit. Der Kippenberger-Apparat versuchte mit allen Mitteln, sie zu erfahren und hat sie nach mehreren Monaten, im November 1933, mit Hilfe eines gleichgeschalteten Schriftstellers herausgefunden. Danach verzog ich, während meine Frau bis Januar dort blieb, weil sie die Wohnung liquidieren mußte. Ich erhielt von «Marek» – auf den ich schon hingewiesen habe – ein Zimmer, das dieser vor mir bewohnt hatte, und das nicht durch unseren Apparat beschafft worden war. In diesem Zimmer wohnte ich unangemeldet und versuchte nach einiger Zeit, auf mein Papier ein weiteres Zimmer zu mieten. Im Februar 1934 mietete ich eins, gab mich dort als Reisender aus, der nur kurzfristig in Berlin wohne und meist auswärts sei. Nach etwa 4 Wochen bezog ich das Zimmer und wohnte zeitweilig dort, zeitweilig in dem vorher genannten. Meine Frau hatte inzwischen auch ein Zimmer gemietet, in dem sie wohnte.

Das mir von «Marek» übergebene Zimmer übergab ich dann dem Genossen Dahlem, der es zu seiner Verfügung hielt.

Als ich von Berlin wegging, habe ich mich abmelden lassen. Meine Frau besorgte mir mit Hilfe des Apparats der LL eine neue Meldestelle, damit ich das Papier, wenn ich wieder in Berlin arbeiten sollte, wieder benützen konnte. Infolge der Einführung der allgemeinen Militärdienstpflicht und der damit verbundenen Anlegung der Stammrollen wurde das Papier aber unbrauchbar, und mir ist mitgeteilt worden, daß es vernichtet worden sei. Diese Mitteilung machte mir der damalige Reichstechniker Schenk.

Zu 13: Belfort hat mir keinen Paß zurückgegeben. Mir ist von dieser Sache nichts bekannt.

Zu 14: Nach Birkenhauers Verhaftung habe ich die Frau von ihm treffen müssen. Sie erhielt von mir Geld. Unsere Unterhaltung war sehr kurz. Sie fragte mich im Auftrage von B.[irkenhauer], wie die innere Lage im PB sei. Ich hielt eine solche Frage für verfehlt und unzulässig und habe ihr so geantwortet, daß sie nichts daraus entnehmen konnte. Nachdem mir das PB mitgeteilt hatte, daß für die Frau kein weiteres Geld zur Verfügung stehe, habe ich sie nicht wieder getroffen.

Mir ist nicht in Erinnerung, daß die Frau mir den Besitz von Koffern mitgeteilt hätte. Ganz unmöglich ist, daß sie gesagt haben soll, es sei darin Material des Genossen Thälmann. Gerade in dieser Zeit habe ich alles in Bewegung gesetzt, um im Auftrage des PB die Materialien des Genossen Thälmann sicherzustellen. Damals habe ich mit Gromulat alles nachgesucht, wo Material sein könnte, und wer etwas davon wissen könnte. Im übrigen habe ich keinen einzigen Koffer des Genossen Thälmann selbst geöffnet oder geholt. Ich habe nur die Nachforschungen kontrolliert. Aufgesucht wurden die Stellen von Gromulat. Entsprechend einem PB-Beschluß wurden diese Koffer, die von dem Gen. Thälmann gefunden wurden, durch ein PB-Mitglied geöffnet und der Inhalt sichergestellt. Ich habe selbst nie ein Blatt davon gesehen. Genosse Ulbricht erzählte mir, daß er Koffer übernommen habe. Gen. Ulbricht hat z. B. auch die Materialien von Hirsch übernommen und durchsucht, deren Standort ich mit Gromulat festgestellt hatte, ohne daß ich selbst in diese Wohnung gegangen bin.

Ich habe durch die Frage 14 zum ersten Male gehört, daß B.[irkenhauer] solche Materialien gehabt haben soll.

Ergänzend möchte ich mitteilen, daß die Frau Birkenhauer offenbar ständig Verbindungen nach dem Ausland gehabt hat, so daß sie nach dort hätte entsprechende Mitteilungen geben können. Sie lebte zeitweilig mit Luise Sattler (der Frau des Gen. Woitkowski) zusammen. Auf diesem Wege sind wohl auch alle Nachrichten über B.[irkenhauer] ins Ausland gegangen, wodurch später seine Beförderung nach dem Ausland ermöglicht wurde. Davon habe ich nichts gewußt, konnte mich auch aus konspirativen Gründen darum nicht kümmern. Die Verbindungen nach dem Ausland müssen zum Genossen Florian oder zu Richter[158] gegangen sein.

Zu 15: Viktor wurde mir gegen Ende 1932 von Kippenberger als sein Vertreter vorgestellt und kam dann in der Regel zu den Treffs in der Illegalität. Ich mußte auf Grund meiner Funktion täglich den Mann des Kippenberger-Apparats treffen, um schnell wichtige Mitteilungen an das PB weitergeben zu können.

Über die verschiedenen Differenzen, die sich aus der Arbeit ergaben, habe ich schon berichtet. Nachtragen möchte ich noch, daß Viktor, nach seiner Pariser Reise Anfang 1934, mit konkreten, beschlußmäßigen Anweisungen kam, die Arbeit des Apparats nicht in dem von uns entwickelten Sinne zu reorganisieren, sondern das Schwergewicht der Tätigkeit auf die Organisierung von sogenannten «Oktoberzirkeln» in den Betrieben zu legen, in denen Aufstandsfragen besprochen und die Vorbereitungen zum Aufstand betrieben werden sollte. Dagegen erhob ich Einspruch. Mir wurde aber bedeutet, daß es sich um internationale Beschlüsse[159] handele. Nach dem Saargebiet kam Viktor im Auftrage der Parteileitung als Apparatleiter. Er hatte Aufträge, die ich nicht ganz überblicken konnte, und die mir nicht mitgeteilt wurden. Ich hatte mit ihm insoweit zu tun, als seine Arbeit sich auf das Saargebiet erstreckte. Daneben hatte er Verbindungen nach Berlin, nach Westdeutschland u. a.

Einigemale äußerte sich Viktor in dieser Zeit unzufrieden über Kippenberger und die mit ihm befreundete Lore[160]. Er äußerte sich auch gegen Richter.

[158] Deckname von Hermann Schubert.

[159] d. h. um von der Komintern-Führung gefaßte Beschlüsse.

[160] d. i. Helene Berner.

Im Saargebiet half mir Viktor bei meiner Sicherung. Ich hatte einige Monate sehr ungünstig illegal gewohnt. Die dortige Organisation kam infolge ihrer Durchsetzung mit unsicheren Elementen nicht für eine Unterstützung in dieser Beziehung in Frage. Ich wandte mich also an den Apparat. Viktor besorgte mir im Dezember eine Wohnung in dem gleichen Hause, in dem er auch wohnte. Durch seine Verbindung mit dem früheren sozialdemokratischen Reichstagsabgeordneten und nachmaligen Regierungsrat der Reg.-Kommission des Saargebiets Ritzel besorgte mir Viktor auch die Genehmigung zur Führung eines Journalistenausweises. Dieser wurde von Ritzel ausgestellt und im Falle von Nachfragen gab Ritzel auch entsprechende Auskünfte an die Behörden.

Nur einmal war diese Auskunft nötig, nämlich im Falle der Verhaftung, von der ich im Lebenslauf geschrieben habe.

Viktor wurde vor meinem Weggang vom Saargebiet abberufen. Nach der Brüsseler Parteikonferenz hatte ich die Aufgabe, Viktor in Amsterdam abzusetzen und seine Abreise nach hier einzuleiten. Sofort beim ersten Zusammentreffen teilte ich Viktor seine Absetzung mit. Trotz meines Einspruchs und des Einspruchs des dortigen Grenzstellenleiters, des Genossen Daub, fuhr Viktor noch in derselben Nacht nach Paris. Er sagte, daß er in Sachen des Genossen Thälmann unaufschiebbar reisen und dort mit Birkenhauer zusammentreffen müsse. Nach einigen Tagen traf er wieder ein. Dann mußten alle Apparatleute herausgeholt und es mußte mit ihnen gesprochen werden. Diese Arbeit wurde von mir zusammen mit dem Grenzst.[ellen]-Leiter, Gen. Daub, gemacht. Mit Viktor gab es Auseinandersetzungen über die Haltung dieser Leute zu den neuen politischen Fragen.

Im Laufe der Diskussionen mit V. stellte sich heraus, daß er noch Verbindungen zu 2 Stellen hatte, von denen die Parteileitung nichts wußte. Gleichzeitig teilte er mit, daß er noch eine Reihe von Verbindungen habe, die er nicht den Amsterdamer Leuten übergeben wollte. Es waren Verbindungen in Sachen des Gen. Thälmann. Ich habe damals Viktor aufgefordert, trotzdem zu reisen, allerdings über Prag, nicht – wie es erst hier vorgesehen war – über Kopenhagen. Er sollte in Prag mit Gen. Ulbricht sprechen, ihm die 2 Verbindungen mitteilen und über die Thälmann-Verbindungen selbst mit ihm sprechen. In einer Mitteilung an Gen. Ulbricht habe ich damals die Frage gestellt, V.[iktor] diese Thälmannsachen abwickeln und übergeben zu lassen, damit nichts kaputt gehe.

In Prag habe ich später Viktor noch vorgefunden. Er hatte hier berichtet. Im PB gab es Diskussionen über seine weitere Arbeit. Nur der Genosse Dahlem war der Meinung, daß wir uns dafür einsetzen sollten, daß er wieder in die Arbeit zurückkehrt, während ich mit Ulbricht völlig übereinstimmte, um so mehr, als V.[iktor] auch hier in Pr.[ag] nicht alles über seine Beziehungen in Berlin ausgesagt hatte und sich geäußert hatte, es sei jetzt unanständig, Dreck auf Kippenberger zu werfen. Bei den Auseinandersetzungen, die es im PB gab, habe ich mich gegen die Absicht des Genossen Dahlem gewendet, einen Brief mit seiner persönlichen Meinung nach hier zu schreiben. Damit war ich vollkommen in Übereinstimmung mit Gen. Ulbricht.

Als V.[iktor] nach hier abreiste, habe ich ihn ermahnt, hier die volle Wahrheit zu sagen und sich nicht wieder mit Richter und seinen Leuten einzulassen.

Seine Frau[161] traf ich in Spindlermühle, einmal in Berlin und anläßlich eines Besuches, den sie im Saargebiet machte. Später habe ich sie nicht mehr gesehen.

Zu 16: Schubotz kenne ich aus der legalen Zeit als Lit.[eratur]-Obmann[162]. Er wurde damals als der beste Litobmann prämiert und zu einer Reise nach der SU geschickt. Später, 1932, übernahm er den Versand der illegalen Schriften der Partei. Die Arbeit behielt er bei auch in der Illegalität, bis er im April oder Mai verhaf-

[161] Helga von Hammerstein, Tochter des Reichswehrgenerals Kurt von Hammerstein.

[162] In einer KPD-Zelle für den Vertrieb von Broschüren, Büchern etc. verantwortlich.

tet wurde. Wir erfuhren von anderen Genossen, daß man ihm nichts nachweisen könne, und daß er ins KZ komme. Später, Ende 1933, wurde er aus dem KZ entlassen. Er stellte sich, wie auch andere Genossen, wieder zur Verfügung und wurde nach 3monatiger Pause als Instrukteur für Sachsen eingesetzt.

Die spätere LL hat ihn erst als Kassierer der LL eingesetzt, in welcher Funktion er zum zweiten Mal verhaftet wurde.

Als Techniker[163] für den Westen wurde er von Prag aus eingesetzt, zu einer Zeit, als ich nicht dort war.

Ich traf ihn wieder in Amsterdam. Hier war er in keiner guten Verfassung. Er meckerte ewig gegen den Gen. Daub[164]. In einer Sitzung zu dritt wurden seine Beschwerden behandelt und erledigt. Später hat er versucht, einen Kreis von Genossen gegen den neuen Abschnittsleiter, Gen. Bertz[165], zu bilden. Ich habe ihn nicht mehr getroffen, denn inzwischen wurde er als Spitzel entlarvt. Offenbar hat er während seiner zweiten Haft den Übergang zur Gestapo vollzogen.

Zu 17: Für die illegalen Büros war die Abteilung Ifland verantwortlich. Sie wurden von der Abteilung besorgt und betreut. Die Miete zahlte diese Abteilung durch Leute, wie Gromulat oder Behrend. Erst im November – Dezember 1933 wurde das anders. Wir lösten diese Abteilung auf und dezentralisierten die Wohnungsbeschaffung und Betreuung vollkommen.

Es stimmt nicht, daß in Berlin im November 1933 alle Büros an einem Tage hochgingen. Nach meiner Kenntnis sind damals hochgegangen: Sprechzimmer des Genossen Schehr – Büro Boeckstrasse – ehemaliges Büro Taubenstrasse – Landhaus – Büro Cal-

163 Verantwortlich für den Druck und die Verteilung von Zeitungen, Broschüren, Tarnschriften etc.

164 Philipp Daub, 1921 KPD, Funktionär, 1932 Instrukteur, Reichstagsabgeordneter, illegale Landesleitung, 1935 Leiter der Grenzstelle in Amsterdam, 1936 Leiter der «Roten Hilfe» in Paris, 1940 USA, nach 1945 Leiter der Kaderabteilung im ZK der SED.

165 Paul Bertz.

vinstrasse. Im Laufe der nächsten Woche sind dann einige weitere Objekte hochgegangen, als Folge des Hochgehens von Personen.

Das Sprechzimmer in der Grossbeerenstrasse, das Genosse Schehr benützte, kannte Kattner aus seiner früheren Zeit. Ebenso das ehemalige Büro in der Boeckstrasse. Hier hatte ich bis zum Anfang des Juni 1933 gearbeitet. Dann sollte niemand darin arbeiten. Es wurde nur Miete gezahlt. Genosse Peterson wollte das ehemalige Büro wieder benützen, suchte die Leute auf und wurde verhaftet. Nach seinen Mitteilungen hat man dort mich gesucht – offenbar auf Grund von Angaben des Kattner. Das ehemalige Büro in der Taubenstrasse besaß Eugen Schönhaar. Es war früher Kattner bekannt, wurde von uns nicht mehr benützt. Mir wurde damals mitgeteilt, daß er ein freundschaftliches Verhältnis zu den Vermietern gehabt habe. Angeblich sind die Möbel aus diesem Büro Taubenstrasse in dem erwähnten Landhaus gewesen. An ihnen habe sich der Rest eines Lagerhausstempels befunden, wodurch man vom Landhaus auf das Büro zurückgekommen sei. Das Büro in der Calvinstrasse war früher eine Telefonstelle Petersons, später ein Sprechzimmer des Genossen Schehr. Zur Zeit des Hochgehens arbeitete eine Stenotypistin des Hermann Jakobs dort – was ich erst später erfuhr. Diese Stelle soll im Zusammenhang mit dem Verräter und Provokateur Lass hochgegangen sein.

Mehr Büros, die gleichzeitig hochgegangen sein sollen, sind mir nicht bekannt. Eine Anzahl Büros, die über diese Zeit hinweg sicher geblieben sind, wurden später von uns wieder zu verschiedenen Zwecken ausgenützt. Damals aber hatte nur Ifland – und innerhalb dieser Abteilung Reinhold und Gromulat – einen vollständigen Überblick über alle Objekte. Ich erwähnte schon, daß wir diesen Zustand ganz verändert haben. Erst 1935 hat Wahls in Berlin wieder eine Zentralisierung mit dem späteren Verräter Behrend durchgeführt, im Gegensatz zu den Beschlüssen und Erfahrungen.

Zu Punkt C, Tätigkeit im Saargebiet.

Zu 18: Der Auftrag, den unsere Saarleitung hatte, war, die

Durchführung der Abstimmung sicherzustellen und die Versuche der Faschisten, Provokationen zu begehen, zu vereiteln.

Mit der Leitung der SP[166] wurde festgelegt eine gegenseitige Unterstützung bei der Abwehr von Terrorfällen. Ein umfangreiche Hauswache wurde organisiert, deren Bewaffnung mit leichten und schweren Waffen durchgeführt wurde. In den Orten gab es ferner Arbeiterheime, Gewerkschafts- und Sporthäuser, die zu schützen waren. Im weiteren Verlauf des Abstimmungskampfes mußten auch die Plakate und die Verteiler von Flugblättern geschützt werden. Die Lage verschlimmerte sich auf dem Lande soweit, daß wir sogar die Verkäufer unserer Zeitung schützen mußten. Es hat in der Umgegend von Neunkirchen Feuergefechte[167] mit schwerbewaffneten Faschisten gegeben, die unsere Genossen niedergeschlagen hatten.

Auch für Versammlungen und für die Agitation mußte bewaffneter Schutz gestellt werden.

Dafür wurden Gruppen gebildet und ausgebildet, was durch die Leute des Apparats geschah. Ich habe mich nur in der letzten Zeit von der politischen Festigkeit und Einsatzbereitschaft der Leute überzeugt, indem ich in der schwierigsten Zeit Kontrollen durchführte. Ich habe auch die UB-Sekretäre persönlich verantwortlich gemacht und instruiert für die Anleitung und Kontrolle dieser Dinge, weil die Tendenz bestand, das dem Apparat völlig zu überlassen.

Die Beschaffung des Materials[168] war mit den Vertretern des PB besprochen und festgelegt. Sie erklärten uns auch, daß die Bruderparteileitung[169] in Kenntnis gesetzt worden sei. Andernfalls

[166] Sozialdemokratischen Partei.

[167] Wehner erwähnt hier die von Hausladen gemeldeten, für den Tag der Saarabstimmung geplanten Überfälle nicht. Anders als Hausladen hielt Wehner wahrscheinlich diese Aktionen mit der vom Politbüro beschlossenen «Linie» vereinbar.

[168] Gemeint sind Waffen.

[169] Leitung der französischen Kommunistischen Partei.

wäre es überhaupt unmöglich gewesen, Material zu beschaffen. Schwierigkeiten gab es mit der Regionalleitung in Metz. Erst nach Eingreifen von oben her wurden sie behoben. Die erwähnte Sitzung scheiterte nicht an uns, sondern am Nichterscheinen des Vertreters der Regionalleitung. Schließlich ist aber alles glatt gegangen.

Nach der Niederlage im Saargebiet sind auf meine Veranlassung die Objekte wieder zurück über die Grenze gebracht worden, damit sie nicht zu Provokateurzwecken von den Faschisten mißbraucht werden konnten. Mit Ausnahme einiger weniger Stücke, die gestohlen worden sind – wofür die Betreffenden ausgeschlossen und gebrandmarkt worden sind – sind alle Gegenstände heute noch in Verwahrung der Bruderpartei. Unsere Organisation hat darüber kein Verfügungsrecht.

Die Beschaffung der Objekte habe ich selbst nicht mitgemacht. Soweit ich darüber unterrichtet bin, ging sie über eine besondere Stelle des Kippenberger-Apparats und wurde auch über Kippenberger geregelt.

Zur Charakterisierung der Kontrolle dieser Dinge durch das damalige PB, bezw. seine Vertretung nach der Abreise des PB von Paris, möchte ich anführen, daß z. B. Meyer[170] eine Reise nach Saarlouis unternahm, um sich hier selbst vom Stand der Dinge zu überzeugen.

Zu 19: Ich habe keine Verbindung zu Saarbehörden gehabt. Die einzige Berührung mit einer Stelle ergab sich aus der Stellung des Journalistenausweises durch den erwähnten Ritzel, der dazu erklärte, daß außer ihm niemand darüber erfahren werde. Ritzel wußte nicht, wer ich bin.

Zu 20: Am Tage der Verkündung des Abstimmungsergebnisses verlegte ich meinen Wohnsitz über die Grenze, nach Forbach. Schon vorher war eine Ersatzleitung eingesetzt worden, die ich nunmehr, gemeinsam mit Daub und Switalla[171], unterstützte und

[170] Heinrich Meyer.

[171] Anton Switalla.

einarbeiten half. Ich bin also abends mehrmals in Saarbrücken und 2 oder 3 Mal in Landsweiler gewesen. Ich beiden Fällen waren Treffs organisiert. Auf diese Weise wurde die Grundlage zu einer neuen, illegalen Organisation gelegt. Gleichzeitig leitete und überwachte ich die Herstellung der Zeitung, die wir weiter herausgaben.

Nachdem ich vom PB Nachricht bekam, abzureisen, bin ich zunächst nach Paris gefahren, um meine Papiere in Ordnung bringen zu lassen.

Zu 21: Ich habe niemals direkt Geld nach dem Reiche geschickt. Damit meine Schwiegereltern in Berlin die Abzahlung der Raten einer Nähmaschine meiner Frau leisten konnten, habe ich ihnen 2 Mal Geld zukommen lassen. Das ist durch Vermittlung der Parteistellen gegangen. Ebenso habe ich einmal durch eine Deckadresse an meine Eltern nach Dresden Geld geschickt, weil sie sich in der schlimmsten Not befanden und wahrscheinlich noch befinden. Auch diese Sendung ging durch Vermittlung der Parteistelle[172], also wurde in allen Fällen das Geld von Stellen abgesandt, die innerhalb der Reichsgrenzen liegen. Andere Sendungen oder Briefe habe ich nicht geschickt, weil ich weder meine Eltern noch meine Schwiegereltern gefährden wollte.

Zu 22: Nach einer Konferenz in Metz ist von mir mit den genannten Leuten ein Lokal[173] aufgesucht worden, um die Zeit bis zum Abgang des Zuges zu verbringen. Ich kann mich nicht mehr an die Höhe der Zeche erinnern und glaube bestimmt, daß mehrere Leute die Zeche gemeinsam bezahlten. Auf jeden Fall habe ich einen Beitrag geleistet, ebenso Viktor. Daran kann ich mich erinnern, weil ich mit ihm noch verrechnet habe. Der Zug fuhr vor Mitternacht, die «Zeche» kann also nicht sehr groß gewesen sein.

[172] Von der Moskauer Kaderabteilung wurde jeglicher private Briefkontakt mit Verwandten in Deutschland registriert.

[173] An diese Frage erinnert sich Wehner noch in den «Notizen». Zeugnis, S. 233.

Zu 23: In Paris bekam ich im Februar 1935 die Weisung, nach Prag zu fahren, wo eine Besprechung mit mehreren Genossen sein sollte. Von da aus sollte ich zurück nach Berlin fahren, um wieder in der LL zu arbeiten.

Mir wurde ein Paß (dänischer, den vorher der Apparatmann Hoffmann gehabt hatte) ausgehändigt, in dem das Bild geändert worden war. Gleichzeitig erhielt ich die Fahrkarte. Mir wurde versichert, daß der Zug über Straßburg – Zürich nach Prag gehe. Als ich morgens auf den Bahnsteig kam, stellte es sich heraus, daß es sich um den Zug via Kehl handelte. Es kam gerade Schenk an, dem ich noch mitteilte, daß es eine Schweinerei sei, mich unvorbereitet durchs Reich zu schicken, und daß ich später diese Sache zur Sprache bringen werde. Weil mir gesagt worden war, daß die Genossen in Prag schon einige Tage auf mich warten, bin ich aber sofort gefahren. Materialien und Notizen hatte ich nicht bei mir. Die Reise verlief ohne Zwischenfall und Unterbrechung. Ich habe mich in den wenigen Minuten, die mir zur Überlegung blieben, um so eher dazu entschlossen, als ich ja doch wieder nach Berlin fahren sollte.

Zu Punkt D, Tätigkeit in Paris.

Zu 24: Auf der Junitagung des PB wurde beschlossen, daß ich einige Zeit in Paris arbeiten sollte, um dort die Volksfrontentwicklung zu fördern und von dort aus die westdeutschen Bezirke zu bearbeiten.

Die Genossen des PB rieten mir zur Legalisierung. Ulbricht erklärte mir noch, daß man differenziert vorgehen müsse. Er z. B. könne sich nicht auf seinen richtigen Namen legalisieren, wegen der besonderen Art seines Steckbriefes. Dahlem könne sich zunächst auch nicht auf seinen Namen legalisieren, weil er unter diesem Namen ausgewiesen worden war. Ich hingegen sollte mich legalisieren, um einen Stützpunkt zu haben. Allerdings solle ich schließlich meine Wohnung so einrichten, daß ich nicht dort wohne, wo ich gemeldet sei.

Zunächst habe ich mehrere Monate illegal gewohnt, erst im Hotel unter anderem Namen, dann in einer Wohnung – überhaupt nicht gemeldet. Im Oktober mietete ich eine Wohnung auf den Namen meiner Frau und leitete die Anmeldung zur Carte d'Identité ein. Das geschah in der durch die damalige Verordnung der französischen Regierung üblichen Form. Vorher hatte ich Münzenberg ersucht, mir behilflich zu sein. Von seiner Seite aus geschah aber nichts. Mitte Dezember 1936 sollte in London eine Tagung des Beirats beim Völkerbundkommissar für die Flüchtlinge aus Deutschland stattfinden. Obwohl ich nicht fahren wollte, weil ich wenig Zeit hatte und keine so rasche Erlangung eines Reisepapiers möglich sah, wurde ich dafür gewählt in einer Sitzung des Komitees der Zentralvereinigung der deutschen Emigration. In einer besonderen Konferenz wurde von den verschiedenen Vertretern nochmals darauf bestanden, daß ich mitfahre.

Ich stellte nunmehr einen Antrag bei der Fremdenbehörde, unterstützt von einem Schreiben des sogenannten Comité consultatif, das aus Münzenberg, Bernhard, Grzesinski und Tichauer bestand. Auf einen «alten» deutschen Paß, der das Ausstellungsdatum 1932 trug, erhielt ich nach vielen Laufereien ein einmaliges Reisevisum zum Besuch der Londoner Tagung (der Reisezweck mußte ausdrücklich angegeben werden). Gleichzeitig wurde damit meine seit einiger Zeit beantragte Anmeldung zur Carte d'Idendité geregelt. Ich erhielt für 2 Monate ein sogenanntes Rècepicee. Das war üblich. Alle Emigranten, die sich meldeten, erhielten es.

Die Sozialdemokraten kannten meinen richtigen Namen, weil ich als früherer sächsischer Landtagsabgeordneter und als Parteisekretär nicht unbekannt geblieben bin. In Paris lebt der ehemalige Pressechef der sächsischen Sozialdemokratie, Fabian[174], der mich aus der Landtagszeit kennt. Durch ihn haben auch andere erfahren, wer ich bin. Selbst habe ich das keinem Menschen ge-

[174] Walter Fabian, Redakteur, führendes SAP-Mitglied, Leitung des illegalen Widerstands der SAP bis Anfang 1935, Vertreter der SAP im Lutetia-Kreis, Mitunterzeichner des Volksfrontaufrufs vom Dezember 1936.

sagt, habe auch in einem Fall, wo mir ein Sozialdemokrat meinen richtigen Namen sagte, nicht reagiert.

Zu 25: Diese Frage ist mit 24 zusammen beantwortet.

Zu 26: Nachdem ich s. Zt. das Papier für die 2 Monate erhalten hatte, mußte ich einen neuen Antrag stellen und mich melden. Das ist infolge meiner Abreise nicht geschehen. Meiner Frau hatte ich gesagt, sie soll angeben, daß ich für das Flüchtlingskomitee unterwegs bin. Nach einiger Zeit meldete sich die Fremdenpolizei und wollte wissen, warum ich nicht wegen der Erteilung des endgültigen Ausweises komme. Gleichzeitig lief der Antrag meiner Frau. Dadurch erklären sich die Fragen, über die meine Frau sofort der Parteistelle Mitteilung gemacht hat.

Zu 27: Mein Verhältnis zu Münzenberg ist ein rein sachliches Arbeitsverhältnis gewesen, das nur dadurch entstanden ist, weil ich durch Parteibeschluß mit ihm zusammenkommen mußte. 1932/33 hatte ich mit Münzenberg starke Differenzen, weil ich im Auftrage des PB seine Verlegertätigkeit im Falle des Buches von Sauerland und seine Begründung einer Zigarettenfabrik zu untersuchen und anzugreifen hatte. Damals habe ich seinen Geschäftsführer in der Zigarettenfabrik, Friedmann, zum Ausschluß vorgeschlagen, was auch angenommen wurde.

Im Falle seines Verkehrs mit Georg Bernhard und den sich daraus ergebenden Folgen (Brief von 1936 mit vertraulichen Mitteilungen über innerparteiliche Fragen) habe ich zusammen mit den anderen Genossen des PB für die Beibehaltung der Rüge gekämpft, die er erhalten hatte.

Persönlichen Verkehr habe ich mit Münzenberg nicht gepflegt.

Zu 28: Münzenberg teilte mir eines Tages mit, daß er mit dem führenden Mitglied der nationalistischen bündischen Jugend, Paetel, korrespondiere, und daß dieser vorgeschlagen habe, Schriften zur Jugendfrage, gegen Hitler herauszugeben. Münzenberg wollte das auf seinem Gebiet machen, also ohne daß unsere Partei beteiligt sein würde. Nachdem mir M.[ünzenberg] den ersten Entwurf eines solchen Briefes gezeigt hatte, sagte ich ihm, daß man sich weiter mit diesem Paetel unterhalten müsse. Der erste Brief war nicht schlecht, war aber sehr phrasenhaft und unklar.

Münzenberg hat dann selbst den Brief drucken lassen. Als er aus der Druckerei kam, erhielt ich ein Exemplar und gab es dem inzwischen eingetroffenen Gen. Ulbricht zur Beurteilung. Ulbricht schlug vor, die Sache erst gründlich zu lesen und sie bis dahin nicht an Parteistellen zu geben. So wurde auch von uns beschlossen und verfahren.

Als hier zwei weitere Briefe auftauchten, in denen trotzkistische Formulierungen enthalten waren, habe ich sofort eine entsprechende Information geschrieben für das Sekretariat. Ich nehme an, daß niemand von der Parteileitung mit der Herausgabe dieser Schriften etwas zu tun hat.

Zu 29: Mit Grzesinski mußte ich im Rahmen der Volksfrontarbeit und der einheitlichen Emigrationsarbeit zusammenkommen. Sonst hatte ich zu ihm keine Verbindungen.

Am Schluß einer Unterredung über die Emigrantenarbeit sagte er, daß die Polizei früher viele Berichte über unsere Partei erhalten habe, und daß man sie nicht einmal habe zu bezahlen brauchen. Zwei Stunden nach einer Sitzung der UBL Neukölln sei bereits der Bericht in seinen Händen gewesen. Ebenso sei es mit Überbrück gewesen, den die Polizei von der Stelle an verfolgt habe, wo er den Koffer in Empfang genommen habe. Er sagte noch, daß er unsere Partei oft in Schutz genommen habe.

Weitere Unterhaltungen hatte ich über diesen oder einen ähnlichen Gegenstand nicht mit Gr.[zesinski]. Mein Verhältnis war schlecht zu ihm, weil wir oft Auseinandersetzungen mit ihm hatten über Fragen der konkreten Arbeit. Auf Grund einer Diskussion, in der ich gegen ihn aufgetreten war, hatte er z. B. den Vorsitz in der Zentralvereinigung der deutschen Emigration niedergelegt.

Über die Notwendigkeit, durch geeignete Leute mit ihm über die Herausgabe seines Archivs zu sprechen, habe ich einmal mit Degen gesprochen, ebenso mit dem Nachrichtenmann, der in

Paris arbeitete. Ich weiß nicht, ob etwas unternommen worden ist, in den Besitz des Materials zu gelangen. Zwei Parteimitglieder, Feistmann und Schrecker, die mit Gr.[zesinski] wegen redaktioneller Arbeiten zu tun hatten, habe ich aufmerksam gemacht, sich von ihm Material auszuleihen. Sie haben aber nur Bücher erhalten.

Zu 30: Daß eine solche Emigr.[anten]-Kartothek bestand, erfuhr ich erst durch die Veröffentlichung im trotzkistischen Blatt. Ich beauftragte den dortigen Apparatmann mit der Nachforschung. Er, ferner Deter und Daub als Mitglieder der Kontrollkommission und der auf der Durchreise befindliche Emil Kaiser untersuchten diese Sache und im Zusammenhang damit die Tätigkeit der Brandleristen, Versöhnler und Trotzkisten in der dortigen Emigration. Sie haben nur ermittelt, daß mehrere Personen von der Existenz der Kartothek gewußt haben, daß sie bei einer französischen Familie untergestellt ist, und daß man nicht mehr wisse, wer alles im Verlauf der Zeit an sie herangekommen sei. Was sich weiter ergeben hat, weiß ich nicht, weil ich abreiste.

Zu 31: Beuttel war in der RH tätig und arbeitete 1934 in deren zentraler Leitung im Lande. Er und die anderen Mitglieder wurden herausgezogen, weil man nicht mehr wußte, wer in dieser Organisation einwandfrei sei. Diese Untersuchung lag bei Kippenberger, der sie meines Wissens nie zu Ende geführt hat, obwohl reichlich Zeit dafür vorhanden war.

Als ich nach Paris kam, war Beuttel Propagandamann der Emigrantenleitung. Mit Merker, der sich auf der Durchreise mehrere Tage dort aufhielt, besprach ich den Vorschlag, ihn nach Amsterdam in die Emigr.-Leitung zu geben. Darüber wurde in einem Brief das PB in Prag informiert. Beuttel arbeitete dann dort in Amsterdam. Daß er nach Paris geholt werden sollte, weiß ich nicht, habe auch keinen solchen Vorschlag gemacht. Kurz vor meiner Abreise habe ich aber vorgeschlagen zu prüfen, ob er für die Schweiz in der Emigranten-Arbeit brauchbar ist. Die Prüfung mußte, den damaligen Beschlüssen entsprechend, durch die Kaderkommission geschehen. Mir ist unbekannt, was sie ergeben hat.

Zu 32: Bis zu dem Moment, da mich die Frau des Schriftstellers Koestler, namens Asher, wegen ihres in der SU lebenden Bruders fragte, war sie mir völlig unbekannt. Sie hatte gehört, daß der Arzt Ascher[175] hier verhaftet sei, und sie wollte genaueres wissen. Ich habe ihr gesagt, daß ich nichts wisse, und daß, wenn sie keine Verbindung zu ihm habe, sie sich darüber zunächst auch keine Gedanken zu machen brauche.

Trotzkistisch beeinflußte Kreise wollten in Paris Unterschriftenlisten für den Ascher zirkulieren lassen. Ich unterband das durch unsere Fraktion bei den Schriftstellern und ebenso bei den Ärzten.

Ich selbst habe Münzenberg auf die Frage der Frau Asher aufmerksam gemacht und ihn veranlaßt, sie zunächst von der Arbeit zu dispensieren. Gleichzeitig sollte er durch ihren Vorgesetzten, Birkenhauer, feststellen lassen, welche Beziehungen sie zu ihrem Bruder habe. Sie wurde – wie mir bekannt geworden ist – daraufhin entlassen. Übrigens habe ich darüber auch mit Mertens[176] gesprochen, als diese dort den Münzenbergapparat prüfte.

Zu 33: An der Sitzung, in der Rothschild berichtete, habe ich nicht teilgenommen. Daub, der mit ihr zu tun hatte, hat mir erzählt, sie habe über Lene Overlach und Fanny Blank gesprochen. Daub versuchte, der Fanny Blank bei ihrer Ausreise nach der Freilassung behilflich zu sein, was ihm auch gelang. Was er bezüglich der Genossin Overlach erreicht hat, entzieht sich meiner Kenntnis.

Zu 34: Lotte Scheckenreuther kenne ich erst dadurch, daß ich sie in einer Veranstaltung der L.[enin]-Schule gesehen habe. Sonst habe ich mit ihr nichts zu tun gehabt. Mir ist bekannt, daß sie früher die Frau des ehemaligen Geschäftsführers Pick war, der darüber empört war, daß sie ihm durch Eberlein entführt worden war.

[175] Ernst Hugo Ascher wurde ebenso wie seine Frau Else Ascher 1937 in Saratow verhaftet.

[176] 1936 kam Grete Wilde («Erna Mertens») von der Moskauer Kaderabteilung nach Paris, um den «Münzenberg-Apparat» zu überprüfen.

Zu 35: Über Hiller habe ich lediglich einen Bericht unserer Stelle in Brüssel erhalten. Er sei Spitzel und habe sich, nach der Entlarvung durch unsere Genossen, mit Erfolg bei der SPD eingeschlichen. Die SPD wurde vor ihm gewarnt und hat ihn, wie mir gesagt wurde, entfernt. Die ganze Sache muß ausführlich dem Apparat berichtet worden [sein], anläßlich einer Anwesenheit Degens in Brüssel.

Zu 36: Die Initiative zu den Spanientransporten habe ich ergriffen. Die ersten hundert Mann, die meist Spezialisten waren, wurden von der Pariser Emi[grations]-Leitung vorgeschlagen, von mir geprüft und abgeschickt. Abwehrmäßig wurden sie kontrolliert durch den Abwehrmann der Pariser Emi[grations]-Leitung. Einen anderen Abwehrmann gab es damals dort noch nicht.

Als die Verschickungen größeren Umfang annahmen, habe ich eine Kommission eingesetzt, bestehend aus dem Emileiter August Hartmann, dem Abwehrmann Jupp, einem weiteren Genossen Egon. Zur Kontrolle der Saaremigranten wurde mehrere Wochen hindurch Niebergall[177] herangezogen, der diese Leute alle genau kennt.

Nach der Unterredung, die ich mit Gen. Thorez[178] hatte, wurde unsere Arbeit mit der der französischen Kommission vereinigt. – Die Zugänge aus Holland, Belgien, Skandinavien wurden zunächst dort geprüft, dann in Paris nochmals.

Als die übrigen Gen. des PB nach Paris kamen, wurde Gen. Rädel speziell für diese ganze Arbeit eingesetzt.

Zu 37: Über Pick ist mir nur bekannt, daß er früher Geschäftsführer war und zu dem Kreis um Eberlein gehörte. Ich habe mit ihm nichts zu tun gehabt, schon aus konspirativen Gründen nicht, weil sein Name in der Eberleinsache[179] genannt worden war. Die

[177] Otto Niebergall kam aus dem Saarland.

[178] Maurice Thorez, Vorsitzender der Kommunistischen Partei Frankreichs.

[179] Hugo Eberlein, Gründungsmitglied der KPD und der Komintern, «Versöhnler», als Komintern-Emissär für Finanzfragen 1935 in Frankreich zusam-

französische Rote Hilfe-Leitung verlangte kategorisch seine Ausreise aus Frankreich, weil er dort gefährdet war. Er meldete sich nach Spanien, und da gegen ihn weiter nichts vorlag, wurde er geschickt. Vorher hatte er ein Paket mit Unterlagen gegen Eberlein hinterlegt, die er der IKK zustellen wollte. Ich habe das Paket vom dortigen Nachrichtenmann sicherstellen lassen und dann hier gemeldet, daß es angefordert wird.

Mir ist nicht bekannt, daß er nach der Saarabstimmung legal in Deutschland war.

Ich weiß nichts von seinem dänischen Paß, den er sich unter der Hand besorgt haben soll.

Zu 38: Goldhammer[180] kenne ich aus Dresden, wo er Redakteur der «Arbeiterstimme» war. Später war er am «Kämpfer» in Chemnitz. Das letzte Mal vor der Illegalität habe ich ihn m. E. 1931 in Dresden gesehen, als ich dort zu Besuch war.

In Prag war er in der Emigrantenleitung tätig. Ich kam mit ihm 1935 zusammen, als ich eine Besprechung mit einigen Genossen der Emileitung zu machen hatte. Als meine Frau nach Prag kam, waren wir mit ihm und Stamm[181] zusammen. Dann wurde er am gleichen Tag verhaftet, wie ich. Wir wohnten in dieser Nacht im gleichen Hotel, und es war eine allgemeine Razzia in ganz Prag. Später habe ich ihn 1936 wiedergesehen. Anlaß war die Wohnung, die er verschafft hatte.

Goldhammer, der bürgerlich-jüdischer Herkunft ist, ist meines Erachtens ein der Partei ergebener Genosse. Aus meiner Tätigkeit in Sachsen kenne ich ihn als einen sehr aktiven und festen Propagandisten.

men mit Lotte Reutter verhaftet. 1936 kam er in die UdSSR, im Juli 1937 verhaftet, 1941 zum Tode verurteilt.

[180] Bruno Goldhammer, 1950 in der DDR verhaftet, mehrjährige Gefängnishaft.

[181] Robert Stamm, 1919 KPD, Redakteur und Funktionär, Reichstagsabgeordneter, 1935 in Berlin verhaftet, 1937 vom Volksgerichtshof zum Tode verurteilt und hingerichtet.

Zu 39: Schenk[182] kenne ich seit 1933. Er kam nach Berlin, und ich mußte ihm auf Beschluß des PB helfen, sich einzuarbeiten. Er war in zentralen Arbeiten sehr unerfahren und machte – trotz großer Vorsicht in der ersten Zeit – viele konspirative Fehler. Politisch ließ er sich damals von den Richter-Leuten nicht umgarnen. Ich habe damals einen durchaus positiven Eindruck von ihm erhalten. Er war mutig und standhaft.

Im Saargebiet habe ich ihn sehr wenig getroffen. Unsere Arbeiten berührten sich nicht oft. Er machte mir Vorwürfe, daß ich ihn nicht persönlich treffen wolle. Dort ist mir bekannt geworden, daß er eine Kellnerin in einem Café kennengelernt hatte, mit der er sich anfreundete. Ich habe daraufhin das Café nicht mehr aufgesucht. Mir schien, so weit ich das beurteilen konnte, daß er schon dort mit der Arbeit nicht mehr fertig würde. In dem Sinne habe ich auch mit Ulbricht und Dahlem gesprochen, als ich sie in Prag traf. Er war z. B. nicht zu bewegen gewesen, rechtzeitig seine Materialien in Sicherheit zu bringen. Dabei trug er einen gewissen romantischen Stoizismus zur Schau und sprach von der Absicht, die Materialien innerhalb der Saargrenzen zu lassen, um sie so direkt im Reich zu haben nach dem Anschluß. Leider kamen meine Warnungen, die sich auf persönliche Eindrücke gründeten, zu spät, denn als ich Walter und Franz so informierte, war Schenks Material im Saargebiet hochgegangen. Ich habe ihn später in Moskau gesehen und gehörte zu der Kommission, die hier das Hochgehen zu untersuchen hatte. Unterlagen über die Arbeit dieser Kommission müssen hier vorliegen.

In Prag hatte Schenk die Wohnung gemietet, die Goldhammer vermittelt hatte. Ich hatte Schenk und andere in Moskau gebeten, sich umzuschauen, wenn sie etwas finden, weil ich in Prag infolge der Verhaftung und Ausweisung sehr vorsichtig sein mußte.

In Prag war ich 2 Mal bei Schenk mit Ackermann zum Mittagessen. Als meine Frau ankam, war ich einmal mit ihr dort, um

[182] d. i. Wilhelm Kox.

einige Wäschestücke zu holen usw. Schenk lud meine Frau ein, in dieser Wohnung, die sehr sicher sei, Wäsche zu plätten. Als sie hinging, wurde gerade Schenk verhaftet. Es wurde der Schlag gegen den ganzen technischen Apparat Schenks durchgeführt.

Zweifellos war es falsch von mir, zu Schenk in die Wohnung zu gehen.

Über seine Arbeit gab es in Prag Diskussionen. Er hatte den Eindruck, daß er von uns ungerecht beurteilt werde. Unsere Vorschläge zur Reorganisation der Technik faßte er als persönliche Angriffe gegen sich auf. Er versuchte in aller Hast aufs Laufende zu kommen. Dabei ließ er elementarste Vorsichtsmaßnahmen außer Acht. Insbesondere vernachlässigte er die konkrete Kontrolle an den anderen Grenzabschnitten. Als ich in Prag die Frau kennen lernte, nahm ich mir vor, mehr über sie in Erfahrung zu bringen. Die Angelegenheit Saargebiet schien mir nicht geklärt zu sein. Später habe ich von alten Parteimitgliedern des Saargebiets erfahren, daß die Frau nie Parteimitglied war, wie sie behauptet hatte. Ferner erfuhr ich durch einen Sozialdemokraten, daß der Genosse Henschke doch – wie wir schon einmal angenommen hatten, ohne es beweisen zu können – infolge des Hochgehens einer Adresse in Schenks Koffer verhaftet worden war. Schenk muß das gewußt haben, denn er hatte sofort nach dem Hochgehen des Koffers in seiner damaligen Wohnung eine Warnungskarte nach Berlin gesandt. Darüber gab ich nach Prag und durch die Übermittlung eines Berichts des Sozialdemokraten auch nach hier Bericht.

In der Schenkschen Wohnung im Saargebiet sind s. Zt. hochgegangen 1 präparierter Koffer und eine präparierte Schreibmappe. Über den Inhalt dieser Dinge gibt es keine Übersicht.

Zu 40: Grete Busch kenne ich nicht und habe mit ihr nicht zusammengearbeitet. Ich weiß nur, daß sie Stenotypistin in der RGO war, dann bei einem Mann aus dem zentralen Apparat der Partei gearbeitet haben soll – wer sie dorthin gebracht hat, weiß ich nicht – und daß sie mich in einem Prozeß vor dem Volksgericht belastet hat (was andere auch getan haben, wie Arthur Vogt, Budich[183] vor der Gestapo u. a. m.). Über ihre Aussagen hat mich Genosse Peterson informiert.

Zu 41: Lene Riebe kenne ich dem Namen nach und vom Sehen aus ihrer Tätigkeit in der Reichsleitung der Roten Sportler. Ferner weiß ich von ihr nur, was in den Berichten über die Untersuchung ihres Falles steht, die mir als PB-Mitglied zur Durchsicht vor der Beschlußfassung gegeben wurden. Gearbeitet habe ich mit ihr nicht.

Zu 42: Luise Sattler kenne ich aus ihrer Tätigkeit als Stenotypistin in der Org-Abteilung des ZK. Dort habe ich auch zeitweilig mit ihr gearbeitet. In der Illegalität hat sie zunächst bei Hermann Jakobs gearbeitet, wurde dann krank und hatte mit unserem Apparat keine Verbindung mehr. Sie wohnte mit der Frau Birkenhauers zusammen und durch sie sind Briefe über Woitkowski, Hirsch u. a. herausgekommen. Durch sie gingen auch die Nachrichten über den von Hirsch geplanten Ausbruch aus dem KZ.

Später habe ich über sie gehört durch die Berichte im Zusammenhang mit Lene Riebe. Zuletzt teilte mir der Apparatmann Humboldt mit, daß sie seine Frau sei und zu Weihnachten 1936 nach Oslo fahren wolle. Soviel ich weiß, ist sie nach Oslo zu ihrer Schwester gefahren. Gesehen habe ich Luise Sattler während der ganzen Illegalität nicht.

Zu 43: Gegenüber der Frau Hoffmanns habe ich offen gesagt, als sie im Februar durch Richter zu mir geschickt wurde, daß ihr Mann, wenn er nicht verhaftet wäre, aus der Partei ausgeschlossen würde, wegen seines unglaublich leichtfertigen Verhaltens gegenüber einer Gestapo-Agentin Höfele. Durch den Bericht, der im PB gegeben wurde, habe ich erfahren, daß Hoffmann sich und Firl schwer belastet hat durch das, was er dieser Höfle gesagt hat. Außerdem hat er durch seine Leichtfertigkeit neu gewonnene Verbindungen in Ostpreußen der Gestapo ausgeliefert.

[183] Willi Budich, Gründungsmitglied der KPD, Reichstagsabgeordneter, 1933 in Berlin verhaftet, 1933 UdSSR, 1936 in Moskau verhaftet, am 22. März 1938 hingerichtet.

Ich habe diese Äußerung gegenüber der Frau Hoffmanns gemacht, weil sie in einer ziemlich herausfordernden Weise behauptete, ihr Mann sei durch Auslandsstellen hochgegangen, d. h. von draußen sei die Gestapo auf seine Spuren gekommen. Meine Meinung ist, daß sie in dieser Richtung durch Richter beeinflußt worden ist, zumal Hoffmann zu Richters Freunden gehörte.

Zu 44: Meine Frau ist niemals von jemanden als Gestapoagentin bezeichnet worden. Als sie in Prag das zweite Mal in Haft saß, hat man sie im Gegenteil als gefährliche Kommunistin bezeichnet und ihr erklärt, sie werde sich für die Drucklegung illegaler Literatur vor Gericht zu verantworten haben. Kisch [184] und Rechtsanwalt Stein haben sich damals um sie gekümmert. Kisch hatte Sprecherlaubnis bewirkt, ebenso eine Verlegung aus der Prostituiertenzelle in eine andere. In dieser anderen Zelle befand sich eine von den zwei auf ihre Abschiebung wartenden Gestapospitzelinnen, worüber sie nach draußen Mitteilung gemacht hat. Vielleicht ist aus der leichtfertigen Behandlung dieser Mitteilung durch Leute, die sie nur halb gehört haben, eine solche Behauptung entstanden, wie sie in der Frage 44 liegt.

Kurt Funk [Unterschrift]

Quelle: ZAD N 82/11646 I, Bl. 135–156.

[184] Egon Erwin Kisch, Schriftsteller und Mitglied der KP der Tschechoslowakei.

Dokument 23

Protokollauszüge zum Untersuchungsverfahren gegen Wehner

Auszüge aus den Protokollen der Sitzung der Mitglieder der Sitzungen des ZK der KPD in Moskau
betreffend: die Angelegenheit des Genossen Funk

21.6.37 «Funk, Kurt (Wehner) soll von der durch das EKKI-Sekretariat eingesetzten Kommission (Below[185], Pieck, Zirul[186]) überprüft werden.»

25.8.37 «Angelegenheit Funk: Die vom Sekretariat des EKKI eingesetzte Untersuchungskommission hat festgestellt, daß die von Belfort gegen ihn vorgebrachten Verdachtsmomente in Bezug auf Verbindungen mit der Polizei nicht begründet sind. Die von Funk gegebenen Auskünfte soll er noch schriftlich wiedergeben.»

26.9.37 «Angelegenheit Funk: Die Kaderabteilung wird ersucht eine Untersuchung gegen Funk wegen Verletzung der Konspiration durch Hinterlassenschaft sehr sekreter Materialien in seiner Pariser Wohnung und seinem Pariser Büro zu führen und ihn deswegen zur Verantwortung zu ziehen.»

Auszüge überprüft: Klassner[187] [handschriftlich]

Quelle: ZAD N 82/11646 I, Bl. 127.

[185] Georgi Damjanow (Below), Leiter der Kaderabteilung der Komintern.
[186] Zirul, KPdSU-Mitglied, Mitarbeiter der Kaderabteilung.
[187] d. i. Paul Wandel.

Dokument 24

Mitteilung von Wilhelm Pieck an Georg Brückmann

Mitteilung Wilhelm Piecks an den Referenten der Kaderabteilung Georg Brückmann (d. i. Müller) über eine Unterredung mit Herbert Wehner, dem Konspirationsfehler vorgeworfen wurden.

An den Genossen Müller

4. Oktober 1937
vertraulich

Ich habe mit den [!, R. M.] Genossen *Funk* wegen des Materials von teilweise sehr sekreten Charakter gesprochen, das er bei seiner Abreise nach hier in Paris in seiner Wohnung und seinem Büro hinterlassen hat. Er erklärte dazu, daß er das Material zur Vorbereitung der Reise nach hier benötigt hätte und daß er bei seiner Abreise seine Frau beauftragt habe, das Material aus seiner Wohnung an das Sekretariat abzugeben, was sie auch getan hat und ferner die Genossin Emmi, die bei ihm im Büro arbeitete, ebenfalls den Auftrag gegeben hat, das Material an das Sekretariat zu geben, was auch geschehen sein soll. Er gab zu, daß es eine ernste Gefahr sei, ein solches Material aufzubewahren, aber er habe es teilweise als Dokumente benötigt. Er gab zu, daß die Gefahr eines Hochgehens des Materials bestand.

[Unterschrift] Pieck

Quelle: ZAD N 82/11646 I, Bl. 128.

Dokument 25

Brief von Wehner an Klement Gottwald

Brief Herbert Wehners an den Sekretär des Exekutivkomitees der Komintern Klement Gottwald. Wehner bringt darin zahlreiche Anschuldigungen gegen Erich Birkenhauer («Belfort») vor. Nachdem Wehner mündlich gegen die Verwendung Birkenhauers am Moskauer Rundfunksender protestiert hatte, wurde er von Gottwald aufgefordert, seinen Einspruch schriftlich zu fixieren.

23.11.1937 *Kopie* *Streng vertraulich*

Zu Händen des Genossen Gottwald.
Angaben über Belfort

Als kürzlich über die Mitarbeit einiger Genossen am Radio gesprochen wurde, habe ich mich gegen die Heranziehung Belforts gewandt. Über die Gründe, die mich dazu bewegten, möchte ich folgende erklärende Angaben machen:

1. Belfort, der seinerzeit zusammen mit dem Genossen Thälmann verhaftet worden war, arbeitete seit der Freilassung im Herbst 1933 als Mitarbeiter des Polbüros der KPD. In der Zeit der schärfsten fraktionellen Auseinandersetzungen gehörte er zu den aktivsten Personen in der Umgebung Richters. Zusammen mit Ander[188] ist er der Schreiber der meisten Artikel und Dokumente der damaligen Zeit gewesen. Meines Erachtens hat Belfort diese damalige Position nie ganz verlassen. Dafür habe ich folgende Anhaltspunkte:
   a) In dem Pariser Kreis, in dem Belfort seit der Zeit nach dem VII. Weltkongreß arbeitete, wurde mehrfach gegen die Volks-

[188] Chefredakteur der *Roten Fahne* Hans Knodt (Deckname: Ander), verhaftet 1937, 1941 zu acht Jahren Lagerhaft verurteilt, im Lager umgekommen.

frontpolitik gesprochen. Am aggressivsten geschah das zu der Zeit, als die französische Partei ihre Stellungnahme zur Frankenabwertung bekannt gegeben hatte. Belfort und seine Freunde (Jakobs[189], ein unentwegter Freund Richters und «Mischa»[190], ein weißer Emigrant) diskutierten damals in dem Sinne gegen die Volksfrontpolitik, daß sie erklärten, die Volksfront sei durch die französischen Erfahrungen diskreditiert, so daß es notwendig wäre, für Deutschland auf die Volksfront zu verzichten. Jakobs und «Mischa» haben diese Auffassungen Belforts u. a. auch in einer Sitzung deutscher Mitarbeiter verschiedener Pariser Komitees vertreten. Belfort hat über diese seine Meinung offensichtlich mit außerhalb der Partei stehenden Leuten gesprochen, u. a. mit dem früheren preußischen Finanzminister Klepper, der mir in einer Diskussion, die ich mit ihm führen mußte, diese abwegige und volksfrontgegnerische Meinung Belforts entgegenhielt. Das wog damals umso schwerer, als mit Klepper Unterhaltungen über eine Zusammenarbeit mit seinen Freunden im Lande geführt wurden.

b) In Amsterdam hatte sich ein Kreis von Leuten gebildet, die unentwegt gegen die Volksfrontpolitik der Komintern Stellung nahmen und zu verschiedenen Gelegenheiten durch Gerüchte Schwankungen in den Reihen der Deutschen und anderer Parteimitglieder hervorzurufen versuchten. Belfort hatte gerade zu diesem Kreis von Paris aus die engsten Beziehungen. Er war einigemal in Amsterdam, um irgendwelche Aufträge des Thälmann-Komitees oder der Weltfriedensbewegung zu erledigen. Jedesmal traf er sich – was vorher organisiert wurde – mit Leuten aus diesem Kreis und mit anderen deutschen Parteifunktionären. Niemals legte er Wert darauf, mit den Genossen zusammenzutreffen, die dort im Auftrag der deutschen Partei saßen. Zweimal war ich zur gleichen

[189] Hermann Jakobs.
[190] Mischa, d. i. Michael Tscherno-Hell.

Zeit in Amsterdam, während Belforts Besuche stattfanden. Jedesmal erhielten wir über seine Gespräche Mitteilungen. Das führte zu einer Behandlung dieser Fragen in der westdeutschen Gebietsleitung, die es den Genossen untersagte, mit Belfort derartige Beziehungen aufrechtzuerhalten. Diese Dinge wurden auch – ebenso wie die unter a) angeführten im deutschen PB besprochen.

c) Mittelpunkt des eben gekennzeichneten Kreises in Amsterdam war eine gewisse Ruth Stock, die früher Lilienthal geheißen hat. Diese Frau stand in Beziehung zu Belfort.[191] Sie lieferte ihm sogar einmal Post aus, die aus Hamburg an ihre Adresse gekommen war, für die Partei bestimmt war, aber durch fraktionelle Machenschaften nicht der neuen Leitung ausgeliefert worden war. Über die Person der Ruth Stock, die durch Heirat schweizerische Staatsangehörige geworden sein soll, konnte unsere Partei nie richtige Klarheit erhalten. Sie war zur Zeit der Tätigkeit des Apparatmannes «Viktor»[192] dessen Mitarbeiterin und Freundin gewesen. Nach sei-

[191] Die folgenden «Angaben» vereinigen die andeutende Technik der Unterstellung mit der paranoiden «Logik» des stalinistischen Verschwörungssyndroms. Einer «gewissen» Ruth Stock, die in «Beziehungen» zu Belfort gebracht wird, werden als «Mittelpunkt eines Kreises» nahezu alle «Verdachtsmomente» zugeordnet, die dann zugleich, wegen der «Beziehungen», auch Birkenhauer treffen sollen. Wehner konstruiert folgende «Beweiskette»: Birkenhauer habe «Beziehungen» zu Ruth Stock, die wiederum zu Sozialdemokraten «Verbindungen» habe, die im Verdacht stehen, «Reichswehragenten» zu sein. Zudem unterhalte diese Frau Verbindungen zum Ausland und sei «Mittelpunkt von Existenzen», die in politischer Opposition zur «Linie» der Komintern stünden. Der ausgestreute Spionageverdacht und der Vorwurf der politischen Fraktionsbildung wurde durch die Kaderabteilung dann auf dem üblichen Amtsweg an den NKWD weitergereicht. Für die Moskauer «Schauprozesse» wie in den vorgängigen Verhören des NKWD wurden die konstruierten «Amalgame» von fiktiven politischen «Blöcken», der Vorwurf der «Verbindung» und der allgemeine «Spionageverdacht» zu «Beweisketten» verdichtet.

[192] Leo Roth, Deckname: Viktor.

ner Abberufung reiste sie für einige Monate nach der Schweiz, wo sie Anschluß an die deutschen Parteifunktionäre suchte. Nach ihrer Rückkehr nach Holland knüpfte sie ihre alten Verbindungen wieder an, die auch in die Kreise dortiger Sozialdemokraten gingen, von denen einige sehr im Verdacht stehen, Reichswehragenten zu sein. Sie wurde zu einem Mittelpunkt von Existenzen, die auf diese oder jene Weise ihrer Gegnerschaft gegen die Politik der KI[193] Ausdruck gaben. Inzwischen soll sie eine Reise nach Schweden unternommen haben, über die wir nichts erfahren konnten. Hier habe ich jetzt erfahren, daß sie 1936 für einige Tage in der SU war – wahrscheinlich auf der Intourist-Linie[194] – und mit Kippenberger[195] zusammengekommen ist. Mit dieser Frau also hielt Belfort Verbindung und hat sie einmal durch Betrauung mit einer besoldeten Arbeit sogar in den Kreis dortiger Funktionäre hineinbringen wollen, ohne mit der verantwortlichen Parteileitung überhaupt zu sprechen.

d) In der deutschen Parteileitung wurde seit der Brüsseler Konferenz einigemale u. a. darüber gesprochen, daß manche Leute aus dem Kreise um Richter ihre Auffassungen und Verbindungen noch nicht aufgegeben haben. Zu diesen Leuten, von denen einige eine ganz infame Hetze gegen einzelne führende Genossen betrieben (z. B. der MOPR-Instrukteur Pfordt und der Instrukteur Max Reimann) mußte auch Belfort gerechnet werden.

2. Die Arbeit Belforts im Internationalen Thälmann-Komitee war mehrmals Gegenstand heftigster Klagen und schärfster Kritik.

[193] Kommunistischen Internationale.

[194] Sie reiste durch «Intourist» ein, während Wehner die «Parteilinie», d. h. den Internationalen Verbindungsdienst der Komintern (OMS) für die Einreise nutzen mußte.

[195] Hans Kippenberger, bereits Unperson, da gegen ihn seit Anfang 1935 eine parteiamtliche Untersuchung lief und er am 5. November 1936 in Moskau verhaftet worden war.

Belfort hatte auf Grund seiner früheren Zusammenarbeit mit Richter und der daraus entspringenden Feindschaft gegen die Politik unserer französischen Bruderpartei ein sehr schlechtes Verhältnis zwischen dem französischen und dem internationalen Komitee herbeigeführt. Die französischen Genossen wurden durch Belfort aus der internationalen Arbeit gegen den Terror in Deutschland ausgeschaltet. Belfort ging sogar noch weiter. Er beschimpfte in einer Sitzung, an der ein französischer Vertreter teilnahm, die französische Bewegung, so daß der französische Genosse uns erklärte, daß unter solchen Umständen eine gedeihliche Zusammenarbeit ausgeschlossen erscheine. Es handelte sich hier um die Protestbewegung nach der Hinrichtung des Genossen Claus[196].

Die Kampagne zur Veröffentlichung der Anklageschrift gegen Thälmann wurde in erster Linie durch Belforts Schuld zu einem Mißerfolg.

Ohne Wissen und gegen den Willen des deutschen PB hat Belfort in der «Rundschau»[197] angekündigt, daß demnächst Einzelheiten aus den Aussagen von Zeugen aus der Voruntersuchung veröffentlicht werden würden. Im PB der KPD wurde das als eine wie Provokation wirkende Tatsache gewertet. Es wurde daraufhin beschlossen, eine scharfe Kritik an der Arbeit Belforts und des Komitees zu üben. Ich wurde mit dem Entwurf einer entsprechenden Resolution beauftragt. Dieser Entwurf befindet sich noch in meinem Besitz.

Die Veröffentlichungen des Komitees oder seiner Mitarbeiter in der «Rundschau» hatten z. T. einen direkt schädlichen Charakter, z. B. die Artikel von Martin Hall (Jakobs) über den Aufmarsch im Januar 1933 auf dem Bülowplatz oder besonders die Veröffentlichung über das Verhalten des Genossen Thälmann im Untersuchungsgefängnis, durch die der Genosse Thälmann schwer belastet wurde. Das Komitee war vor der Veröffentlichung

[196] Rudolf Claus, KPD-Mitglied, hingerichtet am 17. Dezember 1935.

[197] In *Rundschau für Politik, Wirtschaft und Arbeiterbewegung*.

dieser Dinge Ende 1936 gewarnt worden. Belfort ließ trotzdem zu, daß sie – als die verantwortlichen Genossen des PB verreist waren – in der Presse erschienen. Ich habe auf Grund dieser Vorfälle in einer Sitzung mit den Genossen des Sekretariats der EKKI die Bemerkung gemacht, daß manche Arbeiten wie Provokation aussehen.

Das sind die Gründe, aus denen ich mich gegen die Mitarbeit Belforts am Radio gewandt habe.

Kurt Funk

P. S.
mir ist die Frage gestellt worden, was ich über die Umstände der Verhaftung Belforts 1933 wisse. Am Abend des 3. März habe ich die großgedruckte Anzeige in der «Berliner Nachtausgabe» gelesen, daß Genosse Thälmann, sowie sein Sekretär Erich Birkenhauer, der Chefredakteur der «Roten Fahne» Werner Hirsch und Kattner verhaftet worden seien. Diese Angaben können in der betreffenden Ausgabe der «Nachtausgabe» nachgelesen werden.

Quelle: RZA 495/205/5437, Bl. 104–108.

Dokument 26

Schreiben von Friedl Fürnberg an Dimitroff

Schreiben von Friedl Fürnberg, Mitarbeiter im Sekretariat Gottwalds, an den Generalsekretär der Komintern Dimitroff.

Vertraulich
29.11.1937

An Gen. Dimitroff.

Beiliegender Brief wurde von Gen. Funk für den Gen. Gottwald bei uns übergeben. Da ich selbst nicht beurteilen kann, ob dieser Brief bis zur Rückkehr des Gen. Gottwald liegen bleiben kann, sende ich ihn an Sie.

1 Beilage

Fürnberg

[Mit der handschriftlichen Paraphe Dimitroffs]

Quelle: RZA 495/205/5437, Bl. 103.

Dokument 27

Schreiben von Wehner an Pieck

Schreiben von Herbert Wehner an Wilhelm Pieck, in dem Wehner den «Fall» Birkenhauer zum Anlaß nimmt, um die «Säuberung von schlechten Elementen und Schädlingen» zu fordern. Wehner beschuldigt zudem Heinrich Meyer und Leo Flieg und deklariert die «führenden Köpfe» der innerparteilichen Opposition als «verbrecherische Feinde».

Streng vertraulich.
Durchschlag zur Kenntnisnahme für den Genossen Gottwald.
[Handschriftlich von Herbert Wehner]

26. November 1937

Genossen Wilhelm Pieck

Lieber Genosse Pieck!
Der Fall Birkenhauer veranlaßt mich, Dich brieflich auf einige Fragen unserer Partei aufmerksam zu machen, in der Hoffnung, zu gelegener Zeit in einer Aussprache diese Dinge gründlich behandeln zu können. Es liegt mir gewiß fern, Dinge, die mündlich im Laufe der täglichen Arbeit geregelt werden können, durch schriftliche Formulierung zu komplizieren. Aber ich glaube, daß es in diesem Fall notwendig und nützlich ist, in schriftlicher Form eine konkrete Unterlage zur Aussprache und Bereinigung zu geben. Der Fall Birkenhauer gibt mir den Anlaß zu diesem Brief, weil es wieder gezeigt hat, daß die Organe unserer Partei nicht imstande waren, ein schlechtes Element abzustoßen. Leider handelt es sich nicht nur um einen Einzelfall, sondern man muß diesen Fall unmittelbar neben den des ehemaligen Parteimitglieds Meyer[198] stellen,

[198] Heinrich Meyer, Deckname: Most, Gehilfe Florins, bereits verhaftet im August 1937.

dessen feindlicher Charakter ebensowenig von unseren Parteiorganen erkannt wurde.

Was diese Fälle so schwerwiegend macht, ist die Tatsache, daß viele Gründe vorlagen, diesen Leuten endgültig nicht mehr zu trauen und scharf gegen sie vorzugehen. Das war insbesondere auf Grund ihrer Haltung in der *Partei 1933 bis 1935 und auf Grund der Fortsetzung ihrer fraktionellen Tätigkeit nach dem VII. Weltkongreß und nach der Brüsseler Parteikonferenz* nötig. Leider ist dieses Verhalten m. E. nicht entsprechend angerechnet worden, und sie sind zu Arbeiten herangezogen worden, die sie nach dem Vorgefallenen nicht erfüllen durften. Das Verhalten mancher leitender Parteigenossen diesen Leuten gegenüber war sehr zuvorkommend.

Es ist ihnen nichts geschehen, obwohl Birkenhauer zusammen mit anderen Leuten, die sich noch im Ausland befinden, eine vergiftende Hetze gegen Mitglieder des auf der Brüsseler Konferenz gewählten ZK entfaltet hat. Es ist ihnen nichts geschehen, obwohl beide in einer Reihe von Artikeln Auffassungen vertreten haben, die scharf zu verurteilen waren.

Gegen *Birkenhauer* lief zwar eine Untersuchung, aber es war diesem Mann möglich, sehr unverfroren aufzutreten. Noch Ende Oktober wurde seine schriftliche Mitarbeit *am Radio geduldet und gefördert*, und erst im Laufe einer Sitzung beim Genossen Gottwald kam es so weit, daß die weitere Mitarbeit untersagt wurde, nachdem ich in schärfster Form *Birkenhauer* und *Knodt* angegriffen hatte. Ich nehme mich von dieser Kritik an dem zu weichen Vorgehen gegen solche Leute nicht aus. Trotzdem habe ich *im Fall Birkenhauer* genügend Tatsachen angeführt, die zu seiner Entlarvung beitragen konnten. Du hast mir allerdings einmal gesagt, daß meine Anschuldigungen gegen Birkenhauer wie eine *«Retourkutsche»* wirken könnten, weil er die bekannten Verleumdungen gegen mich ausgestreut hat. Aber ich muß sagen, daß mich diese Bemerkung damals sehr verletzt hat, weil ich daraus sah, daß hier mit einer falschen «Objektivität» vorgegangen wird. Es ist doch nichts Neues, daß schlechte Elemente gerade durch das Ausstreuen von Verleumdungen Verwirrung in die Partei anzustiften versuchen. Sie wollen damit ihre eigenen Spuren verwischen und gleichzeitig effektiv die Arbeit stören. Birkenhauer hat in den letzten Jahren sich *so* schwer gegen die Partei vergangen, daß sein Bild kaum noch unklar sein konnte.

Man könnte sagen, daß dieser Fall abgeschlossen sei. Meine Absicht ist es auch nicht, diesen Fall jetzt zum Gegenstand breiter Erörterungen zu machen. Aber ich möchte, daß dieser Fall als Symptom gewertet wird, weil wir in den allerletzten Jahren einige ähnliche erlebt haben, und weil die Lage in unserer Partei so ist, daß wir jetzt wirklich daran gehen sollten, die Säuberung von schlechten Elementen und Schädlingen vorzunehmen. *Dazu gehört aber* ein gewisses Maß von Vertrauen und Energie. Und es gehört auch dazu, daß die Meinungen verantwortlicher örtlicher Parteiarbeiter gehört und beachtet werden.

Ich kann z. B. nicht mit *dem Genossen Dengel*[199] *überein*stimmen, wenn er nun schon mehrmals betont, daß Leute, wie der *Genosse Schulte,* zwar Fehler begangen hätten, daß man aber ihre Kraft jetzt verwerten müßte. Es handelt sich bei dieser Gruppe doch nicht um Genossen, die einmal politische Fehler begingen und dann kapitulierten. Vielmehr haben die einzelnen Personen aus diesem Kreis persönlich derartige Vergehen auf dem Konto, daß – wie im Falle des Genossen *Schulte* – Verfahren gegen sie durchgeführt werden müßten. Außerdem sind die führenden Köpfe dieser Gruppe verbrecherische Feinde, was für die Beurteilung mindestens der Leute, die in engerem Kontakt zu ihnen standen, nicht unwesentlich ist. Im Spezialfall des Genossen Schulte will ich daran erinnern, daß auch der *Genosse Ulbricht* auf der Brüsseler Parteikonferenz schärfsten Einspruch gegen seine damalige Verwendung erhob, und daß gegen ihn ein Verfahren eingeleitet werden mußte, für das ich aufgefordert wurde, Unterlagen zu liefern. Leider sind diese Unterlagen damals in die Hände

[199] Philipp Dengel war zu diesem Zeitpunkt Leiter der Deutschen Vertretung beim EKKI.

von Leuten gelangt, die selbst Feinde waren, wie Krajeweski. Ich bin überzeugt, daß diese Unterlagen heute ernster genommen würden, als damals. Es sei auch erwähnt, daß z. B. der *Genosse Max Reimann Anfang 1936*, mehrere Monate nach der Parteikonferenz, in Prag Verleumdungen und unwahre Behauptungen gegen die Politik des ZK der KPD verbreitete, als deren Urheber sich – nach Reimanns eigenen Aussagen – *der Genosse Schulte und der Feind Smoljanski*[200] *herausstellten*. Damit will ich erläutern, daß der Genosse Dengel irrt, wenn er den Genossen Schulte, oder den inzwischen entlarvten Birkenhauer als Menschen beurteilt, die nach einmal begangenen Fehlern wieder zur Mitarbeit heranzuziehen sind.

Oder nehmen wir den anders gelagerten Fall des *Genossen Flieg. Flieg war ein engagierter Neumann-Freund*. Es ist gesagt worden, daß er sich seit der politischen Liquidierung dieser Gruppe zur Partei zurückentwickelt und eine einwandfreie Haltung eingenommen habe. Wenn das so ist, bleiben *die anderen Fakte, die gegen ihn sprechen*. Schon einmal habe ich Dich mündlich daran erinnert, daß seit dem Herbst 1934 ein sehr *seriöser und unantastbarer Brief existiert*, in dem Flieg wörtlich *als «Gauner»* bezeichnet wird. Meines Wissens sind die Tatsachen, die dort gegen den Genossen Flieg aufgeführt werden, noch nicht untersucht worden, obwohl es hierbei um wichtigste Dinge geht. M. E. müßte im Fall des Genossen Flieg gerade das, was in dem von mir erwähnten Brief gegen ihn geschrieben worden ist, gründlichst geprüft werden. Wenn ernst und sachlich zumindest die Meinung und die Erfahrungen der gegenwärtig hier anwesenden ZK-Mitglieder und anderer verantwortlicher Parteiarbeiter gehört und geprüft werden, wird sich ergeben, daß die deutsche Partei von sich aus viel dazu beitragen könnte, die Säuberung von faschistischen Einflüssen und Agenten zu fördern. Dann können auch nicht so *grundfalsche Darstellungen*

[200] Der noch nicht verhaftete Fritz Schulte wird als «Genosse», Togliattis bereits verhafteter «Gehilfe» als «Feind» bezeichnet. Vgl. zur Verhaftung Smoljanskys die *Notizen* Wehners. Zeugnis, S. 222.

existieren, wie sie heute noch als Grundlage von Untersuchungen benützt werden, wie es kürzlich geschah, als der deutsche Referent in der Kaderabteilung – auf Grund einer solchen irrtümlichen Darstellung – die Meinung vertrat, daß 1932 der *Genosse Schehr gleichzeitig mit* Meyer in derselben Wohnung verhaftet worden sei. Hätte diese falsche Meinung z. B. in diesem Falle nicht bestanden, wäre die Untersuchung gegen Meyer anders, d. h. von vornherein auf Grund eines schweren Verdachts gegen Meyer durch die Partei in Gang gekommen.

Als wir kürzlich die Aussprache zur Vorbereitung einer deutschen Beratung hatten, haben alle Genossen die Notwendigkeit einer scharfen Säuberung betont. M. E. muß uns jetzt der *Fall Birkenhauer veranlassen, wirklich konsequent an diese Arbeit zu gehen*. Ich meine, das ist eine wichtige politische Aufgabe, in deren Erfüllung von hier aus – so weit es in unseren Kräften steht – die deutsche Parteileitung unterstützt werden muß. Damit diese Unterstützung zustande kommt, müßte aber unter den hiesigen Genossen Klarheit und Einmütigkeit darüber bestehen, daß diese Reinigung nur möglich ist, wenn man sie aktiv fördert und nicht damit rechnet, daß sich unklare Dinge mehr oder weniger selbsttätig klären werden. Deshalb habe ich diese Zeilen in der Erwartung geschrieben, daß es jetzt möglich ist, über diese Fragen und zu entsprechenden Entschlüssen zu gelangen.

Mit kommunistischem Gruß
Kurt Funk [handschriftlich]

P. S. Ich erlaube mir, einen Durchschlag dieses Schreibens dem Genossen Dengel zu übergeben und einen anderen dem Genossen Gottwald, dem ich am 17. d. Monats eine ausführliche Begründung meines Einspruchs gegen Birkenhauer – auf seine Aufforderung – gegeben habe.

Quelle: ZAD N 82/11646 I, Bl. 137–140, auch
RZA 495/74/127, Bl. 257–260.

Dokument 28

Brief von Pieck an Dimitroff

Brief Wilhelm Piecks an den Generalsekretär der Kommunistischen Internationale, Georgi Dimitroff. Pieck bezeichnet die Angaben Wehners zu Birkenhauer als einen Versuch, sich «den Anschein besonderer Wachsamkeit zu verschaffen».

Genossen Dimitroff

29.11.37

Lieber Genosse Dimitroff!

Der Genosse Kurt Funk hat unter dem 26. November aus Anlaß der Verhaftung Birkenhauers einen längeren Brief geschrieben, indem in einer Reihe von allgemeinen Formulierungen vorkommen, die als eine Beschwerde über mangelnde Wachsamkeit und falscher Objektivität gegenüber verdächtigen Elementen wirken. Du wirst wahrscheinlich den Brief, von dem Funk eine Kopie an Dengel und eine Gottwald schickte, zu Gesicht bekommen haben. Ich habe Funk zu einer gemeinsamen Besprechung mit Dengel und Müller (Kaderabteilung) geladen und ihm erklärt, daß ich es sehr begrüße, wenn die Genossen der Parteiführung helfen, schlechte Elemente zu entlarven, um sie aus der Partei zu entfernen. Ich hielte aber die allgemeinen Formulierungen in dem Briefe nicht für richtig, er solle sagen, gegen wen sich diese Beschwerden richten. Es kam dann bei den Äußerungen heraus, daß er der Kaderabteilung Mitteilungen gemacht habe, die nicht verwertet wurden, daß sein Anerbieten, Angaben über Personen zu machen, nicht beachtet wurden, daß sich seine Bemerkung über eine falsche Objektivität sich nur auf den Fall Birkenhauer beziehen. Funk kam auch bei seinen Äußerungen über allgemeine Redensarten nicht hinaus. Wir haben ihn ersucht, daß er seinen Brief ergänzen soll durch genaue Angaben, gegen wen sich seine Beschwerden richten. Außerdem soll er alles Material, was er über Genossen weiß, der Kaderabteilung und mir mitteilen. Die in dem Brief gemachte Bemerkung über meine Äußerung von der Retourkutsche gibt Funk völlig sinnentstellend wieder. Er hatte auf meine Aufforderung Angaben über Belfort gemacht, aber dabei am Anfang und am Schluß in erregter Weise sich über Belfort als den Angeber über ihn geäußert. Ich hatte ihm erklärt, daß niemand Funk gesagt habe, daß Belfort über ihn Angaben gemacht habe, daß das also nur Vermutungen von ihm seien und daß er diese Bemerkungen aus dem Briefe wegnehmen soll, weil sonst leicht der Eindruck entstehen könnte, daß Funk sich wegen dieser Angaben von Belfort über ihn an gegen Belfort wende, und habe das mit dem Worte Retourkutsche bezeichnet. Funk gab in der Sitzung zu, daß es so gewesen sei. Damals hat sich Funk auch gar nicht wegen meiner Bemerkung verletzt gezeigt, sondern hat sofort der Streichung dieses Teiles des Briefes zugestimmt. Mich berührt der Brief von Funk etwas eigentümlich. Wenn Funk auch früher von sich aus Angaben über verdächtige Elemente in der Partei gemacht hat und diese auch von meiner Seite aus und auch von Dengel sofort geprüft und an die Kaderabteilung oder an die IKK weitergegeben wurden, so wirken jetzt die Äußerungen in dem Briefe von Funk als ein Versuch, sich den Anschein besonderer Wachsamkeit zu verschaffen. Wir haben natürlich sehr ruhig mit Funk über diese Angelegenheit gesprochen und ich werde sehen, was er nachträglich als Ergänzungen zu seinem Briefe geben wird.

Mit bestem Gruß
Pieck

Quelle: RZA F. 495/74/127 Bl. 261–261 a.

Dokument 29

Brief von Damjanow an das NKWD

Begleitschreiben des Leiters der Kaderabteilung Below (d. i. Damjanow) an das NKWD. Zu den an das NKWD übersandten Materialien in der «Angelegenheit» Birkenhauer gehören auch die vorstehenden Briefe Wehners an Gottwald und Pieck. Die unter 3–6 und 8–12 aufgeführten Materialien wurden von Birkenhauer selbst handschriftlich verfaßt und von der Kaderabteilung übertragen. Birkenhauer war am 22. November 1937 vom NKWD verhaftet worden. Dieses Begleitschreiben liegt in russischer Fassung ebenfalls in der Kaderakte Birkenhauers.

25.12.1937

An . . . .

Betrifft Angelegenheit *Belfort*, Erich (*Birkenhauer*)

Wir sandten ihnen bereits Material über *Belfort*, E. Ende 1936, betr. Verhaftung des Genossen *Thälmann*, Ernst. Am . . . . Nr. . . . . und am . . . . . Nr. . . . sandten wir erneut Material betr. Verbindung mit einem deutschen Agenten, Dr. Loewe Kurt.

Anbei übersenden wir ihnen Material über die Angelegenheit Belfort E., welches von der Kaderabteilung zusammengetragen wurde zur Untersuchung der Angelegenheit *Belfort*.

Das Material enthält:

1. Schreiben von *Funk*, Kurt über Belfort, E.	Seite	1–3
2. " " " " " " "	"	4–8
3. Lebenslauf[201] von *Belfort*	"	9–32

[201] Veröffentlicht in Reinhard Müller: Flucht ohne Ausweg. Lebensläufe aus den geheimen «Kaderakten» der Kommunistischen Internationale. In: Exil, 10. Jg., 1990, Nr. 2, S. 76–95.

4. Bemerkungen *Belforts* zur Sektierer-Gruppe
1934–1935 " 33–44
5. Bericht *Belforts* über die Verhaftung am
3. März 1933 " 45–54
6. Ergänzung zum Bericht über meine Haftentlassung vom September 1933 (Belfort) " 55
7. Betrifft Haftentlassung *Belfort*, Erich, geschrieben von *Dittbender,* Walter (Sekretär der deutschen Sektion-Moskau) " 56–57
8. Bemerkungen *Belforts* über *Most*, H.
(*Meyer*, Heinrich) " 58–65
9. Die Beziehungen *Belforts* zu Viktor,
(Hess, Ernst – Leo Roth) " 66–70
10. Betrifft *Münzenberg* (von *Belfort*) " 71–76
11. Die Beziehungen *Belforts* zu *Stock*,
Ruth (Lilienthal) " 77–83
12. Die Beziehungen Belforts zu *Mischa*
(*Swetly-Tschesno*, Michael) " 84–87
13. Material der KPD vom Juli 1934 über *Tschesno*,
Michael,
genannt auch Swetly, auch Mischa. " 88–89
14. Die Beziehungen *Belforts* zu *Jakobs*, Hermann " 90–93
15. Bemerkungen zu den Berichten *Belforts*
(geschrieben von *Florin*, Wilhelm) "

Below

Quelle: RZA 495/205/5437, Bl. 290; in russ. Sprache Bl. 291.

Dokument 30

Dossier der Kaderabteilung für Dimitroff

Für Georgi Dimitroff stellte die Kaderabteilung am 14. Januar 1938 eine streng vertrauliche Übersicht aller achtzehn auf der Brüsseler Konferenz gewählten Mitglieder des ZK der KPD zusammen. Nach Ernst Thälmann, Wilhelm Pieck, Wilhelm Florin, Franz Dahlem, Walter Ulbricht und Paul Merker wird Herbert Wehners Parteikarriere in der KPD wie auch seine Gefährdung durch «Verdächtigungen» und Überprüfungen in parteiamtlichen Stichworten zusammengefaßt.

...

7. Wehner, Herbert (Funk Herbert)
Geboren 1906, proletarischer Herkunft und von Beruf Kontorist. 1923 trat er der Soz.[ialistischen]-Arbeiter-Jugend bei. Im gleichen Jahr trat er der syndikalistischen-anarchistischen Jugendorganisation bei. Er war dort Mitglied bis 1927. Er arbeitete in dieser Organisation mit Mühsam zusammen. 1925 trat er der Roten Hilfe und 1927 der KPD bei. 1928 wurde er Bezirkssekretär der RHD in Ostsachsen. 1929 war er Gewerkschaftssekretär von Sachsen, im Juni 1930 wurde er stellvertretender Polsekretär vom Bezirk Sachsen. 1931 kam er in die Orgabteilung des ZK der KPD. Im August 1932 wurde er technischer Sekretär beim Polbüro des ZK der KPD. Bis Juni 1934 war er Mitglied der Landesleitung der KPD. Anschließend war er ZK-Instrukteur im Saargebiet. Er sollte über Prag wieder zur Arbeit nach Deutschland fahren. Er wurde in Prag verhaftet. Nach seiner Freilassung kam er in die SU. Er nahm am 7. Weltkongreß und an der Brüsselcr Parteikonferenz teil. Er wurde ins ZK gewählt. Er fuhr zur Arbeit Ende 1935 nach dem Ausland. Er war bis Januar 1937 der Leiter des ZK der KPD in Paris. Zwischen ihm und Gen. Ulbricht gab es verschiedene Differenzen. Gegen ihn wurden von Münzenberg und Belfort, der hier Ende 1937 von der NKWD verhaftet wurde, verschiedene Ver-

dächtigungen vorgebracht. Laut Beschluß verblieb er in der SU und arbeitet als Gehilfe des Genossen Ercoli. Die Verdächtigungen gegen ihn wurden hier geprüft und es konnte nichts Belastendes endgültig festgestellt werden.

Quelle: RZA 495/74/135, Bl. 4–5.

Dokument 31

Dossier für Dimitroff

Bei diesem Dokument, das unter der Überschrift «Zu den Materialien über das ZK der KPD» handschriftlich an Dimitroff adressiert ist, handelt es sich um eine Auflistung der auf der Brüsseler Parteikonferenz gewählten ZK Mitglieder mit Angaben darüber, welchen oppositionellen Strömungen[202] *sie angehört hätten. Das Dokument wurde von Damjanow, dem Leiter der Kaderabteilung der Komintern, am 23. März 1938 unterzeichnet.*

Streng vertraulich

Zu den Materialien über das ZK der KP Deutschlands

... Dahlem und Funk schwankten in Richtung der sektiererischen Gruppierung im Jahre 1934 in verschiedenen Fragen...

4. Funk war an der Spaltung des Kommunistischen Jugendverbandes[203] in Nürnberg im Oktober 1923 beteiligt, ging auf die Seite der anarcho-syndikalistischen Jugend über und stand ihrer Führung bis 1927 nahe. Gegen ihn wurde eine Reihe sehr ernster Anschuldigungen polizeilichen Charakters[204] vorgebracht, deren Untersuchung nicht zu Ende geführt wurde.

Quelle: RZA 495/74/135, Bl. 29.

[202] Wie weit solche Zurechnungen der innerparteilichen Realität entsprechen oder ob sie als instrumentalisierte Abstempelung zu begreifen sind, kann hier nicht entschieden werden.

[203] Die Ersetzung der Sozialistischen Arbeiterjugend, der Wehner 1923 angehörte, durch den Kommunistischen Jugendverband konnte eine zufällige Verwechslung, aber auch eine sorgsame Verfälschung sein, die Wehners ideologisches Minuskonto bedeutend erhöht hätte.

[204] D. h., daß Wehner von der Kaderabteilung in «Verbindung» zu Verhaftungen gebracht wurde.

Dokument 32

Aktennotiz von Brückmann

Aktennotiz des Referenten der Kaderabteilung Georg Brückmann (A. Müller) über die Ergebnisse einer Untersuchungskommission zur Überprüfung Herbert Wehners. Diese Kommission überprüfte die Vorwürfe, die gegen Wehner wegen «Verletzung der Konspiration» vorgebracht wurden.

13.6.1938

Betrifft *Funk*, Kurt

Vom Sekretariat des EKKI wurde eine Kommission gebildet, die die Angelegenheit Funk, Kurt überprüfen sollte. Die Kommission setzte sich zusammen aus Gen. Pieck, Wilhelm – Bjelow und Müller, A.

In dieser Angelegenheit wurden vernommen, *Belfort* (Birkenhauer) *Flieg*, Leo.

Des weiteren wurde Funk, Kurt selbst vernommen, anschließend wurden beiliegende Fragen an ihn gestellt und Funk, Kurt beantwortete diese Fragen schriftlich.

Die Kommission war nach der Prüfung der Meinung, daß Funk, Kurt im Apparat des EKKI belassen werden soll.

Müller, A.

Quelle: RZA N 82/11646 I, Bl. 157.

Dokument 33

Schreiben Wehners an Manuilski

Wehner wendet sich an den Sekretär des EKKI Dimitri Manuilski mit der Bitte, Teile des 1938 erschienenen «Kurzen Lehrganges zur Geschichte der KPdSU(B)» – einem autorisierten Standardwerk der stalinistischen Propaganda – vorfristig für die deutschsprachigen Radiosendungen freizugeben.

An den Genossen Manuilski

Moskau, den 5.10.1938

Werter Genosse Manuilski!

Es wird Ihnen bekannt sein, daß auf Veranlassung des Sekretariats des EKKI in den deutschsprachigen Radiosendungen spezielle propagandistische Sendungen gebracht werden sollen. Es sind dafür einige besondere Stunden wöchentlich vorgesehen und freigegeben worden. Es wurde ferner eine Kommission gebildet, die sich besonders mit diesen Sendungen befassen soll. Als wichtigste Frage sollte mit einem Kursus über die Geschichte der WKP/B begonnen werden.

Es war vereinbart, daß diese Sendungen Anfang Oktober beginnen. Bisher liegt aber kein Material dazu vor. Nachdem in russischer Sprache der kurzgefaßte Grundriß zu Geschichte der WKP/B erschienen ist, kann natürlich nur dieses Buch als Unterlage dienen. Die Übersetzung dieses Buches geht langsam vorwärts. Von den Genossen, die mit der Überprüfung der Übersetzung beauftragt sind, wurde gesagt, daß diese Arbeit noch längere Zeit in Anspruch nehmen wird.

Angesichts dieser Lage ist zu überlegen, ob nicht wenigstens Teile des Buches, die in der jetzigen Situation für die deutschen Hörer ganz besonders wichtig sind, zur Bearbeitung für die Radiosendungen freigegeben werden können, gleichzeitig müßte entschieden werden, welche Möglichkeiten zur Bearbeitung des Materials speziell für das Radio bestehen.

Ich bitte Sie um eine Entscheidung dieser Fragen.

Mit besten Grüßen

Kurt Funk [Unterschrift]

Quelle: RZA 495/10a/405, Bl. 105.

Dokument 34

Bestätigung Wehners als Leiter des Radio- und Kino-Sektors

Protokollauszug der «fliegenden Abstimmung» der Mitglieder des EKKI-Sekretariats mit der Bestätigung von Herbert Wehner als Leiter des Kino- und Radio-Sektors in der Presse- und Propagandaabteilung der Komintern.

An die Kaderabteilung
1563/ 1.

Streng vertraulich
Zurück an Kontrolle nach Erledigung
Abschriften unzulässig

AUSZUG

aus dem Protokoll Nr. 356 der Sitzung des Sekretariats des EKKI, zusammengestellt auf Grund der fliegenden Abstimmung unter den Mitgliedern d. Sekretariats des EKKI vom 29. November 1938

Behandelt:	Beschlossen:
4. (1937) Betr. Arbeit des Gen. FUNK	4. Den Genossen Funk als Leiter des Radio- und Kino-Sektors in der Abteilung Presse- und Propaganda zu bestätigen.

(Fliegende Abstimmung am 28.11.1938: Dimitroff, Florin, Gottwald, Kuusinen, Manuilski.)

Generalsekretär des EKKI: /Dimitroff

Dokument 35

Wehner über Willi Münzenberg

Herbert Wehners Rede aus dem Protokoll einer Sitzung der Internationalen Kontrollkommission der Komintern vom 16. Februar 1939, in der der «Fall Münzenberg» auf der Tagesordnung stand. Der bereits aus dem ZK der KPD verbannte Willi Münzenberg wurde nach dieser Sitzung von der Internationalen Kontrollkommission ausgeschlossen. Bekanntgemacht wurde dies als Beschluß des ZK der KPD.

Aussprache

...

Gen. Funk:

Ich wollte noch einige Momente unterstreichen. Es ist notwendig, sich darüber klar zu werden, daß Münzenberg den Kampf mit der Neumann-Gruppe unaufhörlich geführt hat, nicht erst seit 1937, sondern auch schon früher. Ich mache deshalb darauf aufmerksam, daß Münzenberg auf der Oktober-Parteikonferenz 1932, auf der offiziell die Neumann-Gruppe erledigt wurde, trotz der Aufforderung des Gen. Thälmann nicht aufgetreten ist und daß unmittelbar nach der Konferenz im Dezember 1932 solche Auseinandersetzungen mit Münzenberg waren, daß damals die Frage seines Ausschlusses stand. Es handelte sich damals um eine völlig selbstständige und ohne Kontrolle der Partei durchgeführte Personal- und Geschäftspolitik in seinem Apparat. Es ging darum, daß er Leute beschäftigte, die von der Partei der Spitzelei und Provokation beschuldigt waren, und ferner um die Behandlung des Buches von Sauerland[205]. Münzenberg hat damals in einem bürger-

[205] Nach der Veröffentlichung des Buches «Der dialektische Materialismus» wurde Kurt Sauerland 1932 in KPD-Organen kritisiert. Sauerland wurde am 15. Mai 1937 in Moskau verhaftet und am 22. März 1938 zum Tode verurteilt.

lichen Verlag ohne Kenntnis der Partei eine Antwort auf die Stellungnahme der Partei gedruckt und verbreitet. Die Partei hatte gegen das Buch von Sauerland polemisiert. Von der Herausgabe dieser Druckschrift erfuhren wir erst, als sie bereits im Umlauf war. Ich hatte damals mit anderen Genossen den Auftrag, diese Sachen zu untersuchen und über das Ergebnis für das Sekretariat eine Mitteilung zu machen. Die weiteren Maßnahmen wurden nicht zu Ende geführt, weil sie durch ein Telegramm, unterzeichnet von Knorin und Pjatnitzki, die dagegen waren, untersagt wurden. Und die Behandlung der rein deutschen Fragen, die uns noch überlassen blieb, wurde durch die Machtübernahme durch Hitler und Münzenbergs Flucht aus Deutschland[206] verhindert. Aus der Partei ausgeschlossen wurde damals ein Mann, der von Münzenberg speziell herangezogen wurde und der Provokation beschuldigt war. 1936 bekamen wir einen Brief Bernhards[207] an Heinrich Mann in die Hände, in dem Bernhard Heinrich Mann alles das, was ihm Münzenberg über interne Parteifragen erzählt hatte, mitteilte, um Heinrich Mann zu veranlassen, gegen die damalige Parteiführung für Münzenberg aufzutreten. Damals haben wir beschlossen, Münzenberg eine Rüge zu erteilen, weil das ein ungeheuer grober Bruch von Parteigeheimnissen war. Die Rüge hat er auch bekommen. Noch etwas anderes. Münzenberg hatte an der Brüsseler Parteikonferenz nicht teilgenommen. Er hatte jedoch die Auffassung, daß unmittelbar er in die Parteiführung kommen würde. Ich will auf diesen Fall kurz hinweisen, wie seine Angriffe gegen bestimmte Leute zu bewerten sind. Er hat damals Breuer, der auch unter dem Namen Ende[208] bekannt ist, zu sich gerufen

[206] Da Münzenberg 1933 ohne vorherigen Beschluß der KPD-Instanzen ins Exil gegangen war, wurde ihm bereits 1933 Desertion vorgeworfen. In einem Brief protestierte Münzenberg 1933 gegen diesen Desertionsvorwurf.

[207] Georg Bernhard.

[208] Adolf Ende (Lex Ende, Lex Breuer), 1919 KPD, Redakteur, Reichstagsabgeordneter, Pol.-Leiter des Bezirks Niederrhein, als «Versöhnler» abgesetzt, 1934 Emigration Saargebiet, Redakteur der *Deutschen Volkszeitung*

und hat ihm gesagt, daß jetzt eine neue Periode eingetreten sei, daß er und Gerhardt[209] die Führung der Partei in die Hände bekommen würde. Er hatte dem Breuer damals auch gesagt, daß er bereits mit Gerhardt gesprochen habe. Aus dieser Parteiführung, wie er sie sich vorstellte, ist jedoch nichts geworden und als dann viel später Gerhardt als Mitarbeiter hinkam, gab es Differenzen und nun versucht er, dem ZK die Leute anzuhängen. Nachdem er vorher solche Kombinationen gemacht hat, versucht er jetzt das ZK für Gerhardt und andere verantwortlich zu machen. Es handelt sich hier um die Leute, die in seinem Dokument angegriffen werden.

Noch eine andere Ergänzung. Es wurde bereits von seinen Beziehungen zu französischen amtlichen Stellen gesprochen. Meiner Meinung nach hatte er besonders enge Beziehungen zum Kabinettschef Leger. Als einmal darauf die Rede kam, sagte er, daß dieser Mann ein Reaktionär sei, daß er jedoch bestimmte Direktiven habe, mit diesem Mann Verbindung aufrechtzuerhalten. Diese Beziehungen mit Leger müssen sehr enge sein.

Noch eine Feststellung. In der ganzen Zeit, die er in Frankreich

in Prag und Paris, nach Kriegsbeginn Internierung, lebte nach der Flucht bis 1945 illegal in Marseille, 1946 Chefredakteur des *Neuen Deutschland*, 1950 wegen «Verbindung» mit Noel Field aus der SED ausgeschlossen.

[209] Gerhart Eisler, Bruder von Ruth Fischer und des Komponisten Hanns Eisler, 1918 KPOe, Redakteur, 1921 Deutschland, 1923 Oberleiter für Mitteldeutschland, «Mittelgruppe», 1925/26 «Referent für Deutschland bei Sowjetstellen», Redakteur der *Roten Fahne*, 1927 Kandidat des Politbüros, 1928 als führender «Versöhnler» für die Absetzung Thälmanns, 1929 aller Funktionen enthoben und in den Komintern-Apparat strafversetzt, Komintern-Emissär in China, England und den USA, seit Mai 1936 Mitarbeiter der KPD in Paris, Chefredakteur der KPD-Zeitschrift *Die Internationale*, Aufbau des KPD-Senders 29,8 in Madrid, 1939 Internierung in Frankreich, Emigration in die USA, 1947 Verhaftung in den USA, 1949 Flucht in die DDR, Leiter des Informationsamtes, 1951 aller Ämter enthoben, war zusammen mit Paul Merker und Franz Dahlem als Hauptangeklagter in einem geplanten Schauprozeß in der DDR vorgesehen, der nach dem Tod Stalins 1953 nicht mehr durchgeführt wurde.

war, hat er eine vergiftende Tätigkeit und Zersetzungsarbeit gegen die französische Partei in den internationalen Komitees, die unter seiner Leitung standen, ausgeübt. Diese Tatsache wird auch manches über sein Verhältnis zu gewissen französischen Stellen erklären. Eine letzte Frage über die Regierung Caballero, die ihm ungeheures Geld eingebracht hat. Das soll man ergänzen durch die Feststellung, daß er zur Zeit der Regierung Caballero und auch später nicht nur direkte Summen für Propagandazwecke erhalten hat, sondern auch verschiedene Geschäfte organisiert hat, die ihm große Summen eingebracht haben. Als in diesem Zusammenhang auf große Nebenverdienste eines Sozialdemokraten bei diesen Geschäften die Rede kam, haben wir überhaupt über diese Methode gesprochen. Der Versuch, die Dinge aufzuklären, ist fehlgeschlagen, da Münzenberg der Partei gegenüber keine Rechenschaft ablegte. Ein Beweis von moralischer Fäulnis, die ungeheuerlich sein muß, handelt es sich doch dabei um die Beschaffung von Materialien für Spanien.

Quelle: RZA 495/205/7000, Bd. 3, Bl. 260–262.

Dokument 36

Dossier der Kaderabteilung

Von der Mitarbeiterin der Kaderabteilung Priworodtskaja zusammengestelltes und ins Deutsche übersetztes Dossier über Herbert Wehner. Die früheren «Verdachtsmomente» werden durch von Willi Münzenberg und André Malraux mitgeteilte «Angaben» über Bruno von Salomon, der in «Verbindung» zu Wehner gebracht wird, fortgeführt.

19.6.39 *Streng vertraulich*
2.ex.

Funk Kurt / Herbert Wehner / geb. 1906 in Dresden, proletarischer Herkunft, von Beruf Büroangestellter, besitzt Mittelschulbildung. Mitglied der sozialdemokratischen[210] Arbeiterjugend Deutschlands von 1923, der anarcho-syndikalistischen Jugendorganisation von 1923–1926, Mitglied der KPD von 1927 und Mitglied des ZK der KPD von 1935.

Während seiner Arbeit in der anarcho-syndikalistischen Organisation hatte er enge Verbindung[211] mit dem Führer dieser Organisation, Erich Mühsam, mit dem er eine Zeitlang auch zusammenwohnte.

Parteifunktionen: Im Jahre 1928 war er Sekretär der Dresdener Bezirksorganisation der Roten Hilfe. Im Jahre 1929 war er dort Sekretär der Gewerkschaftsorganisation. Im Jahre 1930 war er stellvertretender Politsekretär der Sächsischen Bezirksparteiorganisation.

In Zusammenhang mit seiner Arbeit bei der Roten Hilfe wurde

[210] Eigentlich Sozialistische Arbeiterjugend.

[211] Der Vorwurf der «Verbindung», der Kontaktschuld findet sich sowohl in den Dossiers der Kaderabteilung wie in den Verhören des NKWD und in den Anklageschriften des Militärkollegiums des Obersten Gerichts der UdSSR.

er beschuldigt, Parteigelder veruntreut zu haben. Gen. Funk behauptet in seiner Erklärung, daß das eine Verleumdung der rechten Elemente sei.

Im Jahre 1931 ging Gen. Funk zur Arbeit im Apparat des ZK der KPD. Von 1932 [an] war er technischer Leiter des Sekretariats. In Zusammenhang mit diesen hatte er enge Verbindung mit dem Gen. Thälmann und Johnny Schehr. Im Apparat des ZK arbeitete er bis Juni 1934. Nachher wurde er auf Beschluß des Politbüros nach dem Saargebiet kommandiert, um dort das Plebiszit zu organisieren. Er arbeitete dort bis Februar 1935. Dann auf Anweisung der Leitung sollte er nach Berlin zurückkehren, aber er wurde in Prag verhaftet und ausgewiesen. Nachher kam er in die Sowjetunion. Nahm am VII. Kongreß der Komintern mit beratender Stimme teil und an der Brüsseler Parteikonferenz wurde er als Mitglied des ZK der KPD gewählt.

Während der illegalen Arbeit wurde Gen. Funk zweimal verhaftet. Kurzfristige Verhaftung im Saargebiet Anfang 1935 und vierwöchentliches Gefängnis in Prag, März 1935.

Im Januar 1937 kam Funk nach Moskau, um einige Fragen der deutschen kom. Partei zu behandeln.

Auf Grund eines speziellen Beschlusses des Sekretariats der EKKI und Zustimmung des Politbüros der KPD blieb Funk in Moskau, in Zusammenhang damit, daß in der Arbeit des Gen. Funk eine ganze Reihe von unklaren Momenten sind:

1. Es ist eine Erklärung des Genossen Florin vorhanden von 1937, laut welcher Funk eng befreundet war mit Viktor/Ernst Hess, in Zusammenhang mit dem Kippenberger Apparat hier von den Organen des NKWD verhaftet/. Funk wohnte im Saargebiet zusammen mit Viktor und sollte über die Arbeit von Viktor informiert sein.
2. Im Dezember 1935 teilte Jakob Hausladen dem ZK der KPD mit, daß während der Arbeit des Gen. Funk im Saargebiet auf einer Versammlung der örtlichen Funktionäre der Partei unter Führung von Funk, die Anweisung gegeben wurde, einen Überfall auf die faschistischen Gebäude in Neunkirchen, Saar-

brücken und Saarlouis zu organisieren. Auf dieser Versammlung war auch Viktor anwesend, der auf der Landkarte die entsprechenden Objekte bezeichnete. In Neunkirchen wurde auf das «deutsche Haus» eine Handgranate geworfen. Dem Vollstrecker dieses Überfalls gelang es zu flüchten.

3. Im Januar 1937 teilte Gen. Degen in Zusammenhang mit Funk folgendes mit: Funk hatte in Paris im Auftrage der Partei Verbindung mit dem früheren Berliner Polizeipräsidenten Grzesinski. Es war geplant, das Archiv von Grzesinski zu konfiszieren, da der letztere sich darüber äußerte, daß in der Führung der KPD sich ein Spion noch aus der legalen Periode befinde.
4. In der spanischen Frage unterstützte Funk die Pariser Führung in jener Richtung, damit sie die Genossen, die nach Spanien fahren nicht der Kontrolle des Apparates unterstellen. Gleichzeitig wurde festgestellt, daß die Kartotheken der Emigranten in die Hände der Trotzkisten geraten sind, die sie dann für ihre Kampagne ausnutzten.
5. Folgende Momente wurden gegen Funk von Belfort /verhaftet vom NKWD/ hervorgehoben: Funk gehörte der nächsten Umgebung von Thälmann an, da er technischer Leiter des Sekretariats war. Er ist der einzige der technischen Sekretäre, der nicht verhaftet wurde und im Lande blieb, trotzdem, daß im August 1933 Grete Busch bei der Polizei gegen den Gen. Funk schwer belastend aussagte.

Die Verhaftung Johnny Schehrs und anderer Genossen wurde durch den Verrat des Gestapoagenten aufgeklärt, der unbedingt davon wissen mußte, daß Funk einer der führenden Mitarbeiter der Partei sei. Zu jener Zeit arbeitete im Zentralapparat als Kassierer ein gewisser Schubotz /er heißt auch Kastor/ der später als Agent der Gestapo entlarvt wurde.

Im Jahre 1934 beantragte[212] das Politbüro einigemale Funk, aus dem Lande fortzufahren. Er hat aber diesem Beschluß keine Folge geleistet und darum bekam er eine Rüge vom Politbüro. Im

212 Hier muß es sinngemäß «beauftragte» oder «befahl» heißen.

Jahre 1935 fuhr Funk mit einem dänischen Passport[213] nach Prag, um von dort nach Berlin zu fahren. Funk fuhr über Köln[214], also über Deutschland, obwohl ihm bekannt war, daß in Köln eine sehr strenge Kontrolle der Ausländer stattfindet.

Zur Untersuchung der obenerwähnten Beschuldigungen gegen den Gen. Funk ernannte das Sekretariat des EKKI im Juni eine spezielle Kommission mit folgender Zusammensetzung: Gen. Pieck, Gen. Below und Zirul.

Auf der Sitzung der deutschen Genossen /Mitglieder des ZK/ vom 25. August 1937 in Moskau wurde folgendes festgestellt: «Die Kaderabteilung wird ersucht eine Untersuchung gegen Funk wegen Verletzung der Konspiration durch Hinterlassung sehr sekreter Materialien in seiner Pariser Wohnung und seinem Pariser Büro zu führen und ihn deswegen zur Verantwortung zu ziehen.»

Das frühere Mitglied des ZK der KP, Willi Münzenberg /derzeit ausgeschlossen aus der KPD/ schreibt über das Verhältnis zwischen Funk und einem gewissen Bruno von Salomon folgendes: charakterisierend Bruno von Salomon aus negativer Seite, teilt Münzenberg mit, daß letzterer /Salomon/ im Herbst 1936 nach Spanien kam und kurz nach seiner Ankunft von der spanischen Regierung verhaftet worden sei und nach kurzer Zeit ausgewiesen wurde. Wie André Malraux – bekannter Schriftsteller und Organisator der ersten Lufthilfe für Spanien mitteilt, wurde Salomon in Zusammenhang damit verhaftet, weil der Verdacht bestand, er sei Gestapo-Agent: Malraux hat angeblich mitgeteilt, daß die republikanische Regierung auf Grund geheimer französischer Dokumente zu dieser Überzeugung gelang.

Wie Münzenberg mitteilte, erfolgte die Freilassung Salomons nur auf die wiederholte, ultimative Forderung der Führung der KPD in Person des Gen. Kurt Funk, der selbst persönlich als

213 Russ. für Reisepaß.

214 Muß Kehl heißen. Dieser Text wurde offensichtlich mit einigen Übertragungsfehlern aus dem Russischen übersetzt.

Vertreter der KPD die Verantwortung vor der spanischen Regierung über von Salomon auf sich nahm.

Über alle obenerwähnten Fragen schrieb Gen. Funk eine ausführliche Erklärung, welche sich unter seinen persönlichen Dokumenten befindet. Die Tatsache, die Münzenberg mitteilte, wurde nicht untersucht.

auf Grund der persönlichen Materialien
Priworodtskaja:

Quelle: N 82 / 11646, I Bl. 66–70.

Dokument 37

Brief Florins an die Kaderabteilung

Brief des Vorsitzenden der Internationalen Kontrollkommission der Komintern Wilhelm Florin an die Kaderabteilung, die ihre Untersuchungen gegen Herbert Wehner weiter betreibt.

7. Juli 1939 *Streng vertraulich*

Betrifft: Genossen Funk

Auf Ersuchen der Kader-Abteilung äußere ich mich zu dem vorliegenden Material bei der Kaderabteilung.

1) Ich habe Genossen Funk kennengelernt, als er beim Z.K. gewissermaßen der Leiter des technischen Büros war. Genosse Thälmann äußerte sich gut über seine Arbeit. Ich selbst hatte keinen Einblick. Nach Aufrichtung der Hitlerdiktatur behielt Funk noch weiter die Leitung von Teilen des Apparates. Er unterstand Genossen Ulbricht. Es sind damals im Apparat des ZK manche Sachen vor sich gegangen, die heute noch nicht ganz geklärt sind. Es ist auch von der Parteiführung niemals ernst der Versuch unternommen worden, die Dinge alle im einzelnen aufzuklären. So erschien z. b. in einer Broschüre der Faschisten die Abschrift eines vertraulichen Briefes von Funk, der nur an drei Genossen gerichtet war. Wie der Brief in die Hände der Gestapo gekommen ist, können wir von der IKK., die im Zusammenhang mit der Untersuchung gegen eine Sekretärin Trude darauf gestoßen ist, vorläufig noch nicht sagen. Genosse Funk war noch sehr lange im Lande, gerade in jener Zeit, wo der Gestapo nicht wenig Material des ZK in die Hände gefallen ist, worüber noch keine Klarheit besteht, so die Liste des Z.K. – so Protokolle des ZKK – so Reden von ZK Sitzungen – so Abschriften von Briefen an die KI (Piatnitzki). Alles das ist noch nicht aufgeklärt. Wir versuchen, von der IKK das

Verfahren gegen die Sekretärin Trude ausnutzen, um immer tiefer in die Angelegenheit einzudringen. Ich muß sagen, wir sind aber bisher keineswegs dazu gekommen, Anhaltspunkte für einen begründeten Verdacht gegen Genossen Funk gefunden zu haben. Wir haben die Absicht, von der IKK aus Genossen Funk zu ersuchen, einige Fälle aufklären zu helfen. Genosse Funk hat ein *ausgezeichnetes Gedächtnis*, er kennt viele Einzelheiten besser als jedes andere Mitglied der Parteiführung und er hat der IKK schon geholfen in einigen Fällen ein klares Bild zu bekommen.

2) Was die Anschuldigungen gegen Funk aus der Zeit seiner Tätigkeit im Saargebiet betrifft, so weiß ich nicht mehr, als ich auch erst in Moskau 1935/36 hörte. Ich war nicht mit in der Untersuchungskommission und habe auch niemals die Einzelheiten so gehört, wie ich es jetzt im Material der Kaderabteilung gelesen habe. Manches davon wäre aber immer noch möglich, genau zu prüfen. Es gibt einige Genossen, zwar nicht hier in Moskau, die damals an der Saar waren, die darüber sicherlich etwas wissen müßten. Das genaue Urteil der Untersuchungskommission ist mir nicht bekannt. So viel ich weiß, hat Genosse Pieck damals berichtet, daß kein Grund vorläge, Funk kein Vertrauen zu schenken.

3) Seit Genosse Funk in Moskau ist, habe ich bei den Besprechungen über deutsche Fragen stets einen guten Eindruck über seine politische Stellungnahme gehabt – konsequent im Kampf gegen den deutschen Imperialismus, gegen die Unterdrückung der tschechischen und österreichischen Nation – gegen den großdeutschen Chauvinismus und vieles mehr. Wenn ich aus diesem seinem politischen Verhalten Schlußfolgerungen ziehen sollte, muß ich sagen, daß man ihm vertrauen kann.

4) Genosse Funk ist von den Anarchisten zu uns gekommen. Der Anarchismus hatte in diesem jungen Menschen, der noch dazu kein Arbeiter, sondern ein Angestellter war, manchen [Fehler] eingepflanzt, von dem er sich sicherlich lange nicht ganz frei machen konnte. Auch heute zeigt er noch Spuren eines In-

dividualisten. Aber, da er noch jung ist, kann um so leichter eine bolschewistische Erziehung ihn von Überresten kleinbürgerlich-individualistischen Verhaltens befreien.

Florin

Quelle: ZAD N 82/11 646, Bl. 128–129.

Dokument 38

Mitteilung Wehners an die Kaderabteilung

Mitteilung von Herbert Wehner an die Kaderabteilung, in der er zu ihm vorliegenden «Charakteristiken» von Mitgliedern der linkssozialdemokratischen Gruppe «Neu Beginnen»[215] *Stellung nimmt. Wehner wendet sich zugleich – wie in der stalinistischen Publizistik üblich – gegen die «kleinbürgerlichen Methoden und Maßstäbe» der Psychoanalyse.*

2. Ex. *Vertraulich!*
7.7.39

Betrifft:
Charakteristiken von «NB»-Leuten.[216]

Ohne die Gründe zu kennen, die den Anlaß zur Anforderung dieser Charakteristiken gegeben haben, möchte ich zu den Charakteristiken – wie sie mir vorliegen – einige Bemerkungen machen.

Allgemein ist zu dieser Art von Charakteristiken zu sagen, daß sie sich nicht auf konkrete Tatsachen, nicht auf beweisbare Äußerungen, Handlungen und Stellungnahmen der betreffenden Leute stützen, sondern auf gewissermaßen «psycho-analytische» Kombinationen. Es ist in diesen Charakteristiken so viel von «Minderwertigkeitskomplexen», «Übertönungen», «Überfremdungsangst» u. s. w. die Rede, daß ich die Frage stellen möchte, ob die Genossen, die diese Charakteristiken hergestellt oder akzeptiert haben, der Meinung sind, in diesem Zweig unserer Arbeit könne

[215] Benannt nach der 1933 von Walter Loewenheim (Miles) verfaßten Programmschrift «Neubeginnen».

[216] Auf die Benennung der durch Zahlen chiffrierten Namen wurde hier verzichtet. Bei dem «unter 1 genannten 1, dessen Name 2 ist», handelt es sich wahrscheinlich um Karl Frank.

man auf Marxismus verzichten und sich einer bürgerlichen «Psycho-Analyse» oder «Seelenforschung» bedienen.

Mir erscheint die Feststellung dieser ganz eigenartigen Untersuchungsmethode, als deren Ausdruck ich die Charakteristiken ansehe, so ernst, daß ich in aller Form und ganz entschieden um Aufklärung dieser Sache bitte.

Es würde zu weit führen, wollte ich hier die schädlichen Konsequenzen einer solchen eigenartigen Untersuchungsweise ausführlich darlegen. Ich möchte aber feststellen, daß die «Seelenforschung», die mit kleinbürgerlichen Methoden und Maßstäben arbeitet, m. E. einer alten, überwundenen und beiseite geworfenen «Apparat»-Ideologie entspricht. Lassen wir uns bei der Bewertung von Personen von derart unklaren Charakteristiken leiten, legen wir solche «psychologische» Maßstäbe an, so werden wir Tür und Tor für trotzkistische Tendenzen öffnen.

Es ist möglich, und ich muß annehmen, daß die Verfasser die – Absicht haben, der Partei ehrlich zu helfen; das darf das ZK aber nicht davon abhalten, diese Genossen auf die gefährlichen und schädlichen Konsequenzen solcher «psycho-analytischer» Versuche aufmerksam zu machen. Auch auf diesem Gebiet unserer Arbeit brauchen wir eine ernste Anwendung der bolschewistischen Prinzipien. Für den Kampf gegen Verräter usw., ist die in vorliegenden Charakteristiken angewandte Methode überaus gefährlich, weil sie dazu führt, den Verräter in einer Weise zu «analysieren», die dazu führen wird, daß man ihn «versteht» usw. – Wie gesagt: ich habe keine Veranlassung, anzunehmen, daß die Genossen, die diese Charakteristiken angefertigt haben, bewußt handelten. Wir sollten sie aber dazu bringen, daß sie sich der Konsequenzen einer so fehlerhaften Methode bewußt werden. Es geht mir nicht darum, psychologische Momente ausschalten zu wollen oder für ihr Außerachtlassen einzutreten. Es geht mir aber darum, ein «Psychologisieren» zu verhüten, und es dort, wo es eingerissen ist, zu liquidieren. Deshalb habe ich diese Bemerkungen aus Anlaß der Charakteristiken gemacht.

Als besonders auffälliges Beispiel zur Unterstreichung seiner

Hinweise verweise ich auf die Charakteristik 2, in der es heißt: «1 ist die personifizierte Bequemlichkeit, ist geübter Routinier am Schreibtisch, hat Geltungsbedürfnisse aus Minderwertigkeits-Komplexen des jüdischen Mittelständlers heraus» usw.

Zu den einzelnen Charakteristiken meine ich: Der unter 1 genannte 1, dessen Name 2 ist, war nicht Abgeordneter. Das nur als sachliche Richtigstellung. Er ging nicht «etwa 1931 zu den Versöhnlern», sondern gehörte in der Zeit des innerparteilichen Kampfes als aktiver Versöhnler zu dieser Fraktion, d. h. vor allem 1928. Sein Bild wäre ganz unvollständig, wollte man vergessen, daß er 1923 Brandlerist war, und wir würden ihn auch dann noch nicht richtig charakterisieren, wenn wir nicht festhalten würden, daß er immer versucht hat, noch rechtzeitig von den Fraktionen wegzukommen, denen er als Aktivist (gegen die Partei) angehörte, um sich nicht isolieren zu lassen. Er hat in der Partei nicht die Rolle eines Menschen mit «Husarencharakter» gespielt, sondern eines fraktionellen Elementes, das schließlich bei der SPD landete. Bei der *SAP* war er nicht. Von der SPD aus hat er den gemeinsten Kampf gegen die KPD fortgeführt. Seine Verbindung zu Kommunisten hat er immer nur zur Zersetzung der KPD auszunutzen versucht. Er profitierte von seiner früheren Fraktionstätigkeit in der KPD auch insofern, als er durch «alte Bekannte» manche für ihn wertvolle Nachrichten erhielt, – und wohl noch erhält. Zum Beispiel nutzte er Beziehungen zu Gerhardt[217] in dieser Weise aus.

Der Versuch, 1 als «bequem» und «schwankend», oder als «beständiger geworden» zu charakterisieren, halte ich für sehr falsch. Er ist ein bewußt politisch handelnder Mensch, den man *so* nicht «erklären» kann.

Der unter 2 genannte 1 hat 1933 nicht aus «Reformismus und Bequemlichkeit» mit Hitler «geliebäugelt». Vielmehr reiste er 1933 nach Kopenhagen, um die ausländischen sozialdemokrati-

[217] Gerhart Eisler.

schen Parteien aufzufordern, nicht so scharf und so viel über den Terror des Hitlerregimes zu schreiben, um die Lage der deutschen Sozialdemokratie nicht zu erschweren. Es handelt sich also um einen ganz bewußten politischen Schritt, den der 1 als Mitglied des PV der SPD ausführte.

In dieser Charakteristik sind die Beziehungen von 1 zu Lovestone[218] vergessen.

Die Schwankungen des 1 kann man in der Weise, wie es hier geschieht, nicht erklären.

Der unter 3 genannte 1, dessen Name 2 ist, gehörte zu den Versöhnlern in der KPD. Es sollte nicht vergessen sein, daß der unter 1 genannte 1 oder unter 3 genannte 1 zu jenem Teil der Versöhnler gehörten, die in der SPD mit gehässigen persönlichen Verunglimpfungen gegen die KPD kämpften. Ich erinnere an die Broschüre des Hans Pütz gegen den Genossen Thälmann. Ich erinnere auch an Rodin, der diesem Kreis angehörte.

Es ist nicht richtig, daß der unter 3 genannte 1 «weltfremd» wäre. Richtig ist, daß er ein sehr geschickter Journalist ist, daß er eine scharfe Stellung gegen die SU eingenommen hat, (wie er jetzt steht, weiß ich nicht), und daß er in London allerhand Verbindungen hatte, die nicht von «Weltfremdheit» zeugen, sondern von einer gewissen Aktivität *besonders* gegen die Kommunisten. Der unter 8 genannte 1 hat, oder hatte zumindest, enge Beziehungen zu leitenden CGT-Leuten. Er schrieb für die reformistische Wochenschrift. Er hatte Beziehungen zum Kreis um Blum und hatte auch Beziehungen (offenbar sehr enge) zu Menschewiken, z. B. zu Abramowitsch.

Die hier gegebene Charakteristik ist ganz verfehlt, weil sie oberflächlich den unter 8 genannten 1 als «Streber» und Menschen abtut, der «nie Zeit» habe. Er ist im Gegenteil äußerst ruhig und tätig. Er hält viele wichtige persönliche Auslandsbeziehungen, und er ist durchaus reaktionär. Er gehört zu den wenigen Leuten

[218] Jay Lovestone, nach der Linkswendung der Komintern 1928 als Generalsekretär der KP der USA ausgeschlossen.

der leitenden Clique von «NB», die früher nicht in der KPD waren. Aber er ist eng mit trotzkistischen SAP-Leuten verbunden und betreibt seine Politik konsequent gegen die Kommunisten.

Bei der unter 7 genannten 1 handelt es sich meines Wissens um eine Frau mit Beziehungen auch zu Kreisen der Großbourgeoisie. Sehr dumm ist die Bemerkung, sie sei ohne Initiative und Fleiß. Wenn es die Frau ist, die ich unter der hier charakterisierten kenne, dann entwickelt sie immerhin genügend Fleiß, um uns zu schaden. Ganz und gar nicht verstehe ich, wie man bei einer Charakteristik so leicht über ihre Tätigkeit in der Kostufra[219] weggehen kann. Gerade über diese Frau sollten wir versuchen, ein klares Bild zu bekommen.

Abschließend: Im Vorstehenden habe ich mich darauf beschränkt, einige Richtigstellungen zu machen. Wenn wir diese Sache ernst anfassen würden, käme noch manches dazu, das festgehalten werden müßte. Aber schon die Bemerkungen, die ich hier niedergeschrieben habe, zwingen m. E. zu der Frage: Warum gehen Genossen, die mit der Charakterisierung solcher Personen beauftragt sind, so leichtfertig vor? – Wir dürfen das, im Interesse unseres Kampfes in Deutschland, nicht zulassen.

Kurt Funk.

Quelle: ZAD N 82/11646 I, Bl. 259–263.

[219] Kommunistische Studentenfraktion.

Dokument 39

Charakteristiken von Wehner für die Kaderabteilung

Vertraulich[220]

7.7.39

An die Kaderabteilung
Werte Genossen

In der folgenden Niederschrift will ich versuchen, das, was zur Charakteristik von Genossen eventuell dienlich sein kann, mitzuteilen. Dabei bin ich mir von vornherein der Grenzen bewußt, die einem solchen Versuch von vornherein gesteckt sind, und ich weiß auch, daß meine persönlichen Erfahrungen und Meinungen unter Umständen durch Tatsachen, die mir unbekannt sind, oder die ich nicht richtig sehe, widerlegt werden könnten. Ich verstehe aber die Anfrage so, daß es sich darum handelt, Erfahrungen, die ich mit diesen Genossen gemacht habe, und Meinungen, die daraus resultieren, kennen zu lernen, um sie mitzuverwerten. So bitte ich also, diese Niederschrift aus zu beurteilen.
1) [Franz Dahlem[221]] Ihn kenne ich aus verschiedenen Zeiten und

[220] Handschriftlich von Wehner.

[221] Franz Dahlem, 1920 KPD, Redakteur der Inprekorr (Internationalen Pressekorrespondenz), 1923 Oberberater des ZK der KPD, Pol.-Leiter in Thüringen, 1925 bis 1929 Leiter der Organisationsabteilung des ZK, 1927 ZK-Mitglied und Mitglied des Politbüros, Reichstagsabgeordneter, 1931/1932 Reichsleiter der RGO, als «Neumann-Anhänger» Ende 1932 gemaßregelt, Mitte 1932 bis Mai 1933 erneut Leiter der Organisationsabteilung beim ZK, Mai 1933 Emigration Paris und Prag, anfangs mit Schulte/Schubert gegen Ulbricht/Pieck verbündet. 1935 operative Auslandsleitung, Mitwirkung im Lutetia-Kreis zur Vorbereitung einer deutschen Volksfront, in Spanien Mit-

verschiedenen Arbeitsgebieten. Das erste Mal hatte ich 1928 mit ihm zu tun, allerdings sehr kurz. Damals hatte ich Mitteilungen über den Kampf gegen die Brandleristen in unserem Bezirk und in der Leitung der Roten Hilfe an ihn zu geben.

Mir war damals bekannt, daß er von der Leitung der Partei aus mit diesem Komplex zu tun hatte.

Während meiner Tätigkeit in der Org-Abteilung des ZK und für das Sekretariat des ZK hatte ich natürlich oft mit dem Genossen 1 [Dahlem] zu tun. Damals gewann ich folgenden Eindruck: 1 ist ein Genosse, der sehr intensiv und sehr aktiv auf dem Gebiete der Organisationsarbeit tätig ist und sehr interessiert an der Lösung organisatorischer Parteifragen ist. Gleichzeitig neigte er damals zu Überspitzungen, gerade auch auf organisatorischem Gebiet. In Erinnerung ist mir z. B. die mit seiner Initiative zustandegekommene Aufstellung von Sturmplänen für Streiks und andere Tätigkeitsgebiete der RGO. Wenn diese Überspitzungen zum Teil auch in damals allgemeinen sektiererischen Fehlern der Partei begründet lagen, so sind sie doch zum Teil auch auf seine persönliche Neigungen zu Überspitzungen zurückzuführen. Es ist bekannt, daß 1 einer ganzen Reihe politischer Schwankungen unterlegen ist. Mir gegenüber hat er einige Male betont, daß er nie daran gedacht habe, poli-

glied der Zentralen Politischen Kommission der Internationalen Brigaden, 1938 Leiter des Pariser ZK-Sekretariats, stellte sich 1939 den französischen Behörden, Internierung in Le Vernet, wandte sich gegen die offizielle Komintern- und KPD-Linie, von der Moskauer KPD-Führung scharf kritisiert und suspendiert, Auslieferung nach Deutschland, Gestapo- und KZ-Haft, 1945 Leiter der Organisations- und Kaderabteilung der KPD, Mitglied des Politbüros, 1952/53 wegen seiner «kapitulantenhaften Haltung» im Jahre 1939, als «Westemigrant» und potentieller Rivale Ulbrichts von allen Funktionen abgelöst, sollte zusammen mit Paul Merker als Hauptangeklagter in einem Schauprozeß fungieren, 1956 «rehabilitiert», stellvertr. Staatssekretär. Vgl. auch Franz Dahlem: Am Vorabend des Zweiten Weltkrieges, Erinnerungen. Berlin 1977 u. 1978. Vgl. auch das abweichende «Vertrauliche Archivmanuskript» dieser Erinnerungen IfGA/ZPA NL 72/115.

tisch mit Neumann zu gehen. Er habe vielmehr auch in der damaligen Zeit, in der er faktisch Neumann unterstützte, eigentlich um etwas ganz anderes gekämpft: vor allem um Kollektivität in der Führung. Es handelt sich aber bei dieser Schwankung nicht um die erste. Bekannt ist seine Haltung 1920/21. Ich hatte 1932 den Eindruck, daß Genosse 1 sich sehr aktiv in die ihm damals zugewiesenen Arbeit hineinwühlt, um zu beweisen, daß er positiv und ergeben zur Partei steht.

Ich habe später nochmals Gelegenheit, zu sehen, wie Genosse 1 an einer innerparteilichen Gruppierung teilnahm. Er hat im Jahre 1934, bis Anfang 1935 geradezu erbittert mit Schubert (Richter) gemeinsam gekämpft. Ich hatte damals den Eindruck, daß er sehr entschieden für seinen damaligen Standpunkt eintrat. Als ich ihn 1935, unmittelbar nach der Januarberatung, wieder traf, machte er den Eindruck eines Genossen, der innerparteilich abgerüstet hat und im Begriffe ist, mit ganzer Energie die Überreste des Gruppenwesens und des Fraktionismus in der Partei auszurotten. Eine andere negative Eigenschaft, die mir aufgefallen ist, ist seine Unbeständigkeit im Urteil über Personen. Zum Teil hängt diese Neigung mit einer Art von Praktizismus zusammen, der immer wieder politisch begründete Urteile über Personen über den Haufen zu werfen geneigt ist. Diese Unbeständigkeit im Urteil über Personen möchte ich an einigen Beispielen charakterisieren: obwohl Genosse 1 durch eine Reihe von Erfahrungen, durch die Brüsseler Konferenz und durch die damit zusammenhängenden und nachfolgenden Untersuchungen ein negatives Urteil über die Arbeit des «Apparats» hatte, wie wir anderen auch, neigte er 1936 zu gewissen liberalen Entschuldigungen gegenüber einzelnen Mitarbeitern dieses Apparates. Er ließ sich meines Erachtens zu sehr von persönlichen Einzelleistungen blenden. Ein weiteres Beispiel: 1934 lernte er im Lande den Genossen 13 [Otto Wahls] als einen Menschen kennen, den er selbst in einem Brief als Hochstapler bezeichnete. Das hat ihn leider nicht gehindert, diesen Genossen, der sich schwere Verfehlungen zu schulden kommen ließ, später wieder zu decken. Es ist nicht so, daß der Genosse 1 damit die Verfehlungen der Betreffenden deckte, sondern meines Erachtens so, daß er sie allzu schnell vergaß.

In diesem Zusammenhang möchte ich erwähnen, daß Genosse 1 mitunter geneigt ist, geschickt aufgemachte Bluffs für voll zu nehmen, woraus sich in der Politik mitunter harte Meinungsverschiedenheiten ergeben haben. Das war z. B. der Fall bei der Beurteilung mancher Kundgebungen von bürgerlichen und anderen Persönlichkeiten in der Emigration.

Es handelt sich bei alledem meiner Meinung nach um Schwächen, die in einem starken Kollektiv keinen Schaden anzurichten vermögen, wenn das Kollektiv imstande ist, die vielen starken positiven Eigenschaften, die vor allem auf dem Gebiete der Organisationsfragen und der praktischen Massenarbeit liegen, richtig einzusetzen.

2) [Paul Merker] Während meiner Tätigkeit als Gewerkschaftssekretär der Bezirksleitung Sachsen hatte ich verschiedentlich mit dem Genossen 2 [Paul Merker] zu tun. Später habe ich mit ihm in der Parteileitung zusammengearbeitet. Es ist hier wohl nicht nötig, die Vorgänge des Jahres 1930, bei denen er aus der damaligen Arbeit entfernt wurde, zu rekapitulieren. In der praktischen Arbeit habe ich ihn damals, d. h. vor allem in den Jahren 1928–1930 als einen sehr erfahrenen Gewerkschaftsarbeiter kennengelernt, der auf diesem Gebiet auch große theoretische Fähigkeiten entwickelte. Er entfaltete eine starke Initiative. Bei alledem neigt Genosse 2 aber auch auf seinem eigentlichen Arbeitsgebiet zu starren, schematisierenden Festlegungen. So sehr sein Blickfeld durch die Tätigkeit in a [USA] erweitert worden ist, bricht diese Neigung doch mitunter wieder durch. Z. B. habe ich den Eindruck gehabt, daß die bekannten kürzlichen Vorgänge im Betrieb Rheinmetall von ihm in einer Weise eingeschätzt wurden, die stark an frühere starre Thesen erinnerte, etwa an die Thesen über Opel.

Während der Tätigkeit in der illegalen Periode habe ich die

Erfahrung gemacht, daß Genosse 2 zeitweilig unsicher und leichtgläubig in Personenfragen ist. Z. B. zog er, in dem Bestreben, eine möglichst intensive Betriebsarbeit in Berlin zu leisten, 1936 einen gewissen 14 [Ali Weiß] heran, gegen den von verschiedenen ernst zu nehmenden Genossen berechtigte Einwände gemacht wurden. Es handelt sich dabei nicht um einen Einzelfall.

3) [Paul Bertz] Diesen Genossen kenne ich aus der Gewerkschaftsarbeit in den Jahren bis 1932 und weiß aus manchen konkreten Erfahrungen heraus, daß er eine starke Neigung zu sektiererischen Einschätzungen hatte. Meines Erachtens ist es aber notwendig, besonders hervorzuheben, daß der Genosse 3 [Paul Bertz] diese sektiererischen Auffassungen, wenn er sie einmal hatte, offen und ehrlich vertrat. Das führte z. B. 1932 zu seinem Ausscheiden aus leitender Tätigkeit im Reichskomitee der RGO.

Während der Illegalität habe ich den Genossen als einen Mann von großer persönlicher Tapferkeit und tiefer Diszipliniertheit kennengelernt. In seiner Tätigkeit als b [Revisor] und später in C [Hamburg] hat er mit großer Strenge für Sauberkeit im Parteileben und gegen die Ansätze zu fraktioneller Arbeit gekämpft. In D [Westdeutschland] war er einige Zeit tätig und entwickelte dort eine solide politische Arbeit.

1934 hatte ich mit ihm einen Zusammenstoß, bei dem er politisch Unrecht hatte. Er verteidigte damals politische Thesen der Berliner Bezirksleitung, die falsch waren und einen Rückfall in eine absolut sektiererische Stellungnahme gegenüber der Sozialdemokratie darstellte. Genosse 3 war damals von seinem Standpunkt nicht abzubringen.

Die Arbeit, die er an verschiedenen Grenzstellen leistete, muß sehr positiv eingeschätzt werden. Allerdings wurde sie beeinträchtigt durch eine gewisse Enge in der Erfassung neuer politischer Sachlagen und durch eine stark ausgeprägte persönliche Nachträglichkeit des Genossen gegenüber anderen Genossen. Damit paart sich eine außerordentliche Empfindlichkeit gegenüber Kritik, auch gegenüber berechtigter Kritik. Die Streitigkeiten, die Genosse 3 [Paul Bertz] seit einiger Zeit mit dem Genossen 6 [Siegfried Rädel] hat, beruhen meines Erachtens auf irrtümlichen Auffassungen des Genossen 3, von denen er aber nicht abzubringen ist. Zu diesen Auffassungen gehört z. B. die Meinung, der Genosse 6 habe ihn 1936 von einer Grenzstelle verdrängt, obwohl das durchaus nicht der Fall ist und obwohl die Versetzung des Genossen 3 nach einer anderen Grenzstelle damals einer sehr bedeutenden Erweiterung seines politischen Wirkungskreises gleichkam. 3 wurde damals an die für uns wichtigste Stelle geschickt.

Funk [Unterschrift]

...[222]

5) [Karl Mewis[223]] Diesen Genossen kenne ich aus seiner Tätigkeit als Orgsekretär im Bezirk Magdeburg. 1930 war ich mit ihm zusammen auf einem zweiwöchigen Lehrgang der Orgsekretäre der KPD. Genosse 5 [Karl Mewis] war ein junger und sehr aktiver Genosse, der allerdings damals noch nicht den Aufgaben voll gewachsen war, die an ihn in seiner Funktion

[222] Die Charakteristik Anton Ackermanns liegt nicht vor.

[223] Karl Mewis, KPD 1924, seit 1927 Redakteur, 1930 bis 1932 Organisationsleiter im Bezirk Magdeburg-Anhalt, 1932 bis 1934 Lenin-Schule in Moskau, 1935 Pol.-Leiter im Bezirk Niederrhein, 1935 Wahl zum Kandidaten des ZK der KPD, illegaler Widerstand in Hamburg, Prag, dann Abschnittsleitung Nord in Kopenhagen, über Paris nach Spanien, Zentrale Politische Kommission der Internationalen Brigaden, Zusammenarbeit mit Erich Mielke und Arthur Illner, 1938 Kopenhagen, in Stockholm Abschnittsleiter der KPD, November 1939 zur Berichterstattung nach Moskau, Auflösung der Abschnittsleitung und Bildung der «Hilfsstelle» des Politbüros in Stockholm zusammen mit Arthur Illner, 1941 durch Wehner überprüft, ein halbes Jahr nach Wehners Verhaftung wurde auch Mewis verhaftet, bis 1943 interniert, nach 1945 ZK-Miglied und Kandidat des Politbüros. Minister und Mitglied des Staatsrats der DDR.

gestellt wurden. Damals hatte ich den Eindruck (und später habe ich auch behalten), daß der Genosse 5 leider durch eine gewisse persönliche Eitelkeit gehindert wird, selbstkritisch an einer Überwindung seiner eigenen Schwächen mit Erfolg zu arbeiten. Er ist theoretisch sehr schwach und ich habe nie bemerkt, daß er ernste Anstrengungen gemacht hätte, sich in den Fragen des Leninismus wirklich gründlich zu schulen. Mir ist im Gegenteil aufgefallen, daß er, seit er die Schule absolviert hat, eigentlich in noch stärkerem Maße zur Selbstgefälligkeit neigt.

Soweit ich seine Arbeit in f [Hamburg] beurteilen kann, war sie schwach. Zum Teil ist dieser Mangel in der besonders mißlichen Lage von f begründet. Es kommt aber hinzu, daß er sich auch bei der Einschätzung der Arbeit in f nicht zu einer wirklichen Selbstkritik durchgerungen hat. 1936 geschah es, daß der Genosse 18 [Walter Vrigt], der seine Verbindungen in f übernahm, sofort verhaftet wurde und seitdem verschollen ist. Damals riß alles an Verbindungen ab und Genosse 5 war nicht imstande, sie wieder anzuknüpfen.

Wenn ich eine persönliche Bemerkung zu einer Arbeit[224] machen darf, für die der Genosse 5 meines Wissens vorgesehen war oder noch ist, so muß ich sagen, daß er zu dieser Arbeit auf Grund seiner geringen Praxis, seiner geringen Menschenkenntnis und der oben skizzierten Schwächen zur Zeit nicht geeignet erscheint. Denn gerade auf dem Gebiete der Menschenkenntnis und Menschen-beurteilung liegen meines Erachtens die größten Schwächen des Genossen 5.

6) [Siegfrid Rädel] Diesen Genossen kenne ich aus meinem Bezirk, wo er einer der ersten Spartakisten und 1924 Reichstagsabgeordneter war. Der Genosse ist mir immer als Beispiel eines wirklich treuen, aufopferungsbereiten und denkenden Partei-

[224] Karl Mewis wurde «Abschnittsleiter» der KPD in Stockholm. Wehner beurteilte dann im November 1939 einen geschönten Bericht von Mewis skeptisch und sollte 1941 die Tätigkeit von Mewis in Stockholm «unfamiliär» überprüfen.

arbeiter erschienen. Ich habe ihn in harten Auseinandersetzungen mit den ultralinken, den Trotzkisten, den Brandleristen und den Versöhnlern persönlich kennengelernt. Obwohl er mitunter im persönlichen Umgang als ein sehr weicher und empfindsamer Mensch erscheinen muß, hat er sich in all diesen schweren und verworrenen innerparteilichen Kämpfen bewährt. Unter seiner Leitung gehörte damals unser Bezirk zu den wenigen, die ohne jede Schwankung gegen die von den Versöhnlern durchgeführte Absetzung[225] des Genossen Thälmann den Kampf aufnahmen. Am selben Abend, als der Beschluß bekannt, wurden in einer Parteiarbeiterversammlung die Vertreter des ZK (die Genossen 2 und 19), die den Beschluß begründen wollten, scharf zurückgewiesen.

Im Jahre 1930 trug sich der Genosse 6 mit dem Entschluß, sein Abgeordnetenmandat niederzulegen, weil er mit der Erledigung der damaligen Angelegenheit[226] des Genossen 2 [Paul Merker] nicht einverstanden war.

Ich habe damals selbst dazu beigetragen, ihn von diesem Entschluß abzubringen.

In der Illegalität war Genosse 6, ungeachtet seiner durch eine Kriegsverletzung bedingten körperlichen Behinderung sehr aktiv. Er leitete eine Reihe schwieriger Arbeiten in Massenorganisationen. – Ende 1935 beschlossen wir seine Entsendung ins Ausland, nachdem er sich nicht mehr halten konnte und durch ein Zusammentreffen mit einem Verräter gefährdet war. In der Grenzstelle, in der Genosse 6 dann arbeitete, gab es im Jahre 1934 einen schweren Zwischenfall. Damals wurden mehrere Delegierte verhaftet. Es gibt hierüber Akten.

1936, nachdem er von hier wieder zur Arbeit angefordert

[225] Der Parteivorsitzende Thälmann wurde wegen der Vertuschung eines Korruptionsfalls von der Mehrheit des ZK der KPD abgesetzt und erst nach Intervention Stalins wiedereingesetzt.

[226] Paul Merker wurde im April 1930 wegen «linker» Abweichungen aus ZK und Politbüro entfernt.

war, leitete er eine andere Grenzstelle und wurde nach längerer Tätigkeit verhaftet. Nach meiner Kenntnis hat er sich damals einwandfrei benommen. Die Verhaftung war zweifellos auf das Zusammenspiel der Gestapo mit der dortigen Polizei zurückzuführen.

In seiner damaligen Arbeit fehlte es dem Genossen 6 an der notwendigen politischen Elastizität, was sich nachteilig bemerkbar machte.

Kurt Funk [Handschrift]

Quelle: ZAD N 82/11646 I, Bl. 229–232.

Der Schlüssel zu diesen chiffrierten Charakteristiken:

1) Franz Dahlem
2) Paul Merker
3) Paul Bertz
4) Ackermann (Hanisch)
5) Arndt (Mewis)
6) Siegfried Rädel

13) Wahls
a) USA
14) Ali Weiß
b) Revisor
c) Hamburg
d) Westdeutschland
15) Schehr
e) Moskau
16) Pieck
17) Frenzel
f) Hamburg
18) Bold (Walter Vrigt)
19) Lewz

Quelle: ZAD N 82/11646 I, Bl. 228.

Dokument 40

Charakteristiken Wehners von KPD-Funktionären

2 Ex./Pie.
7.7.39 *Vertraulich*

Zu den Angaben des Genossen 1.

Betrifft 2: Mir wurde 2 als Delegierter zum VII. Kongreß bekannt. Er ist meines Wissens durch Gärtner, Weber oder Arndt[227] (Delegiertennamen von drei Genossen) herangebracht worden, die mit ihm im Lande Verbindung erhielten und arbeiteten. Er hatte im KZ gesessen.

In Holland versagte 2 in der Arbeit. Er war mit Geld nicht sauber und neigte zu Unwahrheiten gegenüber der Partei. In Belgien war er nicht imstande, die ihm aufgetragene Arbeit zu erfüllen. Er wurde einem Verfahren unterworfen.

Früher (d.h. vor der Illegalität) arbeitete 2 im Kippenberger Apparat.

Er neigte zu Prahlerei und Trunk.

Betrifft 8: Über dessen Rolle im Zuchthaus hat der Genosse (der unter dieser Zahl als erster genannte Genosse) Angaben gemacht. Aus dieser ergab sich, daß 8 im Zuchthaus in schärfster Weise gegen die Partei und gegen die Beschlüsse des VII. Weltkongresses gearbeitet hat. Genosse 32 machte diese Angaben bereits 1936! Es dürfte notwendig sein, sich nochmals mit der Rolle des 8 am Beginn der Illegalität zu befassen. Er trat damals als Liquidator auf, er forderte die Auflösung von Organisationen und hat die Arbeit desorganisiert.

Betrifft 15: Der von 1 geschilderte Vorgang, der zur Verhaftung

[227] Elli Schmidt, Heinrich Wiatrek und Karl Mewis.

des Genossen 10 führte, stimmt ungefähr mit dem überein, was ich weiß. – Die Frau, mit der 15 damals zusammen war, lebt jetzt hier. Sie war nicht Parteimitglied. Aber 15 hat hier den Versuch gemacht, sie als Parteimitglied auszugeben. Meines Wissens ist er mit ihr in Berlin zusammengekommen, weil sie eine Wohnung für die Partei zur Verfügung stellte. 15 hat sich mit ihr befreundet und hat sie sofort in alle möglichen Verbindungen einzuschalten versucht. Dagegen hat die Landesleitung damals scharf protestiert. Einen schweren Zusammenstoß gab es, als 15 die Frau in eine sehr konspirative Stelle der dortigen SS-Stelle[228] schickte.

Betrifft 19: 19 [Karl Ferlemann] stammt aus dem Niederrhein[229]. Von dort kam er 1927 oder 1928 zur Schule nach hier. Dann war er stellvertretender politischer Sekretär des Bezirks Niederrhein. Von dort wurde er nach Sachsen geschickt. Er war preußischer Landtagsabgeordneter. –

Genossen, die mit ihm auf der Schule waren, schildern ihn als einen der persönlich ehrgeizigsten Menschen, als Intriganten und rücksichtslosen Karrieristen. Als Menschen mit solchen Eigenschaften habe ich ihn auch selbst kennengelernt. Er hat z. B. in Sachsen gemeinsam mit Ewald Blau[230] gegen Selbmann intrigiert, dann hat der Blau mit entfernt. 1932 gab es wieder eine sehr ernste Zuspitzung zwischen 19 und Genossen Selbmann. Damals versuchte 19 sich auch hinter Genossen Schneller zu stecken, was aber mißlang. Genosse Schneller informierte Genosse Thälmann.

In der ersten Zeit der Illegalität hat 19 brutal die Kader ins Verderben geschickt. Er beschimpfte Genossen, die als Parteiarbeiter

[228] Verbindungsabteilung der Komintern.

[229] d. i. Karl Ferlemann. In seinen *Notizen* beschreibt ihn Wehner als «jesuitischen Intriganten, der sich Schubert angeschlossen hatte». Zeugnis, 98.

[230] d. i. Karl Thoma (Ewald Blau), Mitarbeiter des M-Apparates, Archivar in der KPD, Bezirksfunktionär, fiel als Kommissar der 11. Brigade in Spanien.

um ihre Versetzung nach Orten ersuchten, wo sie weniger bekannt sind, als Feiglinge. Er hat die Verhaftung vieler Genossen auf diese Weise erleichtert. Er hat ferner etwa 80 Genossen selbstherrlich aus der Partei ausgeschlossen, weil sie in der Zeit des wildesten Terrors die tschechische Grenze überchritten hatten. Es handelte sich um Genossen, die zur Arbeit bereit waren, die aber in den kleinen Heimatorten sich nicht halten konnten. Diese Genossen verlangten, eingesetzt zu werden, aber 19 publizierte eine Liste, auf der sie als ausgeschlossen bekannt gegeben wurden.

Ende Oktober erschien 19 in Berlin und berief sich auf einen Beschluß des EKKI, daß er die Leitung im Lande übernehmen sollte. Unter Genossen, mit denen er damals zusammenkam, bezeichnete er sich als neuen «Generalsekretär der Partei». Bevor er nach Berlin kam, war er im Ausland mit H. Schubert (Richter) zusammen gewesen, für dessen fraktionelle Meinung er eintrat. Seine Hetze gegen Genossen Schehr und die Genossen in der Leitung im Lande lag auf der Linie der verleumderischen Kampagne, die damals von Jakobs, Oelsner, Wahls u. a. betrieben wurde. Nachdem Genosse Schehr erfahren hatte, daß tatsächlich ein Beschluß des EKKI vorlag, nach dem 19, 1 und Schenk die Leitung im Lande übernehmen sollten, entschloß er sich zu einer Besprechung mit 19. Vorher sollte 19 mit 31 und mir sprechen. Außerdem erwog Gen. Schehr besondere Sicherungsmaßnahmen für die Besprechung. Er besprach z. B. mit mir die Möglichkeit, die Besprechung mit 19 in einem Zimmer durchzuführen, das unbekannt sein sollte, und 19 kreuz und quer per Auto hinzuführen. Der Grund für solche Unterhaltungen zwischen dem Genossen Schehr und mir war, daß wir auf Grund der innerparteilichen Lage an die Möglichkeit des Verrats glaubten.

Entgegen den Erwartungen hat Genosse Schehr zunächst die Besprechung mit 1 durchgeführt, und zwar in einem Zimmer, das infolge vieler Besprechungen nicht mehr sehr gut erschien, und in dem er außerdem – nach den Aussagen seiner Sekretärin Schwarz und des Genossen Günther Gromulat – kurz vorher eine verdächtige Feststellung machen mußte. Hier erfolgte die Verhaftung.

19 wurde kurz danach von mir – unter sehr großen Sicherungsmaßnahmen – zu einem Treff geladen. Ich sagte ihm, daß sich alles etwas verzögere, weil eine schwierige Lage sei, weil wieder Verhaftungen seien usw.. Weil ich annehmen mußte, daß 19 zu konsequenten innerparteilichen Handlungen im Sinne seiner Stellung zu Schubert (Richter) entschlossen sei, habe ich ihm die Verhaftung des Genossen Schehr verschwiegen. Ich sagte ihm, er dürfe in den nächsten Tagen weder die Straße noch Lokale betreten, um nicht gefährdet zu werden. Damals war ich entschlossen, die in meiner Hand befindlichen Verbindungen nicht an 19 auszuliefern, sondern so schnell als möglich damit das Pol-Büro eine Entscheidung fällen zu lassen. 19 weigerte sich im übrigen, uns die in seiner Hand befindlichen Verbindungen zu den sächsischen Bezirken zu geben. (Wir haben sie nach seiner Verhaftung in monatelanger mühseliger Arbeit wieder neu aufbauen müssen.)

19 hat sich ohne unser Wissen, und entgegen der Anweisung, nicht in Lokale usw. zu gehen, in einem Lokal auf der Potsdamer Straße mit der im Bericht von 1 genannten 21 getroffen, die aus Leipzig kam. Dabei ging er hoch. Er hat aber mit der 21 auch im Gefängnis Beziehungen unterhalten. Sie besuchte ihn. In den Kreisen der sächsischen Genossen hat die 21 einen sehr schlechten Ruf wegen ihres Verhaltens in der Illegalität. Sie gilt als Verräterin. 19 hat sich vor Gericht als Feigling betragen. Im Zuchthaus Waldheim haben ihm die Genossen das vorgehalten. Er wollte das als «Taktik» erklären.

Betrifft 30: Dieser Genosse hat sich das Leben genommen. Von den Verbindungen, die er hatte und den Punkten, die er kannte, ging *nichts* hoch. Ich kannte diesen Genossen, einen Bauarbeiter, aus seiner Arbeit in Sachsen als *sehr* treu, sehr zuverlässig. Seine Familie hat sich nach seinem Tode der Gestapo gegenüber musterhaft und heldenmütig verhalten.

Betrifft 31: Die Äußerung über das Verhältnis 19 zu 27 ist möglich, um so mehr, als mit 1 manche Schwierigkeiten besprochen wurden. Es ist aber ein Irrtum, wenn 1 annimmt, 27 sollte in der Leitung im Lande sein. Er sollte ins Ausland. Genosse 28 war übrigens zu dieser Zeit schon im Ausland. Das konnte aber 1 nicht wissen.

Über den Genossen 1 habe ich im Lande, unmittelbar nach der Verhaftung und später, günstige Nachrichten gehört. Es ist ihm, infolge der Haft, gesundheitlich sehr schlecht gegangen.

7. 7. 1939 Kurt Funk

Quelle: ZAD N 82/11 1646 I, Bl. 249–253.

Dokument 41
Beurteilung von Gerhard Eisler durch Herbert Wehner

Diese Auskunft Wehners wurde von der Kaderabteilung für ein Dossier verwandt, in dem auch die Mitteilungen von Wilhelm Florin und Walter Ulbricht auftauchen. Das gesamte Dossier[231] *wurde vom Leiter Kaderabteilung Damjanow (Below) und der Mitarbeiterin Priworotskaja am 8. Juli 1939 unterzeichnet und war für Dimitroff bestimmt.*

Geheim
Informationsmaterial

Eisler, Gerhard/Gerhard

...

Gen. Funk: «Die führende Rolle Gerhards in der Gruppe der Versöhnler im Jahre 1928 ist bekannt. Seit Gerhard im Jahre 1936 erneut zur Parteiarbeit herangezogen wurde, ist er auf journalistischem Gebiet tätig. Meiner Meinung nach ist es kein Zufall, daß in Kreisen ehemaliger Versöhnler, die jetzt in der sozialistischen Partei die Gruppe «Neu Beginnen» bilden, die erneute Einbeziehung Gerhards in die Arbeit der KP als besonderes Ereignis begrüßt wurde. Ich hielt es damals und halte es noch heute für einen Fehler, daß die deutsche Parteiführung nicht bereits 1936 Schlußfolgerungen aus der Mitteilung über die «persönlichen» Kontakte Gerhards zu Karl Frank, die sie seinerzeit rechtzeitig erhalten hatte, gezogen hat. Es ist eine Tatsache, daß Gerhard den Frank über innerparteiliche Angelegenheiten informierte und daß Frank dies zur Information seiner Gruppe nutzte.

Verschiedene geheime Dokumente der Gruppe «Neu Begin-

231 RZA 495/74/135, Bl. 63–67.

nen» enthielten Mitteilungen, die bezeugten, daß die Gruppe Verbindungen mit Gerhard unterhielt, die weit über den Rahmen offizieller Beziehungen hinausgehen.

Ich persönlich habe den Eindruck, daß die «literarische» Arbeit unter der Leitung von Gerhard sehr oberflächlich ist. Meiner Meinung nach ist Gerhard ein alter routinierter Journalist, der zumindest in der Zeit, seit er wieder zur Arbeit in die KPD zurückkehrte noch immer viel von den Klamotten herumschleppt, die er schon 1928 getragen hat. Wenn das nicht so wäre, könnte ich mir nicht erklären, warum die Produkte der literarischen Arbeit der KP Deutschlands beispielsweise ständig an der Person des Gen. Thälmann vorbeigehen. Man muß einfach feststellen, daß sein Name verschwiegen wird. Zum Teil erkläre ich mir aus dieser Tatsache auch die theoretischen Fehler in der Arbeit der KP Deutschlands in letzter Zeit.

Quelle: RZA 495/74/135/ Bl. 66–67 (Übersetzung aus dem Russ.).

Dokument 42

Beurteilung von Adolf Ende, («Lex Breuer») durch Herbert Wehner

Auch diese Beurteilung ging in ein Dossier der Kaderabteilung für Dimitroff[232] ein, für das auch noch Auskünfte von Wilhelm Florin verwandt wurden.

8.7.39 Geheim

Auskunft

Breuer, Lex[233]
Aus der Mitteilung des Gen. Funk:
«Im Jahre 1928 gehörte Gen. Breuer zur Gruppe der ‹Versöhnler›, die einen Kampf gegen Gen. Thälmann führten; in dieser Zeit, aber auch später, war er nicht nur ein politischer Weggenosse, sondern auch persönlicher Freund von Hugo Eberlein[234].

Während der faschistischen Diktatur, als die Massenverhaftungen begannen, bemühte sich Breuer, ins Ausland zu kommen. Mir ist bekannt, daß beschlossen war, daß Breuer während des Reichstagsbrandprozesses eine bestimmte Aufgabe übernimmt, er wand sich jedoch heraus, indem er sich hinter der Leitung des Verbandes der Freidenker verschanzte, für die er arbeitete.

Gen. Schehr, der mir aufgetragen hatte, Breuer mit seiner Aufgabe während des Prozesses bekannt zu machen, verurteilte das Verhalten Breuers auf das schärfste. Ungefähr Ende November, also zu einer Zeit, als wir uns in Berlin in einer sehr schwierigen Lage befanden, erschien Breuer plötzlich in Berlin. Er überbrachte eine Mitteilung des Politbüros und vermutlich eine Mittei-

232 RZA 495/74/135, Bl. 56–60.
233 d. i. Adolf Ende.
234 Hugo Eberlein wurde bereits im Juli 1937 in Moskau verhaftet.

lung für den Freidenkerverband. Charakteristisch war, daß er sich während der 12 Tage seines Aufenthaltes in Berlin nur am ersten und am letzten Tag kurz mit uns traf. Wir waren der Meinung, daß er sich in der Zwischenzeit mit Frenzel[235] getroffen hat. Dafür hatten wir einzelne Signale. Das ist auch deshalb anzunehmen, weil eine andere Vertrauensperson von Eberlein – Hans Schlosser, andere Gebiete Deutschlands bereiste und die Gruppe der ‹Versöhnler› mit Material und Informationen versorgte.

Im Jahre 1934 wurde Breuer nach Saarbrücken geschickt, um dort gemeinsam mit Dietrich[236] in der ‹Deutschen Volkszeitung› zu arbeiten. Er war ein enger Freund Dietrichs und bereitete der Führung im Saargebiet viele Schwierigkeiten. Die ‹Deutsche Volkszeitung› äußerte sich damals zu einigen Fragen der Einheitsfront im Saargebiet und polemisierte dabei direkt gegen die politische Führung. Es gab darüber hinaus Schwierigkeiten, weil Dietrich und Breuer persönliche Beziehungen mit einem bekannten Feind der Partei und französischen Agenten namens Gäbelein (?) unterhielten (er war 1923 Mitglied der Partei), der von ihnen alle Parteineuigkeiten erfuhr und sie weiterverbreitete. Einige Monate sabotierte Breuer den Beschluß des Politbüros, demzufolge er zur Arbeit ins Land fahren sollte. Er fuhr nicht und brachte dafür verschiedene Ausflüchte vor. Schließlich verstauchte er sich den Fuß. Ich erinnere mich, daß festgestellt wurde, daß Breuer in gewisser Weise die Festlegungen der partei-

[235] Max Frenzel, seit 1919 KPD-Mitglied in Dresden, dann Funktionär in Berlin, als «Versöhnler» mußte er 1929 sein Landtagsmandat niederlegen, wurde aber nicht ausgeschlossen. Frenzel arbeitete nach 1933 eng mit dem von der KPD verpönten ehemaligen «Versöhnler» Karl Volk zusammen. 1934 distanzierte sich Frenzel von Versöhnlern. Er wurde 1937 verhaftet, nach Urteil des Volksgerichtshofs bis 1945 im Zuchthaus Brandenburg, dann SED-Mitglied.

[236] Paul Dietrich, KPD-Reichstagsabgeordneter, ZK-Mitglied, als «Versöhnler» 1929 aller Funktionen enthoben, Komintern-Emissär in Nordafrika, 1934 im Saargebiet, 1936 UdSSR, 1937 in Leningrad verhaftet und in Lagerhaft umgekommen.

feindlichen Konferenz der ‹Versöhnler› erfüllt, die vorsahen, die Entsendung ihrer Kader ins Land zu umgehen. Als Einzelheiten dieser Konferenz bekannt wurden, wurde er, soweit mir erinnerlich, für ein Jahr von der Parteiarbeit entfernt.

Während seines Aufenthaltes im Saargebiet unterhielt er enge Verbindungen zu Eberlein, Holm u. a. herumreisenden ‹Versöhnlern›. Über seine direkten Beziehungen zu Bela Kun erhielten wir Kenntnis, als durch Gen. Reimers die geheime Post Eberleins aufgedeckt wurde. Leider hat das damalige Politbüro diese Angelegenheit, die Eberlein, Breuer u. a. schwerer Vergehen gegen die Partei hätte überführen können, nicht vorangetrieben. Eberlein erhielt sogar die Warnung, seine Postanschrift zu ändern. Doch wir erhielten noch einmal Material, als Dietrich aus Feigheit aus dem Saargebiet davonlief und sein Arbeitsmaterial zurückließ. Die Genossen fanden dort entsprechende Briefe von verschiedenen Personen.

Als ich nach dem VII. Kongreß in Paris war, berichtete mir Breuer eines Tages, daß Münzenberg versuche, ihn an sich heranzuziehen, daß er ihm verschiedene Aufträge erteilt und gewisse Perspektiven eröffnet habe. Münzenberg hat ihm vertrauensvoll mitgeteilt, daß er – Münzenberg und Gerhard die neue Parteiführung darstellen werden.»

Seine Meinung über Breuer zusammenfassend schreibt Funk abschließend: «Breuer ist ein außerordentlich fähiger Journalist, doch seine politischen Verbindungen zum politischen Kreis um Eberlein-Ewert sind derart stark, daß er in der täglichen Arbeit unter ihrem Einfluß steht.

Zeitweilig hatte ich den Eindruck, daß er sich loyal verhält oder mehr noch, daß er vielleicht sogar auf die Linie der Partei übergeht. Aus dem gründlichen Studium der von ihm redigicrten ‹Deutschen Volkszeitung› und aus dem, worüber ich hier kurz berichtet habe, muß ich jedoch die Schlußfolgerung ziehen, daß Breuer in so starkem Maße unter fremdem Einfluß steht, daß er nicht in der Lage ist, verantwortliche Partei- und Journalistenarbeit zu leisten. Meiner Meinung nach steht er mehr unter dem

Einfluß fremder Weltanschauungen als unter dem Einfluß der Partei. Deshalb halte ich seine Arbeit in der ‹Deutschen Volkszeitung› für ‹fehlerhaft›.»

Quelle: RZA 495/74/135 Bl. 58–60 (Übersetzung aus dem Russ.).

Dokument 43

Charakteristiken Wehners für die Kaderabteilung

An die Kaderabteilung 14. Juli 1939.

Werte Genossen! Nachstehend gebe ich Ihnen noch einige Mitteilungen zur Charakteristik von Genossen. In diesen Fällen möchte ich besonders hervorheben, daß meine Bemerkungen nicht den Anspruch erheben wollen, vollständig zu sein, weil ich einige der hier angeführten Genossen nur aus relativ kurzer Zusammenarbeit oder gelegentlichem Zusammentreffen kenne. Vielleicht können aber auch diese Hinweise für eine Gesamtcharakteristik der betreffendne Genossen dienlich sein.

7) [Heinrich Wiatrek] Diesen Genossen kenne ich erst seit dem VII. Kongreß. Er war damals kurze Zeit im Lande gewesen. Genauer kannte ihn damals 20 [Hermann Nuding], der früher in dem Bezirk, in dem 7 [Heinrich Wiatrek] wohnte und Parteimitglied war, Org-Sekretär war. 20 schätzte den Genossen 7 sehr. Aber aus seinen Erzählungen war zu entnehmen, daß Genosse 7 während der innerparteilichen Auseinandersetzungen mit den Versöhnlern und Rechten bei den Versöhnlern gestanden hat. Im übrigen bezeichnete er 7 als einen Sonderling, der wenig mit Menschen umzugehen verstehe. Diesen Eindruck habe ich auch gewonnen, soweit ich mit dem Genossen 7 zu tun hatte. Er ist sehr unerfahren in der Leitung größerer Aufgaben, und daraus entspringt, beziehungsweise entsprang, eine gewisse Unsicherheit. Wenn es mir gestattet ist, eine Bemerkung bezüglich meines Eindrucks auf Grund des persönlichen Verhältnisses des Genossen 7 zu der Frau zu machen, mit der er hier in der SU zusammengelebt hat, so möchte ich darauf aufmerksam machen, daß Genosse 7 – der sehr schüchtern an die ganze Sache herangegangen ist – schließlich in ein Verhältnis

zu dieser Frau kam, von dem er mitunter persönlich sagte, es sei unerträglich. Kurz: Gegenüber befreundeten Genossen klagte und spottete er über die Frau und das Verhältnis, während er persönlich nichts tat, um es zu ändern. Diesem Verhalten entspricht auch sein Verhalten zu ihr, nachdem sie ausgereist ist; er hat sich m. W. auch dann nicht zu einem klaren Standpunkt durchsetzen können. Wie gesagt, handelt es sich bei diesem Hinweis nicht um eine politische Bewertung des Genossen. Ich habe das nur mitgeteilt, um zu zeigen, wie sich die Unsicherheit des Genossen auch mitunter so äußert, daß er in seiner Arbeit gehemmt wird. Daß eine solche Bemerkung durch die Entwicklung des Genossen ihre Grundlage verlieren kann, ist mir klar.

8) Diesen Genossen [Wilhelm Knöchel[237]] habe ich auch erst auf dem VII. Kongreß kennen gelernt. Er war früher – wie 7 – auf der Schule und hat dann für Profintern gearbeitet. Seine Fähigkeiten liegen im wesentlichen auf dem gewerkschaftlichen Gebiet, auf dem er seit der Brüsseler Konferenz auch tätig gewesen ist. Gegen Ende 1935 hatte ich die Aufgabe, ihn in seinen neuen Arbeitskreis einzuführen. Damals gab es nach kurzer Zeit erhebliche Schwierigkeiten. Sie lagen darin begründet, daß sich Genosse 8 [Wilhelm Knöchel] nicht in die Arbeit mit einem anderen Genossen einfügen konnte oder wollte. Zwischen ihm und dem anderen Genossen, der im gleichen Gebiet arbeitete, gab es damals ernste Reibungen, die einmal dazu führten, daß Genosse 8 um seine Ablösung ersuchen wollte. Mit dem Nachfolger des betreffenden Genossen in diesem Gebiet, dem Genossen 3 [Paul Bertz], hatte 8 aber auch bedeutende Zusammenstöße, die 3 auf Konto von 8 schob, und wegen der er damals einen Ausschlußantrag gegen Genossen 8 stellte. 3 beschuldigte

[237] Wilhelm Knöchel, 1923 KPD, 1932 Lenin-Schule in Moskau, 1935 nach Prag, dann nach Deutschland, Oberberater des Bezirks Wasserkante, Kandidat des ZK der KPD, 1936 Abschnittsleitung West, 1939 ZK-Mitglied, 1942 in Deutschland Versuch des Neuaufbaus der KPD, 1943 verhaftet, 1944 durch Volksgerichtshof zum Tode verurteilt.

den Genossen 8 cliquenmäßiger Treibereien gegen 3 und stützte sich dabei vor allem auf gewisse Verbindungen, die 8 in g [Amsterdam] unterhielt, von denen 3 unterrichtet sein wollte, aber nichts genaues erfahren konnte. Zweifellos hatte Genosse 3 damals überspitzt geurteilt, aber ebenso zweifellos hat 8 damals schwere Fehler gemacht, indem er mit gewissen kleinbürgerlichen und sozialdemokratischen Leuten Verkehr pflegte, dessen Charakter er vor der Partei nicht offen bekannte, und der zu eigenartigen Redereien und Gerüchtebildungen Anlaß gegeben hat. Wie diese Sache schließlich bereinigt worden ist, weiß ich nicht mehr, weil ich nicht mehr dort war. Daß sie aber überhaupt so weit kommen konnte, lag an der ein wenig zu Intrigen neigenden Eigenschaft des Genossen 8 und an einem Mangel an offener Selbstkritik. In g [Amsterdam] und h [Paris] hatte ich einige Male mit der Klärung und Bereinigung der Sache zu tun. Dabei war es immer schwierig, Genossen 8 zu wirklicher Offenheit zu bringen. Andererseits erschwerte die Haltung des Genossen 3 allerdings auch eine Überwindung des ungesunden Zustands. Zu der Zeit, in der ich mit diesen Dingen zu tun hatte, gab es jedenfalls nur zeitweise völlig normale Arbeitsverhältnisse zwischen den Genossen. Auf dem Gebiete der Gewerkschaftsarbeit, mit der 8 speziell beschäftigt war – und wohl noch ist – hat er ziemliche Fähigkeiten entwickelt. Allerdings neigt er stark zu Übertreibungen und zu kritikloser Einschätzung seiner eigenen Arbeit. Im Verhalten zu sozialdemokratischen Gewerkschaftsführern, mit denen er in seiner Arbeit zusammengekommen ist, fehlte es ihm an Ernst und sachlicher Überlegenheit, so daß er sich leicht von ihnen festlegen ließ. Die Hauptschwierigkeiten auf dem Gebiete der Arbeit ergaben sich dadurch, daß Genosse 8 keine ernsten Anstrengungen zum Aufbau der Arbeit im Lande selbst machte und sich zeitweilig in einem Netz verfing. Ich führe das hier an, weil es m. E. für die Charakteristik des Genossen nicht ohne Bedeutung ist, und weil es seine Schwächen zeigt.

9) Auch diese Genossin [Elli Schmidt] kenne ich erst seit dem VII.

Kongreß, wo sie, nach kurzer Tätigkeit im Land, ziemlich aktiv mitarbeitete. Später hatte ich mit ihr zu tun in der Zeit, als sie in i [Berlin] arbeitete, bezw. vom Ausland aus i bearbeitete. Es fehlte ihr sehr an theoretischem und politischem Wissen. Aber sie war in den Tagesfragen recht aktiv. Z. B. hat sie im Land wichtige Beziehungen zu Sozialdemokraten aufrechterhalten. Ihre damalige politische Schwäche hinderte sie zwar an einer breiteren Entfaltung der Arbeit, aber sie gab sich große Mühe. Damals mußten wir von der Leitung aus mehrfach größere Vorsicht und ernstere Beachtung konspirativer Regeln nahe legen, die sie immer wieder zu umgehen versuchte, um schneller ans Ziel zu kommen. Sie war in dieser Hinsicht ziemlich sorglos geworden.

Schlußbemerkung zu diesen drei Genossen: Meine Bemerkungen können und wollen nur ein bescheidener Beitrag zu der Charakteristik dieser drei Genossen sein, die ich zu wenig eng aus längerer Arbeit kenne, als sie wirklich beurteilen zu können. Immerhin hatte ich über zwei Jahre hindurch in längeren oder kürzeren Zwischenräumen mit ihnen zu tun. Ohne damit irgendein «Urteil» aussprechen zu wollen, möchte ich darauf aufmerksam machen, daß diese Genossen, die früher, d. h. vor ihrer Schulzeit, keine leitende Arbeit (in größeren Einheiten, z. B. Unterbezirk oder Bezirk) gemacht haben, noch verhältnismäßig stark den Stempel von «Schülern» tragen, bezw. getragen haben, als ich sie zum letzten Mal gesehen habe.

Kurt Funk [Unterschrift]

Quelle: ZAD N 82/11646 I, Bl. 221–224.

Beigefügter, von Herbert Wehner handschriftlich verfaßter Schlüssel zu diesen Charakteristiken:

7) Weber
8) Erasmus
9) Gärtner

20) Nuding (Degen)
g) Amsterdam
h) Paris
i) Berlin
3) Ioepis

Dokument 44

Charakteristiken Herbert Wehners

über Erich Glückauf, Albert Norden, Bernhard Förster

An die Kaderabteilung 14.7.39

Werte Genossen

Im folgenden Brief möchte ich Sie auf einige Bemerkungen aufmerksam machen, die ich über einige Genossen zu machen habe, die als journalistische Mitarbeiter tätig sind. Meine Bemerkungen können sich nur auf das stützen, was ich aus persönlicher Berührung mit diesen Genossen weiß, und was mir über ihre politische Vergangenheit bekannt ist. Es handelt sich also bei diesen Bemerkungen nur um Bruchstücke, die bestenfalls als Hilfsmittel zu einer Charakteristik dieser Genossen in Anspruch genommen werden können.

x) Dieser Genosse [Erich Glückauf[238]] ist seit langen Jahren als Redakteur an Parteizeitungen tätig gewesen. In Hannover gehörte er 1928 zu den Versöhnlern. Er hatte wohl auch weiter mehr persönlich geartete Beziehungen zu Genossen, die damals zu dieser Gruppe gehörten. Persönlich ist dieser Genosse ein ziemlich leichtfertiger und zur Oberflächlichkeit neigender Mensch. Im Jahre 1932 war er Chefredakteur einer der wichtigsten Parteizeitungen, der Düsseldorfer «Freiheit». Auf der Par-

[238] Erich Glückauf, 1922 KPD, Redakteur, 1927 bis 1932 Sekretär der KPD-Reichstagsfraktion, Chefredakteur der Düsseldorfer *Freiheit*, Pol.-Leiter der KPD Niederrhein, Emigration Saargebiet, Redaktion *Deutsche Volkszeitung*, 1935 Frankreich, 1936 Spanien, Chefredakteur Deutscher Freiheitssender 29,8, 1939 über Frankreich, Norwegen, Schweden, Internierung, 1944 Mitglied der Parteileitung der KPD in Schweden, 1945 SED-Funktionär, ab 1950 in der Westarbeit der SED, 1961 bis 1969 Mitglied des in der DDR befindlichen Politbüros der KPD.

teikonferenz im Oktober 1932 hat Genosse Thälmann an ihm einige grobe Flüchtigkeiten und Oberflächlichkeiten getadelt. Während der Illegalität arbeitete er in diesem Bezirk weiter. Er hat sich damals gut verhalten. Seine Lage war damals nicht leicht. Er und die mit ihm arbeitenden Genossen hatten große materielle Schwierigkeiten. Im November schickten wir ihn ins Ausland, nachdem er erklärt hatte, sich in dem Bezirk nicht mehr halten zu können. Er befand sich damals in einem so schlechten Nervenzustand, daß er im Lande nicht mehr zu verwenden war. Zum Teil lagen dafür reale Gründe vor. Später hatte ich mit ihm im Saargebiet zu tun. Dort wurde er als Redakteur eingesetzt, nachdem er sich längere Zeit in Moskau aufgehalten hatte. Auch dort litt seine Arbeit wieder unter der erwähnten Oberflächlichkeit. Hinzu kam, daß er einen für seine Arbeitsfähigkeit ungünstigen persönlichen Lebenswandel führte. Es war nicht möglich, ihn nach Saarniederlage noch beim Wiederaufbau der illegalen Parteiorganisation und bei ihrer Arbeit zu verwenden. In Prag hatte ich wieder mit ihm zu tun. Das war unmittelbar nach einem ziemlichen Mißerfolg, den er mit einer ihm aufgetragenen Arbeit in Berlin erlitten hatte. Damals wußte man lange Zeit nicht, welche Arbeit man ihm nun übertragen sollte, nachdem er in Berlin versagt hatte. Hinzu kam wieder, daß er sich, wie er das überall machte, auch in Prag mit einer Frau eingelassen hatte, die seine Arbeitsfähigkeit belastete und beeinträchtigte. Dies Mal handelte es sich um eine Frau, die als Angestellte im Büro des Trotzkisten Schlamm[239] gearbeitet hat. Genosse X war von dieser Frau nicht abzubringen. Schließlich wurde er beauftragt, von Luxemburg aus eine bestimmte Arbeit zu organisieren. Nach zwei Tagen kam bereits eine Mitteilung, daß er dort nicht arbeiten

[239] Willi Schlamm, Mitglied der KPÖ, Chefredakteur der *Roten Fahne*, 1929 Ausschluß aus der KPÖ, Publizist, 1933 nach der Verhaftung Carl von Ossietzkys bis 1934 Chefredakteur der *Neuen Weltbühne*, stand zeitweilig den ideologischen Positionen Trotzkis nahe.

könne, und er begab sich nach Belgien. Dort hat er gearbeitet und hat zeitweilig im Verkehr mit den dortigen sozialdemokratischen Emigrations- und Grenzstellen einwandfrei gearbeitet. Allerdings hat er die Frau, von der vorher die Rede war, ohne Wissen der Partei nach dort geholt. Damals wurde im Polbüro beschlossen, ihn vor die Alternative zu stellen, sich von der Frau zu trennen oder aus der Parteiarbeit ausgeschaltet zu werden. Er ging dann nach Spanien. Zusammenfassend möchte ich zum Genossen X sagen: Er ist zwar seit Jahren als Parteijournalist tätig, aber er hat im Grunde genommen seine alten Fehler, vor allem seine Leichtfertigkeit im Umgang mit Menschen, beibehalten. Leider hat er meines Wissens zu keiner Zeit ernste Anstrengungen unternommen, um sich theoretisch zu bilden und um selbstkritisch an der Überwindung seiner Fehler zu arbeiten. Er hat auch immer wieder davon profitieren können, daß er ziemlich liberal behandelt wurde.

y) Dieser Genosse [Albert Norden[240]], der aus bürgerlichen Kreisen stammt, ist gleichfalls seit vielen Jahren als Redakteur an Parteizeitungen tätig. In den Zeiten großer innerparteilicher Auseinandersetzungen war er nicht fest. Er war zeitweilig ultralinks, zeitweilig gehörte er zu den Versöhnlern. So verhielt er sich auch während der Auseinandersetzung mit Neumann. Er hatte immer ein sehr enges freundschaftliches Verhältnis zu dem Genossen Reinhardt und zu dem meines Wissens ausgeschlossenen Neumannisten Bertram. Auch ihm fehlt es, wie verschiedenen journalistisch tätigen Genossen, an einem festen theoretischen Fundament. In der letzten Zeit hat er sich auf dem Gebiet der Wirtschaftspolitik etwas spezialisiert, es fehlt

[240] Albert Norden, 1921 KPD, Redakteur, Anhänger Heinz Neumanns und deshalb als stellvertretender Chefredakteur der *Roten Fahne* 1932 abgelöst, 1933 Emigration, zumeist in Frankreich als Redakteur tätig, interniert, 1940 USA, nach Rückkehr SED-Mitglied, 1952/53 wegen jüdischer Herkunft, als Westemigrant und «Abweichler» zurückgedrängt, 1958 Mitglied des Politbüros.

ihm allerdings auch hierbei an dem notwendigen theoretischen Grundwissen.

z) Dieser Genosse [Stefan[241]] gehörte 1928 zu den Versöhnlern und wurde wegen seiner besonders aggressiven Stellung in dieser Gruppe in Hamburg aus der Partei ausgeschlossen. Nach einiger Zeit wurde er wieder aufgenommen. In der Zeit, in der ich ihn, während er im Pressedienst des ZK der KPD arbeitete, kennen lernte, war der Genosse Z in der Arbeit sehr fleißig, er wurde aber allgemein als ein politisch völlig apathischer, vielleicht sogar rückgratloser Mensch eingeschätzt. In der Zeit der Hitler-Diktatur hat er einige Zeit in der Schweiz gearbeitet, d. h. nicht auf der Linie der deutschen Parteiarbeit. Seit einiger Zeit ist er wieder journalistisch für die KPD tätig, und ich nehme die Veröffentlichungen, die ich in letzter Zeit von ihm gelesen habe, zum Anlaß, zu sagen, daß dieser Genosse offenbar nach wie vor nicht zu einer wirklich fruchtbaren und gründlichen Arbeit geeignet ist. Wahrscheinlich resultiert das aus den Umständen seiner Parteivergangenheit.

Kurt Funk

Quelle: ZAD N 82/11 646 I, Bl. 225–227.

241 Wahrscheinlich Bernhard Förster, vgl. zu seinem Lebenslauf IfGA/ZPA NL 36/544.

Dokument 45

Charakteristiken Herbert Wehners

Durch Herbert Wehner für die Kaderabteilung verfaßte «Charakteristiken» über Paul Peschke, Hans Schröter und Hermann Jakobs.

14. Juli 1939

An die Kaderabteilung!

Werte Genossen! Nachstehend noch einige Angaben über Genossen, so weit ich imstand bin, aus meiner Kenntnis dieser Genossen etwas zu ihrer Charakteristik beizutragen.

Paul Peschke: Mit ihm hatte ich hin und wieder in der Zeit zu tun, in der ich als Sekretär der BL Ostsachsen und später Sachsen die Gewerkschaftsarbeit leitete. Peschke war damals in der Gewerkschaftsabteilung des ZK tätig. Später, als ich in der Org-Abteilung des ZK und daneben auch in der Berliner Organisation arbeitete, hatte ich wieder mit ihm zu tun, während er Sekretär des EVMB (Einheitsverband der Metallarbeiter Berlin / eine unter kommunistischer Leitung stehende Gewerkschaftsorganisation) war. Peschke war ein in der Berliner Metallarbeiterschaft sehr bekannter Funktionär. Er war als kommunistischer Gewerkschafter zeitweilig ziemlich stark sektiererisch, was allerdings nicht als seine eigenste oder alleinige persönliche Schuld anzusehen ist. Der EVMB entwickelte sich jedenfalls nach einer bestimmten Zeit stark nach rückwärts. 1932 wurde die Leitung geändert, und Genosse Peschke wurde nach Moskau kommandiert. Hier hat er in der Profintern gearbeitet. Meines Wissens hat er zeitweilig auch in Wien zu tun gehabt. Mit der eigentlichen deutschen Arbeit hatte er während der Hitlerzeit nichts zu tun. In Paris kam ich wieder mit ihm zusammen, während er im dortigen Büro der RGI arbeitete. Hier übernahm ich, als er wegging, um – nach der Liquidierung dieser Stelle der RGI – wieder in die Arbeit der KPD einzutreten, eine Wohnung von ihm. Dabei mußte ich die unangenehme Feststellung machen, daß Genosse Peschke in Fragen der Konspiration offenkundig sehr weitherzig vorging. Die Wohnung diente gleichzeitig als Adresse für Post der Organisation, obwohl sie das illegale Quartier des Genossen P.[eschke] gewesen war. Da die Post aus verschiedenen Ländern ankam und wieder konspirativen Charakter trug, bedeutete das eine ganz ernste Gefährdung der Organisation und der Person. Auf diese Dinge wurde ich aufmerksam, weil auch nach dem Weggang des Genossen Peschke konspirative Briefe dort ankamen, obwohl er mir bezüglich der Sicherheit der Wohnung das Gegenteil gesagt hatte. Es gelang erst langsam, diesen Übelstand abzustellen.

Hans Schröter: Als politischer Sekretär des Bezirks Mitteldeutschland und als Reichstagsabgeordneter gehörte Schröter aktiv zur Fraktion der Versöhnler und führte den Kampf 1928. Damals wurde er von der Funktion als Sekretär entfernt und arbeitete weiterhin in der Reichstagsfraktion. Seine Beziehungen zu dem Kreis der Versöhnler wurden aber nicht unterbrochen. 1933 sollte er als Mitglied der Parteileitung in Stuttgart arbeiten. Nach kurzer Zeit aber verweigerte er aber die Arbeit, weil er sich angeblich gefährdet fühlte. Dann arbeitete er im internationalen Apparat Eberleins. In dieser Zeit hat er u. a. auch Verbindungen zu der Organisation in Hannover unterhalten, die sich aus alten Versöhnlern, darunter einem ausgeschlossenen Parteisekretär, gebildet hatte, und die mit der Berliner Organisation des Frenzel zusammenarbeitete. Darüber, daß Schröter Verbindungen zu dieser Organisation unterhielt und sie mit Material belieferte, wurden wir durch die Hannoveraner Parteileitung unterrichtet. Der Leitung der Partei im Auslande wurde über diese Dinge Mitteilung gemacht. Offensichtlich hat sie zwar keine radikalen Schlußfolgerungen gezogen, hat aber immerhin Schröter aus der näheren Berührung mit der deutschen Arbeit entfernt. Mir ist bekannt geworden, daß Schröter in der Zeit, in der er wartend in

Paris saß, auch mit Volk[242] – dem bekannten Organisator der parteifeindlichen «Berliner Opposition» – verkehrte und mit dessen ausgedehntem Kreis zu tun hatte. Der Financier dieser Clique, ein französischer Schlagerkomponist, hat auch Schröter unterstützt. Seit längerer Zeit befindet sich Schröter in den USA. Er ist dort mit einer Frau zusammen, deren antiparteiliche Haltung bekannt ist. Trotzdem er keinerlei Initiative zu einer im Sinne der Partei liegenden Arbeit entwickelt hat, gilt er dort noch als der «Verantwortliche».

Hermann Jakobs: Ihn führe ich hier an, weil er zur Zeit ebenfalls in den USA tätig ist. Er war früher längere Jahre hindurch Redakteur von Parteizeitungen in Berlin, Leipzig, Hamburg und war früher einige Zeit in der zentralen Leitung des Jugendverbands tätig. Dort war er meines Wissens Ruth Fischer-Mann. Er stammt aus großbürgerlichen Kreisen. Er gehörte später zu den engeren Freunden Schuberts (Richter) und hat, in der kurzen Zeit, während er in der Illegalität im Lande tätig war, ziemlich scharf fraktionell gearbeitet. Als wir ihn aus dem Lande schickten, hatte er gerade eine Verleumdungskampagne gegen den Genossen Schehr eingeleitet. – Später war er einige Zeit in der Schweiz tätig, aber nicht auf der Linie der Parteiarbeit der KPD. Hier hat er sich meines Wissens, obwohl er zur Unterstützung der journalistischen Tätigkeit nach der Schweiz geschickt worden war, in die innerparteilichen Kämpfe eingemischt und sie offenbar nach Kräften gefördert. Es handelte sich dabei um die Unterstützung des früheren ZK-Mitgliedes R. Müller. Einige Monate hindurch war Jakobs dann in London, wo er die Belieferung der dortigen Presse mit Material über die Lage und den Kampf in Deutschland organisieren sollte. Er hatte hier Beziehungen zu einer Frau, die uns erst sehr spät über gewisse parteifeindliche Verbindungen, die durch

[242] Karl Volk, seit Gründung Mitglied der KPTsch, seit 1923 KPD-Funktionär, Chefredakteur, seit 1926 Leiter des KPD-Pressedienstes, 1928 als «Versöhnler» entlassen, als führender Organisator der «Versöhnler» ständig vom KPD-Apparat verfolgt und überwacht.

ihre Wohnung gelaufen waren, und die offensichtlich zu prominenten Trotzkisten führten, Mitteilung gemacht. Von London wollte er selbst weg, weil er sich wegen Papierschwierigkeiten nicht mehr sicher fühlte. In London hat er allerdings auch die Beziehungen zu bürgerlichen Journalisten, nach uns zugegangenen Mitteilungen, nicht einwandfrei gehandhabt, indem er Geld verlangte. Bemerkenswert ist, daß in der Zeit, in der dann Paris wartete – bevor er in die USA ging – von der Stelle, bei der er aushilfsweise tätig war, verschiedene Vorstöße gegen die Politik der französischen Partei auf dem Gebiet der Volksfront ausgingen. Dort arbeitete Birkenhauer (Belfort) und ein dann als russischer «Emigrant» entlarvter Mischa, mit denen er befreundet war, und mit denen er auch solche Vorstöße organisierte.

Kurt Funk [Unterschrift]

Quelle: ZAD N 82/11646, Bl. 216–219.

Dokument 46

Brief Wehners an Pieck

Nach Abschluß des Stalin-Hitler-Paktes protestiert Wehner gegen die Stellungnahme des Pariser KPD-Sekretariats und gegen «skandalöse Publikationen» in der KPD-Presse. Da diese Publikationen dem Stalin-Hitler-Pakt nicht umstandslos zustimmen, bezeichnet Wehner sie als «Schädlingsarbeit von Lumpen, die innerhalb unseres Apparats oder der mit ihm verbundenen Apparate ihr Unwesen treiben». Wehner nutzt die «ideologische Unsicherheit» der Auslandsleitung, um für sich mehr Einflußmöglichkeiten zu fordern.

Von Kurt Funk (Wehner) [handschr.]

2. Oktober 1939

Genossen Wilhelm Pieck,
Vorsitzenden des ZK der KPD.

Verehrter Genosse Wilhelm!
Entschuldige, bitte, daß ich auf diesem ungewöhnlichen Weg einige Anliegen vorbringe und auf einige Fragen aufmerksam mache. Doch ich glaube, daß die außergewöhnlichen Verhältnisse einen solchen Schritt rechtfertigen, ja, zur Pflicht machen, und daß die schriftliche Fixierung einiger Fragen, die m. E. behandelt werden müssen, im Grunde genommen ihre mündliche Behandlung nur vereinfachen kann. Dabei gestehe ich von vornherein ganz offen, daß ich mich infolge einiger Erscheinungen im Leben und in der Arbeit unserer Partei in jüngster Zeit beunruhigt fühle. Vielleicht ist dieses Gefühl nur deshalb so stark, weil ich über manches wohl ungenügend unterrichtet bin, also nicht imstande bin, alles zu übersehen. Immerhin halte ich mich verpflichtet, auch dazu meine Meinung zum Ausdruck zu bringen, um so mehr, als es mir nicht normal erscheint, daß in einer Zeit, wie der gegenwärtigen, ein Mitglied des ZK weniger an der Herausarbeitung

der praktischen Linie der Politik der Partei teilnehmen soll und weniger Anteil an der Meinungsbildung haben soll, als ein einfaches Mitglied der Partei an irgend einer anderen Stelle.

Deshalb will ich zuerst ganz offen meine Meinung über die Stellungnahme der Parteileitung im Ausland sagen. Nach den ersten flüchtigen Veröffentlichungen in der «Deutschen Volkszeitung» zum Handelsabkommen zwischen der Sowjetunion und Deutschland und zum Nichtangriffs- und Konsultativpakt zwischen der SU. und Deutschland hat das ZK der KPD in der «Rundschau» eine Erklärung zum Pakt publiziert. Sie war so überaus oberflächlich und ärmlich, daß sie keinesfalls als eine vollwertige Stellungnahme unserer Partei zu diesem entscheidenden Ereignis betrachtet werden kann. (Hinsichtlich der ersten Veröffentlichungen in der «DVZ» möchte ich an dieser Stelle nur noch einmal auf die eigenartige Überschrift hinweisen, die über den Aufsatz zum Handelsabkommen gesetzt wurde, und die angesichts ähnlicher Vorkommnisse in der «DVZ» und in der «Die Rote Fahne» nicht als eine zufällige Entgleisung angesehen werden darf.) Inzwischen ist in der Nummer 1 der Zeitschrift «Die Welt»[243] eine Stellungnahme veröffentlicht worden, die dieser Zeitschrift vom ZK der KPD übermittelt worden ist, – wie es in der Vornotiz heißt. Diese Erklärung, die nicht auf den Charakter des Krieges eingeht, sondern die darauf hinzielt, den Nachweis zu führen, daß die Politik unserer Partei bisher richtig war und so weiter geführt wird, kann keine der vor unserer Partei stehenden Fragen klären oder der Klärung näher bringen. Sie ist im Gegenteil geeignet, die Kader, die durch sie orientiert werden sollen, in heillose Konfusion zu bringen, weil sie im krassen Widerspruch zur tatsächlichen Lage steht. Diese wenigen Äußerungen leitender Stellen unserer Partei im Ausland zeugen von einem starken Maß ideologischer Unsicherheit, wenn nicht gar von einer falschen Orientierung. So wenig ich glaube, daß im Handumdrehen eine richtige Orientierung

[243] Die Welt. Zeitschrift für Politik, Wirtschaft und Arbeiterbewegung. In Stockholm herausgegebene Wochenzeitschrift der Komintern.

erreicht werden kann, so wenig ich deshalb irgendwelche überstürzten Maßnahmen anraten will, so nachdrücklich möchte ich doch dafür eintreten, wirkliche Sicherungsmaßnahmen zu ergreifen, um nichtautorisierte «Stellungnahmen» künftig zu verhindern, vor allem aber eine richtige Stellungnahme unserer Partei an unsere Kader und an die für uns erreichbaren Kanäle zu den Massen gelangen zu lassen. Es ist mir nicht bekannt, daß derart skandalöse Publikationen, wie die der «Deutsche Informationen» über den Nichtangriffspakt zwischen der SU und Deutschland öffentlich desavouiert worden sind. Vielleicht ist es versucht worden, und es ist mir nicht bekannt, – auf jeden Fall aber müssen wir jeder derart schädlichen Publikation entgegen treten. Das um so mehr, als es sich – m. E. – in diesen Fällen wiederum nicht um Zufälligkeiten handeln kann, sondern um die Schädlingsarbeit von Lumpen, die innerhalb unseres Apparats oder der mit ihm verbundenen Apparate ihr Unwesen treiben. Das betone ich mit solcher Schärfe, weil wir – glaube ich wenigstens – viel zu lange mit der Unschädlichmachung dieser Elemente gezögert haben. Jetzt darf am allerwenigsten irgend ein Mensch, der nicht das volle Vertrauen der Partei verdient, irgendwo namens der Partei auftreten. Das ist auch angesichts der gefährlichen Agitation des sogenannten «Freiheitssenders» notwendig, gegen die wir ebenfalls im Ausland vorgehen müßten, – so lange es noch möglich ist, mindestens mit Hilfe von Organen unserer Bruderparteien.

Mir ist nur andeutungsweise, – ich möchte sagen: nur sehr andeutungsweise – bekannt geworden, daß die in Frankreich lebenden Genossen sich schwer gegen die elementarsten Regeln des Verhaltens eines Kommunisten vergangen haben sollen. Unbeschadet dessen, ob diese Andeutungen richtig sind oder nicht, glaube ich, daß es nichts schaden würde, einmal sachlich zu prüfen, inwieweit solche Schritte ihre tieferen Ursachen in grundfalschen politischen Auffassungen haben. Wir sind ja leider nicht dazu gekommen, die Diskussion, die wir über einige politische Fragen begonnen hatten, zu Ende zu führen. Ungeachtet der neuen Lage haben aber auch heute die alten Fehler oder Schwächen ihre Bedeutung, auch deshalb, weil aus ihnen neue entstehen oder entstanden sind.

Gestatte mir nun, einige Vorschläge zu machen, deren Zweck die Klärung einiger Fragen ist, durch die es erst ermöglicht oder erleichtert wird, publizistisch oder durch entsprechende Materialien die notwendige Hilfe zur Orientierung unserer Kader und der Massen zu leisten:

1.) Bezüglich des Abkommens zwischen der SU und Deutschland, das die z. Zt. wichtigste Sache ist, schlage ich vor, gründlich zu untersuchen, welche große Bedeutung die Freundschaft der SU mit Deutschland für die Zukunft des deutschen Volkes hat. Es handelt sich dabei nicht nur um einige agitatorische Schlager, die leicht zu formulieren sind, sondern um eine allseitige Prüfung, die uns die Ausarbeitung gründlicher sachlicher Argumente ermöglicht. Dabei müssen wir sorgfältig die nationalsozialistischen Argumente untersuchen, nicht um einfach gegen sie zu schreiben, sondern um auf sie einzugehen und sie überzeugend vor den Massen richtig zu stellen. (Molotow hat in seinem Referat auf dem XVIII. Parteitag gesagt: «Unsere Sowjetmenschen könnten etwa, nach Westen gewandt, sagen: ‹Warum solltet nicht auch ihr diese gewiß nicht schlechten Erfahrungen ausnutzen? Seht doch – alle diese ‚Achsen' werden bei dem ersten richtigen Graben zu krachen anfangen und vielleicht gar in Stücke fliegen. Aber so eine richtige Union der Völker, das ist nicht irgendeine hergeholte ‚Achse', das ist etwas Großes!›» Auf dieser Linie, meine ich, sollte sich unsere konkrete Argumentation bewegen.)

   Dazu gehört die Agitation und Propaganda darüber, was der Sozialismus ist. Sie müßte bemüht sein, plumpe Angriffe, die werktätige NS-Anhänger verletzen könnten, zu vermeiden, müßte vielmehr sorgfältig auf deren Meinungen, Stimmungen, Vorstellungen usw. eingehen, sie entwickeln, beantworten usw. Die NS-Presse selbst gibt z. Zt. viele Anknüpfungspunkte.

   Anknüpfungspunkte ergeben sich für uns auch aus der Kritik des Nationalsozialismus am sogenannten II. Reich, am Wilhelminismus, am Imperialismus. Darüber gibt es, abgesehen von einigen sehr interessanten und bedeutungsvollen Veröffentlichungen in der Tagespresse in letzter Zeit, eine ganze Literatur. Von dieser Seite aus können wir an die Erklärung des bekannten Satzes aus Molotows Rede über den Pakt herankommen, in dem der Vertrag als eine Wendung in der Entwicklung Europas bezeichnet worden ist. Mein Vorschlag besagt also zunächst: Untersuchung und gewissenhafte Zusammenstellung aller nationalsozialistischen Äußerungen, Argumente, Tendenzen usw., um sie zur Herausarbeitung unserer eigenen Losungen und Argumente benützen zu können, bezw. berücksichtigen zu können. Das scheint mir eine der wichtigsten Aufgaben zu sein.

2.) Notwendig ist eine gewissenhafte Prüfung und Analyse der Verbündeten der deutschen Arbeiterklasse in Deutschland selbst: der Bauern, der Werktätigen in der Stadt. Eine besondere Aufmerksamkeit verdienen die halbproletarischen Elemente in Deutschland. Wichtig ist in diesem Zusammenhang auch die nüchterne Untersuchung der Katholiken, die klassenmäßig und demnach politisch keine Einheit sind, für die aber doch gewisse gemeinsame Merkmale vorhanden sind. Unter einer gewissenhaften Prüfung verstehe ich nicht allein die Feststellungen über die materielle Lage dieser Schichten, sondern auch die nüchterne Einschätzung ihrer politischen Stellungnahme in der Vergangenheit bis in die Gegenwart, so weit wir das auf Grund von Beispielen oder Symptomen beurteilen können.

3.) Wir brauchen eine belegte Analyse der Politik der Sozialdemokratie. Sie ist um so notwendiger, als der PV. begonnen hat, im «NV»[244] «nachzuweisen», daß er seit 1933 eine konsequente Politik betrieben habe. Wir sollten dabei nicht an Äußerlichkeiten haften bleiben, sondern eine wirklich in die

[244] *Neuer Vorwärts*.

Tiefe gehende, klassenmäßige marxistisch-leninistische Analyse geben. Vielleicht hören sich diese Vorschläge zunächst etwas allzueinfach an. Dennoch denke ich, daß ihre Realisierung dazu beitragen könnte, uns ein wesentliches Stück vorwärts zu bringen. Deshalb eben hoffe und erwarte ich, daß sie besprochen werden, und daß uns diese Arbeit dazu führt, in kurzer Zeit unseren Kadern ein Maximum politischer Hilfe und Anleitung geben zu können.

Mit kommunistischem Gruß
Kurt Funk

Quelle: IfGA/ZPA NL 36/496, Bl. 100–104.

Dokument 47

Stellungnahme von Wehner und Ulbricht zum Hitler-Stalin-Pakt

Von Herbert Wehner und Walter Ulbricht gemeinsam verfaßter Entwurf eines Briefes[245] der Moskauer KPD-Führung, der die Leitungen und KPD-Funktionäre in Deutschland mit der neuen «Linie» nach Abschluß des Hitler-Stalin-Paktes vertraut machen soll. England und Frankreich werden zu «imperialistischen Kriegstreibern» erklärt und die «Taktik der Einheits- und Volksfront» könne nicht weitergeführt werden, da die sozialdemokratischen Parteien in das «Lager des englischen Imperialismus» übergegangen seien.

Brief der Parteiführung an die Leitungen und Funktionäre der KPD im Land über die Aufgaben der Partei.

21.10.39

Liebe Freunde,

in den Berichten, die uns in der letzten Zeit zugingen, sind verschiedene Fragen aufgeworfen worden, die im Artikel des Genossen Dimitroff und auch in der gemeinsamen Erklärung der Kommunistischen Parteien Deutschlands, Österreichs und der Tschechoslowakei grundsätzlich beantwortet werden. In diesem Brief an die Parteileitungen und Funktionäre im Lande wollen wir einige Aufgaben unserer Partei näher erläutern.

[245] Ob dieser Brief in dieser oder anderer Form die Adressaten erreichte, konnte nicht festgestellt werden.

1. Die Aufklärung über den Krieg

Die gegenwärtige Lage erfordert von den Kommunisten vor allem Klarheit in der Beurteilung des Krieges als eines imperialistischen Krieges und *Festigkeit* in der Widerlegung der Kriegslügen, die von den kriegführenden imperialistischen Mächten verbreitet werden. In diesem Krieg suchen die imperialistischen Mächte und ihre Agenten in der Arbeiterbewegung mit raffinierten Mitteln die werktätigen Massen irrezuführen und für ihr verbrecherisches Spiel einzufangen. Die Kommunisten können und werden immer richtig orientiert sein und die Massen richtig orientieren, wenn sie selbst fest auf dem Boden der Lehre von Marx, Engels, Lenin, Stalin stehen und wenn sie sich stets der Tatsache bewußt sind, die ihnen unermeßliche Überlegenheit verleiht: daß die UdSSR als wirtschaftliche und militärische Großmacht von ausschlaggebender Bedeutung, als der einzige Staat, der den Sozialismus verwirklicht hat, auch der einzige Staat ist, dessen Politik den Interessen der werktätigen Massen in den kapitalistischen Ländern voll und ganz gerecht wird.

Jeder Kommunist, jeder revolutionäre Arbeiter in Deutschland kann und darf darauf stolz sein, wenn er heute – in der geeigneten Form – nationalsozialistischen Werktätigen auseinandersetzen kann, daß gerade die Sowjetunion es ist, die das deutsche Volk durch den Vertrag mit Deutschland vor dem schlimmsten Krieg bewahrt hat, in den es nach den verbrecherischen Plänen der imperialistischen Reaktion gestürzt werden sollte. Jeder Kommunist soll, soviel er nur vermag, aufklärend wirken über die Entwicklung der UdSSR, von der Großen Sozialistischen Oktoberrevolution bis zum siegreichen Triumph des Sozialismus auf einem Sechstel der Erde. Jetzt ist es an der Zeit, den Nationalsozialisten und anderen Werktätigen die Augen zu öffnen, damit sie ganz verstehen, auf welcher Grundlage die SU zu ihrer Stellung als stärkste Friedensmacht gelangt ist. Die Kommunisten können und sollen ihnen berichten von der Ausrottung der kapitalistischen Ausbeuter, Unterdrücker und Kriegstreiber durch die Revolution der Arbeiter, Bauern und Soldaten, von der Verwirklichung der sozialistischen Demokratie durch die Stalinsche Verfassung, von der Errichtung einer gewaltigen sozialistischen Industrie und Landwirtschaft durch die Verwirklichung der Stalinschen Fünfjahrpläne, – von der erstmaligen Verwirklichung des vollen Selbstbestimmungsrechtes der Nationen durch den Sozialismus und der friedlichen Zusammenarbeit der Nationalitäten in der UdSSR. Das ist zur Zeit die wichtigste Aufgabe, weil ihre Erfüllung dazu beiträgt, dem in den deutschen Werktätigen – einschließlich der nationalsozialistischen – vorhandenen Haß gegen den Kapitalismus und den immer stärker werdenden Drang zur Verwirklichung des Sozialismus eine klare Richtung zu geben. Dadurch werden auch die Manöver der reaktionären Kräfte in Deutschland und die Einwirkung der reaktionären Propaganda des englischen und französischen Imperialismus durchkreuzt. Alles, was heute gegen die Sowjetunion, den mächtigen Freund des deutschen Volkes gehetzt wird, richtet sich gegen das ganze deutsche Volk! – Diese Erkenntnis wird im deutschen Volke dazu beitragen, die Versuche der anglofranzösischen Propaganda und ihrer Ableger in Deutschland zurückzuschlagen.

Festhalten an der Freundschaft mit der Sowjetunion, sie fest in den Volksmassen verwurzeln – diesen Willen haben die Kommunisten im deutschen Volk mit allen Kräften zu fördern.

Die Arbeit der Kommunisten in dieser Richtung schafft unzerstörbare Voraussetzungen für die Ablehnung und Demaskierung aller Versuche – gleichgültig von welcher imperialistischer Seite sie kommen mögen – die Volksmassen mit falschen Reden über einen «Frieden» einzufangen, der kein wirklicher Frieden ist. Wirklichen Frieden gibt es nur – das lehrt das Beispiel der Sowjetunion und lehrt täglich jeder Schritt ihrer Politik – wenn die Ursachen des kapitalistischen Krieges beseitigt sind: das kapitalistische System, die imperialistische Unterdrückung. Manche Leute lassen sich über den imperialistischen Charakter des Krieges täuschen, indem sie ihren Blick auf juristische Tüfteleien und diplomatische Manöver richten, auf die Frage, wer hat zuerst geschossen. Nicht das kann die Stellungnahme der Arbeiterklasse bestimmen. Der deutsche Faschismus hat eine Reihe von imperialistischen Aggressionen durchgeführt, wobei ihn der englische Imperialismus unterstützte, mit dem Ziel, einen Zusammenstoß zwischen Deutschland und der Sowjetunion herbeizuführen. In München glaubte sich die englische Regierung ihrem Ziele schon nahe. Auch die deutsche Aggression gegen Polen war dem englischen Imperialismus willkommen, weil er durch sie den Krieg zwischen Deutschland und der Sowjetunion zu entzünden hoffte. Diese verbrecherischen Pläne wurden dank der Friedenspolitik der Sowjetunion durchkreuzt, die einen Freundschaftspakt mit Deutschland abschloß.

Der englische Imperialismus hat seine Kriegspläne gegen die Sowjetunion nicht aufgegeben und läßt nichts unversucht, in der deutschen Bourgeoisie Kräfte für die Unterstützung seiner Pläne zu gewinnen und will durch den Krieg dem deutschen Volke eine zum Kriege gegen die Sowjetunion bereite Regierung aufzwingen. Von bürgerlicher und sozialdemokratischer Seite wird behauptet, es ginge im gegenwärtigen Krieg u. a. um die Wiederherstellung des polnischen Staates. Der englisch-französische Imperialismus will keineswegs die Unabhängigkeit des polnischen Volkes, sondern die Wiederherstellung eines polnischen Vasallenstaates als Schranke zwischen dem Sowjetvolke und dem deutschen Volke. Das würde nur ein Herd imperialistischer Kriegsprovokationen sein.

Während der englische Imperialismus die polnischen Großgrundbesitzer unterstützt und auch der deutsche Faschismus diese reaktionären Ausbeuter unterstützt, hat allein die Sowjetunion dem werktätigen Volke in den befreiten Gebieten der Westukraine und Westweißrußlands ein neues Leben gebracht. Durch die Sowjets wird der Sozialismus verwirklicht.

Wenn das englische Informationsministerium plötzlich vom Selbstbestimmungsrecht des tschechischen Volkes spricht, so ist noch in frischer Erinnerung, wie die Regierung Englands und Frankreichs die Tschechoslowakei im Interesse ihrer Kriegsprovokationen gegen die Sowjetunion preisgaben. Das tschechische, wie das österreichische Volk können ihr volles Selbstbestimmungsrecht nur erringen im gemeinsamen Kampf mit dem deutschen Volk gegen den deutschen Imperialismus, wie gegen den englischen und französischen.

Wenn der deutsche Imperialismus behauptet, seine bisherigen imperialistischen Eroberungen und seine Forderungen auf Kolonien seien berechtigt, denn Deutschland brauche «mehr Lebensraum», so wird damit versucht, die Unzufriedenheit der werktätigen Massen über die imperialistische Ausbeutung in Deutschland auf die Mühle der Aggression gegen andere Völker zu lenken. Diese imperialistische Politik brachte den deutschen Volksmassen mit der Eroberung fremder Gebiete die weitere Einschränkung ihrer Lebensmöglichkeiten und große Opfer an Gut und Blut. Andererseits veranlaßt der deutsch-sowjetische Wirtschaftsvertrag zum Nachdenken darüber, daß die Lebensinteressen des deutschen Volkes sehr wohl durch friedliche Verträge gewahrt werden könnten. Wenn das arbeitende deutsche Volk selbst über die Außenpolitik entscheiden und als Garant solcher Verträge auftreten würde. Die faschistische Propaganda behauptet, die Sowjetunion sei reich, weil sie ein großes Land ist, und versucht daraus eine Bestätigung ihrer Lebensraumtheorie abzuleiten, wir müssen demgegenüber immer wieder den Massen erklären, daß im alten großen russischen Reich das Volk bittere Not litt und daß erst durch die Sowjetmacht, durch die Beseitigung der Herrschaft der Kapitalisten und Großgrundbesitzer der Reichtum des Landes erschlossen und dem Volke dienstbar gemacht wurde.

Unsere wichtigsten Aufgaben sind also: die Enthüllung des imperialistischen Charakters des Krieges. Es gilt, die Massen für die Friedenspolitik der Sowjetunion zu gewinnen und sie davon zu überzeugen, daß ein wirklicher Frieden nur durch die Beseitigung der Ursachen des Krieges, der Herrschaft des Großkapitals herbeigeführt werden kann. Gegenüber der Expansionspolitik des Faschismus kämpfen wir für das Selbstbestimmungsrecht der vom Faschismus unterdrückten Völker und für die internationale Klassensolidarität des Proletariats im Kampfe gegen imperialistischen Krieg und für den Sozialismus. Diese internationale Solidarität muß u. a. ihren Ausdruck finden im Kampfe um die Verbrüderung der Soldaten.

2. Die Organisation des antifaschistischen Kampfes

Die Aufgabe des revolutionären Proletariats in Deutschland ist es, die Massen aus dem imperialistischen Kriege herauszuführen. Es gilt durch die kühne Kampfinitiative der Kommunisten und revolutionären Arbeiter die Massen für ihre unmittelbaren Interessen und gegen die imperialistische Kriegspolitik des deutschen Großkapitals zur Aktion zu bringen. Die Kriegszwangswirtschaft mit ihren Entbehrungen für die Werktätigen gibt den Massen täglich neuen Anlaß, dieses System als ungerecht zu empfinden und sich dagegen zur Wehr zu setzen: der ungenügende Lohn und die hohen Kriegsgewinne, die ungerechte Behandlung und die ungenügende Versorgung der Soldaten und ihrer Angehörigen, die Korruption und die Willkür der faschistischen Bürokratie, der Lebensmittel- und Rohstoffmangel, die schlechten Ersatzstoffe, die Steuergerechtigkeit, die hohen Lasten, die Unterdrückung der Volksrechte in den Gemeinden und der Mitgliederrechte in den Massenorganisationen. Insbesondere ist es notwendig, die Forderung der Freilassung Ernst Thälmanns, des Führers der deutschen Arbeiterklasse, und aller politischen Gefangenen zur Kampflosung der breitesten Massen, einschließlich der nationalsozialistischen Werktätigen zu machen. Im Vordergrund steht zunächst die Aufgabe, die Massen zu Widerstandsaktionen in den vielfältigsten Formen in Bewegung zu bringen (also nicht individuelle Sabotageakte). Der nächste Schritt ist, die Opposition zu stärken, den Aktionswillen der Massen zu wecken und die Massen an den revolutionären Kampf heranzuführen. Dabei ist es notwendig, kleine illegale Komitees aus revolutionären Arbeitern zur Organisierung des Kampfes zu bilden.

Es gilt die verschiedenen Äußerungen der Unzufriedenheit zum

Anlaß zu nehmen, den Haß gegen das kapitalistische System zu stärken. Es genügt nicht zu zeigen, welches Unglück das Hitlerregime über das deutsche Volk gebracht hat, sondern es ist notwendig, darüber hinaus zu beweisen, daß die Ursache alles dessen die Herrschaft des Großkapitals ist. Die verschärfte Ausbeutung gibt viele Möglichkeiten, die Arbeiter im Sinne der Marx'schen Lehre aufzuklären, daß so lange die Kapitalisten im Besitze der Produktionsmittel sind, die Ausbeutung immer schlimmer wird. Die angebliche staatliche Kontrolle der Wirtschaft durch den «Nationalsozialismus» gilt es als die unmittelbarste Beherrschung der Staatsmacht und der Wirtschaft durch die reaktionärsten Kräfte des Finanzkapitals zu enthüllen. Görings «Planwirtschaft» hat sich als die Organisierung des Mangels und Ersatzes erwiesen und die «Arbeitsbeschaffung» diente nicht der Befriedigung der Bedürfnisse des Volkes, sondern der Produktion von Vernichtungswerkzeugen. Die angebliche «Kontrolle der Wirtschaft» erweist sich als Kriegsnotmaßnahme, die die Wirtschaft und die Volkskraft zerstört. Wir müssen den Massen erklären, daß die in Deutschland herrschenden Trust- und Bankherren und neureichen faschistischen Funktionäre, die eine kleine Minderheit sind, das deutsche Volk in den Strudel des Krieges und des kapitalistischen Chaos gerissen hat, in der Hoffnung, auf diesem Wege die Existenz des verfaulenden kapitalistischen Systems verlängern zu können. Die im «Ruhrarbeiter» veröffentlichten Artikel über «Brauchen wir Unternehmer», oder Artikel, in denen die Kriegswirtschaft als Weg zur Beseitigung der Klassengegensätze verherrlicht wird, müssen zum Anlaß einer ständigen prinzipiellen Propaganda über die Fragen des Kapitalismus und des Sozialismus genommen werden.

Manche Parteifunktionäre und Parteiorganisationen haben sich bisher auf die Berichterstattung über die Ereignisse und auf die Flüsterpropaganda beschränkt. Das ist oft der Ausdruck der Spekulation auf die Spontanität der Entwicklung der Ereignisse. Diese opportunistische Passivität ist gegenwärtig die größte Gefahr, denn sie hindert die Arbeiterklasse, die Krise des Kapitalismus auszunützen, um die Massen im Kampfe zusammenzuschließen und an den revolutionären Kampf zum Sturze der kapitalistischen Herrschaft heranzuführen. Es ist eines Kommunisten und revolutionären Arbeiters unwürdig, in selbstzufriedener Weise die wachsende Opposition gegen den Krieg zu registrieren, statt mutig die Massenpropaganda über den imperialistischen Charakter des Krieges und seine kapitalistischen Ursachen und den Massenwiderstand zu organisieren.

3. Die Propaganda für den Sozialismus

Die Genossen und revolutionären Kader haben im allgemeinen in richtiger Weise das große Interesse der Massen für die Sowjetunion, für den Sozialismus zu einer breiten sozialistischen Propaganda ausgenützt. Im Verlaufe des imperialistischen Krieges wird der Widerspruch zwischen den «sozialistischen Versprechungen» des «Nationalsozialismus» und der großkapitalistischen Wirklichkeit der faschistischen Kriegswirtschaft immer offener sichtbar werden. Breite Massen, die früher an die «sozialistische» Demagogie des Faschismus glaubten und die enttäuscht sind über das Fortbestehen der kapitalistischen Ausbeutung und der Zinsknechtschaft, stellen die Frage nach dem Wege zum Sozialismus. Es gilt, alle antikapitalistischen Stimmungen, alle Stimmungen für den Sozialismus, in das Bett des revolutionären Kampfes für den Sozialismus und der tiefen Freundschaft zur sozialistischen Sowjetunion zu leiten. Deshalb ist es notwendig, nicht nur die sozialdemokratischen Arbeiter von Lenins und Stalins Lehren über den Imperialismus und den Kampf um den Sozialismus zu überzeugen, sondern auch die Massen der sozialdemokratischen Werktätigen für den gemeinsamen Kampf gegen die Herrschaft des Großkapitals und für den Sozialismus zu gewinnen. Diese Arbeit muß durch die Parteizellen in den Betrieben und Massenorganisationen geführt werden.

Der Sozialisierungs-«Betrug» der SPD von 1918–19 und Ergebnisse des angeblichen «deutschen Sozialismus» der NSDAP weisen die deutschen Werktätigen darauf hin, daß die Verwirklichung des Sozialismus nur möglich ist, wenn der Kapitalismus beseitigt ist. Um so wichtiger ist es, die «sozialistische» Demagogie des Nationalsozialismus zu entlarven und prinzipiell zu erklären, warum die Grundbedingung des Sozialismus die Beseitigung der Herrschaft des Großkapitals und seines Machtapparates ist. Es genügt nicht, allgemein die Losung der «Freiheit» zu propagieren, sondern es ist notwendig, die sozialistische Freiheit zu erkämpfen. Es genügt nicht mehr, von «Demokratie» zu sprechen, sondern es gilt, für die sozialistische Demokratie zu kämpfen. Angesichts des Sieges des Sozialismus in der Sowjetunion und ihrer internationalen Bedeutung als der einzigen fortschrittlichen Macht, ist die Stellung zur Sowjetunion der Maßstab dafür, wer es ernst meint mit dem Kampf um den Sozialismus und wer nicht. Der deutsch-sowjetische Pakt hat im deutschen Volke die Freundschaft zur sozialistischen Sowjetunion vertieft. Diese Freundschaft wird umso fester verankert sein, je tiefer sie im sozialistischen Sinn begründet wird.

Die Arbeiterklasse kann diese historische Aufgabe nur erfüllen, wenn sie sich leiten läßt von der einzig fortschrittlichen Theorie, von der Theorie des Marxismus-Leninismus. Deshalb ist die weiteste Verbreitung und Durcharbeitung der Geschichte der WKP (B) die vordringlichste Aufgabe. Die darin enthaltene wissenschaftliche Erklärung der Ursachen des imperialistischen Krieges und des Weges der Bolschewiki zum Siege der Sowjetmacht und des Sozialismus, gibt der Arbeiterklasse die mächtige Waffe zur Erkämpfung des Sieges über den sterbenden Kapitalismus. Wir schlagen vor, das Studium in möglichst kleinen Zirkeln durchzuführen und durch Abschreiben und Vervielfältigungen einzelner Abschnitte des Buches die weitere Verbreitung des Buches zu organisieren.

4. Die Herstellung der Aktionseinheit der Arbeiter

Der Ausbruch des Krieges, der Übergang der Parteien der II. Internationale in das Lager des englischen Imperialismus und sogenannte «demokratische» bürgerliche Richtungen auf die Seite der imperialistischen Kriegstreiber, macht die bisherige Weiterführung der Taktik der Einheits- und Volksfront unmöglich. Mit den Verrätern der deutschen Arbeiterklasse und des deutschen Volkes, mit den erbitterten Feinden der sozialistischen Sowjetunion kann es keine Gemeinschaft geben. Die verräterischen sozialdemokratischen Führer und jene sogenannten «Antifaschisten», die die Einheits- und Volksfront sabotierten, als es darum ging, den Kampf für die Erhaltung des Friedens zu führen, sie spielen sich als «Kämpfer» für die «Demokratie» auf, worunter sie die Unterdrückung der Kommunisten, die Zerstörung der Arbeiterorganisationen und die Errichtung der kapitalistisch-imperialistischen Militärdiktatur in Frankreich verstehen. Der Krieg verschärfte die Krise des Kapitalismus und stellt die Arbeiterklasse vor die historische Aufgabe der Beseitigung des Kapitalismus und der Verwirklichung des Sozialismus.

Die gegenwärtige Lage bringt eine wesentliche Veränderung im Denken der breiten Massen mit sich. Große Teile der früheren sozialdemokratischen Arbeiter und Gewerkschaftler, sowie viele katholischen Arbeiter fühlen sich enger mit der sozialistischen Sowjetunion verbunden und ihr Wille zum Kampf gegen den imperialistischen Krieg und für den Sozialismus wächst. Die sozialistischen Ideen dringen bis tief in die Reihen der Jugend und Naziwerktätigen ein. Die Gewinnung dieser breiten Kreise der Werktätigen für den gemeinsamen Kampf um den Sozialismus ist durch die Zerstörung der Grundlage der antibolschewistischen Ideologie des «Nationalsozialismus» erleichtert.

Unter diesen Bedignungen muß die Partei ihre Kraft darauf konzentrieren, die Aktionseinheit der Arbeiter herzustellen, die Sozialdemokraten, Gewerkschaftler, christliche, parteilose und nationalsozialistische Arbeiter für den gemeinsamen Kampf mit der KPD und für die sozialistische Sowjetunion zu gewinnen und die reaktionären, früheren führenden Kräfte der SPD und der früheren bürgerlichen Parteien, die auf den englischen Imperialismus spekulieren, zu isolieren, sie als Verräter zu bekämpfen. Um siegen zu können, muß sich die Arbeiterklasse mit der ihr am nächsten stehenden Kraft, die unter der Diktatur des Finanzkapitals leidet, mit der werktätigen Bauernschaft verbinden. Ohne die Heranziehung der Kleinbauern und noch breiterer Kreise der werktätigen Bauern an die Seite der Arbeiterklasse, ist der siegreiche Kampf gegen Faschismus und Kapitalismus nicht möglich. Die werktätigen Bauern, Mittelständler und die fortschrittliche Intelligenz, die 1918 und 1933 vorwiegend Reserven der Bourgeoisie bildeten, gilt es als Reserven der Arbeiterklasse zu gewinnen. Die besonderen Forderungen dieser Schichten müssen zu einem Teil der Forderungen der Arbeiterklasse werden. Alle revolutionären Kräfte müssen es als ihre Aufgabe betrachten, den Kampf der Bauern für ihre Rechte im Dorf wie in der Genossenschaft, gegen Zwangswirtschaft und die hohen Lasten (für Niederschlagung der Zins- und Pachtverpflichtungen) zu unterstützen und mitzuhelfen, feste Stützpunkte aus Landarbeitern, Halbproletariern und Kleinbauern im Dorfe zu schaffen. Es gilt anzuknüpfen an die Unzufriedenheit der Bauern über den Pachtzins und die hohen Kapitalzinsen, um sie prinzipiell darüber aufzuklären, daß die Herrschaft des Großkapitals das Unglück für die Bauern ist und ihnen nur die Herrschaft der Arbeiter und Bauern, der Sozialismus, den Boden der Grundbesitzer gibt und sie für immer von der Auswucherung durch die Kapitalisten befreit. Im Zusammenhang mit dem Mangel an Arbeitskräften und der Notwendigkeit gemeinsamer Anwendung von Maschinen gilt es die Lösung dieser Probleme in der sozialistischen Landwirtschaft zu erklären.

Die Erklärung dieser Aufgaben erfordert die systematische geduldige Arbeit in den faschistischen Massenorganisationen, insbesondere in der DAF und in den Organisationen des Reichsnährstandes. Der Umschwung, der sich bei vielen nationalsozialistischen Anhängern vollzieht, gibt die Möglichkeit größere Kreise von «nationalsozialistischen» Funktionären zu beeinflussen und für den Kampf um ein neues, ein sozialistisches Deutschland zu gewinnen.

5. *Die Organisierung des Kampfes der Jugend*

Die Bedingungen des Krieges rufen tiefe Veränderungen im Denken der Jugend hervor. Die Jugend sehnt sich nach einem neuen Deutschland und erlebt, welche Macht die alten großkapitalistischen Kräfte haben. Viele glaubten den Versprechungen über eine glückliche Zukunft und sehen jetzt den Schützengraben vor sich. Durch die Zerschlagung der antibolschewistischen Grundlage der Naziideologie sind ihre politischen Vorstellungen erschüttert. Es ist notwendig, an die vielfachen Erscheinungen der Unzufriedenheit und an die Vorstellungen der Jugendlichen anzuknüpfen, um sie an den revolutionären Kampf heranzuführen. Das große Interesse an der Hitlerjugend für den Sozialismus muß zum Anlaß genommen werden, die unklaren kleinbürgerlichen Vorstellungen über «Sozialismus» zu überwinden und ihrem sozialistischen Sehnen am Beispiel der Sowjetunion einen tiefen revolutionären Sinn zu geben. Da sich ein großer Teil der Jugend in der Armee befindet, erhalten die vielfältigen Beziehungen der Familien, der Freunde und Betriebskollegen zu den Soldaten große Bedeutung für die Erfüllung dieser Aufgaben.

Es ist notwendig, die fortgeschrittensten Teile der Arbeiter- und Bauernjugend auf der Basis des Kampfes um den Sozialismus zusammenzufassen. Die politisch am besten entwickelten Jugendgenossen sollen als Leitungen bestimmt werden und als solche aus eigener Initiative Flugblätter und illegale Zeitungen für die Jugend herausgeben. Unter den veränderten Verhältnissen und angesichts der neuen Aufgaben des Kampfes um den Sozialismus kann also die Schaffung von Jugendgruppen auf der alten Basis der Zusammenarbeit als «Freie Jugend» nicht weiter geführt werden.

6. Die Stärkung der Parteiorganisation und ihre illegalen Aufgaben

Die Erfüllung der historischen Aufgabe der deutschen Arbeiterklasse ist abhängig von der politisch-organisatorischen Stärkung der KPD. Manche Genossen beschränken sich auf die individuelle mündliche Propaganda, und haben noch nicht erkannt, daß die großen Aufgaben, die unter den Bedingungen des Krieges vor der Partei stehen, nur durch eine starke illegale Partei*organisation* erfüllt werden können. Die Zuspitzung der Ereignisse, die Linksentwicklung vieler Arbeiter, die größeren Sympathien in den werktätigen Massen für den Kampf um den Sozialismus, schaffen günstigere Bedingungen für die Stärkung der Parteiorganisation. Vor allem ist es notwendig, die Parteikader, die oft nur lose und zeitweise miteinander in Verbindung stehen, zu festen Parteizellen zusammenzuschließen und die kampferprobten Genossen als Leitungen zu bestimmen. Die opportunistische Auffassung, der Terror verhindere die Schaffung fester Parteiorganisationen, kommt dem Verzicht auf den revolutionären Kampf gleich. Genossen, die bei solchen Ereignissen wie bei Kriegsausbruch oder bei Bekanntwerden des sowjetisch-deutschen Paktes hartnäckig einen falschen Standpunkt vertreten, müssen von den leitenden Funktionen entfernt und durch kampfesmutige, politisch richtig orientierte Genossen ersetzt werden. Angesichts der Bemühungen der Trotzkisten und der Agenten des Imperialismus, die unter den verschiedensten Verkleidungen versuchen, in unsere Organisationen einzudringen, ist verstärkte Wachsamkeit notwendig. Die Parteileitungen und Zellen müssen unmittelbar selbstständig auf alle Ereignisse reagieren, die Hauptargumente des Faschismus sofort beantworten und die Organisierung des revolutionären Kampfes in den Betrieben und Massenorganisationen leiten. Es ist notwendig, Arbeiter, die sich im Kampfe bewährt haben, für die Partei zu gewinnen und dadurch die Parteizellen zu stärken und die Zahl der Parteigruppen zu vermehren. Von größter Bedeutung für die Führung des Massenkampfes ist die Herausgabe illegaler vervielfältigter Flugblätter und Zeitungen durch die Parteileitungen im Lande. Diese illegalen Zeitungen sind gleichzeitig ein organisatorisches Mittel, um einen Kreis von Sympathisierenden um die Partei zu bilden.

Vor der KPD steht in der gegenwärtigen Krise des Kapitalismus die Aufgabe, die Arbeiterklasse zum Kampf um den Sozialismus zu einigen und in diesem Kampfe zu führen. Durch die größte Kampfinitiative, durch bolschewistische Festigkeit, durch die Meisterung des Marxismus-Leninismus muß sich in dieser historischen Situation jeder Kommunist bewähren.

Quelle: IfGA/ZPA NL 36/496/Bl. 119–126.

Dokument 48

Brief von Emmy Schweitzer an das EKKI

Brief von Emmy Schweitzer, der Frau des verhafteten Fritz Schulte, an die Vertretung der KPD beim EKKI. Mitteilung von Herbert Wehner an die Kaderabteilung über die Ausreise von Emmy Schweitzer aus der Sowjetunion.

2.2.1940

An die Vertretung der KPD beim EKKI

Ich möchte Euch mitteilen, daß ich Ende Dezember auf der deutschen Botschaft war, zwecks Ausreise. Dazu möchte ich folgendes erklären:

Am 25. November 1939 teilte man mir auf der Paßstelle mit, daß ich in zehn Tagen Moskau verlassen und in die Provinz fahren muß. Auf meine Frage, wohin und wie ich dort Wohnung und Arbeit bekommen soll, antwortete man mir kurz, «das ist ihre persönliche Angelegenheit und eine Sprawka[246], gleichviel woher, hilft ihnen gar nichts». Ich bat dann noch mit dem Leiter sprechen zu dürfen, was man mir auch ablehnte. Vollkommen verzweifelt ging ich nach Hause. Im Winter, ohne Wintermantel, den ich zuvor verkaufen mußte, da ich sehr wenig verdiente und oft wegen Nervengeschichten krank geschrieben war (im ganzen zwei Monate) in die Provinz zu müssen, war mir ein furchtbarer Gedanke. Aus dieser Verzweiflungsstimmung heraus ging ich Ende November 39 zur deutschen Botschaft, wo man mir einen Paß in Aussicht stellte. Ich kam dort noch verzweifelter heraus, da ich selbst diesen Schritt im Innern als furchtbar empfand, getan in völliger Ausweglosigkeit. Ich bereue diesen Schritt und will nicht nach Deutschland fahren. Aus diesem Grund bin ich auch nicht mehr

[246] Russisch, d. h. schriftliche Auskunft.

zur deutschen Botschaft gegangen, als diese mir mitteilte, daß ich dort vorsprechen soll. Es wäre mir sehr lieb, wenn ich mit jemanden von Euch sprechen könnte, trotzdem ich bereits mit dem Genossen Dietrich[247] gesprochen habe.

Emmy Schweitzer
Lux Zimmer 294, Tel. 297

Kaderabteilung

26.5.40

Schweitzer, Emmy, Frau von Fritz Schulte (Schweitzer) ist am 4. Mai nach Deutschland ausgereist.

Emmy Schweitzer ist die Frau von Fritz Schulte (Schweitzer), der hier durch die Organe des NKWD verhaftet wurde.

Deutsche Vertretung beim EKKI
i. V. Kurt Funk

Quelle: RZA 495/205/6367 nicht pag.

[247] d. i. Paul Jäkel, Mitarbeiter der Deutschen Vertretung beim EKKI.

Dokument 49

Auskunft zur Kaderakte Wehner für Dimitroff

Auskunft des Referenten der Kaderabteilung Thalmann über Herbert Wehner, die zusammen mit zahlreichen Texten aus der Kaderakte Wehners Dimitroff übergeben wurde.

2 Exempl. 27./II.–1940 Geheim

Auskunft zur Frage der Verletzung der Konspiration durch Gen. Funk

Vor der Abreise nach Moskau hinterließ Gen. Funk in seiner Wohnung eine Anzahl geheimer Parteidokumente, die nach erfolgter Abreise entsprechend seiner Weisung von seiner Frau dem Sekretariat der KPD übergeben wurden.

Außerdem hatte Gen. Funk in seinem Büro eine größere Zahl geheimer Dokumente aufbewahrt, darunter solche, die bereits gegenstandslos waren und für die keine Notwendigkeit bestand sie aufzuheben. Darüber wurde das Sekretariat der KPD informiert.

In dieser Angelegenheit fand ein Gespräch zwischen Gen. Pieck und Gen. Funk statt. Gen. Funk erklärte, daß er das Material im Zusammenhang mit seiner Reise nach Moskau benötigt und seine Frau beauftragt habe, dieses Material dem Sekretariat zu übergeben; was die Materialien betrifft, die im Büro aufbewahrt waren, so habe er Gen. Emmi, die mit ihm in einem Büro gearbeitet hat, beauftragt, sie ebenfalls an das Sekretariat zu übergeben. Die Matcrialien wurden übergeben. Er erkennt an, daß die Aufbewahrung eines derartigen Materials eine ernsthafte Gefahr darstellt, insbesondere deshalb, weil es der Polizei hätte in die Hände fallen können, er habe diese Dokumente jedoch für die Arbeit benötigt.

Gen. Ulbricht teilt gerade mit, daß das Sekretariat der KPD von Gen. Funk eine schriftliche Erklärung in dieser Angelegenheit erhalten habe und sie nach Kenntnisnahme dieses Briefes als erledigt betrachtet.

Försterling[248]

Quelle: RZA 495/74/140/Bl. 74 (Übersetzung aus dem Russ.).

248 Wilhelm Försterling, d. i. Edgar Thalmann, Mitarbeiter des M-Apparates, seit 1924 in der UdSSR, Kaderreferent seit 1939, 1947 Selbstmord im Hotel «Lux».

Dokument 50

Auskunft für Dimitroff

Begleitschreiben des Leiters der Kaderabteilung Gulajew an den Generalsekretär der Kommunistischen Internationale. Die Kaderabteilung übermittelt Dimitroff neben der obenstehenden Auskunft zahlreiche Texte aus den Untersuchungsverfahren gegen Wehner.

Geheim
(Eingangsstempel)
27 Eingang. No. 127/c
5. III. 1940

An den Generalsekretär des EKKI
Gen. Dimitroff, G. M.

Entsprechend Ihrer Anweisung übermittle ich Ihnen eine Auskunft betreffend die Übergabe und Aufbewahrung der Parteidokumente des Gen. Funk.
Anlage: Texte

Leiter der Kaderabteilung des EKKI
Gulajew

5. März 1940

Quelle: RZA 495/74/140 Bl. 73.

Dokument 51

Parteiausschluß Wehners

Beschluß[249] des ZK der KPD über den Ausschluß Herbert Wehners aus der KPD.

6. Juni 1942 *Abschrift für die Kaderabteilung! Streng vertraulich*

Beschluß des ZK der K.P.D. vom 6. 6. 1942

Kurt Funk (Herbert Wehner) wird wegen Parteiverrat aus der Kommunistischen Partei ausgeschlossen. Im schroffen Gegensatz zu dem mutigen Verhalten Tausender Kommunisten und anderer Antifaschisten, die unter dem grausamsten Terror der Gestapo in Deutschland ihre politische Überzeugung und ihre Treue zur Sache der Befreiung des deutschen Volkes von der Hitlertyrannei tagtäglich im Kampfe bekunden und für den viele ihr Leben opferten, hat Funk bei seiner Verhaftung in Schweden aus erbärmlicher Feigheit Aussagen vor den Untersuchungsbehörden und vor Gericht gemacht, die infamer Verrat an der Partei und eine ernste Schädigung des antifaschistischen Kampfes sind.

Das ZK der KPD zieht aus dem Fall Funk die Lehre, daß es gerade nach den vielen Jahren der Illegalität und der Emigration viel gründlicher als bisher die Kader der Partei auf ihre politische und parteimoralische Festigkeit hin überprüfen, eine gesteigerte politische Erziehungsarbeit zur Festigung und Stählung der Kader leisten und rücksichtslos jeden, der den hohen Anforderungen des

[249] Die Behauptungen über den «Verrat» Wehners in Schweden erweisen sich bei einem Vergleich mit den schwedischen Gerichtsakten als nicht zutreffend. Vgl. dazu Alfred Freudenhammer und Karlheinz Vater: Herbert Wehner. Ein Leben mit der deutschen Frage. München 1978, S. 274–394. Der Inszenierung des von der Moskauer KPD-Führung, Karl Mewis u. a. ausgestreuten Verratsvorwurfs kann hier nicht nachgegangen werden.

verschärften Kampfes gegen die Hitlerbande nicht gewachsen ist, von verantwortlichen Funktionen entfernen und die Frage seines Verbleibens in der Partei mit allem Ernst stellen muß.

gez. /Pieck/

Quelle: ZAD N 82/11646 I, Bl. 48.

Dokument 52
Die Kaderabteilung über Wehner

Auszug aus einem dreiseitigen, streng geheimen Informationsmaterial der Kaderabteilung vom 6. Februar 1943.

Funk Kurt

...

Die Kaderabteilung ist der Meinung, daß die mit der Beschuldigung gegen Funk befaßte Kommission nicht die Möglichkeit hatte, alle Fragen bis zum Ende zu klären, da sie nur das vorhandene Material und die persönlichen Erklärungen Funks nutzen konnte; sie hatte hingegen nicht die Möglichkeit, eine Reihe von Personen zu befragen, die arbeitsmäßig mit Funk in der letzten Zeit seiner Tätigkeit im Land verbunden waren.

Verwandte:
Ehefrau – Treuber Charlotte /selbige Funk Lotte, WEHNER/, 1907 geboren, aus einer Angestelltenfamilie. Deutsche. Ohne Staatsangehörigkeit. Mittlere Reife. Schneiderin. Beherrscht die deutsche und schwach die russische Sprache.

Gegenwärtig lebt sie in Ufa. Geht einer Arbeit in der Abteilung Presse mit nicht geheimen Materialien nach. Schreibt für den Rundfunk.

1940 wurde Funk nach Schweden geschickt, wo er von der schwedischen Polizei verhaftet wurde.

Entsprechend einer Mitteilung vom 18. Juni 1942 wurde Kurt Funk /Herbert Wehner/ auf Beschluß des ZK der KPD aus der Kommunistischen Partei Deutschlands wegen Parteiverrat ausgeschlossen. Bei seiner Verhaftung in Schweden lieferte Funk aus gemeiner Feigheit den schwedischen Organen und dem Gericht Angaben, die einen niederträchtigen Verrat an der Partei darstellen und dem antifaschistischen Kampf ernsthaften Schaden zufügen. Der Beschluß ist vom Sekretariat des EKKI bestätigt worden.

Schlußfolgerung:
Funk, Kurt /Herbert Wehner/, geb. 1906. Mitglied der KP Deutschland seit 1927. War Mitglied des ZK der KP Deutschlands seit 1935. Mitglied der sozialdemokratischen Arbeiterjugend seit 1923, Mitglied des anarcho-syndikalistischen Jugendbundes 1923 bis 1926. Im Juni 1942 auf Beschluß des ZK der KPD aus der Kommunistischen Partei Deutschlands wegen Parteiverrat ausgeschlossen; dafür, daß er bei seiner Verhaftung in Schweden aus gemeiner Feigheit den Untersuchungsorganen und dem Gericht Angaben machte, die niederträchtigen Parteiverrat darstellen und dem antifaschistischen Kampf ernsthaften Schaden zufügen.

Grundlage: Auskünfte unterzeichnet von den Gen. Below und Försterling und Mitteilung aus Moskau.
6. Februar 1943, Wilkow
geschrieben in 3 Exempl.

Quelle: N 82/11646, I Bl. 44.

Dokument 53

Die Kaderabteilung des EKKI über Wehner

Sitzung der Kaderabteilung des EKKI, in der über eine Anfrage des NKWD zu Herbert Wehner beraten wird.

13. Febr. 1943 Streng geheim
Protokoll Nr. 128

Sitzung des Kollegiums der Kaderabteilung des EKKI
vom 13. Februar 1943
[Auszug aus dem Protokoll]

Entgegengenommen wurde:
6. die Auskunft über FUNK, Kurt; im Zusammenhang mit einer Anfrage der NKWD
(Berichterstatter: Gen. Försterling)

Beschluß: Es ergeht folgende Schlußfolgerung:

Funk, Kurt (d. i. Wehner, Herbert), Jahrgang 1906. Deutscher. Ehemaliges Mitglied der KP Deutschland seit 1927. Mitglied der Sozialdemokratischen Arbeiterjugend seit 1923 und der anarcho-syndikalistischen Jugendorganisation von 1923–1926. Von 1935 bis zu seinem Ausschluß aus der KP Deutschlands im Jahre 1942 Mitglied des ZK der KP Deutschlands. Im Jahre 1937 wurde gegen Funk eine Reihe von Anschuldigungen in folgenden Angelegenheiten erhoben: a) freundschaftliche Verbindungen mit «Viktor» (Ernst Hess – verhaftet von den Organen der NKWD in Verbindung mit der Angelegenheit Apparat Kippenberger); b) Tätigkeit im Saargebiet (hatte vorgeschlagen, in einer Reihe von Städten des Gebiets Überfälle auf faschistische Gebäude durchzuführen); c) Tätigkeit in Paris (gab keine Hilfe bei der Konfiskation des Archivs von Grzesinski, der erklärt hatte, daß in der Spitze der KPD bereits zur Zeit der Legalität ein Spion tätig war; unterstützte die

Pariser Emigrantenleitung in ihrer Auffassung, daß die damals nach Spanien ausreisenden Gen. nicht der Kontrolle der Partei unterstellt werden sollten). Mißtrauen rief ebenfalls hervor, daß Funk, als eine Welle von Verhaftungen illegaler führender Funktionäre der KP Deutschlands durch das Land lief, davon nicht berührt wurde, obwohl die Gestapo seine Spur nicht verfehlt haben konnte. Funk wurde außerdem beschuldigt, Verbindungen zu Bruno von Salomon unterhalten zu haben, der verdächtigt wurde, Kontakte zur Gestapo zu haben. Gemäß Beschluß des ZK der KP Deutschland vom 6. Juni 1942 wurde Kurt Funk aus den Reihen der KP Deutschlands wegen Verrates ausgeschlossen.

Quelle: RZA 495/21/94 Bl. 3.

Dokument 54

Mitteilung des KGB über Herbert Wehner (1963)

Dossier der Internationalen Abteilung des ZK der KPdSU, zusammengestellt aus einer Mitteilung des KGB über Herbert Wehner, in dem das Verhältnis Brandt–Wehner das vorherrschende Thema ist. Dieses und das folgende Dokument, die sich in der Kaderakte Wehners u. a. befanden, illustrieren die offizielle Moskauer Sicht der Person und der Politik Herbert Wehners.

BERICHTERSTATTUNG

aus der Mitteilung des Stellvertreters des KGB-Präsidenten bei dem MR der UdSSR, Gen. Sacharow vom 14.09.1963 (Eing. Nr. OP 3288)

Angaben über das gegenseitige Verhalten des stellvertretenden Vorsitzenden der Sozialdemokratischen Partei Deutschlands (SPD) Willi Brandt und Herbert Wehner.

Die Differenzen zwischen diesen bedeutenden Politikern der SPD, die sich in letzter Zeit zugespitzt haben, prägen die Tätigkeit der führenden Organe der Partei und der Parteiorganisationen der SPD, da Brandt wie auch Wehner sich in diesem gegenseitigen Kampf bemühen, andere Politiker auf ihre Seite zu bekommen und sich deren Unterstützung zu sichern.

Die Differenzen zwischen Brandt und Wehner erklären sich im wesentlichen durch Gründe privaten Charakters, durch den Machtkampf in der Partei und die Neigung, die eigene Position in der Parteiführung zu stärken. Die Rivalität zwischen Wehner – der sich für den faktischen Führer der Partei hält – und Brandt hat 1961 nach der Erklärung von Willi Brandt zum Kanzlerkandidaten der SPD begonnen und spitzte sich 1962 nach seiner Wahl auf dem Parteitag zusammen mit Wehner als einer der zwei Stellvertreter des SPD-Vorsitzenden zu.

Mit den Bemühungen Wehners, eine Popularitätssteigerung Brandts in der Bevölkerung der BRD und eine Verstärkung seiner Autorität in der Partei zu verhindern, erklärt sich die ziemlich negative Reaktion Wehners während des 6. Parteitages der SPD auf die Versuche von Brandt, sich mit dem N. S. Chruschtschow im Januar desselben Jahres zu treffen. Obwohl Brandt offiziell seine Ablehnung dieses Treffens mit dem «Widerstand» der CDU, dem damaligen Koalitionspartner der SPD in dem West-Berliner Senat, begründet hat, war einer der Hauptgründe für die Ablehnung die Haltung Wehners.

Tiefe prinzipielle Auseinandersetzungen von politischem Charakter zwischen Brandt und Wehner gibt es nicht. Beide propagierten den «neuen Kurs» der SPD – festgelegt im Godesberger Programm der Partei, das 1959 angenommen wurde – der den Übergang der SPD auf bürgerliche Positionen in der Sozial-, Wirtschafts- und Militärpolitik verstärkt hat. Brandt und Wehner waren sich auch einig in der Festlegung der Endziele der Außenpolitik der BRD, darunter der Politik in der deutschen und Berliner Frage und im Verhalten gegenüber DDR. Dennoch gibt es einige Unterschiede über die Art und Weise wie man diese Ziele erreicht.

Brandt und Wehner beurteilen auf unterschiedliche Art und Weise den Stand der Beziehungen zwischen Ost und West und teilweise auch die Notwendigkeit, die Außenpolitik der BRD an den Vereinigten Staaten zu orientieren.

Brandt und die Anhänger seiner außenpolitischen Ansichten in dem Vorstand und Fraktion (Kühn, Blachstein, Kalbitzer und Mitglieder des Partei-Präsidiums der SPD, Schmidt und Erler) unterstützen die Pläne der Regierung der Vereinigten Staaten über die Einführung breitangelegter Verhandlungen mit der Sowjetunion. Nach Meinung dieser Gruppe bietet nur die Orientierung der BRD an der Außenpolitik der Vereinigten Staaten die Hoffnung, um die deutsche und Berliner Frage unter Berücksichtigung der Interessen Westdeutschlands zu regeln.

Brandt vertritt diesen Standpunkt nicht als Resultat seiner

politischen Überzeugungen, sondern aus der Neigung heraus, die guten Beziehungen zu den Amerikanern zu unterstützen. Wie der Bundestagsabgeordnete der SPD Blachstein im Juli dieses Jahres mitgeteilt hat, wäre Brandt auf keinen Fall damit einverstanden, wenn eine antiamerikanische Position eingenommen würde.

«Falls die Amerikaner mit den Russen verhandeln – sagte er – wird Brandt die Linie der Amerikaner unterstützen. Falls die Amerikaner einen kalten Krieg gegen die Russen führen würden, wird Brandt aus innerer Überzeugung an der Spitze dieses Krieges stehen.»

Im Gegensatz zu Brandt glaubt Wehner, daß die Sozialdemokraten eine bedingungslose Unterstützung des außenpolitischen Kurses der Vereinigten Staaten nicht akzeptieren sollten. Er geht davon aus, daß die Regierung der Vereinigten Staaten, um Vereinbarungen mit der Sowjetunion zu erreichen, Schritte in der deutschen Frage zum Schaden der BRD machen würden, zum Teil in den Fragen über die Wiedervereinigung Deutschlands, über die Oder-Neiße-Grenze, über West-Berlin und über die Anerkennung der DDR. Wehner betont, indem er die Position Brandt kritisiert, daß die bedingungslose Unterstützung der Außenpolitik der Vereinigten Staaten durch die SPD unter den Wählern den Eindruck erwecken könnte, daß die SPD sich um die Wiedervereinigung Deutschlands und um die Rückgabe der ehemaligen Gebiete nach Osten nicht bemühen würde, daß die politische Perspektive der SPD ein negatives Bild für die 1965 bevorstehenden Bundestagswahlen ergeben könnte. So wie der SPD-Bundestagsabgeordnete Kühn im Juni dieses Jahres, glaubt auch Wehner, daß die Konsolidierung einer militärischen Allianz mit Frankreich als Stütze für die Verhandlungsführung mit der Sowjetunion dienen könnte und dies die sowjetische Regierung zum Handeln in der deutschen Frage stimulieren würde.

Bedeutende Differenzen gibt es zwischen Brandt und Wehner in ihrem Vorgehen zu DDR-Kontakten. Obwohl Brandt bisher keine praktischen Maßnahmen zur Aufnahme solcher Kontakte ergriffen hat, hat er mehrmals in privaten Gesprächen seine Absicht betont, einen akzeptierbaren «modus vivendi» zu suchen und die Lage des West-Berlins und seiner Bevölkerung zu erleichtern. In der Führung der SPD verbreitet sich in diesem Sinne die Vermutung, daß Brandt bereit wäre, Verhandlungen mit den Vertretern der DDR durchzuführen, falls – wenn auch im geringen Maße – eine Unterstützung von der Seite der Regierung der BRD und der Führung der Partei gekommen wäre. Jedoch stoßen diese Pläne Brandts auf einen starken Widerstand Wehners, der die Politik der Regierung der BRD in dieser Frage vollinhaltlich unterstützt.

Die Angriffe Wehners auf die Politik von Brandt in Bezug auf die Kontakte mit der DDR verstärkten sich nach der jüngsten Rede Brandts auf der Sitzung der evangelischen Akademie in Tutzing drastisch, wo er sich für die notwendige Aufnahme solcher Kontakte und für die Überprüfung der Beziehungen der BRD zur Sowjetunion äußerte.

Der proamerikanische Kurs Brandts und dessen Kritik durch Wehner bestimmen das Verhalten gegenüber Politikern der Regierung der Vereinigten Staaten. Nach den vorhandenen Informationen unterstützten die Regierung der Vereinigten Staaten und ihre Vertreter in der BRD nicht nur die Autoritätssteigerung Brandts innerhalb der BRD und im internationalen Bereich, sondern sie unterstützen auch seine Absichten, seine führende Position in der SPD auszubauen.

Nach Informationen führender SPD-Kreise halten die Vereinigten Staaten – wenn sie unter Berücksichtigung ihrer Interessen die Position Brandts einschätzen – Brandt für den geeignetsten Kanzlerkandidaten der SPD im Falle eines Sieges der Sozialdemokraten bei den Wahlen. Die Vertreter der Vereinigten Staaten in der BRD unterhalten fast alle ihre Kontakte mit der SPD über Brandt, der seinerseits die Beziehungen mit der Führung der Vereinigten Staaten für die Verstärkung seiner Positionen in der SPD-Spitze ausnutzt.

So wie die führenden Arbeitnehmervertreter in der SPD, hat Brandt in den letzten Monaten mehrmals politische Erklärungen abgegeben, die mit dem Präsidium der SPD nicht übereinstimmten. Einige verantwortliche SPD-Funktionäre glauben, daß er diese Erklärungen in Übereinstimmung und in Vereinbarung mit führenden Politikern der Vereinigten Staaten abgegeben hat.

Im Bereich der Innenpolitik sind Brandt und Wehner Anhänger der SPD-Teilnahme an der Regierungskoalition in der BRD. Jedoch gehen sie von unterschiedlichen Positionen aus, was die politischen Differenzen zwischen beiden vergrößert. Während Wehner sich bemüht hat, eine Koalition der Sozialdemokraten mit der CDU herzustellen (während der Regierungskrise – Ende 1962 – führte er in diesem Sinne konkrete Verhandlungen mit der CDU, anfangs ohne Brandt), ist nach Brandts Meinung eine Regierungsbildung aus Vertretern der SPD und FDP sinnvoller, wobei er davon ausgeht, daß die Sozialdemokraten in einer solchen Regierung eine Hauptrolle bei der Bestimmung des politischen Kurses spielen werden. Brandt denkt, daß man dies im Falle der Bildung einer CDU/SPD Regierungskoalition nicht erwarten könnte.

Wehner befürchtet, daß die Bemühungen Brandts, ihn auf den zweiten Platz abzuschieben, erfolgreich werden und Brandt als Parteivorsitzender gewählt wird. Diese Befürchtungen haben sich besonders nachdem Ollenhauer im Juli dieses Jahres seine Kandidatur für den Posten des Präsidenten der Sozialistischen Internationale anmeldete, verstärkt.

Um die Vergrößerung von Brandts Einfluß in der Partei zu verhindern, nutzt Wehner nicht nur seine Autorität im zentralen Apparat der Partei sondern auch die Unzufriedenheit einiger Landesvorstände der Partei mit der außenpolitischen Linie Brandts aus, so teilweise in der Spitze der West-Berliner SPD, die von Brandt bis Mai dieses Jahres geführt wurde.

Wehner hat es vollständig geschafft, den neuen Vorsitzenden dieser Landesorganisation, Mattick, für sich zu gewinnen. Mattick schätzte die Unterstützung Wehners im Bundesvorstand der SPD und von daher schaltet er Brandt allmählich von der Teilnahme an der Entscheidung wichtiger Probleme der Partei aus und übt Druck auf ihn aus (so wie auf den Bürgermeister in West-Berlin), indem er die bedingungslose Erfüllung der politischen Entscheidungen der Parteiführung – darunter auch in der Berlinfrage – forderte, die bisher im großen und ganzen von Wehner bearbeitet wurden.

Während Brandt sich bemüht, seine Position in der Führung der Partei zu verstärken, vermeidet er die offene Kritik an Wehner, um die Parteigenossen nicht gegen sich aufzubringen. Zugleich bemüht er sich, die Bundestagsfraktion der SPD so wie die Jugendorganisationen der SPD und der Gewerkschaften auf seine Seite zu bringen. Im Gegensatz zu seiner früheren Position setzt er sich, zumindest teilweise, für eine gewisse Handlungsfreiheit der Organisation «Die Falken» ein, die eine der politischen Opponenten gegen die Politik der SPD-Führung war. Während einige verantwortliche Funktionäre der SPD den Machtkampf im Verhältnis zwischen Brandt und Wehner charakterisierten, betonten sie, daß es Brandt nicht leicht haben wird, die führende Position in der SPD zu behalten und Wehner zu isolieren. So wie der SPD-Bundestagsabgeordnete Birkelbach in einem privaten Gespräch im Mai dieses Jahres erwähnte, ist die Position Wehners in der Partei besonders stark und er sei der Politiker, dem die SPD ihre organisatorische Einheit verdanke. Wehner besitzt größere Organisationsfähigkeiten als Brandt. Nach Birkelbachs Worten, unterscheidet sich Wehner von Brandt auch dadurch, daß er sich vor der Annahme wichtiger politischer und organisatorischer Entscheidungen bemüht, Unterstützung in den Parteiorganen und in der SPD-Bundestagsfraktion für sich zu gewinnen. Im Gegensatz zu Wehner neigt Brandt zu selbständigen Handlungen, was Wehner den Kampf mit seinem Gegner in der SPD-Führung erleichtert.

Die vorhandenen Informationen über die Differenzen zwischen Wehner und Brandt legen die Vermutung nahe, daß mit dem

Näherrücken der Wahlen für die Nachfolge Ollenhausers als Parteivorsitzender die Beziehungen zwischen den beiden sich noch mehr verschlechtern werden.

Überprüft: Lt. Berichterstatter der Internationalen
Abteilung des ZK der KPdSU

23.09.1963

Quelle: ZAD N 82/11646 II, Bl. 65–69.

Dokument 55

Bericht der Internationalen Abteilung des ZK der KPdSU (1967)

(nach einer Mitteilung des KGB)

DOSSIER

Über den Minister der BRD für gesamtdeutsche Fragen, stellvertretenden Vorsitzenden der Sozialdemokratischen Partei Deutschlands, Herbert Wehner

(Mitteilung des Präsidenten des KGB
beim MR der UdSSR, W. Semitschastnji)
Ausg. – Nr. OP 363 vom 03. Februar 1967

H. Wehner ist im Juli 1906 in Dresden geboren. Er hat die Mittelschule und eine Handelsausbildung absolviert. In seiner Jugend – von 1923 bis 1925 war er Mitglied der Anarcho-Syndikalistischen Organisation der Jugend Deutschlands. 1927 ist er in die Kommunistische Partei Deutschlands eingetreten.

1935–1937 war er Leiter des Sekretariats des ZK der KPD in Paris, von 1937 bis 1940 war er Mitarbeiter der Presse-Abteilung des EKKI in Moskau. 1940 hat ihn die Führung der KPD nach Schweden geschickt. Dort wurde Wehner von der Polizei verhaftet. Während der Untersuchung und vor Gericht hat er Auskünfte gegeben, die der KPD ernsthaften Schaden zufügen.

1942 wurde Wehner aus der KPD als Verräter ausgeschlossen.

1946 ist er nach Westdeutschland zurückgekchrt und in die SPD cingetreten. Er hat als Redakteur in Hamburg gearbeitet, dort war er Vorstandsmitglied der Landesorganisation der SPD. Ab 1949 wurde er jeweils als Bundestagsabgeordneter gewählt. Seit diesem Jahr ist er ständiger Vorsitzender des Bundestagsausschusses für gesamtdeutsche Fragen. Ab 1958 ist er Stellvertreter des

Partei-Vorsitzenden. Im Dezember 1966 wurde er Minister für gesamtdeutsche Fragen in der Regierungskoalition Kiesinger – Brandt. Seit seinem SPD-Eintritt nimmt er stets eine antikommunistische Position ein. Bis zur Verbotserklärung der KPD unterstützte er die gegen die KPD in Westdeutschland gerichtete antikommunistische Linie des früheren SPD-Vorsitzenden Schumacher.

Nach allgemeiner Einschätzung ist Wehner augenblicklich die stärkste Persönlichkeit der westdeutschen Sozialdemokraten. Er hat den Parteiapparat der SPD fest und dauerhaft in seinen Händen. Da er eine organisatorische Verstärkung der Partei erreicht hat, glaubt er, daß sie gegenwärtig nicht von einer Spaltung bedroht ist.

Bis 1959, gerade in der Zeit, als Wehner die Politik der Regierung Adenauer scharf kritisierte, richtete die regierende CDU/CSU ständig Vorwürfe gegen ihn und bemühte sich, Mißtrauen gegenüber Wehner bei den westdeutschen Wählern zu verbreiten, indem sie ihm seine «kommunistische Vergangenheit» vorwarf.

Nach 1959, nach der Annahme des Godesberger Programms der SPD und dem «neuen Kurs» der SPD, begann Wehner, die antikommunistische Linie der SPD stärker zu betonen und ging offensichtlich mit dem Ziel der Bildung einer «großen Koalition» zur Annäherung der SPD an die CDU/CSU über. In privaten Gesprächen hat er mehrmals betont, daß er «jedem den Krieg erklären wird», der sich bei der Gründung der Regierungskoalition CDU/CSU-SPD einmischt. Ab Ende 1965 und während des ganzen Jahres 1966 hat er aktive Kontakte mit den Anhängern einer Zusammenarbeit mit der SPD in den Reihen der CDU/CSU gepflegt. In jüngster Zeit, besonders am Beginn und in der Zeit der Bonner Regierungskrise, hat Wehner sich mehrmals konfidentiell mit Strauß getroffen. Da er es nicht für notwendig hielt, bis zum Beginn der offiziellen Besprechungen mit den Christdemokraten zur Gründung der Koalition, über diese Treffen den Parteivorstand zu informieren, gab er Anweisungen an die zentralen Presseorgane, sich jeglicher Stellungnahme gegen Strauß zu enthalten. Als er Vorsitzender des Bundestagsausschusses für gesamtdeutsche Fragen wurde, richtete Wehner in seiner außenparteilichen Tätigkeit sein Hauptaugenmerk auf die deutsche Frage.

In seinen inoffiziellen Erklärungen und bei öffentlichen Auftreten in den letzten zehn Jahren hat sich Wehner stets mit der Frage der Wiedervereinigung Deutschlands beschäftigt, hat er die Notwendigkeit der Verhandlungen mit der DDR betont, in den fünfziger Jahren hat er sich mit deren Vertretern getroffen, wobei er vor allem dachte, daß diese Treffen der «Liberalisierung des Regimes» der DDR dienen. Deswegen hat er sich darum gekümmert, daß im Rahmen der Verhandlungen mit der DDR diese auf keinen Fall anerkannt wird.

Schon 1955 hat Wehner auf einer Sitzung der SPD über die Notwendigkeit gesprochen, bei der Frage der innerdeutschen Verhandlungen separate Probleme in Übereinstimmung mit den vier Mächten zu bearbeiten, d. h. «die Frage, wie Bonn die Verhandlungen mit der Regierung Ostdeutschlands beginnen könnte, ohne die gemeinsame Verantwortung mit den Verbündeten für die Wiedervereinigung zu vermindern und ohne die Souveränität der sowjetischen Zone anzuerkennen».

Im Juli 1966 sagte Wehner in einer privaten Besprechung mit den führenden Politikern der Sozialistischen Partei Österreichs, daß «die deutsche Frage auf jeden Fall die zentrale Frage der internationalen Entspannung ist». Jetzt jedoch tendieren – nach seinen Worten – im Gegensatz zu den vergangenen Jahren «die beiden Lager der gespaltenen Welt dazu, ihre Aufgaben der BRD und DDR zu übergeben und beseitigen auf diese Weise gleichzeitig einen Gefahrenherd in Europa».

Nach Wehners Ansicht ist es notwendig, ständig einen Weg zur Wiedervereinigung Deutschlands zu suchen. In der obengenannten Besprechung sagte er: «Ich bin davon überzeugt, daß das deutsche Volk uns für die Initiative in der deutschen Frage entlohnen wird.» Für das Erreichen der Einheit Deutschlands sieht Wehner «nur eine Möglichkeit»: die allmähliche Annäherung der beiden deutschen Länder und im weiteren die Gründung des wirtschaftlichen und kulturellen Zusammenschlusses, «die, selbstverständlich, nur mit dem Preis unseres Verzichts auf einen großen Teil unserer jetzigen Ansichten gegründet sein könnte» und die DDR solle auf vieles verzichten, was die allmähliche Annäherung der beiden stören könne. Nach Wehners Meinung «mache es keinen Sinn, die Augen vor der Tatsache zu schließen, daß diese DDR existiere».

Wehner meint, daß die Wiedervereinigung Deutschlands die Sache einer weitentfernten Zukunft ist. So wie er in einem weiteren privaten Gespräch im Sommer 1966 sagte, daß «die gegenwärtige Generation wird schon kein vereintes Deutschland mehr sehen». Außerdem glaubt er nicht, daß Deutschland «irgendwann seine ursprüngliche Form erwerben wird». Wehner stellt sich die Wiedervereinigung Deutschlands im Rahmen der Vereinigung Europas vor, die auch die sozialistischen Länder einschließt. «Aber dann wird Deutschland anders aussehen – sagt Wehner, als es in der Zeit zwischen den beiden Kriegen ausgesehen hat.» Nach Wehners Worten wird faktisch «fast alles in Deutschland» Rechenschaft darüber ablegen, jedoch keine Partei, auch nicht die SPD, «hat den Mut diese Wahrheit ganz anzuerkennen».

Nach seiner Ernennung zum Minister der BRD für gesamtdeutsche Fragen, setzte Wehner seine Bemühungen für die Lösung der deutschen Fragen durch Besprechungen mit der DDR fort. In einer seiner Erklärungen – Mitte Dezember 1966 – hat er betont, daß «im Vergleich zu der Notwendigkeit, das gemeinsame freie Leben der Deutschen wiederaufzubauen, der Unterschied des gesellschaftlichen Systems von zweitrangiger Bedeutung ist» und daß die Gesellschaft der BRD nicht unter dem Zwang stehe, die Verantwortung für den anderen Teil Deutschlands auf sich zu nehmen. Nach seiner Meinung «sollten die Menschen des anderen Teil Deutschlands an den Willen der BRD-Bevölkerung, die die Mehrheit ist, nicht gebunden sein». Er meint, daß die BRD sich für «die allmähliche Demokratisierung» in der DDR einsetzen solle, nach dem man die «Nichtanerkennungspolitik, die durch die Regierung der BRD geführt wird», überprüfen konnte.

In Bonner diplomatischen Kreisen wird die Vermutung verbreitet, daß Wehner als Minister für gesamtdeutsche Fragen alles versuchen wird, um zu verhindern, daß «die ostdeutschen Kommunisten bei den großen Debatten über die deutsche Frage aus der Defensive herauskommen».

In Bezug auf die Kontakte im rein parteipolitischen Sinn, die im Februar 1966 begonnen haben, hat Wehner eine zwieschlächtige Position. Er hatte nichts gegen den Briefwechsel mit der SED, wobei er davon ausgeht, daß die BRD sich mit der Überprüfung ihrer Beziehungen mit den sozialistischen Ländern, einschließlich der DDR, beschäftigen solle, da es klar war, daß eine Wandlung in der Lösung der deutschen Frage auf der Basis der früheren Positionen unmöglich war. In einem privaten Gespräch, Anfang April 1966, hat Wehner erklärt, daß «der Westen sich im Bezug auf den Osten nicht mehr in der Position befinden, die von Dulles und Adenauer bearbeitet wurden, sondern immer mehr an die deutsche Frage denkt». Außerdem, meint er weiter, daß ähnliche Kontakte eine direkte Wirkung auf die Bevölkerung der DDR ausüben.

Wehner setzt sich für die Normalisierung der Beziehungen der BRD mit der Sowjetunion und mit den anderen sozialistischen Ländern ein, indem er glaubt, daß dies die Lösung der deutschen Frage ermöglichen wird. Schon 1954 hat er aufgerufen, Verhandlungen mit der Sowjetunion in Bezug auf die Art und Weise der Wiedervereinigung Deutschlands zu beginnen und betonte, daß «die Russen ohne Abfindung die sowjetische Zone nicht abgeben werden».

Wehner setzt sich gegen die bedingungslose Unterstützung der Politik der Vereinigten Staaten ein. Er glaubt, daß die USA-Regierung, um eine Abmachung mit der Sowjetunion zu erreichen, Schritte in der deutschen Frage – zum Schaden der BRD-Interessen – machen würde, teilweise in den Fragen über die Wiedervereinigung Deutschlands, über die Oder-Neisse-Grenze, über West-Berlin und die offizielle Anerkennung der DDR. Während seiner Amtszeit hat Wehner Brandt für seine bedingungslose

Unterstützung der Außenpolitik der Vereinigten Staaten kritisiert, indem er gezeigt hat, daß eine solche Unterstützung den Eindruck erweckt, «als ob SPD sich nicht für die Wiedervereinigung Deutschlands bemüht hätte». Außerdem glaubt Wehner, daß die BRD wegen der äußerst engen Zusammenarbeit mit den Vereinigten Staaten ihre Beziehungen mit Frankreich nicht gefährden sollte. Nach Aussagen des SPD-Bundestagsabgeordneten und Parteivorstandsmitglied Kühn, glaubt Wehner, daß die Verstärkung der Zusammenarbeit der BRD mit Frankreich günstige Voraussetzungen bei Verhandlungen mit der Sowjetunion für die Regierung Westdeutschlands schaffen kann, um die sowjetische Regierung in der deutschen Frage zu Entgegenkommen zu zwingen.

Überprüft: Berichterstatter der internationalen Abteilung des ZK der KPdSU (Erofejewa)

10. Februar 1967

Quelle: ZAD N 82/11646 II, Bl. 60–64.

Abkürzungsverzeichnis

BB	Betriebsbeobachtung, Abteilung des KPD-Militärapparates
BRD	Bundesrepublik Deutschland
BVG	Berliner Verkehrsgesellschaft
DAF	Deutsche Arbeitsfront
DDR	Deutsche Demokratische Republik
DF	Deutsche Front
DVZ	Deutsche Volkszeitung
DZZ	Deutsche Zentralzeitung
EKKI	Exekutivkomitee der Kommunistischen Internationale
GPU	Gosudarstwennoje politscheskoje uprawlenije, Staatliche Politische Verwaltung (Geheimpolizei)
IKK	Internationale Kontrollkommission (der Komintern)
ISH	Internationale der Seeleute und Hafenarbeiter
IAH	Internationale Arbeiterhilfe
KGB	Komitet gosudarstwennoj besopasnosti, Komitee für Staatssicherheit
KJV	Kommunistischer Jugendverband
KL-Haus	Karl-Liebknecht-Haus
Komintern	Kommunistische Internationale
KPD	Kommunistische Partei Deutschlands
KPD(O)	Kommunistische Partei Deutschlands (Opposition)
KPdSU(B)	Kommunistische Partei der Sowjetunion (Bolschewiki)
KPÖ	Kommunistische Partei Österreichs
KPR	Kommunistische Partei Rußlands (Bolschewiki)
KUNMS	Kommunistitscheski uniwersitet nazionalnych menschinstw sapada, Kommunistische Universität der nationalen Minderheiten des Westens
KZ	Konzentrationslager
LL	Landesleitung
M-Apparat	Militärapparat der KPD

MOPR	Meshdunarodnaja organisazija pomostschi borzam rewoljuzii – Internationale Organisation zur Unterstützung der Kämpfer der Revolution, russ. Name für die Internationale Rote Hilfe
MR	Ministerrat
NB	Neu Beginnen
NKWD	Narodny kommissariat wnutrennich del – Volkskommissariat für innere Angelegenheiten
NV	Neuer Vorwärts
OMS	Otdel meshdunarodnych swjasej – Abteilung für Internationale Verbindungen des EKKI
Org.	Organisation, z. B. Organisationsabteilung
PB	Politbüro
RFB	Roter Frontkämpferbund
RH	Rote Hilfe
RHD	Rote Hilfe Deutschlands
RGI	Rote Gewerkschaftsinternationale
RGO	Revolutionäre Gewerkschaftsopposition
SAJ	Sozialistische Arbeiterjugend
SAP	Sozialistische Arbeiterpartei Deutschlands
SED	Sozialistische Einheitspartei Deutschlands
SPD	Sozialdemokratische Partei Deutschlands
UB	Unterbezirk
UBL	Unterbezirksleitung
USPD	Unabhängige Sozialdemokratische Partei Deutschlands
ZK	Zentralkomitee

Register